Une école pour la démocratie

La collection EXPLORATION se propose d'être un carrefour entre les chercheurs et les praticiens de l'éducation des différents pays francophones. Elle désire rendre accessibles des contributions à la réflexion philosophique et à la mémoire historique, des instruments scientifiques pour analyser les grands enjeux éducatifs de la fin du XXe siècle ainsi que des travaux faisant état de réalisations sur le terrain.

EXPLORATION

PÉDAGOGIE: HISTOIRE ET PENSÉE

Collection de la Société Suisse
pour la Recherche en Éducation,
publiée sous la direction de
Bernard Schneuwly et Daniel Hameline

Une école pour la démocratie

Naissance et développement de l'école primaire publique en Suisse au 19e siècle

Rita Hofstetter, Charles Magnin,
Lucien Criblez, Carlo Jenzer (†)

PETER LANG

Die Deutsche Bibliothek – CIP-Einheitsaufnahme

Une **école pour la démocratie** : naissance et développement de l'école primaire publique en Suisse au 19e siècle / Rita Hofstetter, Charles Magnin, Lucien Criblez, Carlo Jenzer (†) – Bern : Lang, 1999
(Exploration : Pédagogie: histoire et pensée)
ISBN 3-906763-84-6

Remerciements
La publication de cet ouvrage en une version française et une version allemande n'aurait pas été possible sans le précieux soutien des institutions ou organismes suivants: Conférence suisse des directeurs cantonaux de l'instruction publique (CDIP); Société suisse pour la recherche en éducation (SSRE); Académie suisse des sciences humaines et sociales (ASSHS); Loterie romande; Fonds Rapin de l'État de Genève; Société d'histoire de la Suisse romande (SHSR); Institut National de Recherche Pédagogique (INRP) (Paris); Fondation Oertli (Zurich); Examens pédagogiques des recrues; Cantons d'Argovie, Neuchâtel, Soleure, Tessin et Zoug.

Ce livre paraît simultanément en allemand, également aux éditions Peter Lang, dans la collection *Explorationen,* sous le titre: Lucien Criblez, Carlo Jenzer (†), Rita Hofstetter, Charles Magnin (Hrsg.), *Eine Schule für die Demokratie. Zur Entwicklung der Volksschule in der Schweiz im 19. Jahrhundert.* (ISBN 3-906763-77-3).

ISSN 0721-3700

Imprimé en Allemagne

En hommage
à
Carlo Jenzer
(1937-1997)

TABLE DES MATIÈRES

AVANT-PROPOS XI

INTRODUCTION 1

PREMIÈRE PARTIE

LES DÉVELOPPEMENTS DES POLITIQUES SCOLAIRES
DANS LES CANTONS

Sebastian Brändli
L'État enseignant et ses avatars:
le cas de l'école primaire argovienne au 19e siècle 17

Carlo Jenzer
Soleure: la mise en place d'une école organisée par l'État,
impliquant l'instruction obligatoire et la séparation d'avec l'Église 47

Sibylle Omlin
Démocratie et laïcité à l'école primaire dans la Suisse centrale
du 19e siècle: l'exemple du canton de Zoug 63

Alexandra Bloch
L'obligation scolaire, la gratuité et la laïcité de l'enseignement
dans le canton de Zurich 1770-1900 91

Fabrizio Mena et Fabrizio Panzera
L'évolution de l'école primaire et secondaire
au Tessin 1830-1885 121

Danièle Périsset Bagnoud
L'instruction primaire publique en Valais 1830-1885 :
des législations cantonales à leur application 137

Rita Hofstetter
Laïcité, gratuité, obligation et démocratie :
les ambitions unificatrices et égalisatrices de l'État enseignant
L'exemple genevois 1798-1886 151

Marie-Thérèse Weber
L'école fribourgeoise : application des principes de gratuité,
d'obligation et de laïcité 1830-1885 171

Gabriel Mützenberg
Genève et Fribourg : le chemin de croix d'un laïcisme modéré 187

Martine Ruchat
« Récalcitrants », « indisciplinés » et « arriérés » :
figures de la déviance scolaire 1874-1890 203

Jean-Christophe Bourquin
Normes étatiques et normes locales : contrôle et répression des
absences scolaires dans les statistiques fribourgeoises 1850-1912 217

DEUXIÈME PARTIE

DYNAMIQUE INTERCANTONALE, RÔLE DE LA CONFÉDÉRATION
ET CONTEXTE INTERNATIONAL

Martina Späni
La laïcisation de l'école populaire en Suisse au 19e siècle 229

Josianne Thévoz
La Société Pédagogique Romande
et les principes de laïcité, de gratuité et d'obligation 1864-1885 253

Lucien Criblez
L'article sur la formation dans la Constitution fédérale
du 29 mai 1874 263

Werner Lustenberger
Les examens pédagogiques des recrues, instrument de la
politique scolaire de la Confédération 1830-1885 287

Philipp Gonon
Les Expositions universelles, stimulant des réformes
scolaires au 19e siècle 301

TROISIÈME PARTIE

LA SUISSE DANS LE MIROIR

Heidemarie Kemnitz
Un « regard allemand » sur l'histoire de l'école
en Suisse au 19e siècle 325

Pierre Caspard
Les miroirs réfléchissent-ils ? Esquisse d'une étude comparée
de la gratuité, de l'obligation et de la laïcité scolaires,
en France et en Suisse 343

Dario Ragazzini
Réflexions croisées sur la Suisse et l'Italie 359

LES AUTEUR(E)S 373

AVANT-PROPOS

La Suisse, pays de Pestalozzi, Girard, Fellenberg, Wehrli pour ne nommer que les principales autorités en la matière, mérite qu'une main qualifiée lui dresse un jour un tableau d'ensemble de l'histoire générale de son instruction publique. C'est le vœu exprimé, en 1870, dans la *Schweizerische Lehrerzeitung*, par un critique anonyme chargé de commenter les histoires des systèmes scolaires cantonaux. Sans prétendre aux ambitions exprimées, il y a cent vingt ans, par notre critique anonyme, le présent ouvrage n'en tente pas moins d'offrir une contribution d'un genre nouveau à l'historiographie scolaire de la Suisse : si l'historiographie pédagogique traditionnelle mettait au premier rang l'histoire du système scolaire d'un canton ou d'une ville, des écoles d'un village, voire d'une seule et unique école, ce livre est consacré aux évolutions qu'ont connues les écoles publiques cantonales, tant dans leurs relations réciproques que dans la dynamique mettant en jeu les cantons, les Églises et l'État fédéral.

Les contributions contenues dans la présente publication ont été écrites en vue d'un colloque qui s'est tenu en automne 1996 à Soleure. Cette rencontre a été organisée par le comité scientifique « Pour une histoire comparée de l'école en Suisse » relevant du groupe de travail « Histoire de l'école et de la pédagogie » constitué au sein de la Société suisse de recherche en éducation (SSRE). Ce colloque poursuivait avant tout deux buts précis. D'une part, il s'agissait de compléter les travaux du groupe « Histoire de l'école et de la pédagogie », majoritairement axés sur l'histoire des idées, par des approches intégrant dans une plus grande mesure l'histoire des institutions et l'histoire sociale. D'autre part, la focalisation privilégiant les sujets locaux et cantonaux, qui, jusqu'à présent, marquait d'une empreinte décisive l'historiographie de l'école, devait être élargie à une approche des dynamiques intercantonale et nationale présentes dans l'évolution de l'histoire de l'école en

Suisse. Vu sous cet angle, le présent ouvrage constitue sans aucun doute une contribution à cette «histoire générale de l'instruction publique» que le critique anonyme appelait de ses vœux. Il est dès lors légitime de considérer le colloque de l'automne 1996 et le livre qui en résulte comme un premier état de la question.

Il nous paraît assurément très utile d'analyser le développement de l'école primaire en Suisse non seulement au niveau des cantons, souverains en la matière, mais aussi sous l'angle de la double dynamique touchant, d'une part, aux rapports entre cantons, d'autre part, aux relations entre les cantons et le nouvel État fédéral de 1848. C'est ainsi que peuvent être étudiés le sens et le bien-fondé du fédéralisme éducationnel, tel qu'il s'est développé dans la Suisse du 19e siècle. À une époque où la politique de l'éducation se mesure de plus en plus en termes de critères internationaux, la question de ce qui nous unit et de ce qui nous différencie revient avec force. Tous ceux qui s'intéressent à l'histoire de l'école suisse sont confrontés aux deux aspects d'un même problème: les divergences et convergences entre cantons. C'est pourquoi notre publication est aussi une contribution au 150e anniversaire de l'État fédéral. Toutefois, notre héritage commun, loin de se présenter exclusivement sous la forme de particularités nationales, se trouve à son tour inséré dans les développements internationaux en matière d'enseignement. Les dernières contributions du présent ouvrage forment le lien qui relie l'évolution de l'enseignement en Suisse au contexte international.

Ce livre paraît simultanément dans une édition allemande et dans une édition française. Par là, nous espérons lever l'obstacle qui fait trop souvent qu'en dehors de notre pays, et même à l'intérieur de celui-ci, la connaissance que quelqu'un peut avoir de l'histoire de l'école en Suisse est déterminée bien plus par ses seules compétences linguistiques que pas ses curiosités intellectuelles. Du fait de son existence en français et en allemand, cet ouvrage pourra être facilement lu par un large public. Il sera également d'une utilisation aisée dans la formation des enseignants. Les réformes en cours au niveau de cette formation, désormais confiée aux Hautes écoles professionnelles (voire, dans certains cantons, à l'Université), contribuent à en renforcer le caractère scientifique. La publication de notre ouvrage en français et en allemand vise à faciliter cette volonté de «scientificité» accrue, sans vouloir contredire pour autant le fait que la lecture de textes scientifiques en langues étrangères constitue l'un des objectifs du nouveau processus de formation des enseignant(e)s.

Notre projet ne pouvait réussir sans la collaboration active des auteur(e)s des diverses contributions qu'on va lire et nous leur adressons nos plus vifs remerciements. Les fructueuses discussions du Colloque de Soleure ont offert une excellente base pour la relecture des textes rédigés en allemand ou en français et notre gratitude va à tous les participant(e)s à cette rencontre. Nous remercions en particulier Marina Pearce, Françoise Ujhazi (pressEXpress) et Brigitte Zika pour leur précieuse contribution au travail de correction et de mise en forme des manuscrits. Les traducteurs méritent également notre plus vive reconnaissance: Alessia Bottani, Jean-Christophe Bourquin, Silvia Meier Camponoro, Inès Mengis-Imhasly, Cosimo Nocera, Martina Pitz-Bodé, Jean-Pierre Rey et Franziska Sörensen ont maîtrisé avec toute la compétence voulue la tâche ardue de la médiation culturelle par-delà les frontières linguistiques. Enfin, il convient d'adresser des remerciements expresses aux institutions dont les directeurs de cet ouvrage sont ou étaient les collaborateurs pendant la réalisation de cette entreprise au long cours, soit respectivement le Service de pédagogie du Département de l'Instruction publique du Canton de Soleure, la Section des sciences de l'éducation de l'Université de Genève et le Service de la recherche en éducation du Département de l'Instruction publique genevois. Sans ces soutiens étatiques ou universitaire, ce projet n'aurait jamais pu être mené à bon port.

Ce livre est dédié à Carlo Jenzer. Il compte parmi les initiateurs les plus enthousiastes de ce projet, qu'il a constamment soutenu et promu. Le Colloque tenu à Soleure en 1996 ainsi que l'ouvrage qui en est le résultat portent l'empreinte de ses grandes compétences. L'engagement de Carlo Jenzer prenait racine dans les décennies qu'il a consacrées à l'histoire de l'école. La confrontation avec ce champ d'étude était pour lui une vraie passion et nous avons largement profité de son savoir et de son intérêt pour notre cause. Vers la fin de l'été 1996, Carlo Jenzer a été atteint par une grave maladie. Cela ne l'a pas empêché d'organiser le Colloque de Soleure – ville où il exerçait ses activités professionnelles – et d'y participer du mieux de ses forces.

Le 1er mai 1997, notre ami nous a quittés. Nous lui dédions ce livre en signe de gratitude pour son engagement dans l'histoire de l'école et en tant que modeste hommage.

Lucien Criblez, Rita Hofstetter, Charles Magnin
(Traduction: C. Nocera)

Lucien Criblez, Rita Hofstetter, Charles Magnin

Introduction

En Suisse, les grandes et profondes réformes des systèmes scolaires cantonaux ont été déclenchées par les révolutions libérales des années 1830, après l'échec quasi total des phases expérimentales d'inspiration libérale mises en pratique pendant la seconde moitié du 18e siècle et, surtout, par la République Helvétique (1798-1803). Au cours du 19e siècle, ces réformes ont débouché sur un important développement de l'école primaire, suivi, vers la fin du siècle, par une certaine consolidation des acquis. Toutefois, le rythme des réformes, qui se déroulaient sur fond de développements inégaux des sociétés et des économies cantonales, était dicté par les différents cantons et marqué par des revers aussi divers que nombreux. On peut néanmoins partir de l'idée qu'à la fin du 19e siècle, même si la situation de l'école primaire dans les cantons suisses était loin d'être homogène, la mise en place de l'école primaire était arrivée à son terme dans les domaines les plus importants. Des tendances convergentes commençaient à se dessiner, même si, entre les cantons, les degrés d'avancement restaient fort différents.

La consolidation des acquis resta cependant fragile. Encore après la fondation de l'État fédéral suisse, en 1848, l'école demeura parmi les domaines où la compétence cantonale resta tout d'abord largement incontestée. Précisons toutefois que les promoteurs de l'État fédéral poursuivaient avant tout un projet se proposant de créer un espace juridiquement et économiquement unifié. Il serait toutefois erroné de penser que, même pour la période précédant 1870, les systèmes scolaires cantonaux se soient limités à un développement autocentré, hors de toute participation aux débats et contextes intercantonaux, voire internationaux. Depuis la fondation des systèmes éducatifs modernes, les échanges intercantonaux, dont le flux ne s'est jamais tari, doivent leur existence à deux facteurs concomitants: d'une part l'émergence d'un débat public sur fond de liberté de la presse, pratiqué autant dans les quotidiens que dans les revues pédagogiques créées à cette époque; d'autre part la mobilité intercantonale acquise par le personnel politique et éducationnel. Si l'on considère les changements intervenus dans l'école essentiellement en rapport avec les développements sociétaux et économiques – très différents, dans les régions formant la Suisse du 19e siècle, quant à leurs modalités et à leurs rythmes – on comprend mieux, à la fois les points communs et les différences perceptibles dans les politiques éducatives cantonales.

Alors que les débats pédagogiques ignoraient les frontières cantonales, voire nationales, il n'en allait pas de même des décisions politiques; pendant toute la durée du 19e siècle, celles-ci restèrent le domaine largement réservé du pouvoir décisionnel des cantons. Loin de se conformer à un schéma simple, les clivages apparaissant dans le processus de modernisation pédagogique opposent certes catholiques et protestants, conservateurs et libéraux, urbains et ruraux, ainsi que germanophones et francophones mais ils passent aussi à l'intérieur même des différents groupes précités. Pour comprendre la politique éducative de la Suisse du 19e siècle, il faut donc se garder de ne prendre en considération que les antagonismes entre cantons catholiques et protestants. Il convient d'élargir l'analyse notamment aux conflits présents, au sein du catholicisme, entre groupes de population et cantons catholiques-conservateurs et catholiques-libéraux, et aux antagonismes opposant des groupes protestants libéraux, respectivement radicaux, à des groupes protestants conservateurs. Et même la *grande famille radicale* (Gruner), dominante sur le plan politique, ne peut guère être considérée comme formant une « unité ». Il s'avère nécessaire de prendre en compte les différences se manifestant d'abord entre courants libéraux et radicaux, puis démocrates, telles qu'elles émergèrent entre autres lors des révisions constitutionnelles de 1848 et de 1872-1874; elles laissèrent en fait des empreintes profondes dans la politique du 19e siècle, notamment dans la politique éducative poursuivie par les cantons. Dès les débuts de la Régénération, les « partis » perceptibles à travers ces lignes de démarcation se solidarisèrent au plan intercantonal, en dépit du fait que les contacts se nouaient souvent de manière informelle, tout au plus dans le cadre de sociétés et d'institutions d'utilité publique, sans parvenir à fonctionner en tant que véritables partis politiques, au sens où nous l'entendons aujourd'hui.

Le *Kulturkampf*[1] et la guerre du *Sonderbund*, de même que la révision de la Constitution fédérale de 1872-1874 ou la votation sur le « bailli scolaire » de 1882, constituent des exemples caractéristiques de ces regroupements politiques intercantonaux. Cependant, un changement qualitatif intervint dans cette dynamique intercantonale autour de 1870. Trois facteurs au moins jouèrent alors un rôle déterminant: en premier lieu, le mouvement démocrate[2], qui soutint intensément le débat sur la nature de l'État. Sa demande visant l'élargissement des droits populaires et la mise en place d'une démocratie plébiscitaire était étroitement liée au débat sur la politique éducative et l'amélioration de l'enseignement primaire. L'argument avancé pour lors postulait qu'une population, appelée à se prononcer au moyen du vote ne pouvait être que souveraine. Dans ce contexte, l'école primaire se voyait attribuer une mission politique de premier ordre, à savoir la préparation des futurs citoyens. Deuxièmement, après la proclamation du *Syllabus* et du dogme de l'infaillibilité pontificale par le pape Pie IX, le *Kulturkampf* s'envenima et mena au détachement des vieux-catholiques de l'Église catholique-romaine de Suisse. En dernier lieu, la guerre franco-allemande et la mobilité croissante de la population eurent pour effet une relance du débat sur l'unification du droit dans l'État fédéral. C'est particulièrement dans les camps radical et démocrate que l'on exigea la centralisation au niveau fédéral de divers domaines relevant de la compétence de l'État[3], notamment en matière de politique éducative.

Ces événements fournissent la trame qui permet de comprendre la véhémence des débats qui accompagnèrent la révision de la Constitution fédérale entre 1872 et 1874, véhémence que l'on retrouve également dans le domaine de l'éducation. Quels étaient les enjeux éducatifs de la révision constitutionnelle? Pour l'essentiel, la révision

---

1 Le *Kulturkampf* commence en Suisse au plus tard en 1841, avec la suppression des couvents dans le canton d'Argovie et l'appel aux Jésuites, au titre de représailles contre ladite suppression.

2 Depuis la fin des années 1850, le mouvement démocrate critiqua la politique économique de libre-échange imposée par le pouvoir radical. Sur le plan politique, il exigea surtout: l'introduction de la démocratie directe à travers l'élargissement des droits populaires (initiative, référendum, droit de veto, élection de l'Exécutif par le peuple), des solutions pour résoudre la question sociale qui allait en s'aggravant, et l'amélioration de l'enseignement destiné à tous. La complexité des lignes de démarcation politiques ressort du fait que, dans certains cantons, les conservateurs, eux aussi, soutenaient l'introduction de droits populaires démocratiques — quoique pour d'autres raisons que les démocrates.

3 Cela vaut principalement pour la Suisse alémanique; les radicaux de Suisse romande étaient généralement de véhéments partisans du fédéralisme, et pas seulement dans le champ éducatif.

imposa au pays tout entier ce qui était déjà réalisé dans la plupart des cantons: un enseignement primaire suffisant, obligatoire, placé sous la direction de l'État, gratuit en ce qui concerne l'école publique; la «neutralité» confessionnelle de l'école, ainsi que le droit pour la Confédération de sanctionner les cantons qui ne respecteraient pas leurs obligations. Si en 1861, dans son exposé à l'assemblée annuelle de l'Association suisse des enseignants, David Fries, directeur de l'École normale zurichoise, estimait qu'une centralisation de l'enseignement n'était ni possible ni souhaitable, dix ans plus tard, réunie en assemblée annuelle à Zurich, la même Association adopta une résolution qui exigeait la création d'une école primaire suisse. Ce faisant, l'Association suisse des enseignants se plaça à la tête du mouvement favorable à une politique scolaire suisse, qui visait avant tout à imposer à la Suisse tout entière les principes de l'école primaire démocratique. La Société pédagogique romande, quant à elle, tout en encourageant la mise en place et le développement de l'école primaire démocratique, se prononça contre une trop forte centralisation de l'éducation (*cf.* l'article de Josianne Thévoz). Les partisans d'une réglementation de l'éducation centralisée au niveau Suisse critiquaient le fédéralisme principalement à cause des liens étroits qu'entretenaient, dans certains cantons, l'Église catholique, l'État et l'école.

Selon ces critiques, émanant du camp radical-démocrate, l'école ne pouvait s'améliorer qu'à condition d'être soustraite à l'influence de l'Église; par ailleurs, il fallait, selon eux, imposer l'obligation scolaire et éliminer les problèmes financiers qui faisaient obstacle à la fréquentation de l'école par tous (*cf.* l'article de Lucien Criblez). La réalisation de ces postulats dans l'ensemble du pays ne leur paraissait possible que par le truchement de la centralisation des compétences au niveau fédéral.

Rétrospectivement, pour la période comprise entre 1830 et 1885, le débat concernant un enseignement primaire suffisant, obligatoire et gratuit, placé sous la direction de l'État dans les écoles publiques et accessible indépendamment de l'appartenance religieuse, doit être considéré comme l'enjeu central de la mise en place de l'école démocratique en Suisse. Quand bien même ces critères se retrouvent au premier plan des articles réunis dans la présente publication, ils ne recouvrent pas la totalité des débats autour de l'école démocratique pour tous.

D'autres critères à prendre en considération, dont lesdits articles traitent parfois de façon plus ou moins marginale, auraient pu être le mode de surveillance des écoles; les dispositions garantissant les acquis de la «démocratisation» éducative; la liberté de l'enseignement (*cf.* l'ébauche de cette question dans l'article de Mena et Panzera); la formation des enseignants et les associations d'enseignants (*cf.* l'article de Josianne Thévoz); les écoles publiques et privées; les relations entre cantons et communes, respectivement entre autorités cantonales et communales, ainsi que la question de la présence des filles et des femmes dans la formation (concernant la formation des filles, *cf.* l'article de Sybille Omlin).

Au plan fédéral, le débat sur les questions susmentionnées ne fut possible qu'une fois ces principes introduits *de jure* dans la majorité des cantons. Il fallait en quelque sorte qu'une masse critique ait été atteinte au niveau des cantons pour qu'une discussion sur ces principes puisse être envisagée au plan fédéral. Parallèlement, engager le débat sur la scène fédérale présupposait que tous les cantons aient atteint le même niveau de développement de l'instruction publique, ce qui n'était alors nullement le cas. Si l'avancement avait été le même partout, le débat au niveau fédéral, entendu comme la tentative d'imposer au pays tout entier les principes scolaires dont il est question, n'aurait guère eu de raison d'être.

Toutefois, l'introduction des divers principes qui nous intéressent (gratuité, laïcité, obligation), loin de suivre un développement parallèle, diffère d'un canton à l'autre.

La *gratuité* de l'enseignement primaire, déjà ancrée dans la loi dans la plupart des cantons, n'a que rarement placé les législateurs cantonaux devant l'obligation de procéder à des changements de fond. Cependant, la gratuité ne s'appliquait qu'à l'enseignement primaire et à l'école publique. À de rares exceptions près – par exemple, le canton d'Argovie (*cf.* l'article de Sebastian Brändli) – les écoles privées et le secondaire I demeuraient sujets à l'écolage. En outre, dans la plupart des cas, le matériel scolaire n'était pas gratuit (*cf.* l'article de Pierre Caspard).

On peut voir dans la suppression de l'écolage un important allégement psychologique en faveur du corps enseignant, qui devait fréquemment en assurer l'encaissement, voire parfois le recouvrement (*cf.* l'article de Sebastian Brändli). Inutile d'insister sur le haut potentiel de conflictualité inhérent à cette tâche, lorsqu'on connaît l'ampleur atteinte par les résistances contre l'obligation scolaire (*cf. infra).*

Tout en soulageant les enseignants, la gratuité n'entraîne cependant pas automatiquement un accroissement du taux de fréquentation scolaire (*cf.* l'article de Jean-Christophe Bourquin). À titre d'exemple, l'effet produit dans le canton de Genève par l'introduction de la gratuité dans les écoles publiques a d'abord consisté dans le transfert vers ces écoles d'une partie des élèves des écoles privées (*cf.* l'article de Rita Hofstetter). Considérée sur fond de principes républicains, l'exigence de gratuité ne se réduit pas à une nouvelle tentative d'augmenter le taux de scolarisation, mais doit être interprétée également comme une mesure de cohérence interne: en effet, l'État ne pouvait à la fois rendre l'enseignement primaire obligatoire et maintenir l'exigence de l'écolage.

La notion d'écolage nous renvoie aussi à un problème économique, inhérent à la généralisation de la scolarisation. L'arrivée massive de nouvelles populations révèle rapidement les limites des possibilités financières des cantons et surtout des communes. Qui plus est, l'exigence de laïcisation représente parfois une charge supplémentaire non négligeable si l'on considère que, dans certains cantons, le corps enseignant provenait pour l'essentiel du clergé (*cf.* les articles de Sybille Omlin pour le canton de Zoug et de Danièle Périsset Bagnoud pour le canton du Valais). Les apports cantonaux aux dépenses scolaires des communes différaient considérablement d'un canton à l'autre, ce qui, concrètement, sur le terrain, se traduisait par un manque de locaux scolaires, d'importants effectifs de classes et des différences salariales au niveau des enseignants. Face à ces problèmes financiers, les réactions à moyen terme de la Confédération consistèrent (dès 1902) dans le déblocage de subventions en faveur de l'enseignement primaire, mesure qui trouvait son fondement légal entre autres dans les dispositions de l'article 27 de la Constitution fédérale.

Au moment où fut adoptée la Constitution fédérale de 1874, *l'obligation de fréquenter l'école primaire* était déjà inscrite dans la législation de la plupart des cantons. En effet, sans toujours correspondre à la situation réelle, l'obligation scolaire en tant que norme juridique possède une longue tradition dans divers cantons: à Genève, elle a déjà été introduite au 16e siècle, sans toutefois passer dans les faits (*cf.* l'article de Rita Hofstetter et celui de Gabriel Mützenberg). Dans de nombreux autres cantons, l'obligation scolaire a été ancrée dans les réglementations scolaires des 17e et 18e siècles. Considérée sous l'angle du temps long, l'obligation scolaire a donc souvent été introduite de bonne heure; en conséquence, au tournant du 18e siècle, le degré d'alphabétisation devait être relativement élevé. Il faut cependant se souvenir que la laïcisation de l'école comportait aussi un changement de finalité, l'école n'ayant dès lors plus pour objet de former de bons chrétiens capables de lire la Bible (*cf.* les articles d'Alexandra Bloch et de Pierre Caspard). Dans le courant du 19e siècle, ce but traditionnel de l'éducation scolaire cède progressivement le pas devant une conception demandant à l'école de former de bons citoyens et des acteurs économiques compétents.

Conjointement à la mise en pratique de l'obligation scolaire, un autre problème, étroitement lié à cette exigence, se posait aux responsables politiques et scolaires du 19e siècle: il s'agissait de définir la portée de cette obligation. Les tableaux contenus dans l'article de Carlo Jenzer sur le canton de Soleure le montrent bien: d'une part, les heures de présence varient selon le sexe des élèves; d'autre part, elles changent selon la saison. En outre, les heures de présence se référaient en partie à l'école se déroulant la journée, en partie à l'instruction dispensée un ou plusieurs soirs par semaine, voire le dimanche.

L'introduction de l'obligation scolaire au cours du 19e siècle est fondée, d'une part, sur les changements économiques et les changements des qualifications exigées des élèves; d'autre part, sur l'accroissement des besoins et de la demande d'éducation, ce qui contribue sensiblement aux difficultés financières rencontrées par les pouvoirs publics (*cf.* par exemple l'article de Mena et Panzera sur le canton du Tessin). Cependant, l'obligation scolaire était aussi un élément accompagnant la mise en place de l'État de droit moderne. C'est sur cette toile de fond que, durant tout le 19e siècle et, partiellement, jusqu'au 20e siècle, se posèrent les problèmes d'application résultant de conflits avec la mentalité populaire. Dans son article, Jean-Christophe Bourquin montre que l'opposition à la politique scolaire cantonale et à l'obligation de fréquenter l'école primaire ne se limite pas aux familles, mais s'étend aussi aux communes. Cette hostilité envers l'obligation scolaire est représentative de l'opposition à l'État central; rappelons que, abstraction faite des débats accompagnant la modification de la Constitution fédérale entre 1872 et 1874 et l'application de son article 27 sur la politique scolaire, dans le domaine éducatif l'État central a été longtemps identifié avec le pouvoir cantonal. Sur le plan local, le bâtiment scolaire représentait le pouvoir de l'État tout court. L'opposition de la population à l'obligation scolaire était dirigée contre la normalisation qu'impliquait le développement de l'État de droit moderne, encore perçue de façon générale et diffuse. Suite aux efforts de l'État cherchant à imposer la fréquentation scolaire par des méthodes parfois grotesques, sur le plan local cette normalisation prit des contours plus directs et concrets.

La mise en pratique de l'obligation scolaire entraîna entre autres la création puis le renforcement d'organes de contrôle (commissions scolaires, inspecteurs), mais aussi une nouvelle normativité juridique, dans la mesure où des sanctions furent fixées à l'encontre des récalcitrants. Comme Sebastian Brändli le montre dans son article, on peut voir dans ce qui précède une contradiction avec une politique par ailleurs libérale. Mais on peut aussi en tirer un enseignement: autant le libéralisme n'était pas toujours libéral, autant le conservatisme était loin d'être toujours conservateur. L'opposition populaire était pour partie la conséquence des moyens très peu libéraux utilisés pour imposer l'obligation scolaire. Elle ne se résorba finalement que grâce à un changement de mentalité, qui eut pour conséquence le remplacement d'un modèle comportemental par un autre. Si, auparavant, on n'allait à l'école que lorsqu'on n'avait pas de bonne raison de ne pas y aller, peu à peu on se persuada de la nécessité économique de la fréquentation scolaire, entendue comme une chance de qualification pour s'imposer sur le marché du travail. L'article de Martine Ruchat permet de comprendre comment, en tant que «sous-produit» de la normalisation par l'école, ceux qui ne se conforment pas aux normes établies finissent par devenir visibles. Dans le prolongement de l'économie rurale de subsistance du 19e siècle, le travail des enfants en usine ne fut tout d'abord pas perçu négativement, mais bien plutôt comme la poursuite de l'effort de subsistance par d'autres moyens. Du point de vue des parents, la contribution des enfants à la consolidation de la survie économique de la famille allait de soi. Le fait que cette contribution soit gagnée dans l'agriculture ou en usine ne jouant qu'un rôle secondaire, l'opposition manifestée contre la scolarisation devient compréhensible. Selon les défenseurs de la question sociale et les philanthropes, l'élimination de ce fléau passait nécessairement par la généralisation de l'obligation scolaire, cette dernière devenant ainsi l'enjeu de la lutte, à la fois politique et sociale, contre le travail des enfants. Ce n'est donc pas un hasard si la Constitution fédérale de 1874 servit à la fois de fondement pour l'obligation de fréquenter l'enseignement primaire, et de base légale pour la promulgation de la première grande loi sociale suisse, la loi sur les fabriques de 1877. Ce texte permit à la Confédération d'imposer dans l'ensemble du pays l'interdiction du travail enfantin, tout en créant une nouvelle fonction de contrôle en la personne des inspecteurs de fabriques.

Si le principe d'un *enseignement primaire suffisant* fut inscrit dans le cahier des charges des cantons, aucun mécanisme de contrôle ne fut cependant prévu. En effet, le projet de loi sur le «bailli scolaire» fit échouer *ab ovo* le règlement d'application de l'article 27 de la Constitution fédérale (*cf.* les articles de Josianne Thévoz et de Lucien Criblez). C'est pourquoi, pour la Confédération, les examens pédagogiques des recrues constituèrent un moyen de pression bienvenu, quoique plutôt inefficace, pour améliorer indirectement les systèmes scolaires cantonaux (*cf.* l'article de Werner Lustenberger). Abstraction faite de la nonreprésentativité de l'échantillon (les examens ne touchaient en fait que les conscrits, donc les citoyens suisses de sexe masculin) et des importants problèmes de technique statistique, on ne peut que s'interroger sur la valeur d'un test scolaire effectué cinq années ou plus après la fin de l'école obligatoire, pour donner la mesure de la qualité de l'enseignement reçu par les conscrits. S'il est vrai que les classements des résultats par cantons avaient un effet positif sur la poursuite de la généralisation de l'enseignement, cela n'est pas dû à l'excellence de la mesure, mais à la pression exercée indirectement sur les cantons, mis en situation de compétition les uns par rapport aux autres. Le même effet de pression était d'ailleurs produit par les expositions universelles, comme Philipp Gonon le montre dans son article. Jamais clairement définies, mesurées de façon peu probante, les exigences qualitatives se retrouvent ainsi investies d'un rôle politique, et utilisées notamment contre la «mentalité arriérée» des cantons catholiques conservateurs et les «déficiences» de l'enseignement religieux.

Les carences des examens pédagogiques des recrues une fois admises, il serait néanmoins erroné de sous-estimer deux de leurs effets: premièrement, la pression exercée *sur les cantons* pour l'amélioration des contenus scolaires. Cette pression a été à l'origine de nombreux changements dans le domaine des plans d'études et des moyens d'enseignement. Une foule de nouveaux moyens d'enseignement vit ainsi le jour, au moins pour les branches faisant l'objet d'épreuves aux examens des recrues. En second lieu, ces examens ont produit un effet normatif sur les contenus: en effet, si les sujets d'examen pouvaient faire l'objet d'adaptations régionales, ils n'en étaient pas moins fixés de manière uniforme, ce qui permet de les considérer comme des vecteurs de normes au plan des programmes scolaires.

Même si la notion d'«enseignement primaire suffisant» n'a jamais été définie de façon précise, les deux effets précités ont induit une action positive s'exprimant par la mise en place d'une sorte d'étalon minimal au niveau des écoles.

Nous venons de voir que sous le double aspect de la gratuité et de l'obligation, le processus de scolarisation fait apparaître un développement relativement uniforme, bien qu'empreint d'avances et de retards selon les cantons. Au contraire, dans le domaine de la *laïcisation*, respectivement de la *sécularisation*, l'évolution se présente de manière beaucoup plus complexe et différenciée d'un canton à l'autre (*cf.* l'article de Martina Späni). Il est vrai que la direction de l'enseignement primaire avait été finalement confiée à l'État et que l'école publique devait pouvoir être fréquentée par les élèves de toutes les confessions, sans préjudice de leur liberté de conscience et de croyance (Constitution fédérale de 1874, art. 27). Dans la réalité cependant, la Confédération ne disposait d'aucun moyen de sanction contre les cantons récalcitrants, exception faite, d'une part, des fonctions d'instance de recours dont le Conseil fédéral était investi (par exemple, dans la question des élèves-infirmières: *cf.* l'article de Sibylle Omlin) et, d'autre part, du droit, pour le Parlement fédéral, de donner ou non sa garantie aux Constitution cantonales.

D'ailleurs, la notion d'enseignement «soumis à la direction des autorités publiques» était tout sauf univoque. Sur fond de *Kulturkampf*, les débats menés à l'époque sur les relations entre école, Église et État revêtaient un caractère très polémique et souvent peu différencié. L'agressivité manifestée par les promoteurs de la sécularisation et la résistance véhémente que leur opposaient les milieux d'Église est particulièrement visible lors de l'arrivée au pouvoir, imposée, des radicaux dans les cantons jusqu'alors catholiques-conservateurs du Valais, de Zoug et de Fribourg, consécutive à la défaite de ces cantons à l'issue de la guerre du *Sonderbund* (*cf.* les articles de Danièle Périsset Bagnoud, Sibylle Omlin et Marie-Thérèse Weber).

Considérée comme un processus graduel et de longue durée (dégénérant ici et là en une sorte de «messianisme républicain»), la sécularisation doit être analysée de façon nettement plus différenciée. L'analyse met alors nécessairement en évidence la distinction entre droits civiques et appartenance religieuse; la fin des vérités révélées protégées par l'État; la réorganisation des institutions publiques (mariage, pompes funèbres, justice, école, etc.), soustraites, du moins partiellement, à l'influence de l'Église, sans toutefois mener à la disparition totale de la religion de la vie publique (*cf.* l'article d'Alexandra Bloch). À travers une analyse comparative, Pierre Caspard attire l'attention sur quelques-uns de ces processus.

À cet égard, il conviendrait de distinguer au moins les questions suivantes: les relations entre Église et État; la surveillance de l'école; les instances investies de responsabilités (État, Église, communes, privés); le personnel scolaire (religieux ou laïque); les contenus (plans d'études, disciplines) et la question de l'enseignement religieux. Si l'on opère ce type de différenciation, il apparaît que, dans certains domaines, les processus de sécularisation et de laïcisation présentent des degrés d'avancement variables. La question de la soumission de la direction de l'école publique à l'État, ancrée dans la Constitution fédérale, se retrouve dès lors ramenée au rang d'aspect partiel du problème. On comprend mieux, alors, pourquoi, même après 1874, certains cantons, sans procéder à une séparation totale de l'Église et de l'école, mettent en place des dispositifs très différenciés et en arrivent même à contourner les normes fédérales, sinon *de jure* au moins *de facto* (*cf.* l'article de Marie-Thérèse Weber).

En dernière analyse, le processus de sécularisation peut être entendu comme l'une des stratégies mises en œuvre pour neutraliser *ssur le terrain* les fronts s'opposant sur la laïcisation. D'un canton à l'autre, ce problème se présente de façon différente: premièrement, il faut prendre en considération la situation particulière des cantons paritaires.[4] Excepté le canton d'Argovie (*cf.* l'article de Sebastian Brändli), les cantons paritaires les plus importants – par exemple St-Gall, Thurgovie ou les Grisons – ne sont toutefois pas représentés dans le présent ouvrage. Le cas de ces cantons permettrait de mettre en évidence la nécessité, apparue dès le début du 19e siècle, de calmer les conflits de religion par des mesures institutionnelles appropriées – par exemple des autorités de surveillance séparées, des commissions scolaires paritaires, etc. (*cf.* l'article de Martina Späni).

Deuxièmement, le problème de la confrontation religieuse s'est posé à des cantons, voire à des États, placés devant la nécessité d'intégrer de nouveaux territoires à la souveraineté cantonale, territoires dont les populations n'appartenaient pas à la religion traditionnellement dominante. Ce fut notamment le cas de Genève (*cf.* les articles de Rita Hofstetter et de Gabriel Mützenberg) et, quoique dans une moindre mesure, du canton de Berne avec l'acquisition du Jura. Des évolutions semblables caractérisent la Bavière et le Wurtemberg (*cf.* l'article de Heidemarie Kemnitz). À la suite de ces extensions territoriales, des États et des systèmes scolaires traditionnellement mono-confessionnels se trouvèrent ébranlés dans leurs fondements politiques et éducatifs et contraints de mettre en place des règles permettant la cohabitation et l'intégration. Ce processus basé sur la tolérance ne pouvait évidemment que favoriser la sécularisation.

Troisièmement, la population d'une société suisse alors en voie d'industrialisation avait gagné en mobilité et, en 1874, la liberté d'établissement fut garantie par la Constitution. Mises devant l'obligation de scolariser sur place les enfants des minorités religieuses, les écoles confessionnelles se virent contraintes à l'action (*cf.* les articles de Sibylle Omlin et de Martina Späni). L'importance des pressions engendrées par cette situation de fait différait d'un canton à l'autre, principalement en fonction du degré d'homogénéité (ou de non-homogénéité) confessionnelle, en fonction aussi du degré d'industrialisation et d'urbanisation. De toute manière, le processus de sécularisation doit aussi être compris

4 Les cantons paritaires sont les cantons où les deux confessions étaient reconnues par l'État. Dans le domaine scolaire, cela se traduisait par la coexistence séparée d'écoles des deux confessions, et souvent par l'existence d'autorités de surveillance elles aussi séparées (*cf.* l'article de Martina Späni).

comme l'ébauche d'une solution (l'offre d'une école multi-, ou du moins bi-confessionnelle) face au problème posé par l'accroissement de la multiconfessionnalité dans la population.

Cette dynamique mettant en scène d'une part les relations intercantonales et les relations des cantons avec l'État fédéral, d'autre part les relations entre des groupements politiques qui n'étaient pas encore véritablement des partis, ne se limite pas au territoire de la Suisse. Le *Kulturkampf*, la guerre du *Sonderbund* et les suites de la guerre franco-allemande montrent à l'évidence la nécessité d'étudier les confrontations et débats suisses dans le cadre élargi du contexte économique et politique international. Ce propos vaut évidemment aussi pour le domaine éducatif. Prenant l'exemple des Expositions universelles, l'article de Philipp Gonon montre à l'envi comment différents thèmes de politique éducative trouvent leur origine dans des contextes internationaux. Aussi bien les comparaisons entre réalités nationales (examens pédagogiques des recrues) que les comparaisons avec les réalités internationales (Expositions universelles) s'insèrent dans les stratégies politiques mises en œuvre par les radicaux en vue d'imposer leurs idées aux «rétrogrades». Dans ce même but, ils utilisèrent également les statistiques éducatives en voie de constitution. En effet, aussi bien les examens pédagogiques des recrues que les statistiques établies dans le cadre des Expositions universelles véhiculent une forte charge argumentative.

Ce n'est certes pas par hasard que les radicaux se rendaient aux Expositions universelles et en revenaient munis d'arguments légitimant leurs projets. Aussi bien lesdits examens pédagogiques que ces Expositions servaient de *stimuli* à ce qu'il faut bien appeler une compétition intercantonale pour le meilleur système éducatif, donc pour la meilleure économie cantonale.

Les articles de Pierre Caspard pour la France, Heidemarie Kemnitz pour l'Allemagne et Dario Ragazzini pour l'Italie prouvent que maintes évolutions significatives des politiques éducatives peuvent également être décrites en tant que tendances générales, indépendamment des politiques poursuivies par les Etats-nations respectifs. Ces contributions démontrent que d'importants thèmes éducatifs, tels la sécularisation, l'obligation et la gratuité scolaires, loin d'être des produits purement cantonaux ou nationaux, doivent être interprétés sur fond d'évolutions générales à long terme dans les domaines économique et social.

Dans son article sur l'Italie, Dario Ragazzini évoque l'existence d'un grand processus général, présent dans l'ensemble du Vieux Continent, cela sans préjuger des modalités particulières que ce processus revêt, dans la mise en place des politiques éducatives spécifiques, à l'échelle des nations, voire – dans le cas de la Suisse – des divers cantons.

Alors que, récemment, la mesure statistique des compétences scolaires et les indicateurs éducatifs ont donné naissance à une recherche comparative internationale, dans ces domaines, l'histoire scolaire suisse reste un terrain quasiment inexploré. On manque, à la fois, d'analyses comparatives entre l'histoire scolaire suisse et celle d'autres États-nations, et d'une recherche suivie ayant pour but la comparaison des histoires scolaires cantonales.

D'autres lacunes de la recherche et diverses omissions du présent ouvrage mériteraient d'être comblées. Sans prétendre à l'exhaustivité, nous signalons ci-après quelques perspectives qui pourraient s'offrir à la recherche : il y a par exemple encore beaucoup à faire s'agissant des cantons catholiques-conservateurs. En incluant dans notre publication les cantons du Valais (article de Danièle Périsset Bagnoud), de Fribourg (articles de Marie-Thérèse Weber et Gabriel Mützenberg) et de Zoug (article de Sibylle Omlin), nous avons tenté d'apporter une contribution à leur connaissance ; cette *terra incognita* présente cependant au chercheur intéressé de nombreuses plages encore vides. De même, nous manquons de travaux sur des cantons nettement paritaires, comme St-Gall ou les Grisons, qui pourraient servir d'exemple pour illustrer les solutions institutionnelles appliquées à des confrontations intracantonales sur la politique éducative. Quelle différence y a-t-il entre les courants catholique-conservateur et catholique-libéral en matière scolaire ? Quelles sont les différences entre les libéraux et radicaux d'une part, les protestants conservateurs d'autre part ? Des débuts d'analyse sur les questions qui précèdent se trouvent au mieux dans les travaux ayant pour objet les cantons relativement homogènes sur le plan confessionnel, par exemple dans les contributions de Carlo Jenzer pour le canton de Soleure, de Sibylle Omlin pour le canton de Zoug, de Marie-Thérèse Weber pour le canton de Fribourg ou de Danièle Périsset Bagnoud pour le canton du Valais. On souhaiterait par ailleurs que se développent des analyses différenciées sur les courants de politique éducative coexistant au sein de la grande famille radicale : en quoi libéraux, radicaux et démocrates se distinguent-ils, si l'on fait abstraction de différences relativement simples, telles les positions plus critiques des uns (du moins en Suisse alémanique) face au renforcement de l'État central – notamment en ce qui concerne la politique éducative – ou le soutien plus marqué des radicaux, par rapport aux libéraux, à l'endroit du processus de sécularisation (*cf.* l'article de Carlo Jenzer).

Vu l'importance de la laïcisation qui a frappé l'école au 19e siècle, on a pu en retirer l'impression – quelque peu unilatérale – que la politique scolaire de ce siècle a été marquée principalement du sceau des confrontations religieuses. Ici et là, notamment dans la contribution de Lucien Criblez, on prend toutefois conscience que les programmes de politique scolaire n'ont pas été dictés uniquement par l'appartenance confessionnelle ou de «parti». Bien au contraire, l'appartenance à un groupe linguistique majoritaire ou minoritaire a joué un rôle capital. Ainsi, les radicaux protestants d'expression française, craignant le centralisme en tant que minorité linguistique, refusent en 1872 le premier projet de la nouvelle Constitution fédérale, ainsi que le projet de loi dit du «bailli scolaire» en 1882. La complexité des lignes de partage mises en exergue dans le présent ouvrage montre assurément que la simple dichotomisation entre fédéralistes et centralistes, conservateurs et progressistes, protestants et catholiques ne restitue de loin pas une image un tant soit peu fidèle du problème. Ce qui compte, en substance, pour l'analyse de la politique suisse du 19e siècle, est le fait que ces lignes de confrontation ont ouvert la porte à la mise en place de formes institutionnalisées de tolérance, d'intégration, d'estime réciproque et de participation des minorités, qui ont ouvert la voie à un consensus populaire quant à la «démocratie de majorité», dont les règles étaient en voie d'élaboration à la même époque. Cela vaut en particulier pour la politique éducative suisse du 19e siècle. Les conflits internes à chacune des communautés confessionnelles, chacun des partis et cantons, y ont souvent revêtu la même importance que ceux confrontant ces communautés entre elles, un fait qui a été insuffisamment pris en considération par la recherche en éducation. Le présent ouvrage a pour but de commencer à remédier à cette lacune.

(Traduction : C. Nocera)

Première partie

Les développements des politiques scolaires dans les cantons

Sebastian Brändli

L'État enseignant et ses avatars : le cas de l'école primaire argovienne au 19e siècle

L'histoire comparée est conditionnée par la nature des questions qui lui sont posées. Ainsi est-on tenté, en comparant l'évolution historique des écoles et de l'éducation dans les cantons suisses, de le faire sous l'angle d'un questionnement qui nous paraisse important et d'actualité. C'est en procédant de cette manière que l'histoire comparée de l'éducation pourra apporter une contribution enrichissante aux débats qui nous préoccupent aujourd'hui.

La question de la nature même de l'instruction publique est précisément l'un des sujets importants de la politique actuelle de l'éducation en Suisse, comme on le voit notamment à travers le problème des rapports entre l'enseignement public et l'enseignement privé. Deux cents ans après les débuts triomphants de l'école publique et républicaine, la question de savoir ce qui définit le caractère public de l'instruction se pose encore. Que signifie une instruction *publique* ? En quoi son caractère spécifiquement public doit-il consister ? De quelle nature était ce caractère public au début du 19e siècle ? De quelle nature peut-il être aujourd'hui ? L'instruction publique se définit-elle par des objectifs concernant les contenus de l'enseignement, ou seraient-ce plutôt sa forme, ses méthodes, ses procédés qui la caractérisent ? Entend-on simplement, par enseignement public, un enseignement ouvert à tous ? Ou encore l'offre d'un bien commun – donc public – à l'usage de tous ? Jusqu'à quel point le principe même d'instruction est-il conçu comme *un bien public ?*

Outre ces questions relatives au contenu du concept d'instruction publique, s'en posent aussi d'autres qui ont trait à sa mise en œuvre. Par exemple: quelles sont les mesures à prendre pour faire respecter ce principe? Se pose alors la question suivante: quel rôle revient à l'État en tant que garant de la valeur de l'instruction publique? Et que représente, dans ce contexte, en Suisse alémanique, *l'État*? L'histoire de l'école, en Suisse, nous montre que longtemps avant l'inscription dans la Constitution fédérale de 1874 de l'obligation scolaire comme tâche relevant des cantons, ces derniers avaient considéré l'instruction du peuple comme une tâche leur incombant, et qu'ils avaient conçu fort diversement cette tâche, en particulier dans le partage des responsabilités entre canton et communes.

Si, pour s'orienter dans le champ d'une théorie de l'éducation qui est celle de la bourgeoisie libérale, on part des idées sur l'instruction publique que le marquis de Condorcet élabora et publia à Paris entre 1790 et 1794, il nous intéresse en premier lieu, dans le cadre de la présente recherche, d'étudier comment les idées de Condorcet ont été remodelées et mises en pratique[1] en Suisse alémanique. La première tentative de traduction est déjà riche d'enseignements. Le ministre de l'éducation Stapfer, dans son *Esquisse d'une loi sur l'instruction publique pour la République helvétique*, transpose en *Volksschule, école du peuple*, le terme *instruction publique* utilisé par Condorcet. Cette transposition, si on la considère de près, ne relève pas que de la sémantique: c'est avant tout une création conceptuelle. Dans ce qui suit, en nous référant à titre d'exemple à trois aspects de la *Volksschule* argovienne du 19e siècle, à savoir la fréquentation obligatoire, la gratuité de l'enseignement et sa laïcisation, nous allons montrer comment le concept d'*école publique* a été transformé et adapté par les cantons suisses alémaniques après 1803. D'autres aspects importants ont cependant constitué – et constituent toujours – l'école publique en Suisse alémanique: a) une conception largement fédéraliste de l'instruction publique, où l'on voit non seulement les cantons mais aussi les communes prendre en charge des responsabilités politiques; b) l'instauration, déjà tôt dans le siècle, d'une formation intensive du corps enseignant; c) la liberté laissée au corps enseignant dans le choix des méthodes, liberté reposant certes sur des bases légales variées mais présente cependant partout comme une soupape de sûreté préservant l'enseignement d'une emprise toujours possible du pouvoir

---

1 Voir Condorcet 1792 et Condorcet 1994. Condorcet emploie aussi les termes *école publique, enseignement public* et *éducation publique*. Il nous importe peu, dans le cadre de la présente étude, de délimiter le contenu exact de ces différents concepts au sujet desquels, dans la littérature spécialisée, des avis différents se font jour.

politique[2]; d) comme conséquence de ces aspects, une *professionnalisation* marquée et encouragée du métier d'enseignant (*cf.* aussi *infra*).

LE CANTON COMME GARANT DU CARACTÈRE PUBLIC DE L'INSTRUCTION

L'INSTRUCTION PUBLIQUE AU 19e SIÈCLE : DÉVELOPPEMENT D'UN DOMAINE RÉSERVÉ DES CANTONS

En opposition avec la diversité de l'organisation corporatiste des institutions de l'Ancienne Confédération, pour laquelle l'instruction était l'affaire de diverses instances relevant tant de l'État que de l'Église – et qui la concevait de manière fort différente – l'instruction est, en Suisse, depuis 1803, avant tout l'affaire des États, c'est-à-dire des cantons. Cet état de fait est étonnant car, au début du 19e siècle, cette compétence cantonale ne figure expressément nulle part.[3] Nous nous trouvons ainsi placés dans la situation paradoxale suivante : dans tous les *cantons* suisses de 1803 l'instruction est reconnue comme étant une tâche publique, parce que la République helvétique *unitaire* avait décidé d'en faire non pas seulement une chose publique, mais concrètement l'affaire de l'État. Le fait de mettre sur le même plan les *caractères public et étatique (ou officiel) de l'instruction*, ce que Condorcet avait cherché à éviter en proposant, pour l'instruction, une organisation indépendante – tendant à l'ériger en un quatrième pouvoir – avait été proposé par la République helvétique, et cette conception fut manifestement adoptée, dès 1803, comme compromis politique, par tous les cantons alémaniques.[4] Ce compromis n'a

---

2 On trouve dans la Constitution du canton de Berne de 1831 un exemple précoce qui illustre ce fait : l'autorisation d'enseigner est accordée librement, sous réserve des limitations légales (article 12, cité par Criblez 1992 : 197).

3 En 1803, l'instruction n'est pas mentionnée dans les constitutions de l'Acte de Médiation. Mais elle est sous-entendue à l'article 12 : *Les cantons exercent tous les droits qui ne sont pas expressément délégués aux Autorités fédérales.*

4 Condorcet voulait rendre l'instruction la plus indépendante possible du pouvoir politique ; une *Société nationale des sciences et des arts*, composée exclusivement de *savans* devait être chargée de la direction et du contrôle de l'école publique, *au nom de la puissance publique* (Condorcet 1792 : 35, 49, 80 et ss).
Il est particulièrement difficile de comprendre ce type d'organisation autonome du système éducatif (Brändli 1997 : 17) – Osterwalder parle, lui, d'un système scolaire *qui se réfléchit lui-même (Selbstreflexivität des Schulsystems)* –, parce que les concepts employés par Condorcet pour qualifier l'environnement social de l'école publique ne sont pas explicités : ainsi Condorcet n'utilise pas le concept d'*État*, mais emploie, avec

jamais été remis sérieusement en question, avant comme après 1830, que ce soit par les tenants de la Restauration ou par la bourgeoisie libérale.

Le modèle fédéraliste auquel se conforme l'instruction publique dans la Suisse actuelle plonge donc ses racines dans le centralisme de la République helvétique. Cette dernière, dans sa Constitution centralisatrice, incarnation authentique de l'esprit anti-fédéraliste, prévoyait la création de *Conseils cantonaux d'instruction publique* se rapprochant encore, dans leur conception, de l'idéal condorcien d'une organisation de l'éducation indépendante du pouvoir politique. Ce faisant, elle favorisa pourtant, dans le long terme, et paradoxalement, la mise en place d'une institution qui était contraire à son programme initial. Bien que les Conseils d'instruction publique mis en place dans des cantons conçus comme autant d'unités administratives eussent dû avoir une fonction purement exécutive, ils furent, bien avant 1803, chargés en fait d'une fonction propre, et cela à cause de l'absence progressive d'une politique centralisatrice de l'instruction publique. Dans de nombreux cantons de Suisse alémanique, ces Conseils d'instruction publique conçus comme autorités supérieures de l'éducation ont survécu jusqu'à nos jours. S'épanouissant dans les nouvelles structures cantonales, ils formèrent le noyau agissant des politiques de l'éducation. C'est ainsi que l'adoption d'un outil de gouvernement forgé par la République helvétique devint l'instrument efficace de la création d'une nouvelle souveraineté cantonale.

On peut expliquer comme suit la *naissance illégitime* – illégitime puisque fruit des entrailles de la République helvétique – des politiques cantonales de l'éducation: après 1803, dans presque tous les cantons, une volonté politique d'organiser et de développer l'instruction générale de la population s'était fait jour qui émanait d'une bourgeoisie libérale – tant citadine que rurale – de plus en plus puissante. Cependant, bien que la politique de l'éducation ait été, pour les élites cantonales, un domaine privilégié, jamais, en la matière, une ligne politique prenant le pas sur les politiques cantonales ne se dessina sur le plan suisse. Il faut en chercher la raison dans les Constitutions de 1803 et de 1815, qui ne conféraient à l'État aucun fondement légal pour entreprendre des actions communes, et cela même dans le domaine combien sensible de la sécurité du pays! On peut supputer que sous cette tendance à laisser aux seuls cantons la responsabilité de définir leur poli-

---

valeur de synonymes, les termes *puissance publique, autorité, république, politique, nation.* C'est la formule *l'école comme organe de la liberté* (Condorcet 1994: 32) qui rend le mieux le caractère républicain et public de l'école. Dans le contexte qui est le nôtre ici, le terme *étatique* doit être défini comme s'appliquant à une administration s'exerçant dans le cadre des compétences du pouvoir exécutif.

tique de l'éducation se cachent des raisons encore plus profondes. Preuve en est qu'après 1830, dans les années où s'épanouissent les idées libérales, les cantons régénérés recherchent la collaboration supra-cantonale dans d'autres domaines; la politique de l'éducation, elle, reste organisée sur des bases purement cantonales. Une preuve éclatante en est donnée par la fondation, à cette époque, des universités cantonales (à Zurich en 1833, à Berne en 1834); à cette occasion les deux cantons auraient pu, suivant l'idée de Stapfer, fonder une Université fédérale...

LE MOTEUR DE L'INSTRUCTION PUBLIQUE DANS LE NOUVEAU CANTON D'ARGOVIE : LE CONSEIL CANTONAL DE L'ÉDUCATION

Le canton d'Argovie, dans sa forme actuelle, remonte à 1803. On sait que Napoléon en personne décida, à Paris, durant l'hiver 1802-1803, d'adjoindre au *Canton d'Argovie et de Baden* de la République helvétique le *Fricktal autrichien*, afin de former le nouveau canton d'Argovie. Les citoyens argoviens présents à Paris, à l'action desquels le canton doit son existence, appartenaient à un groupe de bourgeois libéraux, les *patriotes d'Aarau*. Malgré les services rendus au canton, ce groupe perdit les premières élections libres de 1803, désavantagé notamment par certaines dispositions techniques de la Constitution cantonale: les membres du Petit Conseil, qui constituait le gouvernement, étaient choisis parmi les membres du Grand Conseil, au sein duquel les aristocrates dominaient, ne concédant aux libéraux qu'une position minoritaire. N'appartenant pas au parti au pouvoir, des personnalités connues comme H. Zschokke, A. Rengger ou Ph.-A. Stapfer, se désintéressèrent dès lors quelque peu de la vie du nouveau canton (Seiler 1991 : 86).

Une loi sur l'organisation des autorités supérieures en matière d'éducation fut édictée le 23 juin 1803 par le Grand Conseil, et suivie, le 9 août, par l'instauration du *Conseil cantonal de l'éducation* (*Gesetz AG*, 1803). Aux membres de ce Conseil étaient dévolues les tâches qui avaient été celles de l'ancien *Conseil de l'éducation* du temps de la République helvétique. Dans le cadre de l'organisation du Petit Conseil, le *Conseil cantonal de l'éducation* jouait aussi le rôle d'une commission gouvernementale habilitée à préparer et à présenter des projets. L'appartenance politique de ses membres était moins unilatérale que celle des membres du Grand et du Petit Conseil, quoique, là encore, on ait renoncé au début à faire appel à des personnalités dominantes du parti libéral. Dans le Conseil de l'éducation de 1803 siégeaient six membres du Grand Conseil et six ecclésiastiques. Seul un membre était un citoyen *laïque*, incarnant de ce fait *l'école publique* à laquelle avait pensé

Condorcet: civile, non liée à l'Église et au gouvernement de l'État.[5] Le Conseil de l'éducation semble avoir été épargné par les grands affrontements idéologiques de l'époque. L'accord était général parmi ses membres sur le rôle dévolu à l'instruction, preuve que les représentants du parti aristocratique avaient adopté dans ces matières les positions des bourgeois libéraux.[6]

Le Conseil fut divisé en deux commissions, dont l'une était formée de protestants et l'autre de catholiques. À la première incombait la surveillance de toutes les écoles protestantes, à la seconde celle des écoles catholiques, cette dernière étant divisée pour sa part en *deux sections, l'une pour les écoles du Fricktal et l'autre pour celles de Baden* (Gesetz AG, 1803). Mais après quelques années déjà, cette division du canton en deux ou trois parties fut considérée comme étant de peu d'utilité. Le 11 mai 1807, le Grand Conseil publia un nouveau décret sur l'organisation du Conseil de l'éducation, en vue *d'insuffler une vie nouvelle à l'activité importante qu'est l'éducation, et de simplifier davantage la surveillance et l'administration d'icelle.* Par ce décret, les dispositions prises en 1803 étaient supprimées, le nombre des conseillers ramené à sept et l'on renonçait également à la séparation confessionnelle. Les compétences du Conseil demeuraient cependant en gros les mêmes qu'en 1803: choix et direction des inspecteurs de district; choix et/ou octroi aux enseignants de la possibilité d'être élus; droit du Canton à exercer une haute surveillance sur toutes les écoles; compétence financière pour promouvoir les écoles de tout le Canton. On ne renonça cependant pas à préserver une formule assurant la parité confessionnelle au sein de la Commission ainsi que l'obligation de mener, en la matière, une politique équilibrée.

LA LOI SCOLAIRE DE 1805, PREMIÈRE LOI SCOLAIRE DU CANTON D'ARGOVIE

Dans le nouveau canton d'Argovie, il est particulièrement aisé d'observer la mise en place des structures concernant l'instruction publique. Comme première tâche importante, il incomba au Conseil cantonal de

5 Il s'agissait de Rudolf Meyer, ingénieur et entrepreneur, fils du fabricant de textile du même nom, qui avait été le fondateur de la *Kantonsschule* argovienne.

6 Ceci est valable avant tout pour la mise en place de l'école primaire. Sur d'autres objets – comme par exemple la fondation d'une Académie argovienne de théologie – les avis divergèrent fortement. Dire du Conseil de l'éducation qu'il était *bienveillant à l'égard de l'école mais conservateur* peut être dit aussi de l'ensemble des deux autres Conseils durant les premières années, mais, dès 1807, le Conseil de l'éducation était animé d'un esprit largement libéral (Müller-Wolfer 1952: 41, 44).

l'éducation de mettre en chantier un projet de règlement pour les écoles rurales. Le 11 novembre 1804, ce projet pouvait être envoyé au Petit Conseil. Dans la lettre d'accompagnement, le président du Conseil de l'éducation, après les formules traditionnelles de politesse qu'il sied d'utiliser dans ces occasions, désigne ce projet comme n'étant qu'une *esquisse de propositions non contraignantes* et décrit ainsi le travail du Conseil:

> *Nous nous sommes inspirés pour faire ce travail de notre expérience ainsi que des anciens règlements scolaires de la double monarchie autrichienne et du canton de Zurich, en les adaptant aux nécessités du temps et aux particularités de nos populations.*

Pour justifier l'abondance de détails caractérisant le projet, la lettre d'accompagnement ajoute:

> *En ce qui concerne la forme de notre texte, nous prenons la liberté de vous signaler que nous nous sommes crus autorisés à ne pas observer la concision qu'il sied d'avoir dans un texte de loi, car il nous est apparu qu'une telle ordonnance scolaire n'était pas seulement un texte de loi mais devait aussi servir de manuel non seulement pour les enseignants, mais aussi pour les autorités, les parents et les élèves, sur tous les aspects qui concernent l'école. Et comme tous n'ont de leurs devoirs qu'une idée incomplète, voire erronée, il nous a paru qu'un exposé détaillé répondait à leurs besoins* (*Entwurf*... 1804).

Les modèles de la première loi scolaire argovienne ont donc été la loi pour les écoles rurales du canton de Zurich de 1803 (*Gesetz ZH* 1803) ainsi que l'ordonnance pour les écoles de l'Autriche antérieure de 1774. À Zurich, les efforts des législateurs en matière d'éducation avaient débuté un peu plus tôt dans le temps de l'Acte de Médiation, et c'est la raison pour laquelle on avait pris un peu d'avance sur ces questions au bord de la Limmat; Zurich pouvait aussi s'inspirer de ses propres modèles remontant à l'Ancien Régime. En 1803 déjà, le Grand Conseil zurichois avait édicté, sur proposition du Conseil de l'éducation et du Petit Conseil, un règlement pour les écoles rurales du canton de Zurich, qui reposait lui-même sur le règlement scolaire de l'État de Zurich de 1778 (Brunner 1909: 224 et ss).[7] Pour sa part, l'ordonnance scolaire pour l'Autriche antérieure avait été prise encore sous le règne de l'Impératrice

7 Selon Strehler (1934: 85, rem. 6), les précédentes lois concernant ce sujet avaient été celles de 1637 (non imprimée), de 1659, une ordonnance scolaire de 1719 et celle mentionnée ici de 1778.

Marie-Thérèse, mais en prescrivant une école construite sur un modèle hiérarchique raffiné et soumise à un pouvoir central jusque dans le domaine des méthodes d'enseignement, elle était déjà imprégnée de Joséphisme.

En novembre 1804, le projet de loi fut donc transmis au Petit Conseil. Celui-ci en délibéra, apporta quelques modifications (avant tout des suppressions, *cf. infra*) et le transmit au Grand Conseil. L'intitulé du texte, en accord avec les changements internes qu'il avait subis, avait été modifié. Si le projet du Conseil de l'éducation portait encore le titre de *Unmassgeblicher Entwurf zu einer Schul- und Lehr-Ordnung für sämtliche Landschulen des Kantons Aargau* (Esquisse non contraignante pour un règlement scolaire de l'ensemble des écoles rurales du canton d'Argovie), le terme *école rurale* avait été remplacé, dans un premier temps, par *école inférieure (Untere Schulen)*. Dans un deuxième temps, le texte devint plus simplement *Gesetzvorschlag für eine Schulordnung für* Primarschulen (Projet pour un règlement scolaire des *écoles primaires)* (souligné par l'auteur). Le parlement reçut le texte au début du mois de mai 1805.

Dans le rapport qu'il lut devant le législatif, le président de la commission parlementaire, le *Stadtammann* (syndic) Frey, d'Aarau, membre lui-même du Conseil de l'éducation, loua ostensiblement le Projet[8] et en recommanda sans réserve l'adoption :

> *Tout habitant avisé du canton d'Argovie doit se réjouir de voir combien le Gouvernement de notre État s'emploie, avec un zèle infatigable, à fonder et à affermir de manière durable, par le biais de sages lois, le bonheur de notre canton ! Une preuve nouvelle en est apportée par ce projet de loi pour les écoles primaires, Très Honorés Messieurs les Députés, que nous transmettent les Très Honorés Membres du Petit Conseil, et qu'une Commission, au nom de laquelle j'ai l'honneur de parler, a eu à débattre et à rapporter. Je le ferai donc brièvement, pour épargner votre temps si précieux.*

Par rapport au texte du projet de règlement précité, le seul aspect nouveau abordé par la Commission concernait les mesures de retraite pour les enseignants méritants :

> *La Commission ne peut s'empêcher de remarquer que, pour encourager tout particulièrement un métier modestement rémunéré, elle aurait souhaité trouver dans le Projet la proposition d'octroyer à chaque maître d'école ayant accompli avec zèle et fidélité trente ans de service, une petite pension*

8 Original aux Archives cantonales, *Akten des Kleinen Rates*, SR (1805), Fasz. 33.

annuelle, ne serait-ce que de trente francs, comme signe de la grande valeur que le Gouvernement attribue au métier d'enseignant et de l'estime dont il honore cette profession.

Le Grand Conseil suivit le préavis de sa commission et adopta la loi le 16 mai 1805. Le pas était ainsi franchi pour la mise en place, sur des bases cantonales, d'une école élémentaire, et ce pas était important pour le développement de l'instruction publique dans le canton d'Argovie. Cette importance a souvent été sous-estimée par les historiens de l'école car, dans la pratique, selon le jugement des contemporains déjà, l'école argovienne ne changea guère. Dans la réalité, le tourbillon de difficultés qui assaillait un canton en formation fit perdre à la loi toute son efficacité. L'état des finances publiques empêcha le développement de l'école. Malgré cela, la première loi scolaire du canton d'Argovie révèle clairement la ferme volonté politique de faire progresser l'instruction du peuple. Un examen des lois scolaires parues postérieurement montre qu'avec la loi de 1805 les questions les plus importantes de l'instruction publique élémentaire avaient été abordées. Ces nouvelles lois ont certes amené d'autres développements allant parfois jusqu'à transformer en leur contraire les options de la loi initiale ; il faut dire aussi que l'instruction supérieure, et avant tout la formation des enseignants, ne furent érigées que beaucoup plus tard sur une base cantonale. Néanmoins, le texte de 1805 balisa, sur une plus longue période que ne l'ont admis les historiens de l'école argovienne, le chemin qu'allaient suivre la politique de l'éducation de ce canton et ses institutions de formation.

Les pensions de retraite pour les enseignants méritants dont la commission parlementaire avait souhaité la réalisation ne furent pas accordées à cette époque. Seules la loi de 1822 et la création, en 1824, d'une association argovienne pour une caisse de pension des enseignants, firent avancer d'un pas le règlement du problème des retraites.

Le décret de 1813 enrichit l'instruction publique d'un important développement en ordonnant non seulement la création de deux gymnases *(Kantonsschulen)*, l'un dans la partie protestante du canton, l'autre dans sa partie catholique, mais en attribuant aussi à chaque district une école secondaire. La loi de 1822, bien que rédigée sous le signe de la Restauration, ne montre aucun recul face à celle de 1805. Fritz Meier, pédagogue de cette fin du 20e siècle, la critique cependant avec ironie :

L'utilité de cette loi scolaire ne s'est révélée que sur le papier. Les écoles d'alors ont trop d'ornements inutiles et s'enthousiasment pour un rien. Les inspecteurs, quant à eux, ne jurent que par l'orthographe et les mathéma-

> *tiques. Pour eux il n'y a «pas de problèmes», il n'est pas question de voir que les gens se précipitent à l'école comme des assoiffés dans une auberge du désert! Il aurait déjà fallu la force de propulsion d'un complot de taille moyenne pour mettre fin à cette tragédie* (1986: 3).

On est pourtant en droit d'affirmer que, malgré l'esprit de la Restauration qui l'imprègne, cette loi a permis des développements, surtout en matière de normes, qui vont dans le sens d'une école moderne. S'il y a eu crises dans le développement de l'école, leurs origines sont à chercher du côté des finances défaillantes de l'État, ou du côté d'une carence de la volonté politique, mais en tout cas pas du côté d'un défaut de législation.

Dans l'histoire de l'école du canton d'Argovie, la loi de 1835 joue un rôle pionnier en matière de normes, et aujourd'hui encore elle a la réputation d'avoir engendré une réalisation exemplaire. Selon Meier toujours:

> *Il faut donner à la loi scolaire de 1835, conçue dans ces temps de changement, une place de premier plan. En moins de trois ans, on a créé des structures qui, jusqu'à nos jours, sont restées partiellement inchangées. Jamais, dans l'histoire du canton, un appareil législatif aussi fondamental n'a été créé, adopté et mis en œuvre en aussi peu de temps. Le peuple argovien, avec toutes ses contradictions, est l'acteur de ce moment révolutionnaire* (1986: 8).[9]

Comme nous serons encore amené à le dire, la loi pour les écoles primaires de 1835 a effectivement comporté des nouveautés qui, à l'exemple de la langue dans laquelle elle a été écrite, de l'ampleur de son champ d'application, de la précision de sa structure, du consensus politique dont elle porte le témoignage, peuvent encore, de nos jours, impressionner le lecteur. Néanmoins sa force d'innovation fut en général surestimée; il serait plus juste de dire que si la loi scolaire de 1835 a mérité (et mérite encore) de tels éloges, c'est parce qu'elle a proposé la création de l'*école de district (Bezirksschule)*, l'innovation scolaire argovienne par excellence.

La dernière loi scolaire du 19e siècle, qui date de 1865, est fondée, dans sa structure et dans son contenu, sur celle de 1835. Dans cette loi, comme dans les précédentes, le salaire du corps enseignant est un enjeu politique d'importance. Le problème d'une réglementation générale

---

9 Voir aussi Seiler 1991: 93: *La loi scolaire de 1835 présente dans le développement de cette situation l'avancée la plus marquante.*

concernant les pensions de retraite du corps enseignant donne également lieu à de vives controverses. Pour le reste, la loi de 1865 fut une plate-forme idéale pour des innovations administratives et représente une étape marquante dans l'instauration d'une modernité scolaire caractérisée par le formalisme et la différenciation. C'est bien par un vrai coup du sort que cette loi n'a pu être adoptée sous le règne d'Augustin Keller, le plus célèbre serviteur qu'ait connu l'école argovienne, mais sous celui d'Emil Welti, un futur conseiller fédéral: bien que Keller eût travaillé à cette loi dès 1850 et eût été, avant et après son adoption, et cela durant des années, directeur de l'Instruction publique, c'est le jeune Emil Welti, qui, durant un court interrègne, réussit la percée… (Keller 1922: 368; Weber 1903: 19-22).

La loi de 1865 se maintint contre vents et marées durant trois-quarts de siècle. Elle fut maintes fois sur le point de subir une révision totale, mais, pour des raisons diverses, les travaux de révision ont toujours été différés. Ce n'est qu'au 20e siècle qu'elle fut remplacée par la loi de 1941; il va de soi que durant ce long laps de temps des révisions partielles ont été entreprises, la première en 1867 déjà. La loi actuelle a remplacé en 1981 celle de 1941. Ainsi, en l'espace de deux siècles, six lois scolaires, en 1805, 1822, 1835, 1865, 1941 et 1981, ont jalonné l'histoire de l'école argovienne (Heuberger 1903; Hunziker 1914; Staehelin 1978; Byland 1985).

Quelques traits associés au caractère public de l'instruction

Quand l'intérêt public s'oppose aux droits des parents

L'école place au centre de son action l'enfant et les sujets à instruire. De tout temps, ce fut là l'objectif de toute politique de l'éducation. Mais au 19e siècle, dans les lois argoviennes concernant l'instruction, les enfants apparaissent plutôt comme étant des objets à instruire. On propose des mesures dont enfants et adolescents devraient tirer profit, mais les personnes agissantes sont toutes des adultes. Ce sont d'abord les hommes politiques qui, dans ce domaine, détiennent les pouvoirs législatif et exécutif. Les inspecteurs, les prêtres et les pasteurs, les juges des mœurs et les maîtres d'école sont, eux, engagés dans l'action à un échelon plus bas. Quant aux parents, la loi leur impose des devoirs. Mais souvent les parents ne sont pas d'accord d'exécuter les mesures que l'État prévoit pour leurs enfants, car les intérêts privés des parents ne recoupent pas forcément l'intérêt public. Or, quand l'État veut imposer des mesures contre la volonté déclarée des familles, il met certes en pratique les lois scolaires mais non sans nuire à son objectif, timidement exprimé il est vrai, de stimuler le sens civique des familles. Promouvoir l'idée d'une société où la famille jouit de droits et de devoirs s'accorde en effet mal avec le fait de sanctionner les familles des couches sociales inférieures qui refusent l'obligation d'instruire leurs enfants. Il faut dès lors chercher à légitimer cette immixtion de l'État dans la sphère privée des familles en faisant appel à l'intérêt supérieur qu'aurait la Société à compter dans son sein des citoyens et des travailleurs sachant lire et écrire (Böning & Reinhart 1990; Brändli 1992). Les parents récalcitrants n'iront cependant pas jusqu'à s'organiser pour protester: ils tenteront de s'en tirer le mieux possible en évitant souvent d'envoyer leurs enfants à l'école!

Le recours à la notion *d'intérêt public supérieur*, qui autorisait de placer sur le même pied ce qui était *public* et ce qui *relevait de l'État*, comportait aussi un avantage: pour que les écoles publiques puissent jouer leur rôle, elles durent avoir recours à la protection de l'État, voire, le cas échéant à la puissance coercitive dont l'État a le monopole. L'acuité des questions concernant la légitimité des mesures préconisées par l'État n'en fut pas diminuée pour autant! Cette légitimité de l'obligation scolaire en tant qu'élément constitutif d'une école publique marquée du sceau du courant libéral sera fondée sur le raisonnement suivant: dans la mesure où personne n'est exclu de l'école et où chacun doit suivre les mêmes programmes, *l'obligation de fréquenter l'école garantit le caractère public de cette dernière.*

L'INTRODUCTION ET L'ÉTABLISSEMENT PROGRESSIF DE LA FRÉQUENTATION SCOLAIRE OBLIGATOIRE

Les idées de la bourgeoisie libérale en matière sociale ne s'accommodent guère d'une contrainte concernant l'obligation de fréquenter l'école. Et cependant cette obligation fut soutenue par les libéraux parce qu'elle favorisait l'extension de la culture générale dans la population. La loi de 1805 prescrit, dans son article 8, les mesures suivantes:

> *Chaque père de famille a l'obligation de veiller à ce que ses enfants fréquentent assidûment l'école. Ceux qui négligent cette obligation doivent être dénoncés au Tribunal des mœurs, ou, par l'inspecteur scolaire, auprès du Conseil de l'éducation, pour que leur négligence soit réprimée et qu'ils soient soumis à la peine qu'ils méritent. S'il se trouve parmi eux des pères de*

> *familles pauvres, ces derniers seront privés du soutien financier qui leur est alloué. En outre aucun jeune ne doit être accepté en tant que valet, fille de ferme ou apprenti sans une attestation écrite de l'inspecteur scolaire prouvant qu'il a été libéré de l'école.*

Cet article, proposé par le Conseil de l'éducation, ne fut pas modifié par le Petit Conseil. L'obligation de faire suivre l'école à leurs enfants devint par conséquent le premier devoir des parents. Il fut également prescrit qu'aucun enfant n'était autorisé à quitter l'école sans maîtriser les rudiments d'une instruction élémentaire :

> *Aucun enfant ne peut être admis à l'école avant le début de sa 6e année, et aucun enfant ne peut être définitivement libéré de l'école, muni d'une autorisation de l'inspecteur scolaire, sans apporter la preuve qu'il sait lire d'une manière compréhensible, écrire, si possible calculer, et qu'il a suivi l'instruction religieuse donnée par l'école* (article 19).

La loi scolaire de 1805 ne prescrivait pas de quelle façon, dans la pratique, – au moyen de quels outils, de quels règlements disciplinaires – il fallait faire respecter cette obligation scolaire. Il n'en va plus de même dans la loi de 1822, où l'obligation et les absences font l'objet d'une réglementation :

> *Chaque enfant entrant dans sa 7e année est tenu de suivre régulièrement l'école, et cela aussi longtemps qu'un examen final réussi ne l'autorise à la quitter* (article 16) ; *le maître d'école tient un registre précis des élèves et en note chaque fois les absences* (article 21) ; *pour chaque demi-journée d'école manquée sans raison impérieuse, le père ou le tuteur de l'enfant devra s'acquitter d'une amende d'un batz qui sera versée au fond scolaire de l'école* (article 22).

La réglementation encore rudimentaire des absences que l'on constate en 1822 sera développée dans les lois de 1835 et de 1865. Pendant toute la première moitié du siècle, l'imposition de l'obligation de fréquenter l'école constituera un problème lancinant. La loi scolaire de 1835 esquisse en douze paragraphes une parfaite réglementation des absences. L'article 28 confère au curé ou au pasteur l'obligation de tenir à disposition de l'instituteur une *liste de tous les enfants en âge d'obligation scolaire*, et à l'instituteur de montrer cette liste à l'inspecteur. L'article 29 précise que tous les enfants en âge de scolarité ne peuvent manquer ni heures ni jours d'école sans *raisons suffisantes*. Seuls *les maladies et les cas de nécessité absolue, qui doivent cependant être dûment annoncés et prouvés* peuvent être comptés au nombre des *raisons suffisantes*. L'article 30 oblige le maître à tenir à jour un registre des absences qui doit être montré tous les mois à la Commission scolaire. L'article 31 confère à ladite Commission le droit de *réprimer, le cas échéant par un blâme et un avertissement, toute absence de trois demi-journées par mois dont les excuses sont insuffisantes. Des absences de plus longue durée devront être punies par le Conseil communal* (article 32) ; il appartient à ce conseil *d'agir dans la quinzaine qui suit* ; l'amende s'élève de 3 à 6 batz, et de 6 à 20 batz en cas de récidive ; *dans le cas où les parents sont insolvables*, ils subiront *quatre à douze heures d'emprisonnement*. L'argent des amendes est versé dans la caisse de classe tenue par la Commune (article 33). L'article 34 réglemente les cas de récidive : une personne qui, au cours d'un trimestre a eu trois fois une amende encourt une peine de prison d'une durée de 24 heures. L'article 35 donne obligation au syndic de faire exécuter *dans les quinze jours qui suivent les jugements du Conseil communal et d'en faire rapport à ce Conseil.* Finalement le Conseil scolaire du district supervise un *Tableau général des absences* (article 36) et signale le cas échéant au préfet (article 37), *en vue de leur exécution*, les punitions qui n'ont pas été exécutées. Les cas où les punitions se montrent inopérantes sont dénoncés au Tribunal de district. Le Conseil scolaire de district veille aussi à ce que le contrôle des absences soit correctement effectué par les employés qui lui sont subordonnés. Il rappelle à leurs responsabilités les éventuels fautifs et, en cas de récidive, les dénonce au Tribunal de district qui, à son tour, condamne les coupables, pour la première fois à une amende de 4 à 6 francs, et pour la deuxième de 6 à 12 francs. Si cela se reproduit, les fautifs peuvent perdre leur emploi. Les amendes sont versées à la Caisse scolaire du canton (articles 38 et 39).

Le traitement de l'absentéisme est donc un élément important de la loi de 1835. Il reflète la volonté, trente ans après sa première mention dans la loi, d'établir définitivement l'obligation de la fréquentation scolaire. En ce qui concerne la possibilité de réaliser cette exigence, on sent cependant encore chez le législateur une certaine incertitude. En particulier, la fréquente mention des parents *récalcitrants* ou récidivistes donne à penser qu'une réglementation normative ne peut à elle seule garantir l'accomplissement de l'obligation scolaire, les expériences négatives faites à ce sujet depuis 1805 le prouvant à l'évidence. On doit donc à la loi de 1835, non seulement d'avoir simplement réglementé l'obligation de fréquenter l'école, mais aussi d'avoir formulé les moyens propres à faire respecter cette obligation. Trois décennies plus tard, la loi scolaire de 1865, en comblant les dernières lacunes existant à ce sujet, constituera le modèle d'une réglementation parfaite de l'absentéisme. Cette réglementation sera basée pour l'essentiel sur celle de 1835 mais les articles de loi seront formulés avec plus de détails et dans un style plus bureaucratique (*cf.* articles 70 et ss). D'un côté, les autorités scolaires voient leurs compétences augmenter en matière de coercition (elles peuvent même aller, dans les cas graves ou à l'encontre des indigents, jusqu'à ordonner l'emprisonnement) ; de l'autre, on facilite la transmission directe des cas au pouvoir judiciaire. Par rapport à la loi de 1835, les présidents des Tribunaux de district sont engagés plus tôt dans les procédures, et l'exécution des sentences est améliorée : l'instauration du *tandem* président du Tribunal de district-préfet est considérée comme étant l'*ultima ratio* de l'efficacité.

La *durée de la fréquentation obligatoire de l'école* n'est pas spécifiée clairement dans les lois de 1805 et de 1822 ; comme nous l'avons déjà relevé, le texte de 1805 parle des connaissances qui doivent être acquises à la fin de la scolarité, tandis que, dans la loi de 1822, ce sont les résultats d'un examen qui déterminent la fin de l'obligation scolaire. Ces deux manières de faire mettent l'accent sur la réalisation d'objectifs mais ne donnent pas d'indications concernant la durée de la scolarité. On peut admettre que le législateur avait en vue une durée maximale de six années d'école. Sinon il n'y aurait eu aucun sens à légiférer sur les *écoles de répétition (Repetierschulen)*. Un relativement grand pas fut franchi avec la loi de 1835, qui décrétait obligatoire la fréquentation scolaire durant huit ans (article 7) :

> *La fréquentation de l'école communale est obligatoire pour les enfants de tous les bourgeois et habitants du canton. À la fin de sa septième année chaque enfant doit entrer à l'école au printemps et fréquenter celle-ci jusqu'à la fin de sa treizième année. Après avoir montré qu'il maîtrise les connaissances exigées par les règlements et avoir obtenu l'autorisation de quitter l'école ordinaire* (Alltagsschule), *chaque enfant est astreint à suivre une école de perfectionnement jusqu'à l'accomplissement de sa quinzième année.*

Cette augmentation de la durée de la scolarité n'est pas allée sans contestations. La commission du Grand Conseil recommanda le rejet de cette proposition du gouvernement, ce qui poussa l'exécutif à persévérer dans sa demande. Il lui adjoignit une justification qui envisageait une entrée et aussi une sortie plus tardive de l'école (*Bericht Kleiner Rath* du 13.11.1834 : 6 et ss). Il est intéressant de souligner que, dans ce rapport, l'argumentation du gouvernement met en avant des éléments relevant de la psychologie du développement :

> *Si la proposition du Grand Conseil était approuvée, et que les enfants pussent quitter l'école ordinaire à l'âge de 12 ans déjà, âge où ils commencent seulement à* être vraiment capables d'apprendre et où mûrit leur esprit, *tous nos efforts pour ennoblir et éclairer notre peuple seraient vains, toutes nos lois scolaires se montreraient illusoires.* Car ce n'est qu'à cet âge où cesserait l'école obligatoire *que commence un développement plus mûr des forces de l'esprit, capable, alors seulement, de rendre fructueux l'enseignement* (souligné par l'auteur).

Et si l'on oppose à cette proposition un possible intérêt des parents – en particulier de parents souffrant de *misère physique* – cette proposition gouvernementale se justifie par le but général qu'elle vise: le progrès de l'instruction générale de la population.

La loi scolaire de 1865 s'en tint finalement à la réglementation de 1835 qui préconisait pour chaque enfant une fréquentation scolaire obligatoire d'une durée de huit ans (article 40):

> *Chaque enfant habitant le canton, ayant terminé au 1er mai sa septième année, ou la terminant avant le 1er novembre, sera dans l'obligation de commencer au début de l'année scolaire la fréquentation de l'école communale et devra y rester jusqu'au terme de la huitième année d'école. Seul un enfant faible de corps ou d'esprit pourra être dispensé de l'obligation scolaire. Les enfants qui n'ont pas encore atteint l'âge légal ne sont pas autorisés à fréquenter l'école.*

Sur ce point, la loi est d'une précision toute bureaucratique. L'âge d'entrée à l'école est clairement (mais rigidement) précisé, les exceptions étant présentées et détaillées dans les articles suivants. Ces derniers contiennent également une réglementation concernant la scolarisation des enfants de parents nomades.

LA GRATUITÉ DE L'ENSEIGNEMENT

À maints égards, la gratuité de l'école est le pendant de l'obligation scolaire. L'ingérence que l'obligation scolaire représente dans les prérogatives des familles est adoucie, politiquement et socialement, par la garantie que cette obligation est gratuite: si l'on est contraint d'entreprendre quelque chose, qu'au moins cette chose soit gratuite! C'est en ayant à l'esprit cet aspect de la question que le canton d'Argovie prépara, en 1805, l'introduction conjointe de l'obligation et de la gratuité; cependant cette dernière ne fut adoptée qu'à l'époque de la Régénération. En tant que moyen destiné à mettre formellement chacun sur un pied d'égalité, la gratuité est un élément éprouvé de l'école publique.

En 1805 le canton d'Argovie obligea ses communes à ouvrir des écoles; en même temps, elles furent autorisées à prélever des écolages auprès des parents. Le prélèvement de ces écolages était en relation étroite avec le financement du salaire des enseignants (article 12):

> *Dans les lieux où l'on réclame des écolages de la part des parents, ces écolages ne doivent pas être encaissés par les enseignants eux-mêmes mais par les soins du Tribunal des mœurs, toujours au mois d'avril. Si cela n'est pas fait, l'inspecteur doit réclamer le montant de ces écolages auprès de la commune et le transmettre au maître d'école. Il appartient aux communes de payer l'écolage des enfants de milieux très pauvres ou de ceux qui sont reconnus tels par le Tribunal des mœurs. Par contre, les parents qui ont sept enfants ou plus devront être dispensés du payement de tout écolage. Les parents indigents obtiendront des mains de l'inspecteur, et aux frais des Autorités, les manuels scolaires nécessaires.*

Sur le plan juridique, l'autorisation de prélever des écolages constitue l'élément nodal de la loi; d'un point de vue politique, il est aussi intéressant de remarquer le procédé retenu pour encaisser l'écolage. Ce n'est pas le maître lui-même qui récolte l'argent, mais un représentant de l'école publique : l'inspecteur ou le juge.

Cependant la loi scolaire de 1822 ne put encore rendre le financement de l'école indépendant de la perception des écolages. Bien que l'article 30 de la loi enjoigne aux communes de subvenir à tous les frais occasionnés par l'école, l'article 31 précise pourtant :

> *Dans les communes où les besoins de l'école doivent être couverts par le prélèvement d'un impôt, il est autorisé, en dérogation à l'article 30 de la présente loi et des prescriptions de la loi du 13 mai 1806 et du 4 mai 1809, de percevoir annuellement pour chaque écolier un écolage qui contribuera au salaire de l'enseignant. Cet écolage est limité à 1 franc par enfant et ne doit jamais dépasser la somme totale de 2 francs pour les parents qui ont plusieurs enfants en même temps en âge de scolarité.*

C'est l'article 91 de la loi scolaire de 1835 qui condamnera définitivement ce procédé qui chargeait d'impôts supplémentaires les familles ayant des enfants en âge scolaire : *Quand tout ou partie des frais de l'école sont couverts par les impôts, ceux-ci ne peuvent à l'avenir être perçus au prorata du nombre d'enfants d'une famille qui sont en âge de suivre l'école.*

L'école élémentaire est par conséquent devenue gratuite en 1835, décision précoce et courageuse pour un canton qui, dans les années 1830, peinait encore à trouver des solutions capables de consolider ses finances. La loi de 1835 avança même encore deux pas plus loin dans cette direction. Non seulement les élèves de l'école obligatoire, mais encore ceux des écoles publiques secondaires seront alors dispensés d'écolage. L'article 106 de la loi prescrit en effet que *la fréquentation des écoles de district est gratuite pour tous les citoyens argoviens, et aucun écolage, sous quelque forme que ce soit, ne pourra être perçu.* À l'article 139, il est ajouté que *la fréquentation du gymnase* (Kantonsschule) *est gratuite pour tous les citoyens argoviens.*

Dans la loi de 1865, la gratuité des écoles primaires et secondaires sera maintenue; mais il n'en ira pas de même pour les écoles de district et pour les gymnases, où elle sera supprimée. L'article 121 précise: *Un écolage dont le montant ne doit pas excéder 20 francs est requis pour suivre l'école de district.* Il est permis d'exiger une plus forte somme des parents habitant hors de la commune. Mais en cas de pauvreté, l'écolage peut être supprimé. L'article 149 de la loi de 1865 exige aussi un écolage pour suivre le gymnase: *Chaque élève de l'école cantonale doit s'acquitter d'un écolage.* Il fallait payer en outre le matériel scolaire (surtout pour l'enseignement de la chimie). Ici aussi la loi prévoyait une dispense en cas de pauvreté (si zèle pour le travail et bonne conduite il y avait).

La loi scolaire de 1865 marque donc un recul dans l'octroi de la gratuité. Prétendre faire suivre à leurs enfants des études supérieures implique désormais pour les familles une charge financière accrue. Un tel recul doit être mis en relation avec la situation financière difficile du canton d'Argovie, qui était encore loin d'être surmontée. Enfin la forme particulière d'organisation des écoles de district (écoles à la charge des centres régionaux) doit avoir contribué à la réintroduction des écolages. D'ailleurs on peut mettre en rapport la question de la situation chroniquement insoluble des finances de l'État avec la situation chroniquement insoluble de la rémunération des maîtres.[10]

10 Staehelin (1978) voue à la question de la rémunération des enseignants plus des trois-quarts des pages consacrées à la présentation du système scolaire argovien. Ce n'est qu'au 20e siècle, par la prise en charge de l'entièreté des traitements des maîtres primaires par le canton, que cette éternelle question a, pour un temps, disparu des ordres du jour des politiciens.

LA LAÏCISATION DE L'ENSEIGNEMENT ET SON CARACTÈRE PUBLIC

LA LAÏCISATION DE L'ÉCOLE EN ÉCHANGE DE LA PARITÉ CONFESSIONNELLE

L'Argovie du 19e siècle est riche en conflits confessionnels dans lesquels sont impliqués l'évêché catholique-romain, les couvents et l'évêché catholique-chrétien. Le canton eut cependant la chance de disposer, en la personne d'Augustin Keller (1805-1883), et cela durant un demi-siècle (son activité politique s'étend de 1835 à 1880 environ), d'une personnalité de premier plan, à l'humeur combative, qui fut l'artisan d'une modernisation[11] de l'école et de l'Église. Si, par la qualité de son engagement et la clarté de sa conduite A. Keller accéda, d'une part, aux plus hautes responsabilités (1834-1856 directeur de l'école normale ; 1835-1852 député au Grand Conseil ; 1837-1838, 1852 et 1856-1883 conseiller d'État ; 1848 et 1867-1881 conseiller aux États ; 1854-1866 conseiller national), ses opinions lui valurent, d'autre part, d'être âprement combattu dans son propre canton. L'Argovie est cependant aussi, au 19e siècle, un canton où règne la paix confessionnelle. Partagé entre deux confessions, ce canton maîtrisa avec succès les querelles religieuses et confessionnelles ; il fut même à l'origine de compromis consensuels tout à fait originaux, à l'exemple de la parité confessionnelle qui, au début du siècle, assura la paix dans le pays, et de la coexistence pacifique des deux confessions qui suivit l'époque du *Kulturkampf* (Constitution de 1885).

Aujourd'hui encore, le canton d'Argovie est considéré comme un canton où règne la parité confessionnelle. À sa fondation en 1803 il rassembla quatre régions des deux confessions, mettant ainsi à égalité, quant à leur nombre, protestants et catholiques. Dans le domaine scolaire, les premières autorités cantonales appliquèrent une formule garantissant la parité des deux confessions, et garante aussi de leur coexistence pacifique. Or, comme nous l'avons vu plus haut, cette formule paralysa le Conseil de l'éducation et rendit son action inefficace. C'est la raison pour laquelle cette réglementation paritaire et séparée de 1803 fut abandonnée déjà en 1807 et ne fut pas réintroduite en 1815.

Pour les raisons déjà évoquées, la loi de 1805 ne laïcisa donc pas radicalement l'enseignement. Bien au contraire, elle unit plus étroitement

11 Pour le sens que nous conférons aux concepts de *modernité, modernisation*, voir l'article *Modern* de H.-U. Gumbrecht (1978 : 93-131).

l'Église – quelle que fût sa confession – à l'école. Ainsi, le pasteur ou le curé devait-il être tenu au courant par l'inspecteur du départ des enseignants, et c'est lui qui, du haut de la chaire, mettait officiellement la place au concours (article 4); à cette occasion on lui accordait des compétences dans le processus régissant la postulation des enseignants. C'était aussi à lui d'intervenir dans les cas où l'enseignant négligeait ses devoirs (article 10):

> *Un maître d'école qui ne remplit pas ses devoirs doit être admonesté par le curé ou le pasteur, et, selon les circonstances, être dénoncé au Tribunal des mœurs ou à l'inspecteur scolaire. Le Conseil de l'éducation pourra le punir par la suspension ou le renvoi.*

En règle générale, le pasteur ou le curé était chargé de la surveillance de base de l'école; la loi utilise à ce propos l'expression *la plus proche surveillance (nächste Aufsicht)* et oblige l'ecclésiastique à entreprendre des contrôles réguliers:

> *Le prêtre ou le pasteur doit visiter assidûment l'école de sa paroisse pour observer si le maître et les élèves remplissent fidèlement et consciencieusement leurs devoirs, et pour donner de bons conseils au maître d'école* (article 17).

Dans cette fonction de surveillance, le pasteur ou le curé devait être protégé et soutenu par l'inspecteur scolaire:

> *Comme chaque inspecteur a de par la loi le contrôle supérieur des classes de son district, il doit se soucier que les Commissions scolaires, les enseignants, les parents et les enfants remplissent fidèlement leurs devoirs; il doit soutenir le curé ou le pasteur dans sa fonction de proche surveillant de l'école, doit veiller à ce que le Tribunal des mœurs soit honoré et que les enseignants ne soient ni gênés dans leur travail ni offensés ou exploités.*

L'examen était à mettre au rang des moyens les plus importants pour surveiller l'école, et là aussi le pasteur ou le curé avait un rôle à jouer:

> *Chaque année, à la fin de l'école d'hiver, un examen est organisé par le curé ou le pasteur, les autorités scolaires et si possible en présence de l'inspecteur. À cette occasion le registre scolaire est présenté et comparé avec le registre de l'examen de l'année précédente. Chaque élève est examiné sur ce qu'il a appris; le zèle, tant du maître d'école que des élèves, est ravivé par des paroles de louange ou de blâme prodiguées avec impartialité et il est discuté*

en commun de ce qui pourrait encore être utile pour le bien de l'école (article 18).

Fondées sur la loi de 1805, les instructions données en 1813 pour le district de Zofingue décrivent exactement (article 35: 36 et ss) de quelle façon devait se dérouler cet examen passé en présence du curé ou du pasteur:

> *Chaque année, à la fin de l'école d'hiver, se tiendra un examen scolaire public en présence des représentants de l'autorité scolaire de l'endroit et de Monsieur le pasteur (ou curé). La date de cet examen en aura été convenue avec Monsieur l'inspecteur scolaire et annoncée publiquement. Au cours de cet examen on inspectera d'abord les élèves devant se rendre dans une autre école ou ceux ayant terminé leur scolarité, pour voir avec précision s'ils ont appris ce qu'il est prescrit d'apprendre. Les autres classes seront aussi examinées et tant l'inspecteur que le curé (ou le pasteur) tenteront de se rendre compte, par leurs propres questions, des progrès des élèves.*

L'enseignement religieux relevait tout spécialement de la compétence des ecclésiastiques:

> *En ce qui concerne l'enseignement de la religion, l'inspecteur scolaire n'aura pas autorité sur le maître d'école sans avoir pris l'avis et le conseil de l'ecclésiastique à qui le souci des âmes de la jeunesse est confié; mais il tiendra le Conseil de l'éducation au courant des cas importants* (article 17).

PREMIÈRES AMORCES DE LAÏCISATION EN 1805

La place importante dévolue au pasteur ou au prêtre dans la loi de 1805 témoigne de la volonté politique d'organiser l'école sous le contrôle et la protection des deux Églises. On trouve cependant déjà en 1805 une amorce de laïcisation de l'école, les deux éléments les plus importants de cette laïcisation concernant le contrôle de l'école et sa direction. Une preuve en est la proposition, par le Petit Conseil, de créer un poste d'inspecteur laïque chargé de surveiller les écoles du district. Dans le domaine de la conduite de l'école, le Petit Conseil accentua dans une certaine mesure la laïcité des propositions qui lui étaient faites par le Conseil de l'éducation. Il biffa dans ce but plus de trente propositions qui lui étaient proposées par le Conseil et qui toutes attribuaient des compétences aux ecclésiastiques et aux Églises. Ce faisant, le gouvernement s'opposait à la tentative du Conseil de l'éducation de maintenir la position dominante des Églises dans la conduite des affaires scolaires. Les suppressions apportées par le gouvernement au texte du Conseil sont très éclairantes pour juger de sa volonté – il est vrai, mesurée – de laïciser l'école. Le but de ces efforts n'était en aucun cas d'instaurer une école laïque, mais bien plutôt de mettre en place une structure duelle capable de donner, dans le domaine de la surveillance et de la conduite de l'école, un poids semblable aux Églises et à l'État laïque. On peut admettre que le gouvernement partait du principe de n'accorder aux ecclésiastiques aucune ingérence directe dans les domaines de l'organisation et de la conduite de l'enseignement. Il fut ainsi renoncé à la proposition de donner au prêtre ou au pasteur la compétence d'inscrire les enfants à l'école – à l'intérieur et à l'extérieur de la commune – et d'autoriser une scolarité conduite par des enseignants privés.

On peut voir avant tout dans la compétence accordée aux enseignants d'être maîtres entre les quatre murs de leur école, compétence qui les rend responsables de la sphère scolaire, le pas le plus important accompli dans la direction d'une école laïque (article 13). Cette compétence porte en elle le germe du développement d'un sous-système scolaire autonome, réalisé plus tard par la professionnalisation des enseignants sous l'influence des instituts de formation et de l'action des organismes corporatifs. Cette prise d'indépendance voulue par les agents mêmes de l'école est à considérer comme le pendant de la laïcisation effectuée à cette époque. À l'égard de ce développement, il est significatif de noter que le gouvernement avait biffé d'un trait de plume un préambule demandant :

> *[...] À Messieurs les Pasteurs et Curés qui avaient la lourde responsabilité de la conduite des âmes de la chère jeunesse à eux confiée au sein de leur paroisse, de considérer, nonobstant la nature de leur sainte fonction, comme étant le plus important de leurs devoirs d'assurer le plus étroit contrôle et la direction de l'école qui leur était confiée.*

Dans le domaine de l'école, l'appellation de *sainte fonction*, fut reportée dès lors sur toutes les périphrases désignant les devoirs et les fonctions de l'enseignant.[12]

---

12 Voir à ce sujet, dans la biographie d'Augustin Keller (1922), la citation du discours tenu par ce dernier à l'occasion de l'inauguration, en 1836, du Séminaire des maîtres de Lenzbourg : *Ainsi vous confère-t-on le rôle de Prêtres du Peuple* (p. 172) ; à la page 367 une lettre du pasteur Schröter est citée qui parle de l'éducation de la jeunesse comme étant *une chose sacrée* ; à la page 438 les maîtres sont désignés comme étant les *gardiens et les intendants des plus grands sanctuaires de la nation*.

L'influence des ecclésiastiques fut limitée aussi dans le domaine de la discipline. La proposition avait été faite de mettre pleinement les maîtres au service d'une éducation chrétienne, dans l'esprit *des disciples partageant avec le Christ la sainte cène.* D'une manière plus générale l'homme d'Église devait avoir une compétence de conseiller et de participant, lors des procédures disciplinaires arrêtées à l'encontre des élèves s'étant rendus coupables de conduite *immorale* en dehors de l'école, dans la mesure où une punition *importante ne pouvait être prévue sans que Monsieur le Pasteur ou Monsieur le Curé n'en ait eu préalablement connaissance et n'ait pu donner conseil.* Au reste l'action des ecclésiastiques dans ce domaine n'avait pas à se limiter aux écoliers et écolières, mais concernait aussi le comportement des enseignants, puisque ces ecclésiastiques étaient *les plus proches surveillants de l'école.* Les propositions du Conseil de l'éducation se faisaient particulièrement paternalistes en enjoignant au corps enseignant d'accueillir avec reconnaissance les remarques que prêtres et pasteurs étaient en droit de faire dans l'exercice de leur devoir de surveillance:

> *Le maître doit mettre toute sa bonne volonté et son bon cœur à suivre l'enseignement et les directives de Monsieur le Pasteur quand celui-ci lui montre quelque erreur dans l'une ou l'autre partie de son enseignement ou de l'organisation de son école.*

Bien entendu le maître devait manifester le plus grand respect à l'égard du pasteur ou du prêtre comme à l'égard de tous les tenants de l'autorité:

> *De même que l'exemple de ceux que la loi place au-dessus des autres a, sur ceux qui leur sont assujettis, une si grande influence, de même le maître d'école doit-il considérer avec le respect qui leur est dû, tant Monsieur l'Inspecteur que Monsieur le Pasteur, et inculquer dans le cœur des enfants l'amour, l'obéissance, le respect à l'égard du prêtre ou du pasteur, et la considération envers le ministère de celui-ci.*

D'une manière particulièrement précise la proposition précitée revendique pour les ecclésiastiques un rôle d'autorité supérieure. Les prêtres ou pasteurs doivent:

> *[...] lors de l'ouverture de l'école d'hiver en présence des autorités scolaires, remettre cette dernière aux mains du maître avec solennité, exhorter paternellement les élèves, recommander aux Autorités la visite de l'école, et finalement dire tout ce qu'ils jugeront nécessaire pour le bien de l'école.*

Cette mise en scène consistant à transmettre l'école à l'enseignant trahissait le désir des ecclésiastiques d'occuper dans la société un rang qu'ils s'exagéraient dans une large mesure; elle montre aussi qu'ils étaient prêts à investir dans l'école en tant qu'institution sociale un statut qu'ils percevaient comme supérieur. Mais le gouvernement renonça à cette offre et la mise en scène prévue dans le projet fut biffée.

Dans le domaine de la surveillance de l'école, on peut considérer que la création du Conseil de l'éducation, conçu comme autorité laïque en 1803, est déjà une mesure de laïcisation de l'école, car, sous l'Ancien Régime, les Conseils d'Église étaient chargés de cette fonction (une tradition que le canton de Berne maintint aux temps de la Médiation). Comme nous l'avons déjà indiqué, le Conseil de l'éducation, pour renforcer la surveillance des écoles, proposa dans la loi de 1805 la création de postes d'inspecteurs de district. Le Petit Conseil fit sienne cette proposition. C'est ainsi qu'en 1805, les inspecteurs scolaires de district furent introduits à la charnière de deux institutions: entre, d'un côté, le Conseil de l'éducation cantonal laïque et, de l'autre, les autorités locales de surveillance de l'école, dominées par les ecclésiastiques. De par la fonction qu'ils exercent, les inspecteurs sont un *élément de l'école publique*; mais par leur statut ils exercent un contrôle de l'État.

L'inspecteur scolaire exerce *la haute surveillance voulue par la loi sur les écoles de son district* (article 16). Dans son rôle de surveillant, son pouvoir est donc supérieur à celui des autorités locales. On voit par exemple dans l'article 17 que l'autorité ecclésiastique est contrainte *de faire exécuter avec la meilleure bonne volonté et sens du devoir les demandes de l'inspecteur scolaire.* On pressent aussi dans l'article 18 la position éminente de l'inspecteur quand il est dit que celui-ci doit *si possible* être présent lors de l'événement scolaire le plus important de l'année, l'examen. De par la compétence, le statut et la renommée conférés à sa fonction, l'inspecteur avait à protéger ses subordonnés en cas de conflit et à faire ainsi respecter le mieux possible les règlements scolaires. On peut voir aussi le caractère laïque de la fonction inspectorale dans le fait que *la partie religieuse* de l'enseignement ait été spécialement placée sous la surveillance des ecclésiastiques. Néanmoins, dans les premières années, cette conception laïque du rôle de l'inspecteur n'a pu être pleinement réalisée: en 1805, sur les onze inspecteurs engagés, neuf étaient des ecclésiastiques et deux seulement des laïcs. Ainsi la laïcisation de l'école par l'instauration d'un inspectorat laïque dut attendre patiemment son heure pour voir poindre sa réalisation effective.

Tous comptes faits, il est difficile de porter un jugement sur les efforts entrepris par le Conseil de l'éducation et par le Petit Conseil pour laïciser le système scolaire en partant de ce qui avait été promulgué dans la loi de 1805. Il est cependant possible d'affirmer que, d'une manière générale, ce but fut partiellement atteint par le Petit Conseil et que, dans le domaine de la conduite de l'école en particulier, le modèle d'une école placée sous la houlette d'enseignants compétents et responsables réussit à s'implanter. Si, dans le domaine de la surveillance de l'école, les autorités supérieures qui en avaient la charge devaient, dans les textes, être laïques, elles furent en fait, de par le choix des personnes composant le Conseil de l'éducation et l'inspectorat, largement choisies dans les milieux ecclésiastiques. Cependant, ce modeste début d'une école de qualité *professionnelle* qui n'était plus sous la tutelle directe de l'État ou de l'Église était bien le point de départ d'une école publique marquée du sceau du courant libéral. Malgré cette amorce, il serait toutefois injustifié d'affirmer qu'en 1805 l'école argovienne était publique *parce que laïque*.

LA MARCHE VERS L'ÉCOLE LAÏQUE

Par rapport à la réglementation de 1805, la loi scolaire de 1822 n'apporta que peu de changements dans les domaines de la responsabilité et de la participation des Églises dans la vie de l'école. Ainsi l'article 28 de la loi stipule que:

> *La surveillance générale de l'école est le fait du pasteur (ou du curé) et du Conseil communal; les cas particuliers sont traités par un membre du Conseil scolaire du district désigné à cette occasion en tant qu'inspecteur, et dans les cas où une Commission scolaire propre est engagée pour cette tâche, elle le fait en collaboration avec l'inspecteur scolaire.*

Dans l'article 29, l'examen, comme en 1805, est placé sous la responsabilité du Conseil communal, de l'inspecteur scolaire et du pasteur (ou du curé); ce sont ces personnes qui disposent du droit de promouvoir les élèves.

Il faut attendre la loi scolaire de 1835, rédigée dans la foulée de la nouvelle Constitution cantonale de la Régénération, pour voir s'accomplir une percée décisive et durable en direction de l'école laïque. Cette percée fut confirmée par la loi de 1865. Le processus de désengagement de l'école argovienne de l'emprise des Églises s'accomplit en douceur si on le compare aux durs affrontements qui l'ont marqué dans d'autres cantons. C'est un peu comme si ce qui avait été en germe en 1805 s'était développé et que toutes les parties en cause, dans les années 30, s'étaient trouvées en accord avec le sens de l'histoire. (Cela n'empêcha pas que six ans plus tard commence en Argovie le conflit sur la fermeture des couvents, ni qu'éclatent, là aussi, dans les années 70, les troubles liés au *Kulturkampf*, et qu'ils s'y soient déchaînés avec particulièrement de virulence.)

Concrètement, la loi scolaire de 1835 réduisit à un minimum les compétences et les devoirs des ecclésiastiques tels qu'énoncés dans les lois de 1805 et de 1822. Selon l'article 28, il revenait seulement au pasteur ou au curé d'établir *une liste de tous les enfants en âge de scolarité.* Et l'article 100 plaçait le seul enseignement de la religion sous la surveillance des ecclésiastiques :

> *Le pasteur (ou le prêtre) a l'obligation de visiter souvent les écoles de sa paroisse et c'est à lui qu'incombe plus particulièrement la direction de l'enseignement religieux et moral ainsi que le souci de l'éducation morale des enfants.*

Finalement, l'article 98 de la loi scolaire de 1865 marque un nouveau recul pour les ecclésiastiques, mais sans signer encore la fin de leur présence dans le domaine de l'école :

> *Il incombe au pasteur ou au curé de surveiller en particulier l'enseignement religieux donné à l'école. Il donne chaque année un rapport à l'inspecteur sur la vie religieuse et morale de la jeunesse scolaire placée sous sa particulière sauvegarde, en y adjoignant ses désirs éventuels. Il doit en outre promouvoir de son mieux la vie scolaire de sa paroisse ; visiter souvent les classes ; agir auprès des parents pour que ceux-ci envoient régulièrement leurs enfants à l'école ; soutenir celle-ci dans le maintien de la discipline et se soucier, en particulier, de l'éducation morale dispensée aux enfants, tant à l'école qu'à la maison.*

On peut constater que mille lieues nous séparent, après 1835, du temps où pasteurs et curés étaient *les plus proches surveillants* du maître et de l'école.

L'ÉCOLE D'ÉTAT COMME ÉCOLE PUBLIQUE

Les trois éléments essentiels qui caractérisent, au 19e siècle, les écoles primaires cantonales suisses allemandes sont leur gratuité, l'obligation de les fréquenter et leur caractère laïque. Dans le canton d'Argovie, ces éléments voient le jour dans les lois de 1805 et de 1822 ; ils sont fixés dans celle de 1835 et confirmés dans celle de 1865. Ce fut l'État, par le biais de ces éléments, qui put garantir le caractère public de l'école; en chargeant les communes d'ouvrir et de tenir des écoles conformément aux lois cantonales, le canton d'Argovie, à l'instar des autres cantons alémaniques, misa sur la création d'*écoles publiques* en tant qu'*écoles d'État* (ou pour le moins en tant qu'*écoles conformes aux directives de l'État*). Par ce biais, des éléments essentiels des théories de la bourgeoisie libérale en matière scolaire furent ancrés dans la loi. Une différence cependant subsiste entre les conceptions de Condorcet et la pratique toujours en vigueur de nos jours: *c'est à l'État que sont dévolus la conduite et le contrôle de l'école primaire.*

Dans la loi de 1805, on peut déjà repérer l'ébauche d'une école publique conduite par des professionnels responsables et construite sur des bases légales. D'autres éléments ayant marqué la physionomie et le caractère de l'école primaire argovienne au 19e siècle et au 20e siècle ressortissent à la formation des enseignants et à la professionnalisation du métier d'enseignant. Il y a lieu ici de mentionner, en guise de conclusion à notre étude: la fondation, en 1821, du Séminaire de formation des maîtres; l'introduction et le développement progressif du perfectionnement et de la formation continue des enseignants (conférences de district depuis 1835); la formation d'une société cantonale et officielle d'enseignants, en 1865 (la Conférence cantonale), et la fondation, en 1892, d'une organisation professionnelle privée, l'Union argovienne des enseignants *(Aargauischer Lehrerverein)*; l'éternelle question du salaire des enseignants, posée dès 1805, dont la solution, toujours différée, n'a été résolue qu'en 1929 par la prise en charge du paiement des salaires par le canton; la modernisation de l'école primaire due à l'action de l'État qui la surveille, la dirige et a le souci de la développer (création d'un Département de l'instruction en 1851; impression d'un programme des cours en 1854; engagement prévu en 1865, mais non réalisé, d'un inspecteur cantonal qualifié sur le plan scientifique). Il a fallu cependant attendre la loi de 1981 pour voir porter à neuf années la durée de la scolarité obligatoire.

(Traduction: J.-P. Rey)

RÉFÉRENCES

SOURCES

On trouvera, dans les recueils officiels des lois argoviennes conservés aux Archives cantonales, le texte complet des lois citées dans cet article. L'intitulé et les cotes d'emplacement des autres sources déposées aux Archives cantonales sont indiqués dans les notes infrapaginales.

RÉFÉRENCES BIBLIOGRAPHIQUES

Böning, H. & Reinhart, S. (1990). *Volksaufklärung*. Tome 1. Stuttgart, Frommann-Holzboog.

Brändli, S. (1992). Baumschulen des kommenden Blätterwaldes. Zur Popularisierung der Presse und Politisierung der Bevölkerung in der Helvetik. In H. Böning (éd.), *Französische Revolution und deutsche Öffentlichkeit*. Munich, Saur.

Brändli, S. (1995). Wissenschaft, Bildung, Schulen. In *Kanton Aargau*. Munich, Bühn.

Brändli, S. (1997). Der Griff nach der vierten Gewalt. *NZZ Zeitfragen*, 23.8.97 : 17. Zurich, NZZ.

Brunner, E. (1909). Der Kanton Zürich in der Mediationszeit (1803-1813). In *Schweizer Studien zur Geschichtswissenschaft*. Tome 1, Cahier 1. Zurich, Leemann.

Byland, M. (1985). *Heinz Hafner und Theo Elsasser. 150 Jahre Aargauer Volksschule 1835-1985*. Aarau, AT-Verlag.

Condorcet, Marquis de (1792). *Rapport sur l'instruction publique*. Paris, Imprimerie Nationale.

Condorcet, Marquis de (1994). *Cinq mémoires sur l'instruction publique*. C. Coutel & C. Kintzler (éds.). Paris, Flammarion.

Criblez, L. (1992). Öffentlichkeit als Herausforderung des Bildungssystems. *Zeitschrift für Pädagogik*, Supplément N° 28. Weinheim, Beltz.

Drack, M. T. (1967). Der Lehrverein zu Aarau. *Argovia 79*. Aarau, Sauerländer.

Entwurf des Schulrates für ein Schulgesetz (1804). Archives d'État du Canton d'Argovie : *Akten des Kleinen Rates*, SR (1805), Fasz. 33.

Gesetz über die Organisation der obersten Erziehungs-Behörde vom 23. Brachmonat (1803). Archives d'État du Canton d'Argovie.

Gesetz enthaltend eine Schulordnung für die Landschaft des Kantons Zürich (1803). In *Offizielle Sammlung der Gesetze und Verordnungen* (1803). Tome 1. pp. 394-408. Zurich.

Gumbrecht, H.-U. (1978). Modern. In O. Brunner *et al.* (éds.), *Geschichtliche Grundbegriffe*. Tome 4, pp. 93-131.

Habermas, J. (1962). *Strukturwandel der Öffentlichkeit*. Neuwied, Luchterhand.

Halder, N. (1953). Geschichte des Kantons Aargau, 1803-1830. Tome 1. Aarau, *Neue Aargauer Zeitung*.

Häner, I. (1990). *Öffentlichkeit und Verwaltung*. Zurich, Schulthess.

Hartmann, M. (1930). *Geist und Kraft unserer Volksschule*. Zurich, Selbstverlag.

Hauenstein, H. (1954). *Von den Anfängen des fricktalischen Schulwesens bis zum Inkrafttreten des Schulgesetzes vom Jahre 1835*. Frick, Fricker.

Heuberger, S. (1903). Die aargauische Volksschule im 19. Jahrhundert. Aarau, *Aargauer Nachrichten*.

Hunziker, F. (1948). *Der Erziehungsrat des Kantons Zürich 1798-1948*. Zurich, Direction de l'instruction publique.

Hunziker, J. (1914). *Die historische Entwicklung des Schulwesens im Kanton Aargau*. Aarau, Sauerländer.

Keller, A. (1922). *Augustin Keller 1805-1883*. Aarau, Sauerländer.

Kost, F. (1985). *Volksschule und Disziplin. Die Disziplinierung des inner- und ausserschulischen Lebens durch die Volksschule am Beispiel der Zürcher Schulgeschichte zwischen 1830 und 1930*. Zurich, Limmat.

Martens, W. (1969). *Öffentlich als Rechtsbegriff*. Bad Homburg, Gehlen.

Meier, F. (1986). *Sturmläuten für die Aargauer Schule. Weiss-Blätter mit Variationen zur Entstehung des aargauischen Schulgesetzes von 1835*. Aarau, Lehrmittelverlag & Sauerländer.

Müller, R. (1860). *Die Aargauische Volksschule*. Aarau, Kulturgesellschaft Aarau.

Müller-Wolfer, Th. (1952). *Die Aargauische Kantonsschule in den vergangenen 150 Jahren*. Aarau, Sauerländer.

Osterwalder, F. (1992). Condorcet – Instruction publique und das Design der Pädagogik als öffentlich-rechtliche Wissenschaft. *Zeitschrift für Pädagogik*, Supplément N° 28. Weinheim, Beltz.

Osterwalder, F. (1993). Markt, Staat, Öffentlichkeit und Bildung. In P. Gonon & J. Oelkers (éds.), *Die Zukunft der öffentlichen Bildung*, Berne, Lang.

Osterwalder, F. (1996). *Pestalozzi – ein pädagogischer Kult*. Weinheim, Beltz.

Rohr, A. (1960). Von den geistigen Voraussetzungen für Philipp Albert Stapfers helvetischen Erziehungsplan. In *Festgabe Otto Mittler*. Aarau, Sauerländer.

Schulordnung, Allgemeine, für die deutschen Normal-, Haupt- und Trivialschulen in sämtlichen österreichischen Erbländern (1774).

Seiler, C. & Steigmeier, A. (1991). *Geschichte des Aargaus. Illustrierter Überblick von der Urzeit bis zur Gegenwart*. Aarau, AT Verlag.

Staehelin, H. (1978). *Geschichte des Kantons Aargau, 1830-1885*. Tome 2. Baden, Baden Verlag.

Strehler, H. (1934). *Beiträge zur Kulturgeschichte der Zürcher Landschaft*. Lachen, Gutenberg.

Vischer, E., Rauchenstein, R. & Heusler, A. (1951). *Quellen zur aargauischen Geschichte*. Aarau, Sauerländer.

Weber, H. (1903). *Bundesrat Emil Welti. Ein Lebensbild*. Aarau, Sauerländer.

Carlo Jenzer †

Soleure : la mise en place d'une école organisée par l'État, impliquant l'instruction obligatoire et la séparation d'avec l'Église

Soleure, un canton à la fois catholique et libéral : court rappel de son histoire durant le 19e siècle

Dans la Confédération suisse du 19e siècle, un seul canton catholique pouvait se prévaloir de mener – tout à la fois avec constance et détermination – une politique gouvernementale libérale: c'était Soleure.[1] Tous les autres cantons catholiques, le Tessin mis à part, ont appartenu au camp conservateur, excepté lors de courts intermèdes politiques. Ce n'est qu'à Soleure que le parti libéral-radical se maintint au pouvoir dès 1830 et sans interruption; de même, de tous les cantons catholiques, il n'y a que Soleure qui devint, après 1850, un canton vraiment industriel (Stadler 1984: 530).

C'est de la légendaire journée populaire du 22 décembre 1822, où plus de 2'000 hommes étaient venus de tout le canton manifester à Balsthal, agitant des drapeaux et coiffés de chapeaux garnis de rameaux de sapin, que date le début de l'ère libérale. Ce jour-là, les habitants des campagnes avaient exigé de leurs concitoyens des villes de pouvoir jouir de

1 Il faut cependant dire que le district de Bucheggberg est de confession réformée et se rapproche fortement du canton de Berne en ce qui concerne sa politique scolaire et ecclésiastique.

plus de droits. À cette même époque, de semblables revendications avaient été exprimées dans douze autres cantons. À Balsthal, les revendications du peuple avaient pris la forme d'une liste en dix-sept points (Mösch 1938: 167 et ss) et il est intéressant de souligner qu'aucun de ces points ne concernaient l'école ou l'Église. Il fallut attendre les années suivantes pour voir ces institutions occuper une place centrale dans la politique du mouvement libéral.[2] Dans un premier temps, il s'agissait de réclamer des droits assurant l'égalité, la liberté, la démocratie représentative, l'égalité entre gens des villes et gens des campagnes (Mösch 1938). Le président de ce rassemblement populaire n'était autre que Josef Munziger, d'Olten, qui devait rester, de 1832 à son élection au premier Conseil fédéral en 1848, une figure centrale du libéralisme soleurois. La Constitution cantonale libérale de 1831, qui fit suite à cette journée de Balsthal, a-t-elle marqué pour le canton un tournant complet? Comme l'historien Thomas Wallner le montre (1992: 128 et ss), on peut avec raison en douter. Bien des éléments inclinent à voir des continuités, car, en bien des points les libéraux firent leurs les réalisations accomplies au temps de la Médiation.

Avec la Régénération commence cependant pour l'école une ère nouvelle. Dans les années trente, trois (voire quatre) lois scolaires d'une très grande importance voient le jour:

1832 Décision d'établir une école secondaire supérieure cantonale (Gymnase): loi du 16 du «mois du Christ» (décembre);
1832 Loi du 20 décembre instaurant un enseignement primaire public;
1837 Loi du 17 juin instaurant les écoles de district.

Une analyse du contenu de ces lois scolaires nous convainc très vite des emprunts qu'elles font, sur le plan des idées, aux lois correspondantes de la République helvétique. Lors de l'élaboration de la loi sur les écoles primaires publiques, le Père Grégoire Girard, qui avait été archiviste du gouvernement helvétique, avait agi en tant que conseiller; Girard était également un ami du Père Jakob Roth qui, durant les deux décennies suivantes (jusqu'en 1857), devait marquer de son sceau l'école primaire soleuroise, en tant qu'*Oberlehrer*, c'est-à-dire comme formateur de maîtres, inspecteur d'écoles, etc.

2 Les discussions commencèrent déjà en 1831. En préalable à la mise en place de l'institution scolaire, il fallut accomplir une réforme des finances (en 1832), édicter une nouvelle loi pour les communes (loi du 15 juillet 1831) et améliorer leur situation matérielle en leur cédant l'utilisation des forêts et des terres de parcours (loi du 21 décembre 1836).

Après les campagnes des Corps francs, la Guerre du *Sonderbund*, le combat pour la Constitution fédérale de 1848, puis le départ du conseiller d'État Josef Munzinger pour le Conseil fédéral, le parti libéral avait beaucoup perdu de l'élan de ses débuts.[3] Il parvint cependant encore à promulguer en 1852, sous l'impulsion du conseiller d'État Johann Baptist Reinert, une nouvelle loi scolaire régissant l'école primaire ; mais cette dernière loi, comme d'ailleurs l'activité de tout le gouvernement, se trouva rapidement soumise à une très forte pression politique et sa vie fut de très courte durée.

Une ère politique nouvelle s'ouvrit pour le canton en 1856. À l'intérieur du parti libéral-radical, les « rouges » avaient triomphé des « gris » ; la nouvelle génération avait pris le pas sur l'ancienne ; l'aile « gauche » l'avait emporté sur l'aile « droite » ; les démocrates et les radicaux avaient supplanté les libéraux de 1830, par trop établis sur les positions acquises. Pour le canton comme pour l'école, la personnalité montante devenait maintenant Wilhelm Vigier, lui qui avait abandonné sa particule nobiliaire et combattu aux côtés du peuple sur les barricades, à Berlin en mars 1848, alors qu'il était encore étudiant. Le Landamman Wilhelm Vigier resta membre du gouvernement pendant trente ans, jusqu'en 1886. Il hâta l'adoption de la démocratie directe et donna bientôt à l'ensemble du système scolaire trois lois qui en assuraient le nouveau fondement :

1857 Loi du 14 mars instaurant une école cantonale (Gymnase) ;
1858 Loi du 30 janvier sur les écoles primaires ;
1861 Loi du 16 novembre sur les écoles de district.

Une fois encore, avec le *Kulturkampf*, s'annonçait, dans le canton de Soleure, une ère politique nouvelle. Sous le coup de la Guerre franco-allemande de 1870, des votations fédérales qui allaient se tenir à propos de la nouvelle Constitution, de l'opposition croissante du mouvement conservateur et finalement de la proclamation du dogme de l'infaillibilité pontificale, le parti rouge (sous la direction de Wilhelm Vigier) et le parti gris (sous celle d'Albert Brosi) s'unirent, le 19 mai 1872, lors d'une assemblée qui est restée dans l'histoire du canton sous le nom de *Langenthaler Bleiche* (Flatt 1981 : 102 ; Wallner 1992 : 329). Dès ce jour, le canton de Soleure devint un *État à parti unique*, une forteresse contre

3 Ce furent des années (1846-1854) où régnait la misère économique, caractérisée par le chômage, le manque de ressources financières des communes et de l'État, la hausse de la petite criminalité et de nombreuses faillites. La conséquence en fut une radicalisation des courants politiques, qui réussirent une percée dans le canton de Berne.

laquelle les boulets de toutes les forces de l'opposition *ricochèrent en étant presque tous impuissants à l'ébranler* (Wallner 1992: 333). L'hégémonie du parti radical était complète. Une fois encore, en cette période dominée par le mouvement démocratique et le *Kulturkampf*, le système scolaire reçut une base légale nouvelle et forte :

1873 Loi du 3 mai sur les écoles primaires, dont la validité dura jusqu'en 1969;
1874 Loi du 18 juillet sur l'école cantonale (Gymnase);
1875 Loi du 24 avril sur les écoles de district.

Dans la votation fédérale de 1882 consacrée à l'école – votation dite du «bailli scolaire» –, dans laquelle il s'agissait d'accorder à la Confédération des compétences accrues en matière d'enseignement pour lui donner plus de possibilités d'action sur les faibles systèmes scolaires des cantons catholiques et conservateurs, le canton de Soleure vota radical, soutenant de ce fait la proposition fédérale.[4]

Le régime radical ne connut une vraie crise qu'avec le *krach* bancaire de 1885-1887. Ce rapide rappel de l'histoire du canton au 19e siècle nous met en présence de *trois phases* de la politique libérale-radicale qui, entre 1830 et 1885 ont, pour les *trois types d'écoles* du canton – école primaire, école de district et école moyenne *(Mittelschule)* – généré chaque fois trois lois. À ces neuf lois il faut ajouter celle de 1852 sur les écoles primaires, dont la durée de vie fut, comme nous l'avons dit, fort brève. C'est donc sur ces neuf (ou respectivement dix) lois que nous nous fonderons pour entreprendre les deux analyses qui suivent.

LE DÉTACHEMENT DE L'ÉCOLE DE LA TUTELLE DE L'ÉGLISE

Les sept volumes de l'histoire de l'école soleuroise du Père Johann Mösch (1873-1955), prieur de la cathédrale, nous montrent, tout au long de leurs 1'607 pages, combien les relations entre l'Église, l'école et l'État, entre 1830 et 1885 – ce temps où libéraux, progressistes, radicaux et démocrates étaient au pouvoir – étaient contrastées, riches en disputes et en embrouilles. À partir de cette base incontournable qu'est l'œuvre

4 Décompte des voix: 7'195 oui contre 6'768 non (Mösch 1962: 160). C'est Vigier qui avait mené la campagne en faveur de la proposition fédérale. L'échec sur le plan suisse fut pour lui douloureux.

du Père Mösch, une œuvre cependant étroitement conditionnée par la vision confessionnelle de son auteur (Sigrist 1981 : 763), il n'est pas facile de dégager une image impartiale du développement de l'école. Nous allons quand même tenter de le faire, tout en étant conscient qu'en l'occurrence une recherche historique approfondie devrait aborder l'ensemble de cette histoire avec un regard plus ouvert.

Ce que l'on peut dire avec certitude, c'est que, dans le canton de Soleure, la lutte entre l'Église et l'État pour la maîtrise de l'école est allée *crescendo* entre 1830 et 1885. Si, comme nous l'avons vu, il ne fut pas question de l'école et de l'Église lors du grand rassemblement populaire de Balsthal en 1830, les choses changèrent en 1832 avec l'élection à la charge de Landamman de Josef Munzinger, le premier Landamman à ne pas être originaire de la ville de Soleure. Deux jours déjà après son élection – et même si selon Wallner (1992 : 258) il ne faut pas voir dans cette décision un rapport de cause à effet – le Grand Conseil décidait de faire de l'ancien Collège des Jésuites un *établissement d'enseignement secondaire supérieur*, cantonal et laïque. Dans les faits cette décision n'apporta pas de grands changements[5], car Munzinger se montra tolérant vis-à-vis de l'Église. Comme cela avait été le cas auparavant, cette dernière continua de jouer un rôle important dans l'école. Des ecclésiastiques occupaient des postes en vue : dans les écoles de district (sauf à Granges), même dans les écoles primaires (à Soleure), en partie dans l'enseignement secondaire supérieur, dans la formation des maîtres, l'inspectorat des écoles, etc. Beaucoup de ces ecclésiastiques, surtout ceux venant de la campagne, avaient un penchant pour les idées libérales. Vu la faible représentation de la classe cultivée, le régime ne pouvait se passer de la collaboration des ecclésiastiques dans le domaine de l'école.

La loi sur l'école primaire de 1832 montre nettement l'influence de l'Église. Entre autres choses, elle exigeait que lors de la nomination définitive des maîtres ceux-ci *puissent apporter la preuve de leur moralité et de leur éducation religieuse* (article 42). De plus les maîtres devaient *être de la même confession que celle de leur communauté scolaire* (article 43). Sur la liste des matières à enseigner, *la Religion et l'histoire biblique* figuraient en première place.

Munzinger manœuvra avec prudence dans sa politique à l'égard de l'Église, sans doute par égard pour les populations campagnardes aux idées conservatrices. Il agit aussi de même plus tard, lors de la suppres-

---

5 La réforme supprima l'obligation de la vie en internat et la pratique de la cooptation dans le corps enseignant. La plupart des enseignants religieux restèrent en place.

sion des couvents d'Argovie et des campagnes des Corps francs. Il est possible que son attitude conciliante ait été une des raisons qui expliquent son élection au Conseil fédéral en 1848. Mais déjà avant le bouleversement politique de 1856 le climat s'était détérioré. Quand Mösch écrit (1946: 132) que les Jeunes Radicaux avaient l'intention *de placer l'école directement au service du Parti*, il exagère sans doute et se trompe quelque peu. À cette époque le concept de «Jeune Radical» n'existait pas encore, et le terme «Parti» connote de fausses associations. Avec la loi sur l'école primaire de 1852, le gouvernement parvint, par *l'imposition des couvents et autres corporations religieuses*, à améliorer la rémunération des enseignants et à garantir la gratuité de la scolarité pour les enfants (article 66) – octroi un peu tardif comparé à la situation en vigueur dans le canton d'Argovie et en regard des *articles de Baden*. Il est manifeste que par ces mesures la jeune génération des politiciens avait à cœur de *gagner les enseignants à sa cause* (Mösch 1947: 190).

Cette politique fut poursuivie avec vigueur par le parti rouge, Wilhelm Vigier en tête, lorsque celui-ci arriva au pouvoir en 1856. Nous retrouvons presque littéralement à l'article 66 de la loi scolaire de 1858 l'article de la loi de 1852 concernant l'imposition nouvelle des *couvents et autres corporations ecclésiastiques*. Dès cette époque, les postes d'enseignement dans les écoles de district, comme d'autres postes de l'État d'ailleurs, furent de plus en plus confiés à d'anciens maîtres primaires. Le corps enseignant devint ainsi peu à peu l'allié du nouveau régime et, par le rôle qu'ils jouaient dans les sociétés (sociétés de chanteurs et sociétés de tir), les enseignants libéraux acquirent une grande influence politique dans la population.

La proclamation du dogme de l'infaillibilité pontificale par le Pape Pie IX, le 18 juillet 1870, provoqua une escalade du conflit permanent qui existait entre l'État libéral-radical et l'Église catholique romaine. Dans ce court article, il n'est ni possible ni opportun de parler de tous les événements survenus à ce propos. On se contentera de rappeler le message de protestation à l'égard des décisions du Vatican; le renvoi de l'évêque Eugenius Lachat, évêque du district de Bâle mais résidant à Soleure; la fondation d'un évêché national catholique-chrétien auquel adhérèrent la plupart des ténors du parti radical (Vigier, Brosi et, en Argovie, parmi d'autres, Augustin Keller). Le canton de Soleure, et en particulier Olten, devint un des centres suisses du *Kulturkampf* (Flückiger & Jenzer 1978).

Il est aussi intéressant de voir à quelles réussites le *Kulturkampf* a conduit dans le domaine de la *politique scolaire*. Le but principal étant sans aucun doute l'éviction des ecclésiastiques ultramontains du monde de l'école, on peut dire que ce but fut largement atteint entre 1870 et

1885.[6] Les catholiques-chrétiens et les radicaux ne voulaient pas, à dire vrai, une laïcisation de l'école, mais bien plutôt une école d'État non confessionnelle tout en étant résolument chrétienne (Mösch 1962 : 223 et ss). Examinons maintenant de plus près les principales réussites de cette politique :

a) le monopole de l'école

Le canton de Soleure ne comptait que très peu d'écoles confessionnelles privées. Parmi elles, le gymnase du couvent des Bénédictins de Mariastein jouissait du plus grand renom. Mais la votation populaire du 4 octobre 1874[7] le priva de son autonomie corporative. Une année plus tard, le 12 décembre 1875, le peuple, faisant montre d'une même logique, approuvait dans le même rapport de voix la nouvelle Constitution cantonale.[8] L'article 12 de cette Constitution exprimait sans détours le monopole scolaire de l'État :

> *Tout l'enseignement prodigué dans le canton est placé sous le contrôle de l'État. Toutes les écoles primaires et les autres institutions d'enseignement créées et entretenues par l'État et les communes sont placées sous la direction exclusive de l'État […] Celui qui veut tenir une école ou une institution d'enseignement non dirigée par l'État doit pour cela en obtenir l'autorisation officielle.*

Le canton de Soleure est demeuré par la suite le seul État cantonal à avoir imposé son monopole sur l'école.

b) un personnel laïcisé

Lorsqu'en 1871 le Père Friedrich Fiala abandonna la direction du séminaire de formation des maîtres pour devenir prieur de la Cathédrale (avant de devenir plus tard évêque), un laïc fut pour la première fois élu à ce poste-là. Il s'agissait de Peter Gunzinger qui, par la suite, en 1882, devait postuler pour la place de Secrétaire suisse aux écoles. Dans l'inspectorat des écoles, sur les dix-sept ecclésiastiques catholiques romains en fonction en 1873 en tant qu'inspecteurs, trois seulement furent réélus ; à ces trois ecclésiastiques s'ajoutèrent deux curés catholiques-chrétiens, tous les autres étant des laïcs (Mösch 1953 : 115). Le gymnase cantonal avait

---

6 On peut cependant dire de Vigier que, sa vie durant, il a fait montre d'un esprit très conciliant. On l'a même parfois taxé d'opportuniste.

7 Voici le rapport des voix : 8'352 oui contre 5'909 non (Mösch 1953 : 172). Une école de district fut créée en 1875 à Mariastein.

8 Rapport des voix : 7'556 oui contre 5'492 non (Mösch 1953 : 208).

déjà été laïcisé; en 1882, il quitta par manque de place le bâtiment du vieux collège des Jésuites pour occuper l'ancien Hôtel des Ambassadeurs, qui avait tenu lieu de caserne jusqu'en 1874 (Flatt 1983: 54 et ss).

Dans ses activités politiques, le Landamman Vigier prit soin de renforcer la position du corps enseignant, et plus particulièrement celle du corps enseignant primaire. La loi scolaire sur les écoles primaires de 1873 y contribua.

c) un enseignement laïque

Dans la loi de 1873, l'enseignement de la religion figurait en tête de la liste des matières à enseigner (article 7), et il en allait de même dans le programme du Séminaire de formation des maîtres (article 71). Mais ici l'apparence est trompeuse. L'enseignement de la religion fut en fait l'objet d'un très long combat qui ne se termina provisoirement qu'en 1876 par l'arrangement suivant: dans les degrés inférieurs (1e à 3e année), les enseignants seuls donnaient un enseignement d'histoire biblique destiné à tous les élèves *(éducation religieuse générale sur des bases chrétiennes)*; dans les degrés moyen et supérieur (4e à 8e année) enseignants et ecclésiastiques se partageaient le travail. Le maître poursuivait son enseignement de l'histoire biblique, tandis que l'ecclésiastique donnait un enseignement spécifiquement confessionnel (Stadler 1984: 543). L'enseignement religieux confessionnel fut par la suite déclaré facultatif, supprimé en tant que branche d'enseignement du programme des cours et relégué au jeudi (qui, en ce temps-là, était jour de congé), à l'exemple, peut-être, de ce que Jules Ferry avait fait en France en 1882. Par contre, l'enseignement d'histoire biblique donné par les maîtres devint un enseignement d'*instruction morale et civique*, avec valeur de branche obligatoire.

Témoin encore de la laïcisation progressive de l'enseignement le fait que les éléments confessionnels ou, comme le dit Mösch (1962: 224) *les éléments positifs de nature religieuse (positiv Religiöses)*, furent peu à peu rayés des livres d'école.

On admet parfois que l'échec de la votation sur le « bailli scolaire de la Confédération », en 1882, doit être considéré comme ayant mis un point final au *Kulturkampf*. Il en va autrement en ce qui concerne la politique scolaire du canton de Soleure. Mösch affirme (1962: 224) que les dirigeants radicaux, prenant prétexte du résultat positif de la votation de 1882 dans leur canton, s'arrogèrent le droit de continuer à diriger l'école soleuroise *dans leur sens*. Cela revenait par exemple à éloigner crucifix et autres symboles religieux des salles de classe primaires, ce qui correspondait d'ailleurs absolument à l'esprit de la Constitution fédérale de 1874 en la matière.

L'OBLIGATION SCOLAIRE POUR TOUS LES ENFANTS

Nous trouvons déjà dans un décret du Conseil du 17 février 1768 (reproduit dans Mösch 1914 : 139), l'idée que tous les enfants doivent être astreints à fréquenter l'école. Il n'est cependant pas faux d'affirmer que c'est par la loi scolaire de 1832, et surtout par les prescriptions et les dures sanctions prévues dans celle de 1856 concernant le contrôle des absences (Vigier), qu'une vraie obligation scolaire a été instaurée. Mais, plutôt que les textes fondateurs définissant cette obligation, il est intéressant de considérer la durée de celle-ci.[9] La législation concernant les écoles primaires fournit à cet égard une première série d'indications :

1832 Six hivers et cinq étés, plus des cours complémentaires *(Fortsetzungsschule)* pour les garçons jusqu'à leur seizième année.
1852 Sept années, plus trois ans de cours complémentaires pour les garçons et deux années pour les filles.
1858 Huit années pour les garçons, sept années pour les filles et, pour ces dernières, des cours ménagers *(Arbeitsschule)* durant la huitième année. Les cours complémentaires obligatoires sont par contre abolis.
1873 Huit années pour les garçons, plus des cours complémentaires durant trois hivers ; sept années pour les filles, plus des cours ménagers durant la huitième année scolaire.

Ces données montrent à l'évidence combien l'obligation scolaire était différenciée : entre été et hiver ; garçons et filles ; école ordinaire et cours complémentaires. Mais en réalité la détermination de la durée de la scolarité obligatoire s'avère encore beaucoup plus complexe, car il faut tenir compte notamment :

- du nombre d'heures hebdomadaires d'enseignement, différent selon les classes, les sexes et la saison ;
- du nombre de semaines d'école comprises durant l'année ;
- du nombre de jours de congé dus aux fêtes religieuses ;
- des différences entre les diverses régions du canton (différences entre villes et campagne ; districts catholiques et district réformé de Bucheggberg).

---

9 Une recherche sur la durée et le développement de la scolarité obligatoire dans le canton de Soleure est parue en 1997. Nous nous y référerons dans ce qui suit (*cf.* Jenzer 1997) et renvoyons pour le reste le lecteur à la bibliographie.

En tenant compte de tous ces facteurs, nous avons établi la figure suivante qui montre le nombre effectif des heures d'enseignement dispensées, à diverses époques, aux garçons et aux filles du canton de Soleure :

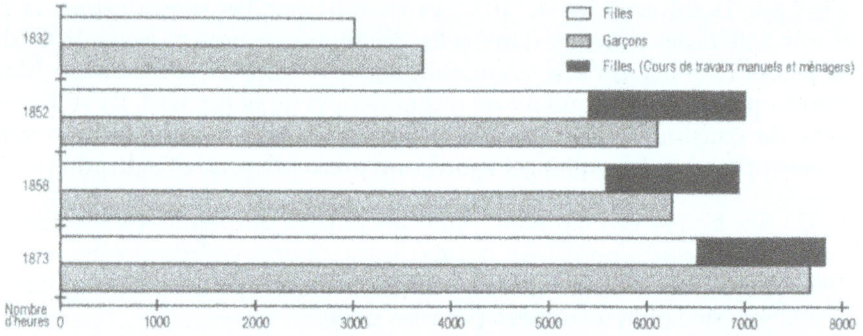

Figure 1. Nombre d'heures d'enseignement dispensées durant le temps de la scolarité obligatoire, suivant les législations scolaires de 1832, 1852, 1858 et 1873.

La figure 1 montre une nette croissance du nombre des heures obligatoires de classe : pour les garçons, celles-ci passent de 3'700 environ en 1832 à 7'830 en 1873, soit plus du double ; pour les filles, elles passent de 2'900 heures d'école en 1832 à 7'600 en 1873, soit presque le triple.

On remarquera aussi la brusque augmentation intervenue *en 1852*. Le nombre d'heures passe alors pour les garçons de 3'680 à 6'137, et pour les filles, il double. Pourquoi ? Une des raisons que l'on peut invoquer, et qui justifie avant tout la mise en place des cours complémentaires, a été l'échec d'un grand nombre de recrues aux épreuves de connaissances scolaires (Mösch 1950 : 168). Une autre raison, peut-être plus impérieuse, pourrait bien avoir été la crise économique qui sévissait durant ces années et qui se traduisait par une sous-occupation de la jeunesse. On peut aussi évoquer la progression fulgurante de l'industrialisation du canton de Soleure après 1850, qui vit l'installation sur son territoire de la fabrique de chaussures Bally, des fonderies von Roll et de l'industrie horlogère à Granges.

Comme le montrent les discussions du Conseil, il ne fut cependant pas facile, face aux représentants du monde agricole, d'imposer l'institution d'une école d'été renforcée. *Faites vos écoles ! – De toute façon les gens n'y enverront pas leurs enfants* (Mösch 1947 : 102). De leur côté, les ouvriers étaient aussi très souvent intéressés à pouvoir envoyer travailler dans les fabriques, le plus tôt possible, leurs enfants libérés de toute obligation scolaire. Cela explique pourquoi les cours complémentaires avaient lieu pour une part (deux heures hebdomadaires) le dimanche, et pour une autre en soirée. Il fallut attendre 1877 pour qu'une loi fédérale protège la jeunesse du travail astreignant et trop précoce dans les fabriques. Les résistances de la population expliquent pourquoi la loi de 1858, qui a suivi de peu celle de 1852, a laissé tomber les cours complémentaires tout en introduisant simultanément une huitième année d'école obligatoire. Il serait souhaitable et fort intéressant d'étudier de plus près l'arrière-plan politique et sociologique de la brusque croissance des heures d'enseignement apparue dans la loi de 1852.

Les schémas successifs de la figure 2 ci-dessous montrent le nombre d'heures d'école obligatoires par semaine, selon le sexe, la saison et l'âge (ou la classe) des écoliers.

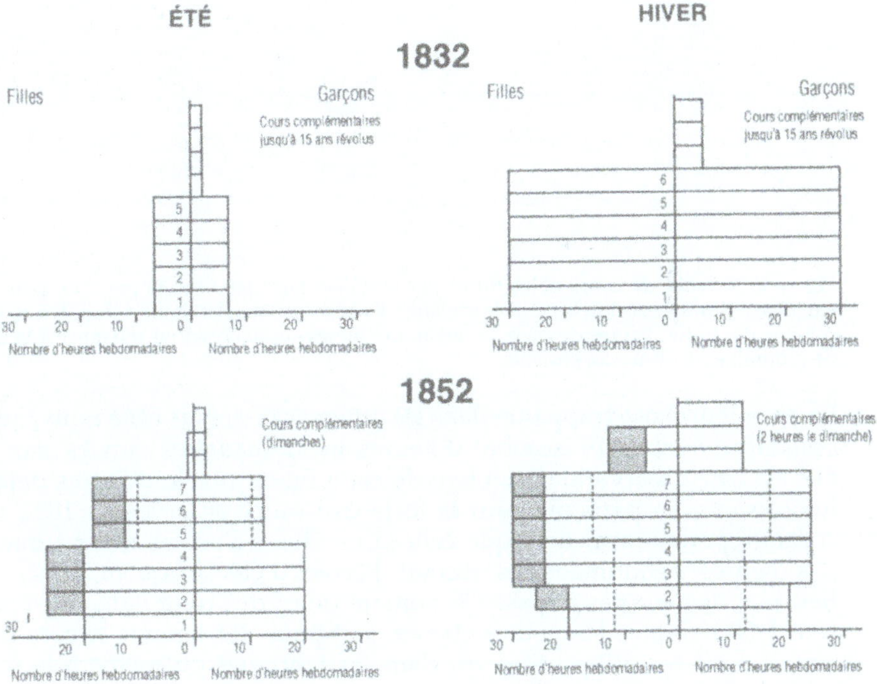

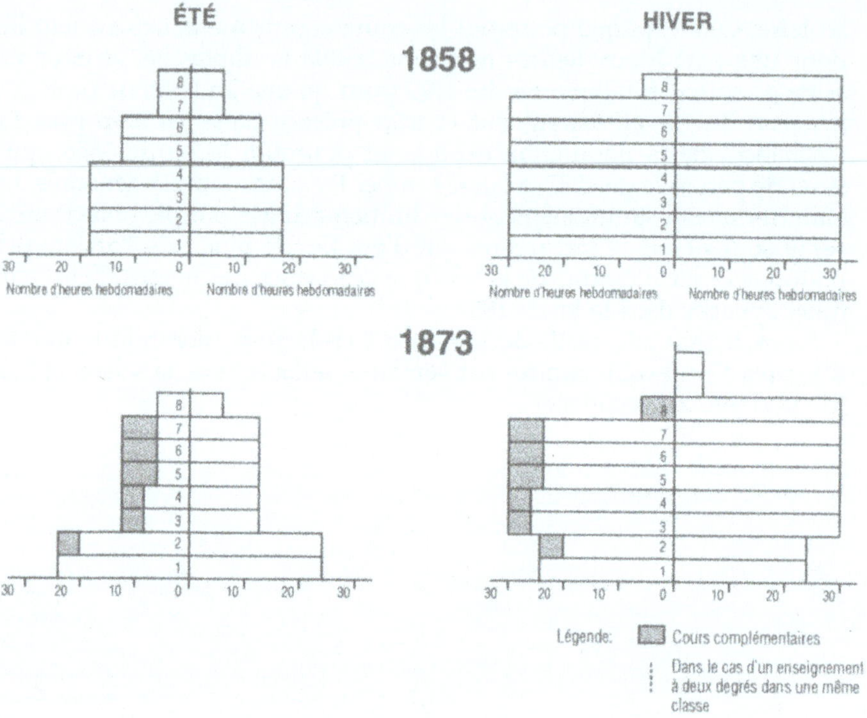

Figure 2. Nombre de cours obligatoires par semaine, pour les filles (à gauche), pour les garçons (à droite), et selon les degrés scolaires. Colonne de gauche : heures données en été ; colonne de droite : heures données en hiver. Les années indiquées font référence à la date de promulgation d'une loi scolaire.

La première chose frappante dans les schémas ci-dessus est à nouveau la croissance visible du nombre d'heures hebdomadaires suivies par les élèves. Une observation attentive de cette figure révèle d'autres détails intéressants, en particulier sur la forte croissance observée en 1852. On constate pour commencer que celle-ci est due à l'accroissement massif des heures hebdomadaires durant l'école d'été. Jusqu'en 1852, ces heures n'avaient pas dépassé le nombre de 6 ; dès cette date, elles passent à 20 (26 dans les petites classes, soit pour des enfants encore trop jeunes pour travailler utilement dans les fabriques ou même à la maison), et de 12 à 18 pour les élèves des classes supérieures (qui, eux, travaillent déjà à temps partiel dans les fabriques). Les efforts exigés de la jeunesse, d'une part par le monde du travail (n'oublions pas que les adultes travaillaient de 12 à 14 heures par jour), d'autre part par l'école, ont dû être très pesants. On peut ainsi parfaitement comprendre que la nouvelle loi de 1858, due à Vigier, ait quelque peu réduit le nombre d'heures dispensées à l'école d'été et qu'elle ait compensé ces pertes en renforçant à nouveau la dotation horaire de l'école d'hiver.

Il serait intéressant d'entreprendre une recherche plus approfondie sur le développement des *cours complémentaires* (soit respectivement des *Fortsetzung-* et *Fortbildungsschulen).* Leur fonction, au début, mais aussi plus tard, était de permettre la répétition de ce qui avait été appris à l'école primaire. Pour cette raison, les jeunes qui suivaient une école secondaire à plein temps (école de district, gymnase), en étaient dispensés. Cependant ces *cours obligatoires venant après l'école obligatoire* poursuivaient au moins deux autres buts qui devinrent toujours plus évidents :

1) *la préparation à l'école de recrues*
   Ainsi que le précise un rapport du Conseil d'État datant de 1872, *les cours complémentaires donnés le dimanche et certains soirs doivent, dans une certaine mesure, être harmonisés avec l'école de recrues qui existe chez nous depuis plusieurs années...* Et plus loin : *On envisage durant l'été de faire exécuter des exercices de tir, ce qui, en vue de la formation militaire, est d'une grande importance.*

2) *la préparation scolaire à la formation professionnelle*
   La loi scolaire de 1873, en plus de *faire répéter ce qui a été enseigné à l'école primaire,* indique, dans son article 30, les domaines d'enseignement suivants : *Rédaction commerciale et comptabilité, histoire et géographie nationale conjointement avec l'instruction civique,* enseignement de disciplines préparant à la formation professionnelle et tenant compte notamment des besoins de l'agriculture et de l'artisanat (souligné par l'auteur).
   Ce qui montre qu'avec les cours complémentaires nous avons affaire à un embryon d'école professionnelle.

En résumé nous pouvons dire que, de 1830 à 1885, l'école, dans la vie d'un petit Soleurois, a pris une importance croissante et marqué son emprise sur le déroulement des saisons et le rythme du travail journalier. L'augmentation du nombre d'heures d'enseignement de 1873 à aujourd'hui est, comparativement à ce qu'elle fut au siècle passé (pensons au saut de 1852 !), plutôt faible. Sous l'angle de l'obligation scolaire légale, nous devons pour l'essentiel à l'école du siècle dernier notre école d'aujourd'hui. En ce qui concerne l'émancipation de l'école de la tutelle de l'Église, on peut affirmer qu'en 1885, sous l'influence du

Kulturkampf, la laïcisation de l'école était pratiquement achevée: l'école était véritablement devenue une institution de l'État.

(Traduction: J.-P. Rey)

RÉFÉRENCES BIBLIOGRAPHIQUES

Flatt, K. H. (1981). *150 Jahre Solothurner Freisinn. Sein Weg durch die Geschichte, 1830-1980.* Freisinnig-demokratische Partei des Kantons Solothurn (éd.). Soleure, Vogt-Schild.

Flatt, K. H. (1983). 150 Jahre Kantonsschule Solothurn. Ein Gang durch die Geschichte. In *150 Jahre Kantonsschule Solothurn, 1833-1983.* Soleure, Kantonsschule.

Flückiger, W. & Jenzer, C. (éds.). (1978). *Christkatholisch. Die christkatholische Kirche der Schweiz in Geschichte und Gegenwart, zum 100-Jahr-Jubiläum der Christkatholischen Kirchgemeinde Solothurn.* Zurich/Einsiedeln/Cologne, Benziger.

Jenzer, C. (1997). De l'uniformisation à la diversification: Histoire de la scolarité obligatoire dans le Canton de Soleure (Suisse). In M.-M. Compère (éds.), *Histoire du temps scolaire en Europe.* Paris, Institut national de recherche pédagogique & Éd. Economica.

Mösch, J. (1914). *Die Solothurnische Volksschule von 1830. III. Bändchen: Bestrebungen zur Reform der solothurnischen Volksschule von 1758-1783. Die Schule im Bucheggberg von 1653-1788.* Mitteilungen des Historischen Vereins des Kantons Solothurn, Cahier N° 7. Soleure, Gassmann.

Mösch, J. (1938). *Die Ausgleichsbewegung im Kanton Solothurn, 1830/1831.* Soleure, Union.

Mösch, J. (1945-1950). *Die solothurnische Schule seit 1840.* Vereinigung Solothurnischer Geschichtsfreunde (éd.).
- Tome I (1945). *Die solothurnische Schule in den Jahren 1840-1845.* Olten, Walter.
- Tome II (1946). *Die solothurnische Schule während der Jahre 1845-1850.* Soleure, Union.
- Tome III (1947). *Die solothurnische Schule während der Jahre 1851-1855.* Soleure, Union.
- Tome IV (1950). *Der politische Umschwung von 1856. Die Schule im Umschwung von 1856. Wilhelm Vigiers Revision der solothurnischen Schulgesetze in den Jahren 1857-1861.* Olten, Walter.

Mösch, J. (1953). *Das solothurnische Primarschulgesetz von 1873. Sein Werden im Rahmen der Zeitgeschichte.* Vereinigung Solothurnischer Geschichtsfreunde (éd.). Olten, Walter.

Mösch, J. (1962). *Der Schulvogt. Der Kampf für und gegen ein eidgenössisches, zentralistisches Primarschulgesetz 1882*. Vereinigung Solothurnischer Geschichtsfreunde (éd.). Olten, Walter.

Sigrist, H. (1981). *Solothurnische Geschichte. Tome 3, Die Spätzeit und das Ende des patrizischen Regimes*. Soleure, Regierungsrat/Vogt-Schild.

Stadler, P. (1984). *Der Kulturkampf in der Schweiz. Eidgenossenschaft und Katholische Kirche im europäischen Umkreis, 1848-1888*. Frauenfeld, Huber.

Wallner, T. (1992). *Geschichte des Kantons Solothurn, 1831-1914. Verfassung-Politik-Kirche*. In Regierungsrat des Kantons Solothurn (éd.), *Solothurnische Geschichte*. Tome 4, 1ère Partie. Soleure, Vogt-Schild.

Sibylle Omlin

Démocratie et laïcité à l'école primaire dans la Suisse centrale du 19e siècle : l'exemple du canton de Zoug

Introduction

Si l'on veut comprendre la genèse et le développement de l'école primaire en Suisse centrale, il importe avant tout de partir des données confessionnelles qui en constituent la toile de fond. Dans cette partie du pays, la population, au temps de l'Ancien Régime, était presque exclusivement catholique. À quelques rares exceptions près, c'était le clergé et les couvents qui, depuis le Concile de Trente, tenaient en main la formation de la jeunesse. L'école formait en priorité les enfants – de sexe masculin – qui se destinaient au service de l'Église : l'instruction du peuple, assurée par les curés, était une institution de l'Église financée par les prébendes. Dans toute la Suisse centrale, il n'y avait d'ailleurs que Lucerne, Zoug, Altorf, Stans et Sarnen qui pouvaient se prévaloir d'écoles bien organisées. Partout ailleurs, dans les campagnes de Suisse centrale, leur état, à la fin du 18e siècle, est jugé très peu satisfaisant.[1]

Pour ce qui concerne l'école, la question centrale qui se posait depuis la création de la République helvétique était celle de l'ingérence de l'État dans une institution ecclésiastique. Autour du thème de la démocratisation de l'école primaire gravitait un certain nombre de questions, au premier rang desquelles il faut citer le contrôle de l'école par l'État, la laïcisation du corps enseignant et des programmes d'enseignement. C'est qu'avec l'école l'Église possédait le moyen d'exercer son influence sur le

1 Bossard 1984 : 15.

peuple, et ce moyen, elle ne voulait pas l'abandonner sans combattre. Elle aussi avait fait siennes les idées des Lumières concernant l'instruction du peuple. Le baron allemand Ignaz Heinrich von Wessenberg (1774-1860), théologien et spécialiste de la politique de l'Église, n'avait-il pas propagé l'idée qu'une meilleure instruction du peuple était un terreau propice pour le renouveau du catholicisme? Ses propositions étaient en tout cas discutées également au sein des milieux ecclésiastiques de Suisse centrale.[2]

Le rejet global de toutes les directives en provenance de l'État fédéral[3], si caractéristique de la politique scolaire menée par les cantons de Suisse centrale, s'enracine dans une série de résistances toutes vouées à l'échec: contre la République helvétique d'abord; plus tard, lors du *Sonderbund*, contre la Constitution fédérale de 1848; puis contre celle de 1874 lors du *Kulturkampf*. Bien que le gouvernement de la République helvétique ait tenté une première étatisation de l'institution scolaire, cette tentative n'a pas eu d'effet dans les communes de Suisse centrale au début du 19e siècle: là, il faut s'expliquer le développement des écoles primaires comme s'effectuant à partir des institutions scolaires paroissiales préexistantes de l'Ancien Régime. C'est un phénomène que l'on peut aussi observer à Fribourg ou à Genève.[4]

L'ÉCOLE ZOUGOISE, DE L'ANCIEN RÉGIME À LA RÉPUBLIQUE HELVÉTIQUE : LA MARCHE VERS L'OBLIGATION SCOLAIRE

Grâce à l'enquête sur les paroisses et les écoles exécutée à la demande du ministre de la République helvétique Philipp Stapfer, nous pouvons nous représenter l'état des écoles du canton de Zoug[5] à la fin de l'Ancien Régime. Dans toutes les communes libres de ce canton on trouvait des écoles élémentaires; Zoug et Baar, localités plus importantes, comptaient chacune un gymnase, et Menzingen une école latine. L'enseignement religieux, reposant sur l'inculcation de la piété et l'affer-

---

2 Morosoli 1991: 348.

3 Voir l'étude de Criblez dans le présent ouvrage.

4 Voir, dans le présent ouvrage, l'étude de Hofstetter sur Genève et de Weber sur Fribourg.

5 Dans l'Ancien Régime, l'État de Zoug se composait de la commune de Zoug, de ses bailliages de Cham, Risch, Hünenberg, Steinhausen et Walchwil, des trois communes libres de Baar, Aegeri, Menzingen, qui, ensemble, formaient l'*Äussere Amt*.

missement de la juste croyance – c'est-à-dire de la catholique – était l'enseignement dominant donné dans toutes ces écoles. Celles-ci, par ailleurs, qui n'étaient pour la plupart tenues qu'à la saison d'hiver, souffraient de moyens et de méthodes d'enseignement insuffisants et devaient se contenter de locaux sombres et étroits. L'absence de toute obligation scolaire influait fâcheusement sur la régularité de la fréquentation de l'école ; c'est pourquoi l'enseignement qui y était donné ne pouvait garantir dans tous les cas un apprentissage réussi et durable de la lecture et de l'écriture.[6]

Jusqu'à l'époque de la République helvétique, les communes libres du canton étaient responsables de leurs écoles, les soumettaient à des réglementations fort différentes, déterminaient le calendrier, la durée de la scolarité, mettaient à disposition les locaux scolaires et élisaient le corps enseignant. D'une manière générale, la collaboration avec l'Église – sur laquelle reposait la conduite proprement dit de l'école – était très étroite. Presque tous les postes d'enseignants étaient payés par les prébendes. Le corps enseignant, au début de la République helvétique, était formé à 82 % de religieux et religieuses du clergé régulier et séculier.[7] Dans ce canton où dominaient encore les paysans et les artisans, le clergé formait la classe sociale la plus cultivée.

On était bien conscient, dans la ville de Zoug, de la valeur que représentait l'instruction du peuple, et cela d'autant plus qu'une situation de concurrence existait avec la proche Zurich, qui, de surcroît, était protestante. En cette fin du 18e siècle, des bourgeois cultivés, tant clercs que marchands, réclamaient des améliorations dans les méthodes d'enseignement et dans la panoplie des branches enseignées, le but de cette scolarisation améliorée des jeunes étant de former, par des méthodes éducatives proches de la vie pratique, des citoyens utiles, patriotes et aux mœurs solides. Ces idées ne trouvèrent cependant un écho que dans la seule ville de Zoug, où, dans le dernier quart du siècle, des branches telles que sciences naturelles, calcul et histoire furent introduites dans l'école des garçons. Dans les communes campagnardes, en revanche, aucune réforme ne vit le jour.

---

6 Bossard 1984 : 104.
7 Bossard 1984 : 143.

QUELQUES ASPECTS DE L'INSTRUCTION POPULAIRE À ZOUG DURANT L'ANCIEN RÉGIME, TELS QU'ILS RESSORTENT DE L'ENQUÊTE DE FÉVRIER 1798 SUR LES ÉCOLES ET LES PAROISSES ORDONNÉE PAR STAPFER[8]

Obligation scolaire – Durée de la scolarité – Écolage. Jusqu'à l'introduction de la fréquentation scolaire obligatoire, qui n'intervint pour la première fois qu'en 1803 dans le cadre de l'Acte de Médiation, la fréquentation de l'école dépendait du bon vouloir des parents. Habituellement l'entrée à l'école se faisait à l'âge de sept ans, la première sortie vers dix ou onze ans, si bien que la durée moyenne de la scolarité pouvait se monter à trois ou quatre ans. Mais comme les écoles n'étaient en général ouvertes que durant l'hiver, la durée effective de la scolarité se voyait encore une fois raccourcie de moitié. L'école élémentaire s'étendait sur une durée de deux à trois années et le gymnase, suivant le principe des collèges jésuites, durait six ans. Pour tous les élèves, l'écolage était le même. Les enfants devaient se procurer à leurs frais livres, cahiers, ardoises et plumes. Le principal obstacle à la fréquentation scolaire provenait du travail rémunéré des enfants, ressource indispensable dans l'économie des familles. Les enfants pauvres manquaient aussi d'habits et de chaussures adéquates. Ajoutons à cela que l'état des routes et la durée des trajets menant à l'école étaient cause d'absentéisme.

État de la démocratisation de l'école – Rapport filles/garçons en ce qui concerne le niveau de scolarisation. Les écoles étaient fréquentées en majeure partie par les garçons. D'après les statistiques de la population on peut penser qu'environ 87 % d'entre eux étaient scolarisés, alors que ce n'était le cas que de 52 % des filles. En ce qui concerne l'école élémentaire le rapport est de 62 % de garçons contre 38 % de filles.

Coéducation. La mixité des élèves était interdite dans la ville de Zoug. Depuis 1657, à la demande des autorités de la ville, les religieuses du couvent capucin de Maria Opferung tenaient dans leurs murs l'école des filles de la ville et accueillaient aussi des pensionnaires. En échange de ce service, elles recevaient de la ville des prestations en nature sous forme de bois ou de blé. En revanche, dans les écoles allemandes des communes rurales, garçons et filles cohabitaient dans la même salle de classe, bien qu'assis sur des bancs séparés.

8 Bossard 1984: 81-160.

Uniformisation des matières enseignées, des moyens d'enseignement et des méthodes. Les matières enseignées se limitaient à l'enseignement de la religion et des mœurs, à l'épellation, à la lecture et à l'écriture. Le calcul n'était pas enseigné dans toutes les écoles. Les filles recevaient dans le couvent de Maria Opferung un enseignement de travaux à l'aiguille. Une grande partie du temps d'école était prise par l'apprentissage, par cœur, du catéchisme. La méthode d'enseignement la plus répandue était la *méthode normale de Crauer*.[9] Il n'existait ni programme, ni moyen d'enseignement uniformes.

Corps enseignant et traitement des enseignants. Les enseignants étaient avant tout des ecclésiastiques. Sur les vingt enseignants des écoles élémentaires du canton de Zoug, trois seulement étaient des laïques. En 1799, trois sœurs enseignantes tenaient à elles seules l'école des filles de Maria Opferung. Il n'y avait pas d'enseignantes laïques. Pour la plus grande part le financement des postes était assuré par le biais des bénéfices ecclésiastiques, le cas échéant et de manière marginale, pour les enseignants laïques, par des ressources communales. Les écolages n'entraient qu'à peine en ligne de compte et les enseignants laïques en étaient réduits à se trouver des gains accessoires.

PREMIÈRE POUSSÉE CENTRALISATRICE AU TEMPS DE LA RÉPUBLIQUE HELVÉTIQUE

Avec l'adoption en 1798 de la Constitution de la République helvétique, l'instruction d'un peuple qui devait être *éclairé* devint, pour un temps, une tâche de l'État central. La possibilité de réaliser une réforme scolaire prit alors solidement corps et se traduisit avant tout par l'unification des matières d'enseignement et par le contrôle de l'État[10] sur l'école. Dans le domaine scolaire, les communes eurent à suivre les instructions des instances supérieures de contrôle du gouvernement de l'Helvétique et du canton. Par manque d'enseignants laïques, l'État ne put cependant renoncer à la collaboration avec l'Église.[11] De son côté, le clergé avait

9 Nommée ainsi d'après le nom de son auteur, le Père Nivard Crauer (1747-1799), du couvent de Saint-Urban. Sa méthode était répandue dans toute la Suisse centrale et dans le canton de Soleure.

10 Déjà durant l'Ancien Régime une commission politique de contrôle de l'école avait été mise en place dans la ville de Zoug.

11 Morosoli 1991 : 346.

pris conscience que sa collaboration à la politique scolaire du gouvernement de l'Helvétique représentait pour lui la seule manière de maintenir ses propres institutions scolaires, les préservant ainsi de la sécularisation. Pour l'État de Zoug[12] ces nouvelles lois n'apportèrent, durant la courte vie de la République helvétique, que peu de changements. Le canton des Waldstätten eut cependant droit à un Conseil de l'éducation[13] fort de huit membres, et la ville de Zoug, en tant que chef lieu de district, à un inspecteur scolaire. Jusqu'à la promulgation d'une loi sur l'enseignement, le Conseil de l'éducation représentait l'autorité supérieure de l'État en matière d'école. Cette loi ne vit cependant jamais le jour.[14] Elle aurait dû imposer l'obligation scolaire pour tous les élèves, introduire la gratuité de l'enseignement et prévoir la mise en place, jusque-là négligée, d'une école élémentaire financée par un fonds scolaire communal. La formation des maîtres et l'enseignement gymnasial devaient, quant à eux, bénéficier d'une organisation nouvelle. Mais ce n'est qu'en décembre 1800 que, pour la première fois, un début d'obligation scolaire, valable seulement pour la demi-année que représentait l'école d'hiver, fit l'objet d'une recommandation.[15] Par manque d'une législation cantonale en matière d'enseignement, les communes demeurèrent, comme par le passé, maîtresses de leurs écoles. Elles en profitèrent pour édicter, durant l'éphémère République helvétique, des règlements scolaires différant les uns des autres.

Ainsi les écoles de la ville de Zoug, durement touchées par les réquisitions et l'hébergement des troupes[16], purent repartir en automne 1800 pourvues d'un nouveau règlement scolaire. Même si l'école était placée sous la direction de la municipalité et d'une commission scolaire dépendant de l'État, cette commission scolaire était tout de même présidée par un ecclésiastique. Comme par le passé, ce nouveau règlement, intitulé d'une manière significative *Schul- und Kirchen-Ordnung* (Règlement pour

12 En mai 1798, Zoug devint la capitale du canton des Waldstätten, qui comprenait toute la Suisse centrale à l'exception de Lucerne. Cette entité politique ne subsista que jusqu'en mai 1801, date à laquelle fut édictée la Constitution de Malmaison.

13 Le Conseil de l'éducation du canton des Waldstätten comprenait deux enseignants (professeurs ou instituteurs), un ecclésiastique et cinq membres proposés par l'administration. Dans le district de Zoug, trois ecclésiastiques furent élus au Conseil de l'éducation.

14 Bossard 1984: 163.

15 ASHR VI: 450; WAZ, Th. 37.

16 L'école des garçons de la rue Saint-Oswald était devenue le siège de l'administration militaire. Le couvent de Maria Opferung avait dû mettre sa salle de classe à disposition des troupes. En 1799 l'école ne fut ouverte qu'à partir de décembre, soit un mois plus tard que d'habitude.

les écoles et l'Église)[17], mettait l'accent sur l'éducation religieuse. La mesure la plus radicale qu'il introduisait était le licenciement des maîtres qui, jusque-là, avaient enseigné dans l'école des garçons. De nouveaux enseignants – laïques et ecclésiastiques – furent engagés. Tout rentra cependant rapidement dans l'ordre : les enseignants licenciés, des ecclésiastiques, furent peu de temps après réengagés en tant que maîtres auxiliaires et maîtres de religion !

Au couvent de Maria Opferung, l'école des filles de la ville de Zoug eut un destin quelque peu différent. L'école qui, depuis 1707, était hébergée hors de l'enceinte même du couvent dans la maison des domestiques, devait, suite à la volonté du gouvernement de la République helvétique qui avait ordonné la fermeture des couvents, être laïcisée et installée dans un bâtiment de la vieille ville. La Supérieure du couvent, Marie Thérèse Uttinger, avait reçu une lettre du gouvernement de l'Helvétique pressant les sœurs de quitter l'Ordre, leur faisant miroiter une contribution financière pour les aider à s'installer dans une vie bourgeoise.[18] Dans sa réponse au gouvernement, la Supérieure mit l'accent sur l'ouverture aux réformes que son couvent était bien disposé à entreprendre :

> *Jusqu'à aujourd'hui notre école n'était placée sous aucun contrôle extérieur. Mais nous verrions avec joie que des gens capables lui fassent l'honneur de la prendre en considération, de la soutenir, de lui ordonner même tout ce qui pourrait lui être utile [...] Nous nous recommandons à tous ceux qui nous sont favorables et offrons avec joie l'entier de nos forces pour le bien de tous.*[19]

Par son engagement dans le nouvel ordre scolaire, la Supérieure croyait pouvoir sauver son couvent.

Et son calcul s'avéra payant. Comme les autorités scolaires de la ville de Zoug et celles du canton des Waldstätten étaient sous la domination des ecclésiastiques, les écoles restèrent confessionnelles. Dans le nouveau règlement pour les écoles et l'Église de novembre 1800, la municipalité et le parlement législatif communal soumirent l'école des filles à l'autorité de la commission scolaire de la ville. Les autorités ordonnèrent la gratuité de l'enseignement[20] et encouragèrent la Supérieure à accueillir une sœur

17 *Schul- und Kirchenordnung der Stadt Zoug vom 6. November 1800.*
18 Archives du couvent de Maria Opferung : *Akten zur Helvetik.*
19 Archives fédérales, Berne, Vol. 1465 : 65, cité par Bossard 1984 : 189.
20 Auparavant les parents d'élèves devaient s'acquitter d'un petit écolage.

enseignante de langue française. Franz Xaver Dominik Brandenberg prit en main la réorganisation de l'école des filles.[21] Il familiarisa les sœurs avec la *méthode normale de Crauer*. Le plan d'études fut amélioré et élargi. Pour l'essentiel il comprenait les mêmes disciplines que celles qui étaient enseignées à l'école des garçons: enseignement religieux, langue maternelle, lecture, enseignement intuitif, calligraphie et calcul, toutes ces disciplines faisant l'objet d'évaluations. Le calcul était enseigné au moyen de la méthode de Pestalozzi, l'écriture, l'orthographe, la calligraphie, les sciences naturelles avec celle de Brandenberg. En plus de l'école élémentaire, les sœurs ouvrirent une classe ménagère où elles enseignaient le tricot, la couture, le raccommodage et la broderie. Les élèves plus âgées apprenaient aussi à cuisiner, à jardiner et à dessiner. Chant et piano complétaient le programme hebdomadaire. Pour les élèves vivant en internat, qui venaient de toute la Suisse ainsi que de l'étranger, le programme scolaire était le même.

Cette école connut un essor remarquable.[22] Elle passait pour être une des meilleures écoles de son temps. Des sœurs en provenance d'autres couvents venaient y faire leur formation pédagogique avant de s'en retourner enseigner dans leur propre institut. Même les cantons protestants montrèrent de l'intérêt pour cet institut d'éducation modèle. *On ne souhaite pas y former des mères de familles qui ne soient que travailleuses, mais on voudrait aussi qu'elles soient pieuses et intelligentes*, écrit le Zurichois Johann Caspar Fäsi dans son rapport sur l'École des filles.[23]

On peut donc dire que la politique scolaire de la République helvétique a débouché, ponctuellement, sur des résultats heureux. C'est elle qui a posé la première pierre d'une école obligatoire et gratuite, idée qui va faire son chemin jusqu'à la fondation de l'État fédéral. Les efforts du gouvernement helvétique pour centraliser le système scolaire n'aboutirent cependant qu'aux prémices de la laïcisation souhaitée des écoles. Si le contrôle de l'école revenait de droit à l'État, c'était, dans la pratique et dans l'établissement des règlements régissant cette pratique, l'Église qui, comme autrefois, l'assumait. En collaborant à l'édification du nouvel État par le biais des textes constitutionnels qui pour la première fois voyaient le jour, le clergé catholique sut conserver à l'Église des posi-

---

21 Le Père Franz Xaver Dominik Brandenberg (1774-1824) travailla, en tant que préfet des écoles de la ville de Zoug, à une amélioration de l'école. Il rédigea en outre divers moyens d'enseignement.

22 Entre 1799 et 1809, le nombre d'élèves suivant l'école fut multiplié par cinq, passant de 28 unités à 162. Le nombre des sœurs enseignantes augmenta aussi: en 1799, elles étaient au nombre de 3, mais en 1806 elles étaient 11. (Bossard 1984: 215).

23 Fäsi 1811.

tions importantes au sein de l'instruction publique. Cette coopération entre État et Église assura à cette dernière une influence qui s'étendit bien au-delà de l'Helvétique.

L'ÉPOQUE DE LA MÉDIATION ET DE LA RÉGÉNÉRATION : LUTTE ENTRE CENTRALISME CANTONAL ET AUTONOMIE DES COMMUNES

Pour le système scolaire du canton de Zoug, l'Acte de Médiation de 1803 permit d'atteindre certains des objectifs poursuivis par la politique scolaire du gouvernement helvétique. Court et troublé par les guerres, le temps de la Médiation n'autorisa cependant pas la cristallisation définitive de ces réalisations. Pour la première fois une réglementation scolaire cantonale *(Schulplan)* fut édictée qui ordonnait pour tous les enfants (y compris les filles) l'obligation scolaire : *Tous les enfants en âge de scolarité sont tenus de fréquenter l'école, et cela jusqu'à ce que la Commission scolaire leur octroie le droit de la quitter.*[24] Seul l'âge d'entrée à l'école dépendait encore du bon vouloir des parents. L'année scolaire aurait dû s'étendre sur toute l'année ; cette exigence n'étant pas réalisable pour des raisons politiques, on se mit d'accord pour limiter l'obligation scolaire à l'école d'hiver, qui durait de la Toussaint à Pâques. On unifia dans tout le canton les méthodes d'enseignement. Le programme comprenait lecture, écriture, calcul, religion, morale, composition, civisme et histoire du pays. Pour les enfants pauvres, l'enseignement et le matériel scolaire étaient gratuits. Les postulats ainsi les plus importants de la République helvétique concernant l'école populaire connaissaient-ils un début de réalisation.

Le canton conserva également la compétence de surveiller l'ensemble des écoles et confia ce soin à un *Conseil cantonal de l'éducation* formé de notables civils et religieux.[25] Ce conseil avait à surveiller les écoles publiques dans les communes, de même que le niveau de formation des enseignants. En outre il avait la compétence de rappeler à l'ordre, voire même de licencier les enseignants sous-qualifiés ou dont les mœurs

24 *Allgemeiner Schulplan zur Verbesserung der sämtlichen Schulen des Kantons Zug,* mai 1803.

25 *Es bildet der regierende Ammann, Statthalter, Pannerherr, Landshauptmann und Landsfähndrich mit der Administrationskommission, und mit den von der Bischöfl. Curia ernamsten Geistlichen einen Erziehungsrat. Kantonsorganisation* 1803, § II. 23.

étaient répréhensibles.[26] De plus les communes furent tenues de mettre sur pied leur propre commission scolaire, qui, chaque année, devait présenter un rapport à la commission scolaire cantonale.

On était cependant encore bien loin d'une école laïque contrôlée par l'État. Seuls des enseignants de confession catholique étaient autorisés à enseigner.[27] La ville de Zoug avait édicté, en 1803, un règlement communal pour les écoles et l'Église qui, en réalité, assurait la continuité avec les prescriptions datant de l'Ancien Régime. Cet état de fait apporte la preuve qu'en dépit des prescriptions cantonales, les décisions déterminantes pour la vie scolaire restaient l'apanage des seules communes.

Dans les faits cependant, le *Schulplan* cantonal fut bien à l'origine d'une politique scolaire énergique, quoique riche en conflits, qui étendit ses effets jusqu'en 1814. Le Conseil de l'éducation contrôlait les écoles communales qui, à la campagne, demeuraient comme auparavant mal loties. Il avait à se soucier de la bonne exécution d'une obligation scolaire qui était peu respectée. Maniant tour à tour la contrainte et la persuasion, il essayait, avec l'aide de l'Église qui, toujours, jouissait de la plus forte influence au sein des familles, de convaincre les parents d'envoyer leurs enfants à l'école. Un des moyens de pression qui s'avéra le plus efficace consista à rendre l'accès à la première communion dépendant de l'état des connaissances en matière de lecture et d'écriture.[28] Quelques communes voulurent en faire de même avec le mariage. Les amendes infligées aux parents pour les absences scolaires de leurs enfants prouvent aussi qu'on était disposé à user de moyens autoritaires pour parvenir à l'idéal du peuple éclairé.

Les manquements au devoir d'obligation scolaire ont des causes tant économiques que psychologiques. Ces causes, que l'enquête de Stapfer avait déjà mises au jour, restèrent jusque vers 1848 pour l'essentiel les suivantes: l'impossibilité pour la famille de renoncer, pour des raisons économiques, au revenu du travail des enfants; l'éloignement de l'école du domicile de l'enfant; le manque d'habits décents pour vêtir l'écolier ou, plus simplement, le désintérêt et le rejet de l'école de la part des parents. Pour ces derniers, l'obligation scolaire, qui accaparait leurs enfants entre le moment où ils étaient tout petits et celui où ils auraient pu commencer à gagner leur vie, signifiait non seulement une intrusion dans leurs prérogatives parentales, mais apportait un bouleversement à

26 *Kantonsorganisation* 1803, § II. 23.

27 Dans les Constitutions de 1803 et de 1814 de l'État de Zoug, la confession catholique avait été reconnue *religion d'État*.

28 Morosoli 1991 : 348.

leur représentation de la vie et à leurs attentes par rapport à leurs enfants: pour la première fois dans l'histoire, ceux-ci n'étaient-ils pas en mesure de les surpasser grâce à l'instruction reçue ? C'est pourquoi l'introduction de l'obligation scolaire dans une loi nécessitait avant tout l'acceptation des parents. Et pour que ceux-ci puissent l'accepter, il fallait attendre qu'au moins une génération entière ait elle-même été scolarisée et considère comme allant de soi cette obligation nouvelle.[29]

Cependant l'opposition à l'école ne provenait pas que des parents. Dans les communes, politiciens et membres du clergé affichaient leur scepticisme face à une école soumise aux décisions venant d'en haut, c'est-à-dire de l'État. Il s'agissait aussi d'assurer la permanence des droits anciens et des privilèges. Ce furent surtout, dans le canton, les anciennes communes rurales de l'*Aüssere Amt* (Aegeri, Münzingen et Baar) – communes qui avaient joui d'une certaine autonomie durant l'Ancien Régime et qui avaient constamment lutté contre les tendances hégémoniques de la ville de Zoug – qui réagirent aux ingérences du pouvoir central siégeant dans la capitale. Cette attitude défensive ne s'explique cependant que partiellement par le conservatisme de ses tenants. C'était souvent par simple manque de moyens financiers que les communes ne pouvaient assurer à leurs écoles le développement qu'aurait voulu le canton.[30]

Le fait suivant montre l'ampleur de la méfiance qu'inspiraient les directives dirigistes de l'État cantonal: la première mesure prise à la Restauration par la Constitution de 1814 fut de supprimer le Conseil cantonal de l'éducation et de subordonner directement l'école au parlement cantonal. Cela revenait en réalité à la faire dépendre uniquement des communes. Cette mesure mit un terme, jusque dans les années 40 du siècle, aux réformes entreprises dans les communes rurales. Seule la ville de Zoug put disposer, dans une certaine mesure, d'un système scolaire bien établi.

29 Morosoli 1991 : 350.

30 Le transfert de ressources scolaires en provenance de fonds de droit privé ou ecclésiastiques, lesquelles ressources avaient été étatisées durant l'Helvétique, et qu'il était prévu d'attribuer à des fonds scolaires communaux, a été aboli pendant la Médiation et la Régénération. Le projet de créer des fonds scolaires communaux ne se réalisa pas entre 1803 et 1848.

DURCISSEMENT DES ANTAGONISMES POLITIQUES ET CONFESSIONNELS : LES EXIGENCES DES LIBÉRAUX ET LA RÉPONSE DES CATHOLIQUES

Le fait que, l'école, dès 1814, n'est plus placée sous le contrôle de l'État ne signifie pourtant pas un simple retour au *statu quo ante*. De nouveaux projets scolaires pouvaient s'élaborer au niveau des communes, et ceux-ci étaient dus avant tout à la bourgeoisie libérale[31], qui, depuis 1830, jouait un rôle de plus en plus important. Le Landammann Georg Josef Sidler[32], président de la commission scolaire de la ville de Zoug, est ainsi l'inspirateur, en 1829, d'une nouvelle ordonnance pour l'école municipale des garçons qui :

> *[...] prend principalement en considération, et beaucoup plus que par le passé, l'éducation bourgeoise, [...] sans pour autant rendre impossible la préparation de ceux qui désireraient se consacrer à une profession intellectuelle.*[33]

L'accent était mis non seulement sur la formation religieuse mais aussi sur une éducation s'inspirant des valeurs du patriotisme. Cette ordonnance fut bien approuvée en 1829 mais, faute de moyens financiers, elle n'entra jamais en vigueur :

> *Les disponibilités financières limitées dont elle* [la bourgeoisie] *dispose pour mettre en œuvre un programme qu'elle a pourtant accepté et qu'elle trouve bon, rendent pour l'instant impossible sa pleine réalisation. Jusqu'à maintenant* [1840, remarque de l'auteur], *ces obstacles n'ont pu être surmontés et on ne sait quand ils pourront l'être.*[34]

---

31 L'appellation de *libéral* et de *conservateur* ne désigne, dans le canton de Zoug et jusqu'en 1848, que des groupes partageant des idées communes et aucunement des groupements politiques organisés. Jusqu'en 1848 les libéraux zougois étaient tous catholiques (Matter 1985 : 13).

32 Georg Josef Sidler (1782-1829) éminent représentant des premiers politiciens libéraux du canton de Zoug.

33 *Plan der öffentlichen Knabenlehranstalt der Stadtgemeinde Zoug...* 1840 : 7.

34 *Plan der öffentlichen Knabenlehranstalt der Stadtgemeinde Zoug...* 1840 : Vorwort.

Le fait que ce projet scolaire concerne exclusivement l'instruction des garçons poussa Josefine Stadlin[35], fille du médecin et homme politique zougois Franz Josef Stadlin, à promouvoir une meilleure éducation des filles, une éducation qui comprît aussi un volet artistique. Elle offrit ses services d'enseignante à la ville de Zoug qui, cependant, ne fut pas en mesure de lui procurer une place.[36] La raison principale de ce refus était qu'on ne pouvait concevoir de placer une enseignante laïque à la tête d'une classe publique.

Après 1830, lorsque l'antagonisme entre les libéraux et les conservateurs devint plus aigu sur le plan fédéral, le canton de Zoug entra dans une phase de conservatisme qui alla en augmentant et se traduisit dans l'attitude qu'il prit face au conflit des couvents argoviens, face à la campagne des Corps francs lucernois et finalement par sa participation au *Sonderbund*.[37] Les projets scolaires et autres propositions venant des libéraux n'eurent aucune suite. En 1839 Georg Sidler déménagea à Zurich. En 1834 Josefine Stadlin avait déjà quitté Zoug pour Aarau, où elle avait été appelée pour diriger l'école cantonale des filles.

LES SŒURS ENSEIGNANTES DE MENZINGEN ET L'ÉDUCATION CATHOLIQUE DES FILLES

À peine sept ans plus tard, le canton d'Argovie allait être à l'origine de développements dans la politique scolaire du canton de Zoug grâce à des événements que l'on peut considérer comme les premières manifestations du *Kulturkampf*.

Après la fermeture des couvents de moines du canton d'Argovie ordonnée en 1841, les religieux avaient dû chercher de nouveaux lieux pour exercer leur activité et ils les avaient trouvés avant tout en Suisse centrale. Le canton de Zoug avait également accordé l'asile à ces personnes expulsées. Parmi ces religieux chassés d'Argovie, le plus entreprenant était bien le Père Theodosius Florentini, dont le nom, dès 1844, est lié à diverses institutions actives dans les domaines scolaire et social. Conscient des déficits éducatifs dont souffraient les campagnes dans les cantons catholiques, il entrevoyait clairement le parti qu'il pouvait tirer du refus d'une école laïque manifesté par bien des politiciens conserva-

---

35 Josefine Stadlin (1806-1875) avait suivi, après sa scolarité au couvent de Maria Opferung, l'institut Niederer-Kasthofer à Yverdon. Vers 1830, elle ouvrit avec sa sœur Ida, une école privée à Zoug.

36 Bürgerarchiv Zug (BAZ) : A.26.25 Privatschulen Stadlin.

37 Raschle 1981 : 87 et ss, 21 et ss, 302 et ss.

teurs de Suisse centrale pour proposer une école conçue sur des bases confessionnelles. L'instruction des filles se présentait comme un terrain rêvé pour réaliser son projet. En effet, bien des communes n'étaient pas en état, par leur situation financière et par leurs infrastructures scolaires insuffisantes, d'offrir un enseignement séparé à leurs filles et à leurs garçons, ce qui incitait beaucoup de parents à garder leurs filles à la maison. À cela il faut ajouter qu'aucune possibilité de suivre une scolarité supérieure n'était offerte aux jeunes filles catholiques.

Florentini promit alors, tâche hautement morale, d'instruire et d'éduquer les jeunes filles de telle sorte qu'elles deviennent de bonnes mères chrétiennes. À cette fin, il fonda, en 1844, en s'inspirant d'un modèle français, une congrégation de sœurs enseignantes qui, à côté des règles habituelles des ordres (pauvreté, chasteté et obéissance), devait se vouer à l'éducation des filles. Florentini voyait en outre dans l'éducation des filles une arme pour le *Kulturkampf*: *Par le moyen d'une éducation soignée et religieuse des jeunes filles, l'Église catholique, en Suisse, se relèverait plus vite que par tout autre moyen.*[38] Les premières sœurs qu'il recruta pour cet ordre venaient de familles paysannes des districts catholiques du canton d'Argovie qui n'auraient eu d'autres perspectives, après l'école obligatoire, que le travail en usine ou le service en tant que domestiques dans des familles.

Dans les cantons réformés, on discutait aussi passionnément, entre 1830 et 1840, de l'éducation des filles. D'un côté on tenait à ce que les filles soient éduquées en mères de famille travailleuses, éducatrices intelligentes de leurs propres enfants et compagnes complices de leur mari patriote, mais d'un autre côté on ne souhaitait pas que les filles soient trop instruites, car une femme trop instruite passait encore pour une sorte de monstre (*Missgestalt*). En 1836, confrontée à ce problème, la Société suisse d'utilité publique déclarait: *Le type de la femme instruite doit peu à peu disparaître, ou pour le moins n'avoir plus aucun soutien dans les écoles publiques du pays.*[39] En revanche des femmes cultivées, venant de milieux bourgeois, comme Rosette Niederer-Kasthofer et Josefine Stadlin[40], étaient d'avis que la femme, de par son rôle de mère, était pré-

38 Cité par Mesmer 1988 : 69.

39 Cité par Mesmer 1988 : 70.

40 Josefine Stadlin (voir aussi la note 37) fonda, en 1841, le *Verein Schweizerischer Erzieherinnen* (l'Union des éducatrices suisses) et publia, entre 1845 et 1849, la revue *Die Erzieherin* (L'Éducatrice). En 1846, elle recruta des enseignantes pour un Séminaire suisse de formation d'enseignantes – avec classes d'application modèles –, qui s'ouvrit à Zurich, en annexe à l'école des filles. Cependant ce séminaire fut fermé trois ans plus tard déjà, suite à des résistances émanant de pédagogues de sexe masculin.

cisément prédestinée à devenir éducatrice, et elles luttèrent pour que les femmes puissent bénéficier d'une éducation adéquate pour se vouer au métier d'enseignantes et d'éducatrices. Elles cherchèrent donc, par le biais d'une formation qui devait correspondre à celle requise pour les hommes, à investir le bastion de l'éducation dominé jusque-là par ces derniers.

Il est difficile de savoir dans quelle mesure la création, par Florentini, d'une congrégation de sœurs enseignantes peut être considérée comme une réaction aux efforts entrepris dans les cantons réformés et libéraux en faveur de l'instruction des filles.[41] Le fait est que, dans les cantons catholiques, c'est par l'Ordre fondé par Florentini que les femmes, au début des religieuses uniquement, furent intégrées, en tant qu'enseignantes, à l'école primaire.[42] La commune de Menzingen, dans le canton de Zoug, fut la première à accueillir les Sœurs. Grâce aux contacts noués d'une part avec le couvent de Maria Opferung – qui avait offert refuge à l'Abbesse et à quelques sœurs du couvent, fermé temporairement, de Maria Krönung de Baden – et, d'autre part, avec le curé de Menzingen Josef Röllin, les premières Sœurs consacrées[43] ouvrirent le 2 novembre 1844 une école de filles. Dès son ouverture celle-ci comptait 88 élèves. Le soin de surveiller cette école et de payer, très modestement[44], les institutrices revenait à la commune.

L'exemple de Menzingen fit tache d'huile. En 1845 les communes schwytzoises d'Arth et de Galgenen engagèrent des sœurs enseignantes. Baar, dans le canton de Zoug, songea en 1846 à ouvrir une école de filles. Le choix d'une salle de classe souleva quelques difficultés, la commune voulant leur attribuer les locaux, devenus vacants, d'une fondation religieuse, la fondation Reidhaar, qui s'y opposa violemment, exigeant que seul un ecclésiastique puisse les occuper. Les libéraux de la localité tentèrent de leur côté de s'opposer à la création de cette école.[45] Celle-ci s'ouvrit néanmoins, mais avec un statut d'école privée, et le traitement

---

41 Le canton de Berne avait fondé, en 1833, un Séminaire de formation pour enseignantes, dirigé par des pasteurs. Berne fut ainsi le seul canton suisse allemand à pouvoir engager dès le début une proportion importante d'enseignantes dans ses écoles.

42 Dans les couches sociales élevées de la population, aussi bien dans les cantons libéraux que dans les cantons conservateurs, il n'était en général pas toléré que les femmes aient, en dehors de leur famille, une occupation professionnelle. Si tel était le cas, leur statut social en pâtissait.

43 Elles s'appelaient Bernarda Heimgartner, Feliziana Kramer et Cornelia Maeder.

44 Il s'agissait de la mise à disposition d'un logement de fonction, d'une salle de classe, du produit d'un écolage trimestriel de 5 batz par élève et de 10 louis d'or de traitement annuel.

45 Elsener 1995: 66.

des enseignantes fit l'objet d'une souscription publique. On demanda aux élèves un écolage et une contribution pour payer le bois de chauffage. En 1847, ce fut Oberägeri qui confia aux sœurs enseignantes le soin de son école de filles.

Dans le courant des cinquante premières années de son existence la congrégation des sœurs enseignantes de Menzingen étendit son rayon d'action à tous les cantons de Suisse centrale et à d'autres cantons catholiques encore.[46] Les sœurs étaient surtout appelées pour tenir des écoles dans les communes rurales, car dans les villes catholiques existaient déjà des établissements tenus par des religieuses.[47] Outre les raisons confessionnelles, des raisons économiques peuvent à l'évidence expliquer cette grande extension de leur action. Les Sœurs revenaient moins cher que les enseignantes laïques que les communes auraient dû, sinon, engager. À noter encore que l'essor de la congrégation ne devint vraiment important qu'après 1848, date où l'obligation scolaire et la séparation des sexes, à tout le moins pour les grandes classes, furent ancrées dans la Constitution de la nouvelle Confédération.

L'ÉCOLE DANS LE CANTON DE ZOUG APRÈS LA FONDATION DE L'ÉTAT FÉDÉRAL DE 1848

Après la capitulation[48] sans combat des milices zougoises lors de la guerre du *Sonderbund*, l'opposition libérale, favorisée par la Diète et la présence des troupes fédérales, s'empara du pouvoir et réussit à mettre sur pied une nouvelle Constitution cantonale en l'espace de trois semaines seulement. Cette Constitution, qui date de 1848, mettait à nouveau un accent marqué sur l'unification de la politique scolaire du canton. L'éducation était placée sous le contrôle du canton, tenu pour responsable, avec le soutien de l'Église et des autorités communales, de l'éducation et de la nécessaire instruction de la jeunesse.[49] À nouveau un Conseil de l'éducation fut mis sur pied, chargé de dresser l'état des

46 En 1895, soit cinquante ans après la fondation de l'Ordre, 6 sœurs enseignaient dans le canton de Lucerne; 12 dans le canton d'Uri; 32 dans le canton de Schwytz; 10 dans celui d'Obwald; 16 dans celui de Nidwald; 15 dans le canton de Zoug; 16 dans le Canton de Fribourg; 6 en Appenzell Rhodes-Intérieures; 15 dans le canton de Saint-Gall; 2 dans les Grisons et 11 au Tessin. Au total 141 sœurs enseignaient dans les écoles publiques (Weber 1896: 33).

47 Par les sœurs capucines, ursulines ou visitandines.

48 Celle-ci intervint le 21 novembre 1847.

49 *Kantonaleverfassung von 1848*, article 29.

lieux du système éducatif du canton et de préparer une nouvelle loi scolaire. Il jouissait en outre du droit de contrôler les écoles communales. Son rapport fait état de vingt-deux écoles primaires publiques, quatre écoles latines et un gymnase[50] existant dans le canton en 1848. Le recul du nombre d'enseignants ecclésiastiques, compensé par l'augmentation correspondante des maîtres laïques, est, depuis 1799, impressionnant (*cf.* tableau 1). Ce phénomène est dû avant tout à la création d'écoles communales dans les anciens bailliages du canton : là, les secrétaires de commune avaient à remplir le rôle de maître d'école. Le rapport regrette l'absence d'uniformité du système scolaire, l'absence d'un plan d'études uniforme et obligatoire et la formation insuffisante des maîtres. L'obligation scolaire pour tous ne s'était pas encore imposée. C'est la raison pour laquelle la loi de 1849 fit de cette obligation une prescription légale.[51] Le non respect de l'obligation fut sévèrement puni : les parents étaient mis à l'amende et, s'ils étaient dans l'incapacité de la payer, condamnés à passer un ou deux jours en prison.[52] L'école fut déclarée en principe gratuite. Dans les cas où un écolage s'avérait nécessaire, il revenait aux autorités de la commune de le déterminer.[53]

Tableau 1
Évolution de la composition du corps enseignant primaire du Canton de Zoug entre 1799 et 1870

	1799		1849		1859		1870	
Nb. d'écoles primaires	17		22		45		50	
Nb. total d'enseignant-e-s	20	%	39	%	48	%	54	%
Nb. d'enseignants laïques	3	15	16	42	16	33	24	44
Nb. d'enseignants religieux	14	70	12	30	9	19	8	15
Nb. d'enseignants	17	85	28	72	25	52	32	59
Nb. d'enseignantes laïques	0		0		1	2	2	4
Nb. d'enseignantes religieuses	3	15	11	28	22	46	20	37
Nb. d'enseignantes	3	15	11	28	23	48	22	41

50 *Rechenschaftsbericht des Erziehungsrates* 1848 : 8.
51 *Schulgesetz* 1849/50, article 6.
52 *Schulgesetz* 1850, article 31.
53 *Schulgesetz* 1850, article 5.

Bien qu'à ses yeux l'ensemble du système scolaire fût insatisfaisant, le Conseil de l'éducation s'attela pour commencer à la loi sur l'organisation de l'école primaire. C'est un ecclésiastique libéral, Karl Kaspar Keiser (1805-1878), qui en entreprit la rédaction. Après que le Conseil d'État libéral en eut délibéré, le projet de loi fut soumis au Grand Conseil le 16 juillet 1849.[54] Dans les domaines relevant de la laïcité de l'école, l'opposition des conservateurs concernait avant tout l'ingérence du canton dans les prérogatives communales: la surveillance exercée par un inspecteur cantonal sur les écoles, ainsi que la fixation d'un montant minimal pour le salaire des enseignants firent l'objet de leurs critiques. La mouvance cléricale de l'opposition conservatrice critiqua la disposition qui obligeait les enseignants ecclésiastiques, à l'exemple des autres enseignants, à se soumettre à l'épreuve d'un examen, de même que celle qui autorisait l'État à s'immiscer dans les dispositions concernant les prébendes ecclésiastiques et les écoles privées. Par ses interventions, il est évident que l'opposition voulait maintenir les privilèges des enseignants ecclésiastiques. Sur ce, l'évêque Josef Anton Salzmann intervint dans les délibérations et émit le vœu que les enseignants laïques dussent aussi appartenir à la confession catholique.[55] Le Grand Conseil, dont la majorité était libérale, entra dans les vues de l'évêque et accepta cet amendement.

Le 16 juillet 1849, la loi fut votée malgré la résistance exercée par les conservateurs. La centralisation du système scolaire sous le contrôle du canton passa pour être le joyau de cette législation libérale. Mais en réalité, avec cette loi scolaire, le canton de Zoug n'avait fait qu'accéder au stade atteint par les cantons libéraux en 1830 déjà. Le règne des libéraux ne dura cependant guère dans le canton de Zoug. Lors des élections de 1850, ils perdirent la majorité en faveur des conservateurs.[56] Déçus, de nombreux politiciens libéraux se retirèrent de la vie publique ou déménagèrent dans le canton de Zurich voisin. Conséquence du changement de majorité, la plupart des lois libérales, y compris les lois scolaires, furent révisées.

L'article de la loi scolaire dont la révision avait la plus grande portée était celui qui fixait l'objectif de l'école. Il spécifiait que l'éducation et l'instruction de la jeunesse étaient placées sous la responsabilité conjointe de l'État, des parents, des autorités cantonales et communales *et de l'Église*[57], et que cette instruction devait être dispensée *dans le sens et*

---

54 Le parlement cantonal.
55 Matter 1985: 60.
56 Ils ne disposèrent dès lors que de 16 sièges sur les 67 que comptait le parlement.
57 Dans les deux versions, celle de 1849 et celle de 1850.

l'esprit de l'Église catholique.[58] Ces exigences correspondaient parfaitement à l'esprit de la Constitution de la Restauration. Le Conseil de l'éducation fut maintenu en tant qu'organe de surveillance de l'école, mais la fonction d'inspecteur cantonal fut tout bonnement supprimée. Furent aussi modifiés tous les articles de la loi qui permettaient au canton d'influer sur les décisions des communes et les obligeaient à faire des dépenses pour l'enseignement. Toutefois il fut prévu qu'une participation financière en provenance du fonds cantonal pour les écoles soutiendrait les finances communales, mais, dans le même temps, les versements de l'État à ce fonds furent provisoirement supprimés.[59]

Au cours de cette révision, les articles qui limitaient l'influence de l'Église et de ses organes sur l'éducation furent également abrogés. Les privilèges dont jouissaient les enseignants ecclésiastiques dans l'institution scolaire furent rétablis. L'obligation de se soumettre à un examen fut supprimée pour les sœurs enseignantes et les ecclésiastiques; les couvents furent déliés de l'obligation de payer une contribution financière pour les écoles. À cela s'ajoutait, pour tous les enseignants, l'obligation confessionnelle : ils devaient être de confession catholique.[60]

La loi scolaire ainsi révisée fut accueillie avec indignation par les libéraux : *Les conservateurs, en vrais ennemis de l'instruction publique, lui ont cassé toutes les dents.*[61] Mais, même du sein des milieux conservateurs, des critiques s'élevèrent. Ainsi peut-on lire dans la *Basler Zeitung* : *Par de telles mesures rétrogrades le canton de Zoug se fait à lui-même le plus grand tort et vogue complètement à contre-courant de l'opinion publique.*[62] Karl Kaspar Keiser, l'inspecteur cantonal des écoles qui avait rédigé la loi scolaire de 1849, abandonna le Gymnase de Zoug où il avait été muté et quitta le canton. Les libéraux, dont la politique scolaire avait ainsi échoué, se retirèrent de plus en plus dans les communes. Ils réussirent à ériger de solides bastions dans les localités industrielles voisines de Zurich, riches en habitants et en capitaux : Baar, Cham, Unterägeri et Zoug, et purent, dans ces communes, travailler à l'amélioration de l'école. Ils contribuèrent notamment à laïciser le corps enseignant en faisant nommer des maîtres laïques dans les postes devenus vacants (*cf. supra* tableau 1).

La surveillance cantonale des écoles par le Conseil de l'éducation n'eut d'abord que peu d'influence sur les communes. En l'absence d'un

58 Apparaît seulement dans la version de 1850 de la loi, dans les *Allgemeine Bestimmungen* (Dispositions générales), articles 1 et 2.
59 *Protokoll des grossen Rates*, 3 octobre 1850 : 165.
60 *Schulgesetz 1850*, article 33.
61 Dans la *Zuger Kantonsblatt* de 1850, Nº 40 (cité par Matter 1985 : 66).
62 Dans la *Basler Zeitung* de 1850, Nº 238 (cité par Matter 1985 : 66).

soutien financier de la part de l'État, les écoles communales durent se contenter de fonds scolaires très faiblement dotés, ainsi que de l'argent provenant des naturalisations et des impôts *per capita* prélevés auprès des habitants jouissant du droit d'établissement. Les maigres subventions cantonales furent avant tout allouées aux communes campagnardes des anciens bailliages, dont les infrastructures étaient encore dans un état précaire.

Les effets des normes de la nouvelle loi scolaire se firent cependant peu à peu sentir. En 1853 déjà, on pouvait lire dans le rapport annuel du gouvernement que la loi scolaire était appliquée dans toutes les communes.[63] En 1857, toujours selon le gouvernement, la séparation des sexes était partout réalisée.[64] Dans les années 1860 des tentatives diverses furent entreprises pour élever le niveau de l'instruction publique. Ainsi en 1860 une loi encouragea la formation des enseignants.[65] Cette loi cantonale sur les bourses d'études prévoyait qu'une allocation de soutien soit versée aux jeunes gens suivant les cours d'un séminaire pédagogique reconnu par le Conseil de l'éducation pour autant que les futurs maîtres s'engagent à exercer leur métier d'enseignant dans le canton de Zoug. La même année, l'État entreprenait la réalisation des écoles secondaires et de l'école industrielle cantonale *(Realgymnasium)* prévues dans la loi de 1849-1850.[66] En mars 1861, l'école industrielle de Zoug ouvrait ses portes et, en automne de la même année, des écoles secondaires[67] voyaient le jour dans les quatre plus grandes communes du canton, à Zoug, Baar, Cham et Aegeri.

LA QUERELLE SCOLAIRE AU GRÉ DES RÉVISIONS DE LA CONSTITUTION FÉDÉRALE (1872-1876)

Entre 1872 et 1876, les antagonismes entre libéraux et conservateurs ultramontains provoqués par la révision de la Constitution éclatèrent au grand jour dans le canton de Zoug. Quand elles virent, sur la base du premier projet qui leur était soumis, dans quel sens allait la révision de

63 *Rechenschaftsbericht des Regierungsrathes für das Jahr* 1853. XIII : *Erziehungswesen.*
64 *Rechenschaftsbericht des Regierungsrathes für das Jahr* 1853. XIII : *Erziehungswesen.*
65 Loi sur l'octroi de bourses d'études pour la formation des enseignants (31 décembre 1860).
66 Loi sur la mise en place d'une école secondaire et d'une école industrielle (14 mars 1860).
67 À Baar et à Aegeri, elles furent intégrées aux écoles latines déjà existantes.

la Constitution fédérale[68], les autorités cantonales entreprirent une révision de leur propre Constitution. On peut estimer que le gouvernement conservateur, évaluant le rapport des forces politiques au sein de la Confédération, pensait avec raison qu'en cas d'acceptation de la révision de la Constitution fédérale, certains articles de la Constitution cantonale devraient être changés. Ils voulurent pallier à ce danger en modifiant au préalable, et dans le sens qui leur convenait, ladite Constitution.

C'est au sujet de l'école que les dissensions furent les plus vives. Le clergé catholique, inquiet de l'augmentation croissante de la mixité confessionnelle[69], proposa en 1872 que dans la nouvelle Constitution cantonale la confession catholique romaine soit reconnue religion de l'État, les autres confessions pouvant cependant être librement exercées. C'est pourquoi il demandait la création d'écoles confessionnellement séparées[70], les écoles catholiques restant cependant seules à jouir des fonds scolaires communaux. Les libéraux s'élevèrent contre cette prétention, arguant du fait que l'enseignement devant être entièrement de la compétence de l'État, il n'y avait pas lieu de créer des communes scolaires confessionnelles séparées. Il fallait au contraire confier le soin de l'enseignement aux seules communes de résidents.[71] Les libéraux se déclaraient en outre favorables à une séparation complète de l'Église et de l'État, ainsi qu'au libre exercice de la croyance, du culte et de l'enseignement.

Le projet de Constitution cantonale de 1873 montre que les demandes du clergé avaient trouvé, dans la loi, un accueil favorable. Si la liberté de culte était garantie, la confession catholique gardait une place privilégiée. On lui confiait le soin d'exercer son influence sur le maintien des croyances et des bonnes mœurs. Au cours des délibérations du parlement cantonal au sujet du projet de Constitution, l'article 4, qui concernait l'école, prit la forme suivante : *L'État a la responsabilité, conjointement avec les autorités ecclésiastiques et communales, de l'enseignement public.*[72] Ce projet de Constitution fut accepté par le peuple le 14 décembre 1873 par 60 % de oui contre 40 % de non.

---

68 Ce projet fut refusé de justesse sur le plan fédéral. Voir à ce sujet la contribution de Criblez dans le présent ouvrage.

69 Alors qu'en 1850 la population du canton était encore presque entièrement catholique, deux décennies plus tard, à cause de l'industrialisation, elle était forte de 21'000 personnes dont 900 protestants.

70 Matter 1985 : 118.

71 Matter 1985 : 123.

72 *Protokoll des grossen Rates*, 23 juin 1873 : 346.

Un mois plus tard, la section zougoise de l'Union populaire libérale suisse (*Zuger Sektion des liberalen Schweizerischen Volksverein*), présidée par l'ancien Landammann Georg Alois Keiser (1816-1880), déposa auprès de la Confédération un recours contre la nouvelle Constitution cantonale. L'objet du recours concernait les points suivants: l'inégalité de traitement des confessions chrétiennes, l'influence de l'Église sur l'école et l'existence de communes scolaires confessionnelles séparées. L'Union exigeait en outre l'harmonisation de la Constitution cantonale avec la Constitution fédérale en cours de révision.[73] Le recours fut traité au printemps suivant par le parlement national. La commission du Conseil des États jugea que:

> *[...] la plupart des points soulevés par le recours contrevenaient dans les faits à la Constitution fédérale en cours de révision, mais non à la précédente, et que par conséquent il n'y avait tout simplement rien à reprocher au Grand Conseil du canton de Zoug.*[74]

Elle exigea cependant la révision de huit articles, dont celui concernant l'école[75], parce qu'il contrevenait à la direction d'une école primaire assumée exclusivement par l'État, telle qu'elle était prévue dans la future Constitution fédérale. De même, la création de communes scolaires confessionnelles séparées[76] contredisait l'article 27 de la nouvelle Constitution fédérale. Les Chambres confirmèrent la demande de la commission du Conseil des États et le Conseil fédéral chargea le gouvernement zougois d'opérer les changements nécessaires dans les articles contestés.

Pour la première fois le canton de Zoug avait à endurer l'intrusion de la Confédération dans la conduite de sa politique scolaire aux niveaux cantonal et communal, et cela avant même que la révision de la Constitution fédérale n'ait force de loi. Il ne faut donc pas s'étonner si les autorités mirent du temps pour réviser ces huit articles. Elles attendirent d'abord les résultats de la votation sur la nouvelle Constitution fédérale. Dans le canton de Zoug cette révision rencontra l'opposition des milieux conservateurs[77]: *La nouvelle Constitution fédérale n'est, dans son ensemble, pas acceptable par les catholiques, parce qu'elle contrevient aux prescriptions les plus sacrées de notre religion.* Les conservateurs combat-

73 Matter 1985: 137-138.
74 Matter 1985: 141.
75 *Kantonaleverfassung 1873*, article 4.
76 *Kantonaleverfassung 1873*, articles 81 et 82.
77 Matter 1895: 151.

taient avant tout les dispositions concernant le mariage civil et l'école primaire. Ils prévoyaient pour les futurs écoliers le triste destin d'une jeunesse laissée moralement et religieusement à l'abandon et, peignant le diable sur la muraille, voyaient des communautés pliant, appauvries, sous le poids des devoirs d'assistance.

L'acceptation de la nouvelle Constitution fédérale (qui, dans le canton de Zoug, fut moins massivement rejetée qu'on ne l'attendait), entraîna une réorganisation des communes qui exigea beaucoup de temps et de discussions, notamment pour répartir, entre les divers types de communes (scolaires, ecclésiastiques, bourgeoisiales, « de résidents »), différents types de biens (scolaires, ecclésiastiques ou provenant de diverses prébendes).[78] Les communes de résidents, plus précisément leur conseil communal, devenaient dorénavant les nouvelles autorités de l'école et, à ce titre, avaient à remplir les devoirs que leur conféraient et l'article 27 de la nouvelle Constitution fédérale[79] et la loi scolaire cantonale.[80]

Les articles de la Constitution zougoise qui ne concordaient pas avec la Constitution fédérale furent modifiés. Dans la Constitution révisée de 1876, le nouveau libellé de l'article sur l'école était le suivant :

> *Avec le soutien des communes, le canton, dans le respect de l'article 27 de la Constitution fédérale, est en charge de l'enseignement public. La création d'écoles privées et d'établissements d'instruction privés est garantie ; dans la mesure où ces institutions concernent l'enseignement primaire, les dispositions de l'article 27, alinéa 2, de la Constitution fédérale sont réservées.*

Le nouvel article 27 de la Constitution fédérale, de même que l'article révisé de la Constitution zougoise de 1873 rendaient nécessaire une révision partielle de la loi scolaire de 1849/1850, cette loi qui avait placé l'école zougoise, ses élèves et ses maîtres, sous l'empire de la confession catholique. Les travaux de révision de cette loi s'étendirent jusqu'en 1882. Ce n'est qu'à cette date que les articles énonçant les objectifs de l'école furent adaptés[81], signe de l'acceptation définitive des exigences

---

78 Loi concernant la répartition des biens communaux, basée sur les articles 74 à 84 de la Constitution fédérale, article 1.

79 Voir à ce sujet l'article de Criblez dans le présent ouvrage.

80 Loi concernant la répartition des biens communaux, basée sur les articles 74 à 84 de la Constitution fédérale, article 38.

81 Décision du Conseil d'État du 7 septembre 1882 :
art. 1. L'État a l'obligation de se soucier d'un enseignement primaire satisfaisant et de veiller au perfectionnement du système scolaire en général, dans le respect des mesures édictées par la Confédération et le canton ; ceci étant, la création des moyens nécessaires pour réaliser ces buts

nationales en matière de politique scolaire cantonale et communale. Si le canton et les communes jouissaient encore de leur autonomie pour développer, organiser et financer leur école, ils n'avaient plus la possibilité d'en fixer eux-mêmes les lignes directrices.

Les querelles ayant pour objet des problèmes de politique scolaire se rallumèrent dans les années 80, et cela toujours à propos de sujets débattus sur le plan national. En 1880 le canton de Zoug se vit en effet impliqué dans les dissensions qui se firent jour en Suisse au sujet des congrégations de sœurs enseignantes. Poussée par un recours[82] des communes lucernoises de Ruswil et de Buttisholz auprès de l'Assemblée fédérale, recours qui mettait en doute la légalité de l'engagement de sœurs enseignantes dans les écoles publiques, la Confédération avait adressé aux cantons concernés un questionnaire d'enquête destiné à éclaircir l'ampleur et la nature de l'engagement de ces sœurs dans leurs écoles. On découvrit que dans neuf communes du canton de Zoug des sœurs enseignantes étaient engagées dans l'enseignement public, et que leur nombre s'élevait en tout à vingt et un. En outre, des sœurs capucines de Maria Opferung enseignaient à Zoug même, et des sœurs enseignantes de Baldegg, venant de Lindencham, enseignaient à Cham et à Steinhausen.[83]

Dans sa réponse, le gouvernement zougois mit l'accent sur le fait que les sœurs enseignantes étaient entièrement soumises aux autorités cantonales en charge de diriger l'école, et qu'il était de la compétence des cantons d'engager au service de l'enseignement primaire public les personnes qui lui semblaient convenir, pour autant que les dispositions de la Constitution de 1874 fussent respectées :

---

est d'abord l'affaire des communes, qui obtiennent de la part du canton un soutien adéquat.
art. 2. L'enseignement primaire est placé sous la conduite exclusive de l'État ; l'enseignement primaire est obligatoire et, dans toutes les écoles publiques, gratuit.
art. 3. Les écoles publiques doivent pouvoir être suivies par les membres de toutes les confessions sans qu'il soit porté atteinte à leur liberté de croyance et de conscience.

82 Voir Schwabe, B. (1881). *Die Lehrschwesterfrage. Eine Studie an der Hand einer Eingabe an die Schweiz. Bundesversammlung*. Bâle, Verlagsbuchhandlung.

83 Cette organisation de sœurs enseignantes appelées communément Sœurs de Baldegg fut fondée en 1830 à Hochdorf sous le nom d'*Institut der Armen-, Dienst- und Lehrschwestern zu St. Jost in Baldegg*. Lorsqu'en 1847 les radicaux prirent le pouvoir à Lucerne, l'institut fut fermé, une première fois en 1847, puis définitivement en 1853. Une partie des sœurs trouva asile à Cham. Elles fondèrent, à Lindencham, l'Institut *Heilig Kreuz*, voué principalement à la formation des sœurs comme enseignantes de travaux manuels.

> *Comme sur aucun de ces points les sœurs enseignantes n'ont fait l'objet de plaintes dans notre canton [...] nous croyons être pleinement autorisés à exprimer notre conviction qu'une éventuelle décision de la Confédération qui exclurait de l'enseignement public les sœurs enseignantes, ou toute autre personne membre d'un ordre ecclésiastique, constituerait une ingérence dans la souveraineté cantonale contraire au sens et à l'esprit de l'article 27 de la Constitution fédérale, privant de surcroît nos communes d'enseignants en tous points remarquables et plongeant en même temps ces communes dans de grands embarras financiers.*[84]

Le Conseil d'État supputait que derrière la requête lucernoise adressée au Conseil fédéral se cachaient d'autres desseins que celui d'exposer un problème simplement local :

> *Entre temps une volonté de plus en plus marquée, venant de certains milieux, s'était fait jour pour faire du recours de Ruswil et de Buttisholz, [...] qui formellement n'avait en tant que présentation d'un cas particulier qu'une signification locale, une question de principe de portée générale donnant lieu à déclarer que l'engagement de sœurs enseignantes ou, plus généralement de tout autre membre d'un ordre ecclésiastique, n'était pas admissible dans une école publique. Nous ne pouvions plus longtemps nous défaire du soupçon qu'un parti politique visait précisément ce but. Il était par conséquent évident qu'une décision des Chambres fédérales, allant dans ce sens et ayant cette extension, aurait une très grande portée et pourrait toucher et faire tort, de la manière la plus sensible et la plus durable qui soit, aux droits et aux intérêts des cantons employant dans leurs écoles publiques des sœurs et des ecclésiastiques.*[85]

Là-dessus, le canton de Zoug exhorta tous les autres cantons dans lesquels des sœurs enseignantes étaient en fonction à combattre devant les Chambres fédérales la requête lucernoise. L'affaire fut traitée par les Chambres en 1881 et resta effectivement une question de portée locale, la requête n'ayant pas débouché sur des décisions au niveau national.

Avec les amendements dont nous avons parlé, la loi scolaire de 1849-1850 resta en vigueur jusqu'à la fin du 19e siècle. Elle ne fit l'objet d'adaptations qu'en 1898, à la suite du développement des écoles secondaires non obligatoires (écoles secondaires, cours complémentaires, écoles de formation professionnelle). Cependant, en ce qui concerne

---

84 *Rechenschaftbericht des Regierungsrates Zug* 1880 : 43.
85 *Rechenschaftbericht des Regierungsrates Zug* 1880 : 43.

l'obligation scolaire, la laïcité et la gratuité, plus rien ne changea. Si bien que dans cette loi, l'influence de l'Église se fait toujours sentir, l'ecclésiastique du lieu étant encore appelé de droit à siéger dans la Commission scolaire de la commune.[86]

(Traduction : J.-P. Rey)

RÉFÉRENCES

SOURCES

Documents officiels fédéraux

ASHR (Aktensammlung aus der Zeit der Helvetischen Republik) VI: 450

Bundesverfassungen 1848, 1874.

Documents officiels cantonaux aux Archives d'État du Canton de Zoug

WAZ (Akten des Waldstätterarchivs), Th 37.

Kantonsorganisation 1803 (Kantonsverfassung).

Kantonale Verfassungen 1813, 1848, 1873/76.

Schulplan für den Kanton Zug 1803.

Schulgesetz vom 29.8.1849.

Schulgesetz vom 24.9.1850.

Schulgesetz vom 7.11.1898.

Kantonsratsbeschluss betreffend die Änderung des Schulgesetzes vom 7.9.1882.

Jahresberichte des Regierungsrates 1848-1880.

Vollzugsgesetze und Verordnungen zum Schulwesen 1861 bis 1881.

Documents officiels communaux aux *Bürgerarchiv Zug (BAZ)*

Schulwesen :

A26.0 *Schul- und Kirchenordnung der Stadt Zug vom 6. November 1800, Stadtzugerische Schulordnung von 1803/5.*

A26.25 *Privatschulen Stadlin.*

Archives du Couvent de Maria Opferung

Akten zur Helvetik.

Imprimés

Plan der öffentlichen Knabenlehranstalt der Stadtgemeinde Zug sammt beleuchtendem Berichte (1840). (2e éd.). Zoug, imprimé par Beat Joseph Blunschi, Sohn.

86 *Schulgesetz vom 7.11.1898*, article 89.

Die Lehrschwesternfrage. Eine Studie an der Hand einer Eingabe an die Schweiz. Bundesversammlung (1881). Bâle, Benno Schwabe Verlagsbuchhandlung.

RÉFÉRENCES BIBLIOGRAPHIQUES

Bossard, C. (1984). Schulgeschichte von Stadt und Land Zug. Eine kulturgeschichtliche Darstelllung der zugerischen Schulverhältnisse im Übergang von Ancien Régime zur Moderne. In *Beiträge zur Zuger Geschichte*. Tome 4. Zoug, Verlag Zürcher.

Elsener, F. (1995). Menzinger Lehrschwestern in Baar. In *Heimatbuch Baar 1993/1994*. Baar.

Fäsi, J.C. (1811). *Nachricht von der Töchterschule im Frauenkloster bey Zoug*. Zurich.

Matter, G. (1985). Der Kanton Zug auf dem Weg zu seiner Verfassung von 1876. In *Beiträge zur Zuger Geschichte*. Tome 5. Zoug, Verlag Kalt-Zehnder.

Mesmer, B. (1988). *Ausgeklammert Eingeklammert. Frauen und Frauenorganisationen in der Schweiz des 19. Jahrhunderts*. Bâle, Verlag Helbing & Lichtenhahn.

Morosoli, M. (1991). Zweierlei Erbe. Staat und Politik im Kanton Zug zwischen 1803 und 1831/47. In *Beiträge zur Zuger Geschichte*. Tome 9. Zoug, Kündig Verlag.

Raschle, C. (1981). Landammann Franz Josef Hegglin 1810-1861 und die Politik des Kantons Zug in den Jahren 1831 bis 1847. In *Beiträge zur Zuger Geschichte*. Tome 3. Zoug, Offizin Zürcher.

Weber, A. (1896). *Lehrschwestern-Institut z. Hl. Kreuz in Menzingen 1844-1894*. Tiré à part du *Zuger Kalender 1896*. Zoug, Verlag G. Hess.

Alexandra Bloch

L'obligation scolaire, la gratuité et la laïcité de l'enseignement dans le canton de Zurich 1770-1900

Dans la Suisse du 19e siècle, le développement et l'institutionnalisation de l'école primaire démocratique sont à la fois le résultat et le symptôme de changements sociaux, politiques et économiques d'une grande ampleur. En réaction au paupérisme et à l'interdépendance croissante des marchés, conséquences du rationalisme des Lumières et de l'industrialisation, les classes dominantes – animées avant tout d'un esprit philanthropique – se sont employées à favoriser la fréquentation régulière de l'école et l'introduction de méthodes et d'objectifs rationnels dans l'enseignement. Exposées à ce processus de « scolarisation », les classes inférieures, quant à elles, ont reconnu peu à peu l'utilité d'acquérir des connaissances élémentaires en écriture, lecture et calcul, inatteignables sans une fréquentation régulière de l'école.[1]

C'est sur ces prémisses que l'État rationnel en voie de constitution institutionnalisa l'école primaire publique. Celle-ci, au 19e siècle, se plaça sous le triple signe de l'obligation scolaire, de la gratuité et de la laïcité de l'enseignement. Toutefois cette école trouve aussi son origine dans des transformations et des développements sociaux de grande envergure qui se sont produits durant l'Ancien Régime.

En nous aidant d'une courte description des principales étapes institutionnelles ayant marqué le développement de l'école rurale zurichoise, nous ferons ressortir brièvement les forces à l'œuvre dans ce processus.[2]

1 *Cf.* l'étude de cas paradigmatique de Maynes 1985.

2 On trouve une profusion d'informations factuelles dans *Erziehungsrat*... 1933.

L'Église qui, au Moyen Âge, possédait incontestablement un rôle dirigeant en matière d'éducation, se trouva confrontée, au commencement des Temps modernes, à la concurrence grandissante de l'État territorial en voie de formation. Dans le canton de Zurich, cette querelle ne fut tranchée qu'en 1831, lorsque l'État prit à sa charge l'organisation de l'instruction publique. Depuis la Réforme, en raison du caractère étatique de l'Église, les écoles rurales du canton n'avaient pas échappé à la sollicitude de Leurs Excellences. Jusqu'en 1798, les «Autorités suprêmes de l'École» (*Oberste Schulherren*), organe à composition majoritairement cléricale, étaient chargées de la haute surveillance de l'instruction rurale et de l'instruction publique en général.[3]

Vu le peu d'importance que l'État moderne lui attribuait, et malgré la propension de l'Absolutisme à créer une profusion de structures administratives, la surveillance de l'instruction rurale était peu développée. Au niveau des communes, l'exécution des ordonnances officielles était du ressort des pasteurs – exclusivement originaires de la Ville pendant toute la durée de l'Ancien Régime – en collaboration avec les doyens des chapitres.

C'est en 1637 que fut promulgué le premier règlement général pour les écoles rurales, imprimé en 1658, légèrement augmenté en 1684 et réimprimé sans modifications en 1719. Dans le même temps où l'initiative gouvernementale de 1637 tendait à réformer et à structurer les écoles rurales, quelques communes se dotèrent de leurs propres règlements scolaires.[4]

Ce parallélisme, dans le temps, de réformes faites par des organes publics peu interdépendants laisse supposer l'existence d'un phénomène de «contrainte sociale» (*Sozialdisziplinierung*). Selon Gerhard Oestreich, qui créa le concept, la fin du 16e et le début du 17e siècles furent caractérisés par une première mise en place de contraintes sociales ayant pour principal objet l'entourage du Prince et l'armée. Au tout début de l'époque moderne, ce phénomène fut précédé par une étape préparatoire,

---

3 Faisaient partie de cet organe: le premier bourgmestre, le préposé aux couvents ordinaires, les deux examinateurs du Petit Conseil et les deux curateurs du chapitre du Petit Conseil, de même que les douze examinateurs ecclésiastiques suivants: le Grand pasteur et les deux autres prédicateurs du Grossmünster, les trois pasteurs du Fraumünster, de la Predigerkirche et de la Peterskirche, les deux professeurs de théologie, les professeurs de philosophie, de littérature grecque et de physique, ainsi que le *Ludimoderator* du Carolinum (Haag 1910).

4 Stauber 1920: 3 et ss. Neugebauer (1985) relève pour la Prusse l'importance des initiatives prises en matière de réformes scolaires par les propriétaires terriens et le rôle négligeable de l'État. On manque d'études comparables pour le canton de Zurich.

par une volonté de « disciplinarisation sociale » s'exprimant par une foule de règlements de police. Ces derniers marquent la réaction des villes face aux symptômes de décomposition affectant l'ancien ordre corporatiste, face à la croissance démographique et à la pénurie alimentaire. Ce n'est qu'au 18e siècle, au sein des réformes de l'Absolutisme éclairé, que cette « disciplinarisation sociale » connut son plein développement, tout en produisant de nouveaux domaines de contrainte dans l'économie, l'éducation et la science. Toujours selon Oestreich, ce processus aboutit à un renforcement considérable du pouvoir, qui prétendit dès lors structurer l'ensemble de la vie politique, sociale et religieuse autour d'une instance centrale. Néanmoins, cette ambition resta généralement inachevée du fait que l'instance centrale n'était pas présente au niveau local et que d'anciennes structures de pouvoir seigneuriales et associatives firent preuve d'une remarquable persistance à travers le temps.

Cependant ce processus centralisateur aboutit à la destruction et au remplacement de vieilles traditions, ce qui plaça les individus dans une relation plus immédiate avec le pouvoir politique. Selon Oestreich, l'uniformisation et l'intégration sociétales qui en furent le résultat auraient été la condition nécessaire pour l'amorce de démocratisation survenue après 1789, inconcevable en l'absence de la contrainte sociale dont les citoyens avaient fait l'objet.[5]

En 1778, lors de la réorganisation de l'enseignement urbain, destinée aussi et avant tout à amortir la pression sociale d'en-bas, les *Oberste Schulherren* promulguèrent un nouveau règlement pour l'école rurale. En fait, il n'existait aucune raison valable de pacifier les campagnes : dès lors, ce règlement doit être considéré en premier lieu comme l'expression d'une attitude philanthropique tournée vers l'éducation populaire.[6] Les nouveautés se réduisent essentiellement à l'allongement du temps d'école, à la création d'une *école de répétition*, ainsi qu'à un contrôle plus serré de la fréquentation scolaire.[7]

Malgré ces innovations, l'application et l'exécution dudit règlement dépendaient du même personnel éducatif que les textes qui l'avaient précédé, à savoir les pasteurs communaux. Cependant il y est fait mention, pour la première fois, du *Landvogt* ou du *Obervogt* principal, chargés notamment des tâches exécutives.

---

5 Oestreich 1968, 1969 ; Breuer 1986 ; Schultze 1987.

6 Concernant la pression sociale en tant qu'élément déclencheur des réformes en ville de Zurich, *cf.* Graber 1993 ; pour la réforme de l'enseignement rural dans les années 1770, *cf.* Bloch 1997.

7 *Erneuerte Schul- und Lehrordnung 1778*. In *Sammlung der Bürgerlichen- und Polizeygeseze*... 1779.

Ce n'est qu'à partir de la République helvétique qu'une réorganisation des structures scolaires fut entreprise. Après 1798, la plupart des cantons se trouvèrent forcés d'entreprendre une réforme de l'enseignement; pour sa part, Zurich promulgua une nouvelle loi scolaire en 1803.

Ce fait est imputable, d'une part, à l'engagement de Stapfer, inspiré par la Révolution française et les Lumières, d'autre part, à ce qu'on peut appeler le sursaut d'un État vaincu ayant partiellement retrouvé son indépendance. Il s'agissait avant tout de promouvoir la conscience cantonale et surtout la volonté de défense.[8]

De plus, la création, en 1803, à Zurich, d'une *autorité civile* en matière d'instruction publique rend visibles les débuts d'une différenciation des organes de l'État s'inspirant des changements intervenus après 1789. La composition de ce nouveau Conseil de l'instruction publique divergea de l'ancien organe des *Oberste Schulherren* dans la mesure où huit de ses membres pouvaient être laïques et devaient être élus par le Grand Conseil. Continuaient toutefois à en faire partie le Premier Bourgmestre, le Grand Pasteur, le Recteur du Gymnase et deux membres du Petit Conseil. On créa par ailleurs quinze postes d'inspecteurs scolaires chargés de la surveillance des écoles primaires. Les quinze cercles d'inspectorat délimités pour la circonstance (c'est d'ailleurs la première fois que la notion d'inspecteur scolaire apparaît dans un texte de loi) se situent cependant dans le prolongement des traditionnels *Décanats*.[9] Tout en acquérant une définition juridique imposée par l'État, la fonction de médiation entre l'autorité suprême et les pasteurs resta également inchangée. En effet, les inspecteurs scolaires se virent chargés de *la surveillance générale des écoles de leur cercle, en collaboration fraternelle avec les pasteurs locaux*. Leur fonction comprenait aussi la publication des décisions du Conseil, ainsi que leur suivi, de même qu'une visite scolaire annuelle au moins. Les inspecteurs étaient tenus de présenter un rapport annuel de leurs activités au Conseil de l'instruction publique, les pasteurs étant chargés, eux, de rapporter annuellement aux inspecteurs. Le personnel ecclésiastique conservant la surveillance immédiate des écoles, les fondements du processus exécutif restèrent inchangés.

---

8 *Cf.* Green 1990: 310. Après 1806 on peut constater une offensive éducationnelle semblable en Allemagne, *cf.* l'article *Bildung* in *Geschichtliche Grundbegriffe*... 1972.

9 Preuve en est que, dans les Archives cantonales zurichoises, les *Akten der jährlichen Berichte der Inspektoren und Pfarrer an den Erziehungsrat* ont été classés dans les Archives des chapitres (E IV, Kapitelsarchive). Concernant l'organisation des cercles, le Conseil nommait pour chacun d'eux un inspecteur scolaire flanqué d'un adjoint, tous deux devant exercer leur fonction bénévolement.

Malgré ces changements structurels inachevés et le conservatisme politique ambiant, les trois décennies entre la Médiation et la Restauration, de 1803 à 1830, furent une époque de profondes mutations sociales. Le besoin croissant d'une instruction populaire se manifesta à travers la création de nombreuses écoles privées.[10]

Une ébauche de formation institutionnalisée des enseignants vit le jour durant les étés s'échelonnant de 1806 à 1809, les cours s'étendant sur un mois et visant à introduire des changements dans les méthodes d'enseignement.[11]

C'est sur ces changements sociaux que se fonde le mouvement libéral, dont les protagonistes proviennent à la fois de la classe des entrepreneurs ruraux, issus du processus d'industrialisation, et des jeunesses bourgeoises des villes, enfants des Lumières et des changements politiques d'après 1800. Dans le canton de Zurich ce mouvement parvint à s'imposer en 1830, lors de l'*Assemblée d'Uster*. L'exigence d'une amélioration de l'instruction populaire figurait en tête du Mémoire adopté par cette Assemblée. Dans le cadre de l'État de droit, basé sur la souveraineté populaire et la séparation des pouvoirs, on voit ainsi l'instruction publique se profiler en tant que domaine spécifique, séparé de l'Église et placé sous la juridiction de l'État.[12]

La nouvelle école primaire d'État fut institutionnalisée en 1831 et aménagée au moyen des lois scolaires de 1859 et 1899. Dès 1831, la surveillance de l'École fut confiée à des autorités et institutions dont le caractère laïque s'affirmait à mesure que se confirmait leur importance politique. Certains de ces organes furent créés pour l'occasion, d'autres virent simplement leurs structures élargies. Le Conseil de l'instruction publique, pur produit des transformations structurelles, était composé de quinze membres, élus pour six ans par le Grand Conseil. Trois de ses membres devaient être choisis parmi les conseillers d'État.[13]

---

10 En 1813, le Conseil de l'instruction publique autorisa quinze pères de famille de Stäfa à ouvrir une école primaire privée; leur demande était motivée par la mauvaise qualité de l'enseignement public (Greiner 1933: 34). Entre 1806 et 1808, l'initiative privée ouvrit quatorze écoles primaires supérieures dans la campagne zurichoise; outre l'écriture, on y enseignait le calcul, le français et les branches scientifiques, techniques et artistiques (*Erziehungsrat*... 1933: 61).

11 Morf 1899.

12 Incontestablement, le potentiel émancipateur de l'école primaire institutionnalisée durant la Régénération a joué un rôle prépondérant dans l'évolution de notre pays. La comparaison avec la Prusse montre toutefois que la genèse de l'école primaire est liée à des processus de transformation sociale plus profonds (Kuhlemann 1992: par ex. 86-95).

13 *Gesetz betreffend die Organisation des Erziehungsraths, 20.6.1831, article 2*. In *Sammlung der Gesetze*... 1839. En 1849, le Conseil fut réduit à sept membres, dont un conseiller d'Etat, quatre députés au Grand Conseil et deux membres élus par le Conseil synodal.

En tant qu'organe suprême de surveillance il était épaulé, aux niveaux des districts et des communes, par les commissions scolaires nouvellement créées.

Les commissions scolaires de district, dont les membres, élus eux aussi pour six ans, fonctionnaient sur la base du bénévolat, étaient composées de deux ecclésiastiques élus par leurs chapitres respectifs, deux enseignants élus par l'assemblée des enseignants du district, ainsi que de trois citoyens élus par l'assemblée du district. Ce nouvel organe, dont la loi définissait les compétences avec un maximum de précision, eut pour effet une intensification de la surveillance, des visites scolaires et des rapports annuels adressés au Conseil de l'Instruction publique. Le point crucial restait néanmoins le contrôle de la fréquentation scolaire.[14]

Les commissions scolaires de district jouèrent un rôle important dans l'application, l'organisation et le succès des nouvelles lois scolaires: en collaboration avec les commissions scolaires communales et les enseignants concernés, elles mettaient au point le programme scolaire, choisissaient les moyens d'enseignement lorsque ceux-ci n'étaient pas prescrits par le Conseil de l'Instruction publique. Jusqu'à la publication en 1836 d'une ordonnance sur la conduite et l'ordre *(Verordnung über Zucht und Ordnung)*, elles promulguaient aussi les règlements scolaires, contrôlaient les absences et l'enseignement. Elles constituaient également une plate-forme d'entrée en politique pour les citoyens ruraux d'obédience libérale, ou simplement entreprenants.[15] Outre le pasteur, chargé d'office de la présidence, la commission scolaire communale comprenait au moins quatre membres, dont le maître d'école. Sur le plan scolaire, elle assumait les fonctions précédemment exercées par le *Stillstand* (organe cumulant les fonctions des commissions paroissiales, de l'assistance publique et scolaire). En tant que nouvel organe aux compétences exclusivement scolaires, cette commission se présentait comme un sous-système amplement différencié. Jusqu'en 1865, date à laquelle la loi dispensa les pasteurs de la présidence *ex officio* de ces commissions, celles-ci garantirent la pérennité de l'influence religieuse et ecclésiastique au sein de l'éducation primaire.

Voici donc tracées les structures qui encadrèrent, après 1830, le développement de l'instruction primaire zurichoise.

---

14 *Gesetz betreffend die Organisation der Bezirksschulpflege, 29.9.1831*, articles 12-18. In *Sammlung der Gesetze*… 1839.

15 Bloch 1991 : chap. 3.

Les trois variables de l'obligation scolaire, de la gratuité et de la laïcité ne peuvent, à elles seules, rendre pleinement compte de l'ensemble de ce développement; en tant que paramètres pour des comparaisons intercantonales, elles paraissent néanmoins tout à fait pertinentes. Si, sur le plan de la méthode, elles sont aisément saisissables par le truchement des textes juridiques, la simple description normative du souhaitable, telle qu'elle ressort de ces textes, ne donne nécessairement qu'une image incomplète de la réalité. L'analyse qui suit tente de corriger ce problème de fond en intégrant d'autres types de sources et en replaçant les textes normatifs dans leur contexte social plus large.

L'OBLIGATION SCOLAIRE

Dès l'apparition des premiers règlements écrits ayant pour objet l'école rurale, l'autorité exige des enfants qu'ils fréquentent l'école avec régularité. Nous analyserons en premier lieu les changements portant sur l'ampleur et la durée de la fréquentation telles que les règlements les définissent. Rappelons que la fréquentation scolaire n'avait pas la même signification au 18e siècle qu'au 19e. Pour la période commençant avec le 19e siècle nous définissons l'obligation scolaire comme la fréquentation régulière de l'école par des enfants compris dans une tranche d'âge déterminée; à certains jours et heures fixés avec précision; en fonction d'objectifs d'apprentissage connus. Il n'existait pas, au 18e siècle, d'obligation scolaire répondant à cette définition. Par rapport au seul vrai but de la fréquentation scolaire, la fixation des âges d'entrée et de sortie, ainsi que du nombre d'heures, jours et années paraissait sans réelle importance. Le règlement des écoles rurales zurichoises de 1719 est formel:

> *Soient raisonnablement tenus de fréquenter les écoles tous les jeunes enfants, garçons et filles, aussi longtemps qu'il le faut pour qu'aux examens, qui devront avoir lieu chaque année en présence des pasteurs et des autorités, ils puissent par leur connaissance des questionnaires, du catéchisme, des belles prières et psaumes [...] et au moins de la lecture en caractères d'imprimerie permettre aux examinateurs de les libérer de l'école.*[16]

16 *Satzungen den Landschulen von den obersten Schulbehörden der Stadt Zürich fürgeschrieben* 1744 (réédition du règlement scolaire de 1719), article 6.

Autrement dit, l'obligation scolaire devait durer jusqu'à ce que certains textes religieux aient été appris par cœur, ou puissent au moins être récités sur présentation d'un texte imprimé lors d'une épreuve publique. Le début de cette «obligation scolaire» n'est pas précisé: d'une part, en ce siècle qui peinait à considérer l'enfance comme un âge en soi, l'âge exact des enfants n'avait que peu d'importance; d'autre part, les parents envoyaient leurs enfants à l'école selon la coutume et la tradition. En 1771, l'âge d'entrée et de sortie d'école variait d'une région à l'autre: les enfants y entraient entre 5 et 7 ans et en sortaient entre 10 et 11 ans.[17] La durée de la fréquentation annuelle n'était pas mieux définie: elle devait commencer *dès la fin des travaux d'été et d'automne réservés aux enfants* et durer au moins jusqu'à la mi-mars. L'été, là où il n'existait pas d'*école d'été*, le samedi était destiné à la répétition de la matière apprise pendant l'hiver. Bref, les écoles s'intégraient dans la culture villageoise, variable d'une commune à l'autre et dépendante de l'environnement économique et géographique.

Le règlement de 1778 fixe en revanche avec précision le début et la fin de l'*école d'hiver*: celle-ci devait commencer au plus tard à la St-Martin et se terminer au plus tôt le 1er avril. Le texte ne dit mot sur l'application concrète de la règle ainsi posée. La libération des enfants continuait à dépendre d'un examen prouvant leur habileté en lecture. La loi mentionne également la durée journalière de la fréquentation hivernale, fixée à trois heures, matin et après-midi. De plus, toutes les communes étaient tenues d'assurer, durant l'été, au moins deux jours d'école comprenant trois heures le matin et deux l'après-midi:

> *[...] de sorte que les enfants d'âge avancé fréquentent l'école les deux jours dits, le matin, alors que les petits, encore occupés à apprendre l'alphabet, la fréquentent ces mêmes jours, matin et après-midi, afin que tous ces enfants, souvent empêchés de se rendre à l'école en hiver pour cause de trop grand éloignement ou de routes impraticables et temps inclément, puissent tirer profit de l'enseignement scolaire pendant toute la durée de l'été.*[18]

Malgré le caractère normatif de la source citée, il apparaît clairement que la fréquentation scolaire régulière, respectivement sa mise en pratique, dépendaient alors et comme aujourd'hui, du réseau de communications, de l'entretien des routes et des moyens de transport disponibles. Enfin, à partir de 1778, on mit sur pied une école générale de répétition, obliga-

17 *Schulumfrage 1771*. StaZ E I 21.2.
18 *Erneuerte Schul- und Lehrordnung 1778*, article 4.

toire jusqu'à l'âge d'admissibilité à la sainte cène. Cette école devait avoir lieu le dimanche pendant la saison estivale, un jour de semaine en hiver. C'est ainsi que l'obligation scolaire fut étendue jusqu'à l'âge de la majorité religieuse.

En 1803, à l'instar de 1778, la fréquentation obligatoire embrassait l'école d'hiver et l'école d'été; elle devait être quotidienne entre la St-Martin et le 1er avril, bi-hebdomadaire pendant l'été. C'est la première fois que l'âge d'entrée des enfants à l'école est fixé: à 6 ans, ou *dès qu'ils auront les forces et les dispositions nécessaires*. La libération de l'école et le transfert en classe de répétition sont toujours soumis à un examen préalable public, par-devant le pasteur, le maître d'école et les membres du *Stillstand, car on ne peut autoriser les parents à retirer leurs enfants de l'école de leur propre chef.* [19]

Par la suite, et jusqu'à leur admission à la sainte cène, les enfants devaient fréquenter l'école de répétition pendant une demi-journée par semaine.

Lorsque le mouvement libéral parvint à s'imposer, l'obligation scolaire fit l'objet d'une disposition constitutionnelle. La teneur de l'article 20 de la Constitution zurichoise est la suivante:

> *Le peuple et ses représentants ont le devoir de perfectionner l'instruction de la jeunesse. L'État se chargera de prendre soin des écoles et des établissements de formation inférieurs et supérieurs, et de les soutenir.*[20]

Dès 1832, avec la mise en place de l'État de droit – qui a pour conséquence la légalisation, la rationalisation et la définition plus précise des rapports sociaux – l'âge d'entrée à l'école est fixé sans équivoque: les enfants qui, au premier janvier de l'année en cours, avaient 5 ans révolus commençaient leur scolarité au printemps, fréquentaient quotidiennement l'école à raison de 27 heures hebdomadaires pendant 6 ans, puis l'école de répétition pendant 6 heures hebdomadaires et durant 3 ans, ainsi que le catéchisme et l'école de chant jusqu'à la confirmation.[21]

En 1840, la disposition qui permettait de limiter, pendant l'été, la durée de l'enseignement moyen (de la 4e à la 6e année scolaire) à deux heures hebdomadaires est supprimée; simultanément le nombre d'heures de

---

19 *Gesetz, enthaltend eine Schulordnung für die Landschaft des Kantons Zürich, 20.12.1803*, article 18. StaZ III Ea 1.

20 *Staatsverfassung für den eidgenössischen Stand Zürich, 10. März 1831.*

21 *Gesetz über die Organisation des Volksschulwesens im Kanton Zürich 1832*, articles 19 et 29. In *Sammlung der Gesetze*… 1839.

cours hebdomadaire est porté à 33.[22] Cette intégration précoce et intense des enfants dans l'école fut adoucie en 1859, lorsque l'âge d'entrée fut relevé d'une année, et les heures d'école hebdomadaires portées progressivement de 18 en première année à 27 en sixième. La durée de l'école complémentaire, dont la fréquentation était obligatoire jusqu'à 16 ans, fut cependant portée à 8 heures hebdomadaires.[23]

En 1899, le début de l'obligation scolaire fut fixé à 6 ans révolus, sa durée à 8 ans. Le temps d'école hebdomadaire fut progressivement relevé de 18 heures en première à 33 heures en huitième classe.[24]

Les communes furent toutefois autorisées, en été, en 7e et 8e classes, à réduire le nombre d'heures d'enseignement hebdomadaires à 8, réparties sur deux matinées.

En comparant l'évolution des normes pendant les deux siècles retenus et en faisant abstraction de l'incontestable floraison réglementaire à partir des années 1830, on relève, d'une part, que la fréquentation régulière de l'école à partir de 12 ans peinait à s'imposer, notamment pendant l'été, en raison des travaux agricoles. D'autre part, en ce qui concerne la durée de l'école obligatoire, on constate une diminution sensible par rapport à la durée initialement visée en 1830. Concernant l'âge, le nombre d'heures d'école journalières et les vacances, la définition de l'obligation scolaire est devenue de plus en plus précise. Les causes en sont à rechercher dans les changements qui affectent les modes de vie et le déroulement des activités journalières, changements généralisés à la totalité de la société sous l'emprise croissante de l'État et dans le sillage des transformations industrielles et politiques.

Prises en premier lieu, et de façon énergique, par des instances extérieures à la salle de classe, des mesures punitives étaient censées garantir la mise en pratique de l'obligation scolaire. L'ordonnance scolaire de 1719 exigeait que:

> *[...] partout, le pasteur et le maître d'école possèdent une bonne connaissance des enfants, ainsi qu'une liste de ces derniers, qu'ils exhortent les retardataires de façon bienveillante mais ferme, qu'ils fassent cependant appel au doyen en cas d'absences répétées et que, en dernier lieu, au cas où*

22 *Gesetz betreffend einige Abänderungen in den bestehenden Gesetzen über das Unterrichtswesen, 27.6.1840*, article 17. In *Offizielle Sammlung...*

23 *Gesetz über das gesammte Unterrichtswesen des Kantons Zürich, 23.12.1859*. In *Offizielle Sammlung...*

24 *Gesetz betreffend die Volksschule, 11.6.1899*, articles 10-22. In *Die Gesetze und Verordnungen...*

> *cette mesure resterait sans effet, ils soumettent le cas aux autorités supérieures.*

En outre, le maître d'école était tenu:

> *[...] d'inscrire correctement [tous les enfants en âge de scolarité] dans un catalogue approprié et [de] veiller qu'ils soient régulièrement présents aux heures d'école, qu'aucun ne soit absent sans qu'il en soit informé, de sorte qu'il puisse s'enquérir avec fermeté des raisons d'une absence; de plus, l'enfant qui aura fréquenté l'école pendant un jour de la semaine sera redevable de la totalité de l'écolage hebdomadaire dû à l'enseignant.*[25]

Le faible effet des sanctions – consistant d'abord en un avertissement, puis dans une vague menace de recours aux autorités supérieures, enfin dans des préjudices financiers difficiles à mettre en pratique – démontre le peu d'empressement mis par les autorités à imposer réellement la fréquentation régulière de l'école.

En 1778, les mesures sanctionnant la fréquentation scolaire irrégulière sont mieux définies et s'inscrivent parfaitement dans l'émergence du flot de règlements[26] qui caractérise l'action administrative des autorités de l'Ancien Régime finissant. On note dans ce contexte l'importance nettement supérieure attribuée à la fréquentation scolaire et la volonté déterminée d'imposer l'obligation scolaire. On s'adresse aux parents pour les *faire fermement réfléchir* et pour leur:

> *[...] demander de façon bienveillante, mais ferme d'avoir à cœur de ne pas empêcher leurs enfants, sans une raison très importante, de fréquenter diligemment l'école, été comme hiver, de ne pas les retenir à la maison ni d'approuver ou de laisser passer, sous quelque prétexte que ce soit, les absences faites de propos délibéré.*[27]

Le maître d'école est censé dénoncer les parents négligents au pasteur; au préalable, ces derniers devaient toutefois être admonestés par le *surveillant matrimonial (Ehegaumer)* local, puis par le pasteur, ensuite par le doyen et finalement par le bailli. Entre-temps, *le nom de ces enfants dissolus [devait être] affiché au tableau d'école.* On recommandait en outre aux pasteurs de n'admettre ces enfants à la sainte cène, de ne les accepter *en*

---

25 *Satzungen der Landschulen 1719*, articles 6, 7, 14.
26 Braun 1984: 211-255.
27 *Erneuerte Schul- und Lehr-Ordnung 1778*, article 6.

tant que membres adultes de la communauté chrétienne que lorsqu'ils avaient réparé leur oubli. Le maître d'école, lui, était exhorté à tenir une liste de tous les enfants, mentionnant, outre leurs absences, les matières apprises et leur comportement. La nouveauté est à rechercher dans l'intégration des parents en tant que premiers responsables de la fréquentation scolaire de leurs enfants. Malgré une meilleure définition des sanctions applicables lors d'absences répétées, les instances chargées de leur exécution restent les mêmes. La responsabilité appartient aux pasteurs, mais l'application du règlement dépend de la personnalité et des intérêts de chacun.[28]

Même en 1803, le pasteur reste la seule autorité exécutive directe, alors que les instructions concernant les procédures sont élargies par analogie: les enfants pauvres qui s'adonnaient à l'école buissonnière ne devaient recevoir aucune aide financière scolaire provenant *d'aucun patrimoine public, qu'il s'agisse des biens de l'État, de l'Église, de la commune ou des pauvres*. Les enfants fréquemment absents ne devaient être admis à la Cène, et partant considérés comme membres à part entière de la commune ou comme citoyens, qu'après avoir rattrapé les matières scolaires manquées. Dans le même ordre d'idées, le maître d'école était chargé de tenir des listes d'absences et d'attribuer des notes de comportement.[29]

À partir de 1832, aucun enfant n'était autorisé *à manquer des heures ou des jours d'école sans une raison importante*. On introduisit des amendes *d'un batz au maximum par jour d'absence*. On rendit responsables *les parents, tuteurs, maîtres et patrons* de la fréquentation scolaire régulière des enfants, en prenant soin de préciser que la commission scolaire devait leur rappeler leurs devoirs ou, le cas échéant, les dénoncer au maire de la commune afin que celui-ci les renvoie devant le juge.

La commission scolaire communale avait le droit de prononcer des amendes sur autorisation préalable de la commission scolaire du district; en cas de non-paiement, les coupables étaient menacés de renvoi devant le juge. L'instituteur ou le pasteur pouvaient délivrer une justification en cas d'absences prévisibles. En cas d'impossibilité manifeste de demander une justification, une excuse devait être présentée *dans le plus bref délai*, excuse qui *n'était acceptée qu'en présence d'empêchements majeurs*.[30]

Malgré l'absence d'une définition précise des motifs d'absences acceptables *(raison importante* ou *empêchement majeur)* et du déroulement

---

28 À titre d'exemple, les chapitres de Kyburg et de Wetzikon se distinguent par l'importance de leurs initiatives en la matière.

29 *Schulordnung 1803*, article 8.

30 *Gesetz über die Organisation des Volksschulwesens im Kanton Zürich 1832*, articles 33-35.

temporel de l'application des sanctions, des changements de taille furent introduits dès 1831. Il s'agit principalement des amendes et de la mise en place de nouvelles autorités exécutives – les commissions scolaires de district – ainsi que du renforcement de l'appui que les commissions scolaires communales étaient tenues d'accorder aux pasteurs au niveau local. Le processus de différenciation des organes administratifs de l'État (porteur de la laïcisation définitive de l'instruction publique et de la création de nouveaux organes exécutifs, telles les commissions scolaires), ainsi que la séparation des pouvoirs, en vigueur dès 1831 (les juges constituant dès lors un pouvoir judiciaire indépendant), garantissent alors une application plus efficace des lois. Ce ne fut toutefois qu'à partir de 1850 que les procédures d'exécution en matière de répression des absences furent définies. Le projet de loi discuté en automne 1837 par le Grand Conseil prévoyait une amende d'un demi-batz par jour d'absence injustifiée.[31]

Les commissions scolaires de Regensberg (qui avait d'ailleurs créé son propre règlement des absences dès la première moitié des années 1830), Hinwil et Andelfingen refusèrent ce projet en arguant du fait que l'amende était *un principe pernicieux, propre à priver les autorités scolaires des moyens d'influence les plus salutaires sur les parents d'élèves concernés*, à savoir l'admonestation et la convocation. De plus, les amendes ne concernaient que les pauvres et n'avaient que peu d'effet sur les enfants travailleurs, dont la rémunération, pendant le temps d'absence scolaire, atteignait le double de l'amende. Confronté à cette forte résistance, le président du Conseil de l'instruction publique Hirzel demanda personnellement le retrait du projet de loi.

La révolution conservatrice de 1839, tout en retardant l'émergence d'un nouveau projet de loi, rendit toutefois possible une lente accoutumance à la nouvelle école issue de la période précédente. Les conservateurs au pouvoir se gardèrent d'ailleurs bien de toucher à ses fondements.[32]

Le fait qu'un nouveau règlement ait pu aboutir en 1850 prouve à l'évidence l'étroitesse des liens existant entre l'action législative démocratique et les changements sociaux préalablement acquis. Ce règlement mentionne comme causes d'absences acceptables: la maladie, de graves malheurs familiaux et le temps excessivement inclément. On y fixe avec

---

31 Ce qui suit est extrait de Kost 1985: 200 et ss.

32 Ils se limitèrent à étendre l'enseignement religieux, sans toucher aux branches scientifiques, techniques et artistiques, et ne congédièrent que peu d'enseignants. *Cf. Erziehungsrat*... 1933: 286-292.

précision le déroulement temporel de l'application des sanctions confiées aux commissions scolaires. Ces sanctions y sont décrites dans le détail: admonestation écrite aux parents, tuteurs, maîtres ou patrons, convocation de ces derniers devant la commission et prononciation d'une amende d'ordre de 2 à 8 francs. Pour trois absences punissables pendant le trimestre, l'admonestation écrite était appliquée; pour les trois suivantes pendant le même trimestre on prévoyait la convocation, puis l'amende. Il était toutefois prévu d'abréger la procédure, en passant sans autre forme de procès à la convocation, au cas où, pendant le deuxième trimestre, l'élève aurait déjà fait l'objet d'une admonestation et de trois amendes punissables.[33]

Cette procédure fut confirmée par les règlements d'absences de 1867 et 1870. En réaction à l'accroissement des migrations dû à l'industrialisation, le règlement de 1870 prévoyait que les permis d'établissement délivrés par les conseils communaux soient immédiatement communiqués aux commissions scolaires pour leur permettre d'enregistrer les enfants en âge de scolarité.[34]

Entre 1770 et 1900 on voit se profiler la volonté d'imposer l'obligation scolaire moyennant, d'une part, une définition toujours plus précise des motifs d'absences autorisées et, d'autre part, des menaces de sanctions toujours plus détaillées. Ce n'est toutefois qu'à partir de 1803, et surtout dès 1831, que l'État en voie de différenciation administrative mit à disposition de ce projet des instruments d'exécution efficaces.

En troisième lieu, on peut se demander de quelle manière l'obligation scolaire put être imposée dans la pratique. Relevons d'emblée un fait qui est loin d'être évident: c'est déjà sous l'Ancien Régime que la fréquentation scolaire connaît un accroissement non négligeable. Cela est confirmé par les recensements organisés par les pasteurs, à intervalles irréguliers au cours des 17e et 18e siècles, sur le territoire de leurs paroisses, à la demande des autorités ecclésiastiques. L'étude des recensements des communes de Hirzel (1678) et Hausen am Albis (1762), qui ventile les occupations des enfants selon les professions des chefs de famille, permet de conclure que, dans le laps de temps séparant les deux recensements, la fréquentation scolaire a augmenté en fonction directe de l'appartenance sociale des intéressés. En 1678, à Hirzel, 40% des enfants de 5 à 13 ans fréquentaient l'école; en 1762, à Hausen, la fréquentation se montait à 60%.[35]

---

33 *Absenzenordnung für die allgemeine Volksschule des Kantons Zürich, 27. März 1850.* StaZ III Eb 1.

34 *Absenzenordnung für die Volksschulen des Kantons Zürich, 8. Juni 1870.*

35 Pfister 1992: 322, 350.

Cette augmentation a lieu durant une période qui n'a connu aucun changement fondamental des règlements scolaires ou de leurs ordonnances d'application. On peut en déduire que, durant cette phase d'extension de la fréquentation scolaire, le rôle des autorités a été insignifiant. Par ailleurs, malgré les pressions exercées par l'État, on ne relève, après 1832, aucune augmentation subite de la fréquentation scolaire. Ce n'est qu'après 1870 que l'obligation scolaire, désormais ancrée dans la loi, rencontre un large consensus populaire. La moyenne des absences par élève et par année (total des absences justifiées et des absences punissables) était de: 32.0 en 1835, 18.3 en 1847, 15.8 en 1855, 15.2 en 1865, 12.2 en 1875.[36] Ce n'est toutefois qu'après 1920 que l'État put enfin considérer le problème des absences comme résolu.[37]

L'accroissement de la fréquentation scolaire commença ainsi dès le début du 18e siècle, mais l'obligation scolaire n'obtint un large consensus social qu'au 20e siècle.

Plusieurs raisons justifient la diffusion de la fréquentation scolaire et le succès de l'obligation scolaire ancrée dans la loi. En premier lieu, la généralisation de l'industrialisation et l'interdépendance toujours plus évidente des marchés justifient la popularité croissante acquise par l'appropriation de connaissances élémentaires en écriture, lecture et calcul.[38]

En deuxième lieu, il convient de mentionner les changements intervenus au sein du processus de production industrielle. D'une part, les lois du travail réglementent de façon croissante le temps de travail et l'âge légal, dans le sillage de l'industrialisation triomphante et sous l'influence d'une nouvelle vision de l'enfance; d'autre part, grâce à l'innovation technique, la production industrielle de biens dépend de moins en moins du travail enfantin. À titre d'exemple, dans les filatures mécanisées de coton du canton de Zurich, après la mécanisation totale du décrassage de la fibre, le pourcentage des enfants travailleurs descend de 48 % en 1827 à 28 % en 1855.[39]

---

36 *Statistische Berichte des Erziehungsrats*. In *Verhandlungen der Synode*...

37 À partir de 1920, le rapport statistique annuel de la Direction de l'instruction publique ne mentionne plus les absences (Kost 1985: 197).

38 Dans son étude comparative sur le Midi de la France, Maynes mentionne la diminution de la mortalité infantile comme troisième facteur ayant comme conséquence une incitation à l'investissement dans l'instruction. Concernant le canton de Zurich, Kost (1985: 199) donne comme raisons, pour la fin du 19e siècle, la suppression de l'écolage dans l'enseignement secondaire et l'exigence croissante de certificats de fin d'études secondaires pour un nombre de plus en plus important d'apprentissages professionnels.

39 Dudzik 1987: 71 et ss.

En troisième lieu, après 1832, la cause de cette évolution est à rechercher dans l'efficacité accrue des organes exécutifs de l'État, les pénalités plus rigoureuses – notamment les amendes – ainsi que dans les changements intervenus dans les contenus des cours, qui autorisaient l'école à exiger de l'élève une présence ininterrompue en classe.

Quatrièmement, le succès durable rencontré par la législation peut aussi être attribué à l'effet d'accoutumance à l'institution scolaire. Les parents ayant préalablement fréquenté l'école ressentaient moins d'hésitation à y envoyer leurs propres enfants. Cette accoutumance pouvait toutefois tarder à se manifester pendant de longues années, car elle supposait une prise de distance graduelle de l'école face au tissu des relations sociales villageoises. Citons à ce propos l'exemple de l'instituteur Nötzli, de Turbenthal. En 1902, bien qu'au bénéfice de bons états de service attestés par la commission scolaire, il se vit confronté à une demande de licenciement émanant des usagers de l'école: parmi les reproches qu'on lui adressa à cette occasion figure entre autres choses le respect excessivement scrupuleux du règlement des absences établi par l'État. Nötzli s'était ainsi trouvé dans une situation où *la majeure partie des usagers scolaires étaient tellement prévenus à son encontre, que toute activité profitable de sa part s'en trouvait fortement compromise, voire rendue quasiment impossible.*[40]

En dernier lieu, l'obligation scolaire et l'enseignement par classes d'âge sont très étroitement liés au processus de diffusion de la discipline sociale (*Sozialdisziplinierung*).[41]

LA GRATUITÉ

C'est la révision de la Constitution zurichoise de 1869 qui introduisit la gratuité dans l'enseignement primaire. Du fait que, vers 1870, l'obligation scolaire était déjà largement suivie par la population, on ne peut affirmer, dans le cas du canton de Zurich, que le respect de cette obligation soit dû à l'introduction de la gratuité. Depuis 1845, cependant, l'écolage (qui se montait à 1 florin 12 schillings par année pour un élève régulier) n'avait pas été relevé, et sa contribution au salaire de l'instituteur avait commencé à décroître dès 1832 (elle représentait 1 schilling par semaine pour un élève régulier). À l'aide d'un bref aperçu de la

40 Kost 1985: 198-206.
41 *Cf. supra* l'aperçu sur l'évolution institutionnelle de l'école rurale zurichoise.

composition des salaires perçus par les instituteurs au cours du 19e siècle, nous allons montrer ci-dessous, d'une part, la diminution de la contribution des usagers scolaires, d'autre part, l'accroissement de la part de l'État. Sans entrer dans les détails, il convient cependant de mentionner qu'à partir de 1832, les rentrées fiscales de l'État englobaient également des impôts directs, ce qui représentait, pour les usagers de l'école, une forme inédite de participation financière au fonctionnement de l'institution.

Jusqu'en 1830, l'activité d'enseignement constituait avant tout un gain accessoire non lié au travail de la terre, alimenté par l'écolage, ainsi que par des prébendes et fonds divers de l'Église et de l'État.[42]

Après 1832, l'État et les communes prirent à leur charge, par moitiés, 40 % en moyenne du salaire. Cette augmentation salariale de l'ordre de 40 % était censée couvrir la perte des gains accessoires rendus caducs par l'augmentation massive de l'horaire des enseignants, ainsi que par les préparations de leçons qui en étaient la conséquence logique.[43]

Cependant, à mesure qu'augmentaient les exigences de l'État envers le personnel enseignant (formation professionnelle; enseignement basé sur la méthodologie; enseignement de branches scientifiques, techniques et artistiques; préparations systématiques de leçons), s'accroissaient parallèlement les exigences salariales des enseignants. En 1845 et 1851, l'État étoffa sa participation à leurs salaires; dès 1851, ceux-ci, assimilés aux gages des fonctionnaires, furent calculés en fonction des années de service. Comme nous l'avons mentionné plus haut, depuis 1845, et jusqu'à son abolition en 1869, l'écolage resta inchangé. Toutefois, dès 1851, les enfants *dont les parents étaient sans fortune, quoique non dépendants de l'assistance publique,* pouvaient demander à l'État d'assumer, totalement ou partiellement, l'écolage tombant à leur charge.[44]

Notons par exemple que, vers 1850, une famille d'ouvriers tisserands dépensait environ 1 % de son revenu pour l'écolage d'un enfant. Au vu de la part importante que représentaient dans les dépenses familiales l'alimentation et le logement (souvent 3/4 et plus), la présence de plusieurs enfants en âge de scolarité pouvait grever sensiblement le budget

---

42 Concernant la composition du salaire, *cf. Erziehungsrat...* 1933: 45; concernant son interprétation, *cf.* Bloch 1981: 128 et ss.

43 Comme le prouvent les demandes de subsides adressées au Conseil de l'instruction publique dans les années 1830 et 1840 par des enseignants malades, les nouvelles exigences professionnelles amenèrent plusieurs instituteurs aux extrêmes limites de leurs possibilités physiques (StaZ U 61 (5).

44 *Gesetz betreffend Unterstützungen an Schulgenossenschaften und Schulgenossen, 28.1.1851.* In *Offizielle Sammlung...*

de la famille. Confronté à des augmentations salariales rendues inéluctables, d'une part par ses exigences croissantes envers les enseignants, d'autre part par la nécessité de garantir à ces derniers un prestige social au moins équivalent, l'État se vit contraint de puiser à de nouvelles sources de financement. En 1859, la quote-part communale du salaire de l'instituteur fut portée à 200 francs (auxquels s'ajoutaient le logement gratuit, un demi-arpent de terre cultivable et deux stères de bois de chauffage), tandis que l'écolage fut fixé à 3 nouveaux francs pour les élèves réguliers et à 1.50 francs pour les élèves occasionnels. Au cas où la somme de la quote-part communale et de la moitié des écolages n'atteindrait pas 540 francs – pour un instituteur avec moins de quatre ans de service – il était prévu que l'État prenne la différence à sa charge.[45]

Considérant comme cas de figure la présence de 80 élèves réguliers et de 30 élèves occasionnels, l'État était dans l'obligation de verser 160 francs. À cette époque, les écolages pouvaient encore représenter plus de 30 % du salaire d'un enseignant.

Dix ans plus tard, la commission scolaire chargée par l'Assemblée constitutionnelle de l'étude de la nouvelle Constitution ne tint aucun compte de considérations financières et ne chercha pas à faire des économies sur le dos de l'école. Au contraire, l'émergence du mouvement démocratique tendit à réaliser dans les faits des conditions de vie empreintes de justice sociale. L'argument principal brandi à cette occasion se référait au coût excessif de l'école pour les familles pauvres et nombreuses. On cherchait par là à éviter que des familles tombent à la charge de l'assistance publique pour cause d'écolages impayés, tout en veillant à éviter d'inutiles frais de poursuites envers des parents d'élèves débiteurs et insolvables.[46]

C'est dans la mise en place d'une distribution plus équitable des coûts scolaires (l'impôt grevant davantage les contribuables aisés) et d'un accès à l'instruction primaire indépendant de l'appartenance sociale (l'instruction devenant en revanche obligatoire pour tout le monde) que réside l'importance première de la gratuité. L'autre conséquence significative consiste dans le renforcement de la professionnalité des enseignants et, par là, de l'école tout entière. Dès 1834, la commission scolaire de Knonau, par exemple, avait attiré l'attention sur la corrélation existant entre la gratuité scolaire et le prestige social et professionnel des instituteurs :

45 *Gesetz über das gesammte Unterrichtswesen des Kantons Zürich, 23.12.1859*, article 301.
46 *Erziehungsrat…* 1933 : 470 et ss ; Koller 1987 : 114 et ss.

De toute façon la population est de plus en plus acquise à l'idée des écoles gratuites, si possible au moyen d'une multiplication des biens scolaires. En effet, la population est d'avis qu'un salaire constitué d'écolages forcés n'est pas digne d'un instituteur. Il serait préférable qu'on sache chaque année où prendre les ressources salariales plutôt que de les recouvrer chaque trimestre au grand dam des contribuables.[47]

Il s'agissait en fait de découpler les revenus et le prestige de l'enseignant du bon vouloir et de la solvabilité des usagers scolaires. L'école amorça ainsi son processus de différenciation par rapport aux usages sociaux régissant les communautés rurales. À plus d'un égard, les années 1870 représentent pour l'évolution de l'école primaire zurichoise un point d'arrivée, voire une coupure : l'obligation scolaire a quasiment perdu son côté problématique ; sa gratuité promet un accès aux études socialement équitable et apporte aux instituteurs une plus grande indépendance face aux usagers de l'école, tout en les faisant bénéficier d'une professionnalisation accrue.[48]

LA LAÏCISATION DE L'ENSEIGNEMENT

À partir de 1831, lorsque Zurich met en place l'école primaire libérale, c'est la réorganisation de l'enseignement qui est la pièce maîtresse de la réforme. Ce n'est plus l'enseignement religieux qui est censé en être le noyau, mais, selon l'article premier de la loi sur l'enseignement de 1832, l'école primaire a pour mission de *faire des enfants de toutes les couches de la population, selon des principes concordants, des personnes mentalement actives, civiquement capables et moralement religieuses.*[49]

Cette laïcisation de l'enseignement lancée en 1831 était accompagnée par un processus plus général de sécularisation, décalé dans le temps, touchant à divers secteurs du système scolaire (les autorités scolaires dès 1803 ; les organes de surveillance dès 1832, respectivement 1865 ; les enseignants dès 1832). Notons que le nouveau système scolaire, y compris les contenus enseignés, n'a pas pris naissance à la suite d'une trans-

---

47 *Bericht des Erziehungsrathes an den Regierungsrath über den Gang des Unterrichtswesens 1834*. In *Verhandlungen der Synode* 1834 : 4.

48 Le rejet de la loi scolaire de 1872, qui prévoyait une formation universitaire pour les instituteurs, mit toutefois une sourdine à cette professionnalisation. *Cf.* Bloch 1991 : 65-75.

49 *Gesetz über Organisation des Volksschulwesens 1832*, article 1.

formation soudaine de structures ecclésiastiques en structures laïques. Il s'est formé, en réalité, dans la mouvance du processus forcé de sécularisation et de formation de l'État moderne qui caractérise le 18e siècle finissant.

On esquissera ci-après, d'une part le pourquoi et le comment de la création, en 1831, de l'enseignement laïque, d'autre part un aperçu de l'enseignement religieux tel qu'il était dispensé dans l'école primaire au 19e siècle. Si l'enseignement laïque a pu être introduit pratiquement sans problème et n'a pas connu de changement notable même après le *putsch* conservateur de 1839, on peut supposer qu'il a été bien accueilli par la population ou que celle-ci en connaissait déjà les traits principaux. Nous développerons cette thèse en nous fondant sur les changements intervenus dans la méthodologie de l'enseignement religieux, c'est-à-dire sur les modifications survenues dans la transmission de ses contenus au travers du catéchisme, de la lecture et de l'écriture.

Le mot *catéchèse* vient du grec et signifie *enseignement oral*: il s'agit d'une technique d'enseignement de l'histoire biblique et de la foi chrétienne fondée sur le contrôle par le questionnement. Un *Catéchisme* consiste, lui, en un moyen d'enseignement formé de questions et de réponses.[50]

Dans les écoles rurales zurichoises, on utilisait un extrait du catéchisme intitulé *Lehrmeister*, extrait désigné sous le titre de *Kleiner Lehrmeister*, ainsi qu'un résumé de cet extrait, appelé, lui, *Fragstücklein*.[51]

Vers 1770, le catéchisme était utilisé dans *l'enseignement de répétition* ainsi que lors du jour hebdomadaire de prières dans les classes régulières et pour l'enseignement religieux du dimanche. En outre, les élèves de première classe utilisaient le *Lehrmeister* pour l'apprentissage des lettres de l'alphabet.[52]

Le catéchisme et ses éditions abrégées n'étaient utilisés que pour une partie de l'enseignement dispensé. On consacrait plus de temps à l'apprentissage de l'alphabet, de la lecture et de la mémoire, tout en utilisant de préférence des textes à caractère religieux. En ce qui concerne la méthodologie et la didactique, je pars néanmoins de l'idée que l'école attribuait la plus grande importance au catéchisme. L'enseignement ne visait-il pas avant tout à former des citoyens majeurs et croyants ? Par ailleurs, bien au-delà de 1800, l'enseignement de la lecture et de l'écriture n'était pas considéré comme la transmis-

50 *Meyers Grosses Taschenlexikon* 1983.
51 Stauber 1920 : 3.
52 Escher, Schulthess 1775 : 54-56.

sion méthodique d'un savoir, mais plutôt comme l'inculcation d'un simple savoir-faire.[53]

Le catéchisme de 1773 était *subdivisé en XLVIII dimanches à travers l'année tout entière.* À l'exception des notes et des textes de chants ou de psaumes, il s'agissait pour l'essentiel d'un arrangement des textes déjà publiés, sous forme d'imprimé, en 1609. Le premier dimanche, avant le culte, il était prévu de chanter le psaume 24 à la gloire de Dieu, suivi de la première question :

> *Quel est ton vrai réconfort tout au long de ta vie et à l'acte de ta mort? Réponse. Que a), arrivé à la fin de cette vie de tristesse, je b) hériterai la joie et la béatitude éternelles, je c) demeurerai éternellement auprès de Dieu, mon Père, et je d) prendrai part à ses biens célestes.*

À cela faisait suite la *décomposition* :

> *Question. De combien de parties cette réponse est-elle composée? Réponse. Elle est composée de deux parties. Premièrement, mon espérance et mon réconfort. Ensuite, leur explication. Q. En quoi ton espérance et ton réconfort consistent-ils? Rép. En ceci qu'à la fin de cette vie de tristesse j'atteindrai la vie éternelle. Q. Comment explique-t-on cela? Rép. On m'indique comment j'atteindrai la vie éternelle et en quoi consistera la joie que celle-ci me procure. Q. Comment atteindras-tu la vie éternelle? Rép. J'en hériterai. Q. En quoi la joie de la vie éternelle consiste-t-elle? Rép. En ceci que je demeurerai éternellement auprès de Dieu, mon Père, et que je prendrai part à ses biens célestes.*[54]

Viennent ensuite des *témoignages*, à savoir des références bibliques, et, pour conclure, un chant. De toute évidence, la transmission du savoir religieux fondamental s'alignait sur des séquences factuelles, à l'exclusion de toute compréhension en profondeur et de toute explication en termes d'enchaînements.

Le catéchisme utilisé à Meilen en 1825 était également subdivisé en chapitres à traiter un dimanche après l'autre. Le premier enseignement

---

53 Spörri (1987 : 30) distingue la *lecture machinale* de la *lecture raisonnée*, cette dernière ayant fait son apparition dans la littérature pédagogique aux alentours des années 1820. *Cf.* aussi Luhmann 1981 : 128.

54 *Katechismus, Das ist: Unterricht Wahrer Christenlicher Religion: Samt den Zertheilungen einer jeden Antwort und Zeugnussen der heiligen Schrift. Eingetheilt in XLVIII. Sonntage durch das ganze Jahr. Für die Jugend der Stadt und Landschaft Zürich.* (1773). Zurich, imprimé par David Gessner. StaZ III Kg 1.

dominical avait pour titre *La religion* et commençait ainsi: *Question. Qu'est-ce-que la religion? Réponse. La religion est l'acceptation des liens qui nous unissent à Dieu, notre Créateur et Père, et l'aspiration à lui être agréable afin d'acquérir la béatitude éternelle.*[55] Puis suivait un commentaire en trois questions:

> *Q. 1. Comment arrivons-nous à la religion? Rép. Par le sentiment de notre dépendance à l'endroit d'un Être supérieur et par la méditation raisonnée sur la révélation de Dieu à travers la nature, dans notre conscience et par les Saintes Écritures. Q. 2. À quoi la religion sert-elle? Rép. Elle éclaire notre raison, réjouit notre cœur, nous fortifie pour l'exercice du bien, et nous réconforte tout au long de notre vie et à l'article de notre mort. Q. 3. De quoi l'enseignement religieux chrétien traite-t-il? Rép. Il traite, 1. de Dieu, de ses qualités et de ses œuvres; 2. de la nature de l'Homme et de sa destinée; 3. de la Rédemption par le Christ; 4. des devoirs de l'Homme envers Dieu, envers son prochain et envers lui-même.*

Ces propos sont suivis, eux aussi, de témoignages se référant à la Bible.

Durant ce laps de temps de cinquante ans, d'une part la méthodologie de la présentation et de la transmission des contenus religieux s'est transformée en profondeur et fait désormais appel à la réflexion raisonnée, à l'exclusion de tout apprentissage par cœur. D'autre part, on voit naître une didactique nouvelle: elle thématise l'objet de la transmission du savoir, ce qui dénote l'émergence d'un jugement ayant pris du recul, quasiment laïcisé, qui entreprend d'expliquer le système religieux dans le détail et qui autorise des choix à opérer dans la matière de l'enseignement biblique. Ce dernier cesse par là d'être seulement une question de foi, pour devenir également un processus d'appropriation d'un savoir, une lutte pour la définition de l'acte de foi. À partir de cet acquis, l'élève disposant désormais d'un savoir lui permettant de se définir personnellement, il n'y a qu'un pas à franchir vers l'introduction, à l'école, de branches scientifiques, techniques et artistiques, comme l'exigera d'ailleurs la loi sur l'enseignement de 1832.[56]

La responsabilité de ce changement de méthode incombe au courant réformiste présent au sein de l'Église, soumis aux influences des

55 *Katechismus, das ist Unterricht in der wahren christlichen Religion, mit Erläuterungen und Zeugnissen der heiligen Schrift. Von Heinrich Gutmann, Pfarrer zu Meilen am Zürichersee* (1825) (2e éd.). Zurich, Friedrich Schulthess. StaZ III Kg 1.

56 La loi prévoyait l'enseignement des matières suivantes: langues, calcul, morphologie, musique, histoire nationale, géographie, histoire naturelle, *en rapport avec l'agriculture et les arts et métiers* (*Gesetz über die Organisation des Volksschulwesens 1832*, article 4).

Lumières et aux pressions des tendances laïcisantes. Outre le libéralisme politique, c'est ledit courant qui facilite le passage de l'école des mains de l'Église à celles de l'État. À mesure que changeait le mode de transmission de l'enseignement religieux, se modifiait aussi l'enseignement de la lecture. Dès 1830, cet enseignement, qui accaparait le gros du savoir scolaire, était soumis à de fortes critiques en tant qu'*activité assommante* (Scherr) (un jugement qu'une majeure partie de la recherche pédagogique actuelle ne désavouerait pas).

Il me paraît cependant nécessaire d'insister sur le fait que, historiquement, jusqu'en 1800, la lecture entendue comme activité autonome consistant à s'approprier de nouvelles informations n'était pas le but visé par l'école (la nouvelle mission de l'apprentissage de la lecture n'apparaîtra que pendant les Lumières et surtout pendant la République helvétique, issue de la défaite militaire).

Pour atteindre la majorité religieuse, vérifiée lors d'un examen de lecture et d'instruction religieuse précédant l'admission à la sainte cène, il suffisait de faire preuve de connaissances de lecture se réduisant, pour l'essentiel, à l'identification de modèles graphiques déjà bien connus. L'enseignement scolaire de la lecture, conçu en fonction de cette épreuve, se limitait à l'étude d'un petit nombre de textes à caractère généralement religieux, qui se fixaient dans la mémoire à force de fréquentes répétitions. Cette manière de procéder s'explique par le fait qu'au 18e siècle, lire et prier ne faisaient presque qu'un, non seulement à l'école rurale mais également dans l'usage courant. En tant que déchiffrage quasiment magico-incantatoire de séquences de signes données, lecture et prière étaient synonymes.[57] Jusqu'en 1833, cette pratique était très répandue, comme l'attestent les examens des maîtres d'école de 1833-1834.[58]

Au vu de ce qui précède, on constate que les changements méthodologiques intervenus dans la transmission du savoir religieux modifièrent profondément le vécu scolaire quotidien. À la méthode traditionnelle d'épellation[59] se substitua graduellement une méthode d'écriture-lecture.[60]

---

57 Spörri 1987 : 28-31 ; Wartburg-Ambühl 1981 : 19 et ss.

58 *Erziehungsrat…* 1933 : 137 et ss.

59 Les enfants devaient tout d'abord apprendre, seuls, les lettres de l'alphabet au moyen du livret des noms et sous la conduite du maître. Ensuite, les lettres étaient assemblées en syllabes, puis on «syllabait», c'est-à-dire que l'on décomposait le mot en syllabes, qu'on le prononçait sous cette forme, puis on le lisait en entier. Le but de l'opération consistait à enseigner aux enfants *comment épeler tous les mots par cœur et comment énumérer toutes les lettres sur le bout des doigts, selon l'ordre de leur apparition* (*Lehrordnung 1778*, article 5). Ce n'est que par la suite que commençait l'apprentissage de la lecture proprement dite, l'enseignant donnant aux enfants *un texte à lire selon l'état de leurs apti-*

À noter que, dès 1771, de nouvelles méthodes d'apprentissage avaient fait leur apparition dans les régions rurales du canton, où elles étaient employées au moins par un pasteur pour l'instruction de son fils.[61] Ces méthodes nouvelles n'ont toutefois pas été reprises par les populaires Guides de 1770 et 1775 publiés à l'intention des maîtres d'école ruraux, ni par la loi scolaire de 1778. On peut supposer que l'autorité ne tenait pas à ce que la population rurale apprenne à lire plus vite que nécessaire.[62]

Ce n'est qu'après les bouleversements politiques de 1789 et les changements industriels que les structures cognitives sont progressivement intégrées dans l'enseignement. Cela va de pair avec la propagation de la certitude que ces changements scolaires ne mettent pas fondamentalement en question les structures du pouvoir et, que, au contraire, l'exercice de celui-ci se trouvait facilité par les améliorations apportées aux structures scolaires. Dès 1831, les moyens d'enseignement de Scherr prétendent aspirer à une imprégnation cognitive du savoir par l'*élémentarisation de l'acte d'apprentissage*, la matière devant être décomposée en petites unités rationnelles, corrélées les unes aux autres et s'inférant réciproquement.[63] Le plus tôt possible, lettres et syllabes devaient être mises en relation avec les signifiés correspondants (Saussure).

Dès 1832, l'enseignement religieux devint une branche d'enseignement parmi d'autres, pouvant être enseignée par l'instituteur, même à l'école de répétition (cas toutefois peu fréquent dans la pratique). La laïcisation de la fonction enseignante fut complétée par l'ordonnance sur la séparation des fonctions de sacristain et d'enseignant de 1833, et par la loi sur l'abolition de l'engagement des enseignants à assumer la fonction de chantre datant de 1838.[64] Enfreindre les traditions n'est toutefois pas

---

tudes, après le leur avoir fait épeler sous sa surveillance et après le leur avoir lu personnellement en entier (article 6). Enfin, en troisième classe, les enfants devaient apprendre à lire par cœur et à écrire.

60 Labhart-Hildebrandt 1883: 77 et ss. Les lettres devaient aussi être apprises de façon concomitante avec l'écriture.

61 Labhart-Hildebrandt 1883: 78. Il s'agit du pasteur Johann Heinrich Waser zum Kreuz (communes de Hottingen, Hirslanden et Riesbach), exécuté par ordre de l'autorité en 1780 pour haute trahison. C'était un brillant représentant de la jeune génération zurichoise des Lumières. Lors de l'enquête scolaire de 1771, il avait écrit: *À vrai dire, je n'aime point cette méthode d'épellation et, bien que disposant d'une meilleure méthode, je ne puis l'introduire, du moins pas* propria auctoritate.

62 *Cf.* aussi Schenda 1980.

63 Kost 1985: chap. 1.

64 *Verordnung des Regierungsrathes, betreffend die Vereinigung von Schulstellen mit Vorsingerstellen und Sigristendiensten. 15. 5. 1833.* StaZ III KKa 2; *Gesetz, betreffend die Aufhebung der Verpflichtung der Schullehrer zur Übernahme der Vorsingerstelle, 27.9.1838.* In *Sammlung der Gesetze... 1839.*

chose aisée : en 1840 encore, sur 151 postes de chantre, seuls 50 n'étaient pas pourvus par des enseignants.[65]

Dès le milieu des années 1830, des voix s'élevèrent contre l'enseignement religieux dispensé par les nouveaux enseignants, jugé insuffisant, froid et inadapté. Ces critiques occupèrent une place de choix dans les arguments fondant le *putsch* de 1839 dirigé contre le gouvernement libéral. Celui-ci tenta sans succès d'endiguer le mouvement conservateur naissant, tout comme les plaintes visant le manque de religiosité des enseignants et de leur enseignement, en modifiant, dès l'été 1839 (donc avant que le *putsch* n'ait eu lieu), certaines dispositions de la loi. C'est ainsi que la durée hebdomadaire de l'enseignement religieux à l'école régulière fut fixée à trois heures au moins. Dans son enseignement, l'enseignant devait *s'imposer notamment la tâche d'éveiller et de renforcer auprès de ses élèves des sentiments chrétiens et religieux*.[66]

Il était prévu que les moyens d'enseignement religieux soient rédigés par une commission commune de représentants du Conseil de l'instruction publique et du Conseil synodal, et qu'ils soient publiés sous l'autorité du Conseil de l'instruction publique. Ce point fut ensuite modifié par le nouveau gouvernement conservateur, qui exigea que les moyens d'enseignement soient approuvés par les deux conseils. Il fut également décrété qu'à l'école de répétition, l'enseignement religieux serait dispensé par le pasteur.[67]

Pratiquement la nouvelle loi n'eut pas beaucoup de conséquences, sinon de provoquer *une grande confusion dans les moyens d'enseignement*. On évita en effet soigneusement de revenir en arrière, et la nouvelle façon d'étudier le Nouveau Testament se traduisit simplement par le fait que les histoires bibliques, étudiées auparavant dans le livre de lecture, devaient désormais être lues aussi dans le texte.[68]

Ces innovations restèrent inchangées lorsqu'en 1845 les libéraux revinrent au pouvoir. En 1859, le Conseil de l'instruction publique se vit attribuer, aux dépens du Conseil synodal, le pouvoir de décision suprême en matière de plan d'études et de moyens d'enseignement. Se réclamant de la liberté de conscience et de croyance, proclamée tant par la Constitution cantonale de 1869 que par la Constitution fédérale de

---

65 *Erziehungsrat...* 1933 : 144.

66 *Gesetz betreffend einige Modificationen in den bestehenden Gesetzen über das Unterrichtswesen, 27.6.1839*. StaZ III Ea 1.

67 *Gesetz betreffend einige Abänderungen in den bestehenden Gesetzen über das Unterrichtswesen, 27.6.1840*, article 3. In *Offizielle Sammlung...*

68 *Erziehungsrat...* 1933 : 290 et ss.

1874, certains enseignants et commissions scolaires commencèrent, de leur propre chef, à renoncer à l'enseignement religieux. À tel point qu'en 1879, le Conseil de l'instruction publique se vit obligé de rappeler aux communes, par lettre circulaire, qu'elles étaient tenues d'offrir un enseignement religieux non obligatoire, sauf si elles en avaient décidé la suppression. L'enseignant, quant à lui, pouvait refuser de dispenser cet enseignement. Toutefois, s'il était d'accord de le donner, il devait veiller à faire abstraction des *particularismes confessionnels*. La même règle s'appliquait aussi au pasteur.[69]

Enfin, la loi scolaire de 1899 reconnaissait au Conseil synodal un droit de regard sur les plans d'études et les moyens d'enseignement; par ailleurs l'enseignement religieux en 7e et 8e classes continuait à être du ressort du pasteur.[70]

En résumé, force est d'attribuer au mouvement de laïcisation s'inspirant des Lumières et des bouleversements politiques la responsabilité décisive des changements intervenus à l'école primaire, aussi bien en ce qui concerne les méthodes d'enseignement que l'introduction des branches scientifiques, techniques et artistiques. La laïcisation généralisée des contenus d'enseignement n'eut lieu toutefois qu'au niveau de l'école régulière et par rapport au rôle de l'État dans la préparation des moyens d'enseignement religieux. En effet, pendant toute la durée du 19e siècle, l'enseignement religieux dispensé après le cycle de base, c'est-à-dire après la 6e classe, resta entre les mains de l'Église, laquelle, en collaboration avec l'État, fournit aussi les moyens d'enseignement correspondants. L'enseignement religieux ayant été rendu facultatif dès la seconde moitié du siècle, son importance s'en trouva fortement réduite. De plus, dépouillé de ses dogmes, il se retrouva ravalé au rang d'un enseignement de morale, ce qui lui conféra une dimension nouvelle, marquée du sceau de l'areligiosité.

(Traduction : C. Nocera)

69 *Kreisschreiben des Erziehungsrats, 15.1.1879*, cité selon *Gesetze und Verordnungen 1859-86*. StaZ III EE a4 1859-86.

70 *Gesetz betreffend die Volksschule 1899*, articles 27 et 28.

RÉFÉRENCES

SOURCES

Staz E I 21.2. *Schulumfrage von 1771.*

StaZ U 61 (5). *Lehrerbesoldungen.*

StaZ III Ea 1. *Druckschriften Unterrichtswesen 1778-1859.*

StaZ III Eb 1. *Druckschriften Volksschulwesen: Schulgebete, Visitationen.*

StaZ III Kg 1. *Druckschriften Kirchenwesen: Katechismen.*

Die Gesetze und Verordnungen des Kantons Zürich betreffend das Unterrichtswesen. 1884-1902. Verlag der Erziehungsdirektion.

Escher, Schulthess (1775) (1er éd. 1770). *Anleitung für die Landschulmeister.* Zurich.

Offizielle Sammlung der seit Annahme der Verfassung vom Jahre 1831 erlassenen Gesetze, Beschlüsse und Verordnungen des eidgenössischen Standes Zürich.

Sammlung der Bürgerlichen- und Polizey-geseze und Ordnungen löbl. Stadt und Landschaft Zürich. (1779). Zurich.

Sammlung der Gesetze, Reglements, Verordnungen und Beschlüsse über das zürcherische Volksschulwesen. (1839). Zurich.

Satzungen den Landschulen von den obersten Schulbehörden der Stadt Zürich fürgeschrieben. Gedruckt zu Zürich, Bey Heidegger und Comp. im Jahr 1744.

Verhandlungen der Synode 1835 bis 1875.

RÉFÉRENCES BIBLIOGRAPHIQUES

Bloch, A. (1991). *Priester der Volksbildung. Die Zürcher Volksschullehrer zwischen Profession und Beamtentum 1832-1872.* Mém. lic. non publié. Université de Zurich.

Bloch, A. (1997). Lesen thut bleiben. Die Schulreform auf der Zürcher Landschaft in den 1770er Jahren. In H. Holzhey (éd.), *Zürich im 18. Jahrhundert*. Zurich, Chronos.

Braun, R. (1984). *Das ausgehende Ancien Régime in der Schweiz. Aufriss einer Sozial- und Wirtschaftsgeschichte des 18. Jahrhunderts.* Göttingen/ Zurich, Vandenhœck Ruprecht.

Breuer, S. (1986). Sozialdisziplinierung. Probleme und Problemverlagerungen eines Konzepts bei Max Weber, Gerhard Oestreich und Michel Foucault. In C. Sachsse & F. Tennstedt (éds.), *Soziale Sicherheit und soziale Disziplinierung. Beiträge zu einer historischen Theorie der Sozialpolitik*, pp. 45-69. Frankfurt, Suhrkamp.

Dudzik, P. (1987). *Innovation und Investition. Technische Entwicklung und Unternehmerentscheide in der schweizerischen Baumwollspinnerei 1800 bis 1916.* Zurich, Chronos.

Erziehungsrat des Kantons Zürich (1933). G. Guggenbühl, A. Mantel, H. Gubler, H. Kreis, E. Gassmann (éds.). *Volksschule und Lehrerbildung 1832-1932. Festschrift zur Jahrhundertfeier der Zürcher Volksschule.* Tome 1. Zurich, Verlag der Erziehungsdirektion.

Geschichtliche Grundbegriffe. Historisches Lexikon zur politisch-sozialen Sprache in Deutschland (1972). Tome 2. O. Brunner, W. Conze & R. Koselleck (éds.). Stuttgart, Klett.

Graber, R. (1993). *Bürgerliche Öffentlichkeit und spätabsolutistischer Staat. Sozietätenbewegung und Konfliktkultur in Zürich 1746-1780.* Zurich, Chronos.

Green, A. (1990). *Education and State Formation. The Rise of Education Systems in England, France and the USA.* New York, St. Martin's Press.

Greiner, M. (1933). *Der Wandel des Verhältnisses von Staat und Kirche zur Volksschule des Kantons Zürich. Von der Helvetik bis zur Gegenwart.* Thèse. Olten.

Haag, F. (1910). *Die Entstehung der Züricher Schulordnung von 1716.* Berlin.

Koller, T. (1987). *Volksbildung, Demokratie und Soziale Frage. Die Zürcher Demokratische Bewegung und ihre Bildungspolitik in den Jahren 1862-1872 : Idee, Programm und Realisierungsversuch.* Thèse. Zurich.

Kost, F. (1985). *Volksschule und Disziplin. Die Disziplinierung des inner- und ausserschulischen Lebens durch die Volksschule, am Beispiel der Zürcher Schulgeschichte zwischen 1830 und 1930.* Zurich, Limmat Verlag.

Kuhlemann, F.-M. (1992). *Modernisierung und Disziplinierung. Sozialgeschichte des preussischen Volksschulwesens 1794-1872.* Göttingen, Vandenhœck & Ruprecht.

Labhart-Hildebrandt, J. (1883). Die Schulvisitationen auf der Landschaft im Kanton Zürich in der zweiten Hälfte des vorigen Jahrhunderts. In J. Bühlmann (éd.), *Die Praxis der Schweizerischen Volks- und Mittelschule. Beiträge für eine spezielle Methodik und Archiv für Unterrichtsmaterial.* Tome 3. Zurich.

Luhmann, N. (1981). Theoriesubstitution in der Erziehungswissenschaft. In N. Luhmann. *Gesellschaftsstruktur und Semantik. Studien zur Wissenssoziologie der modernen Gesellschaft.* Tome 2. Frankfurt a.M., Suhrkamp.

Maynes, M. J. (1985). *Schooling for the People. Comparative Local Studies of Schooling History in France and Germany.* New York/London, Holmes & Meier.

Meyers Grosses Taschenlexikon (1983). Mannheim/Wien/Zurich, Meyers Lexikonverlag.

Morf, H. (1899). *Die erste staatliche Lehrerbildungsanstalt im Kanton Zürich. Ein Beitrag zur Geschichte unserer Volksschule.* Winterthur.

Neugebauer, W. (1985). *Absolutistischer Staat und Schulwirklichkeit in Brandenburg-Preussen*. Berlin/New York, de Gruyter.

Pfister, U. (1992). *Die Zürcher Fabriques. Protoindustrielles Wachstum vom 16. zum 18. Jahrhundert*. Zurich, Chronos.

Oestreich, G. (1968). Strukturprobleme des europäischen Absolutismus. *Vierteljahrschrift für Sozial- und Wirtschaftsgeschichte, 51*, 329-347.

Oestreich, G. (1969). *Geist und Gestalt des frühmodernen Staates*. Berlin, Duncker und Humblot.

Schenda, R. (1980). Der gezügelte Bauernphilosoph... oder Warum Kleinjogg (und manch anderer Landmann) kein Freund des Lesens war. *Schweizerisches Archiv für Volkskunde, 76*, 214-228.

Schulze, W. (1987). Gerhard Oestreichs Begriff «Sozialdisziplinierung in der frühen Neuzeit». *Zeitschrift für Historische Forschung, 14*, 265-302.

Spörri, B. (1987). *Studien zur Sozialgeschichte von Literatur und Leser im Zürcher Oberland des 19. Jahrhunderts*. Bern/Frankfurt a.M.,/New York/Paris, Lang.

Stauber, E. (1920). Die zürcherischen Landschulen im Anfang des achtzehnten Jahrhunderts. In *120. Neujahrsblatt hg. von der Hülfsgesellschaft in Zürich auf das Jahr 1920*. Zurich, Schulthess.

Wartburg-Ambühl, M.-L. von (1981). *Alphabetisierung und Lektüre. Untersuchungen am Beispiel einer ländlichen Region im 17. und 18. Jahrhundert*. Berne/Frankfurt a.M./Las Vegas, Lang.

Fabrizio Mena et Fabrizio Panzera

L'évolution de l'école primaire et secondaire au Tessin 1830-1885

Cet article sur l'histoire de l'école tessinoise se compose de deux parties. La première, due à Fabrizio Mena, retrace l'histoire de l'école primaire, tandis que la seconde, rédigée par Fabrizio Panzera, dépeint l'évolution de l'école secondaire.

Le développement de l'école primaire

La réforme constitutionnelle de 1830 marque un tournant décisif dans l'histoire des institutions éducatives tessinoises. La nouvelle Constitution n'était pas encore pleinement démocratique, mais elle consacrait des principes importants, tels que la liberté de la presse et le droit de pétition, et assurait qu'une loi aborderait *avec sollicitude* le chapitre de l'instruction publique. À vrai dire, une première loi sur l'école avait déjà été votée en 1804, mais elle était restée lettre morte. Cette première tentative de bâtir un système scolaire révèle la volonté du nouvel État d'affirmer ses droits dans ce domaine : le canton venait de naître et il fallait mettre sur pied une école publique obligatoire pour former le citoyen (Ceschi 1995). Toutefois l'État ne disposait pas des moyens financiers pour soutenir ce projet ambitieux, qui ne fut d'ailleurs pas bien accueilli par la société civile.

Durant les siècles de la domination suisse, les bailliages italiens disposaient d'un réseau plutôt serré d'écoles, financées par les émigrants, par des legs ou par les communautés elles-mêmes, réglées par des contrats formels ou bien ouvertes à titre charitable par des curés. Vers 1630 on en dénombrait déjà une cinquantaine ; à la fin du 18e siècle, la majorité des villages avaient leur propre école. Ces données doivent pourtant être interprétées avec prudence : quelle était la qualité de l'enseignement ? combien d'enfants fréquentaient l'école ? avec quelle régularité et quel succès ? Avant de trouver des réponses convaincantes à ces questions, il est difficile de partager la thèse de Cappelli-Manzoni (1997) d'une Suisse italienne d'Ancien Régime au taux d'alphabétisation particulièrement élevé, voire même de masse.

Durant la Restauration, les éducateurs réformistes tessinois ont insisté à plusieurs reprises sur les limites des écoles traditionnelles, qui constituaient encore la principale ressource éducative du pays. Les règlements scolaires qui nous sont parvenus confirment le bien-fondé de plusieurs de ces critiques : trop souvent les instituteurs recouraient à des pratiques pédagogiques autoritaires et inefficaces. L'apprentissage de la lecture était dissocié de celui de l'écriture et se faisait sur des livres d'éducation morale ou de dévotion, souvent en latin. L'enseignement était fondé sur la méthode individuelle : chaque enfant travaillait directement avec l'instituteur pour quelques minutes, tandis que ses camarades attendaient leur tour en silence. En 1820, l'abbé Giuseppe Bagutti, de Rovio, considérait que plusieurs d'entre ces classes étaient en réalité des *écoles d'oisiveté*, parce qu'elles infligeaient aux enfants des tourments susceptibles de les dégoûter à jamais de toute forme d'instruction (Bagutti 1820 : 5).

L'abbé Bagutti avait fait son apprentissage pédagogique chez le père Girard à Fribourg, et avait introduit l'enseignement mutuel à Milan en 1819. Son œuvre ne passa pas inaperçue au Tessin, où l'État continuait à se désintéresser de l'école, mais suscita en revanche bientôt l'intérêt des philanthropes, qui réussirent à ouvrir une première école mutuelle à Chiasso, en 1824 ; dans les années suivantes, d'autres écoles lancastériennes furent ouvertes à Lugano, Bellinzone, Locarno et Muzzano. Ces expériences, bien que limitées, furent une première tentative de renouvellement pédagogique et didactique de l'enseignement, et stimulèrent le débat sur le projet d'une école pour tous, que les philanthropes considéraient comme indispensable au progrès civil et moral du pays.

Malgré cela, la loi de 1831 est un texte assez décevant. Elle établissait l'ouverture d'une école dans chaque village mais elle ne fixait pas de délais précis aux communes. De même, elle admettait que les enfants des familles les plus pauvres la fréquentent à un rythme irrégulier. Comme en 1804, elle admettait à l'enseignement tous les curés, les chapelains et les laïques jugés *probes et capables* par la commission d'instruction publique. Des inspecteurs veilleraient au bon fonctionnement du système, mais leur charge était établie à titre honorifique et gratuit, ce qui fit que plus d'un s'acquitta de ses fonctions de manière discontinue et discrétionnaire. Le règlement de 1832 confirma l'objectif de la lecture en latin en 1ère classe.

Une enquête menée en 1831 révéla l'ampleur des problèmes dont l'instruction publique était affligée. Dans plusieurs communes, l'école n'existait pas, dans d'autres elle fonctionnait peu ou mal, à cause de l'absence chronique de nombreux enfants mais aussi parce que les curés se refusaient parfois à enseigner. La nouvelle loi ne put modifier cette situation dans l'immédiat. En 1834, le conseiller d'État Giovanni Reali estimait que dans certains villages rien n'avait changé, pour plusieurs raisons: le manque de subventions aux communes les plus pauvres, l'inertie de plusieurs municipalités et inspecteurs, les préjugés contre l'école, ancrés aussi bien dans les milieux populaires que chez les notables les plus conservateurs.

L'école ne parvenait donc pas à s'imposer non seulement parce que des attitudes d'obstruction, de défiance ou de simple indifférence étaient répandues dans la société, mais aussi à cause de la faiblesse de ses partisans, qui pour l'instant ne parvenaient pas à lui fournir un soutien efficace. En 1833, le futur conseiller fédéral Stefano Franscini, qui, à cette époque, était secrétaire d'État, avait lancé dans le périodique radical *L'Osservatore del Ceresio* un appel pour une souscription en faveur des écoles communales, tout en essayant de fonder une société d'instruction publique; mais ces initiatives rencontrèrent de trop faibles adhésions et échouèrent rapidement. En 1836, une nouvelle enquête confirma les faiblesses du système éducatif tessinois: une soixantaine de communes seulement entretenaient des écoles conformes aux dispositions de la loi, tandis que 50 villages en étaient encore dépourvus; le taux global de fréquentation n'atteignait pas 50 % (Ceschi 1986: 104).

Le tournant décisif s'accomplit lors de l'élection de Franscini au gouvernement, en 1837. Le leader radical, né dans la vallée Leventina d'une famille de paysans pauvres, avait expérimenté lui-même les difficultés engendrées par la faiblesse de l'offre éducative du pays: il avait d'abord fréquenté l'école que le curé de Personico ouvrait en hiver pour les enfants pauvres de la région; à douze ans il obtint de fréquenter gratuitement le séminaire de Pollegio et en 1815 il fut admit au séminaire archiépiscopal de Milan. C'était le curriculum typique du jeune homme désireux de continuer ses études mais dépourvu de moyens financiers, et donc exclu du parcours classique des fils de la bonne bourgeoisie qui, eux, fréquentaient l'un des établissements privés du canton avant d'accéder à l'université. Franscini quitta le séminaire en 1818 et poursuivit sa formation d'autodidacte dans les riches bibliothèques milanaises, où il découvrit l'économie politique, l'histoire, le droit, la statistique, la pédagogie. Entre-temps, il commença à enseigner et bientôt il publia son premier ouvrage didactique, une grammaire italienne qui fut réimprimée maintes fois dans les années suivantes. En 1826, après son retour au Tessin, on lui confia l'école mutuelle de Lugano, et en 1828 il dénonça les mauvaises conditions de l'école tessinoise et la négligence du gouvernement dans ce domaine dans un pamphlet qui fit grand bruit.

Franscini considérait que l'État devait jouer un rôle plus important dans le secteur de l'instruction publique. Comme conseiller d'État il s'intéressa donc tout de suite à cette question, commençant par un aspect qu'il jugeait fondamental: la formation des maîtres. Il fallait ouvrir de nouvelles écoles, et donc investir dans la formation de nouveaux instituteurs, de même qu'il fallait améliorer les compétences pédagogiques de ceux qui enseignaient déjà depuis des années. Il fallait dépasser la méthode individuelle, qui était une source d'ennui et de frustration aussi bien pour les enfants que pour les maîtres, et faire en sorte que les enseignants utilisent au mieux le temps que leurs élèves pouvaient consacrer à l'école, temps souvent limité par les obligations des travaux agricoles ou par l'émigration saisonnière.

Franscini inaugura donc les cours d'initiation pédagogique, la *metodica*, en 1837, et les confia à un célèbre pédagogue lombard, Luigi Alessandro Parravicini. L'éducateur italien étonna tout le monde en montrant qu'il était possible d'apprendre à lire et à écrire à deux enfants dans un délai de deux mois. Le succès de ce premier cours permit de relancer le projet d'une *Société d'Amis de l'éducation du peuple*, qui en effet vit bientôt le jour, constituant un point de repère stable pour les enseignants d'orientation progressiste pendant plus d'un siècle. Les cours pédagogiques s'occupèrent de la formation des maîtres tessinois jusqu'en 1873, date à laquelle fut instituée l'école normale. Ils furent conçus pour donner un minimum de compétences pédagogiques et culturelles aux enseignants, mais leur brève durée ne permit d'assurer aux jeunes instituteurs qu'une formation encore trop sommaire.

La *metodica* eut toutefois des conséquences presque immédiates sur la composition du corps enseignant. Les prêtres, qui en 1836 constituaient les 3/4 des maîtres, manifestèrent immédiatement des résistances à suivre ces cours: certains d'entre eux estimaient qu'ils étaient déjà suffisamment préparés pour l'école primaire, d'autres les considéraient comme une tâche excessive pour une charge qu'ils assuraient à titre gratuit. Certains ecclésiastiques refusèrent donc la *metodica* avec indignation, mais d'autres furent probablement heureux de céder la place à de nouveaux candidats: comme le curé de Brè, qui, déjà en 1831, avait demandé la *grâce particulière* d'être dispensé du *supplice* de l'enseignement (Panzera 1989: 190). En 1843-1844, après seulement cinq cours de *metodica*, les laïques étaient déjà plus nombreux que les ecclésiastiques dans l'école de base, et l'écart devint de plus en plus net et irréversible dans les années suivantes, tandis que les jeunes femmes commencèrent à constituer la majorité des candidats de la *metodica* déjà dans la deuxième partie des années quarante.

Le renouvellement du corps enseignant fut de surcroît ralenti par l'existence de « bénéfices » ecclésiastiques, qui liaient de nombreux curés à l'enseignement. En 1840, il existait au Tessin 373 écoles, ce terme désignant, dans l'acception du 19e siècle, chaque unité composée par une classe, un instituteur et ses élèves. Or, seulement 80 d'entre elles trouvaient place dans les locaux de la commune, tandis que 86 avaient leur siège dans les locaux de la paroisse, dans presque tous les cas, suite à une clause contractée au moment de l'établissement du « bénéfice ». L'État n'avait donc pas intérêt à éloigner les prêtres de l'école dans cette première phase de croissance et de consolidation de l'institution scolaire, d'autant plus que de nombreuses communes comptaient sur le maintien des « bénéfices » pour économiser sur les frais de l'instruction, et que souvent la compétence des jeunes instituteurs issus de la *metodica* laissait à désirer.

En 1842, toutes les communes avaient désormais leur école ; en 1844, il en existait déjà 411, donc le double par rapport à 1836 ; le nombre des élèves était passé de 8'000 à 16'000. De 1839 à 1844, la fréquentation avait augmenté de 65 %. Cette hausse était due surtout à la scolarisation féminine, qui, au début des années quarante, avait marqué des bonds de plus de 1'000 unités par an : les écolières étaient passées de 2'500 en 1839 à presque 7'300 en 1844. En 1836, l'école était fréquentée par une fille pour sept garçons ; dans les années quarante, ce rapport finit par s'équilibrer. Cette croissance fut favorisée par l'action de l'État, qui, dès 1835, avait commencé à accorder des subventions aux communes qui respectaient les dispositions de la loi et à démontrer une attitude plus sévère face aux municipalités qui les négligeaient. Des inspecteurs régulièrement rétribués, plus attentifs et motivés, surveillaient les écoles depuis 1842, tandis que l'année suivante le Conseil de l'instruction publique décréta que la fourniture gratuite du matériel scolaire aux enfants *vraiment pauvres* était du ressort des communes ; la distribution gratuite du matériel didactique à tous les élèves des écoles obligatoires ne fut décrétée qu'en 1931.

Les communes avaient plusieurs sources pour financer l'instruction : souvent, elles continuaient à jouir des rentes de legs pieux, qui parfois couvraient tous les frais, ou des « bénéfices » ecclésiastiques attribuant les tâches de l'enseignement aux curés. En 1841, 21 communes du Mendrisiotto finançaient encore leur école avec les rentes des anciennes propriétés du couvent de Sainte Ursule de Côme, passées au bailliage de Mendrisio après sa suppression en 1784. Faute d'autres possibilités, les municipalités pouvaient prélever des impôts pour financer l'école; parfois elles se limitaient à demander des contributions en nature, comme *une demi-bacholle de vin par famille ou quelques livres de beurre.* (*Conto-Reso del Consiglio di Stato* CRCdS 1841: 22). De même, il était d'usage que chaque enfant, en hiver, amène à l'école un morceau de bois pour le chauffage: le règlement de 1866 interdit formellement cette habitude, qui pourtant survécut encore pendant des décennies.

En 1839, après avoir perdu les élections, les radicaux effectuèrent un coup d'état, inaugurant une longue période d'hégémonie marquée par la consolidation d'une pratique exclusive du pouvoir. Les années cinquante, suite à la réorganisation de l'opposition modérée, connurent une période de lutte acharnée entre les deux partis, qui finit par se répercuter aussi sur l'école. C'est dans ce contexte que les radicaux décrétèrent en 1852 la suppression des corporations religieuses enseignantes et la sécularisation de l'enseignement supérieur, tandis qu'en 1864 ils achevèrent leur programme de laïcisation de l'école en votant l'exclusion des prêtres de l'enseignement primaire. La question avait été portée une première fois au parlement en 1855, quelques semaines seulement après le *pronunciamiento* fait par le parti au pouvoir pour se défaire une nouvelle fois de l'opposition conservatrice, qui semblait prête à lui succéder à la tête de l'État.

La revendication d'une *sécularisation complète de l'instruction*, invoquée au nom du principe de l'incompatibilité des fonctions d'instituteur et de curé, naissait donc dans un contexte de radicalisation de la lutte politique. Elle exprimait la volonté du parti majoritaire de renforcer une hégémonie qu'il jugeait menacée par les forces *obscurantistes* présentes dans la société, partisanes, elles, du principe de la liberté d'enseignement. Selon le directeur de la *metodica*, le chanoine Giuseppe Ghiringhelli:

> *Les défenseurs les plus passionnés de la liberté d'enseignement [...] sont ceux qui dans leurs journaux pleurent la chute de l'absolutisme et prêchent avec les larmes aux yeux la gloire et la béatitude des temps où l'on gouvernait les peuples comme des chèvres, avec le bâton. Autrefois, ils rôtissaient à petit feu les malheureux qui enseignaient des doctrines différentes des leurs, et aujourd'hui encore ils les lapideraient dans la rue.* (*L'Educatore della Svizzera Italiana* (ESI) 1862: 330).

La liberté d'enseignement, de ce point de vue, n'était que le paravent d'une faction hostile au système éducatif public et aux valeurs de l'école républicaine, exprimant *la négation de tout progrès, de toute libre aspiration, de tout élan généreux en faveur de l'émancipation du Peuple*, selon les mots d'un rapport officiel de 1858 du Département de l'éducation publique (CRCdS 1858: 167). En réalité, les prêtres furent éloignés de l'école primaire alors que leur nombre était déjà très faible et que leur tendance à quitter l'enseignement n'avait pas diminué, même durant les années où le débat sur la laïcisation faisait rage: ils étaient 78 sur un total de 450 instituteurs en 1855, ils n'étaient que 33 sur 463 au moment de l'approbation de la nouvelle loi. Retournés au pouvoir en 1877 après presque 40 ans d'ostracisme, les conservateurs s'empressèrent de décréter la loi sur la liberté d'enseignement, qui rouvrait les portes de l'école aux ecclésiastiques. Dans l'école primaire, ce fait fut pratiquement sans conséquence sur la composition du corps enseignant: dans le dernier quart du siècle, leur présence ne dépassa jamais les 10 unités, alors que de nouvelles écoles étaient ouvertes chaque année.

La loi de 1864 instituait la création des *scuole di ripetizione*, c'est-à-dire des cours de révision du soir ou du dimanche destinés aux jeunes qui n'avaient pas pu fréquenter régulièrement l'école obligatoire. L'autorité cantonale était consciente du fait que, dans plusieurs cas, l'école ne parvenait pas à assurer de bonnes compétences de base aux nouvelles générations, surtout dans les communes où l'année scolaire ne durait que six mois. Le Département de l'Éducation publique se disait certain que *l'époque où chaque citoyen saura lire, écrire et compter* n'était pas éloignée, mais que pour le moment l'analphabétisme restait un problème aigu (CRCdS 1864: 54); un certain nombre de croix figuraient d'ailleurs même parmi les signatures d'une pétition en faveur de la liberté d'enseignement adressée au Grand Conseil en 1864. Le législateur comptait donc sur ces cours pour voir *disparaître à jamais les analphabètes* (CRCdS 1866: 31) mais les communes ne se montrèrent guère empressées à prendre à leur charge les frais de cette entreprise, qui ne prit jamais l'allure souhaitée.

En 1870, plus de 13 % des recrues des districts de Lugano et de Mendrisio furent jugées analphabètes, 10 % semi-analphabètes et presque la moitié munis d'une maîtrise médiocre de l'écriture. En 1871 le taux des conscrits jugés analphabètes ou semi-analphabètes atteignit 25 %. Plusieurs faits étaient à l'origine de ce phénomène: la courte durée de l'année scolaire dans la majorité des villages, l'absentéisme ou l'irrégularité de la fréquentation de nombreux élèves et finalement la médiocrité de l'enseignement, liée à la modicité des salaires, qui obligeait les maîtres à compléter leur revenu par une deuxième activité. Ainsi, les écoles tessinoises, en général, n'étaient pas encore ces lieux utiles et agréables envisagés par Franscini 50 ans auparavant.

La nouvelle loi sur les salaires des instituteurs et l'ouverture de l'école normale en deux ans de Pollegio, la *Magistrale*, décrétées en 1873, expriment la volonté de l'autorité politique de favoriser le professionnalisme et la formation des enseignants. Toutefois, les avantages que ces dispositions auraient dû procurer furent limités par la persistance de problèmes anciens. Dans les années soixante-dix, 12 % des enfants, soit plus de 2'300 élèves par an, ne fréquentaient pas l'école obligatoire, malgré l'entrée en vigueur du décret cantonal de 1874 qui interdisait l'émigration des enfants au-dessous de 12 ans. Et encore, on a l'impression que ces données, issues des statistiques du Département de l'éducation publique, pêchent par défaut : on hésite à croire, par exemple, que dans le village de Vogorno, où l'émigration des jeunes ramoneurs avait toujours été très importante, en 1871-1872, et donc avant même l'entrée en vigueur du décret sur l'émigration, seulement un enfant sur 55 quittait l'école, alors qu'en 1884 une enquête moins complaisante révéla le départ de 27 petits ramoneurs. D'autre part, l'ouverture des premières usines fut à l'origine d'un accroissement des absences : en 1871-1872, 20 % des filles de Mendrisio n'entrèrent pas à l'école, à Locarno 33 %, à Bellinzone 50 %, à Lugano 70 %. Nombre d'enfants, pour finir, manquaient souvent les leçons : en 1889-1890, par exemple, on dénombra encore près de 70'000 journées d'absences non justifiées.

Peu après l'adoption de la loi sur la liberté de l'enseignement, le parlement vota une loi sur la réduction des salaires des instituteurs. Pour les libéraux, il s'agissait d'une nouvelle étape de *l'œuvre de démolition de notre édifice scolaire*, visant à faire *une concurrence ruineuse aux maîtres laïques* (ESI 1878 : 53). En 1879, le Grand Conseil approuva la partie de la *réforme générale des études* concernant l'école obligatoire. Ce nouveau texte n'introduisait pas de nouveautés importantes. Il confirmait l'obligation de la fréquentation scolaire jusqu'à l'âge de 14 ans et la possibilité de limiter l'année scolaire à six mois seulement, comme le prévoyait la loi de 1831. D'autre part, il réduisait le maximum d'élèves par classe à 60 et déclarait explicitement, pour la première fois, le principe de la gratuité de l'école. L'essentiel de la réforme concernait le secteur secondaire et tournait autour du principe de la « christianisation » de l'instruction.

LE DÉVELOPPEMENT DE L'ÉCOLE SECONDAIRE

Comme pour les écoles primaires, l'intervention de l'État en matière d'instruction publique secondaire, ne se manifesta qu'après l'adoption de la réforme constitutionnelle de 1830. D'après le rapport de Stefano

Franscini dans son œuvre *La Svizzera italiana*, les établissements secondaires (dénommés littéraires) alors existants dans le canton se dénombraient à sept, tous dépendants de congrégations religieuses. Un autre établissement privé, créé à Muzzano par le chanoine Lamoni, s'était joint à ceux-ci en 1828 (Franscini 1837: 338).

Pour un pays comptant un peu plus de cent mille habitants, le nombre global de ces établissements ainsi que celui des élèves qu'ils pouvaient accueillir, environ 300, n'était pas négligeable. Cependant, par rapport à la fin du 18e siècle, une baisse importante d'élèves pouvait être repérée: d'une part, les autorités du royaume de Sardaigne et du royaume lombard-vénitien n'autorisaient plus leurs sujets à fréquenter des écoles étrangères, d'autre part les familles tessinoises elles-mêmes préféraient à présent envoyer leurs propres enfants continuer leurs études en Italie ou dans le reste de la Suisse (Franscini 1837: 338-341).

En réalité, dans les premières décennies du 19e siècle, les collèges tessinois connaissaient une phase de décadence, notamment parce que les communautés religieuses, dont ils dépendaient, rencontraient elles-mêmes des difficultés. Les problèmes financiers, la réduction de leurs rangs, le relâchement de la discipline, tout ceci rendit peu à peu vains les efforts accomplis au cours des années trente par les pères Somaschi de Lugano, par exemple, afin de ramener le collège San Antonio à son ancienne splendeur (Panzera 1989: 267-271).

Au cours des années 1831-1832 il y eut toutefois une première intervention de l'État dans le secteur secondaire. La loi sur l'instruction publique du 10 juin 1831 et le règlement qui suivit (28 mai 1832), étudiés par le conseiller d'État, l'abbé Vincenzo Dalberti, prévoyaient en effet la création d'écoles secondaires et de dessin aux côtés des écoles primaires. Le terme *scuole maggiori* (écoles secondaires) comprenait alors ce qu'on appelle aujourd'hui le «cycle gymnasial et lycéen», selon la subdivision traditionnelle: un cours de grammaire, de rhétorique et de philosophie (Broggini 1984: 70-74). En outre, les dispositions de 1831-1832 établissaient que, dans chacun des huit districts du canton, des écoles de dessin devraient être fondées; les enseignements comprenaient l'architecture théorique, l'invention architectonique, la géométrie pratique, l'arpentage et l'usage des instruments de physique les plus courants.

La loi de 1831 et le règlement de l'année suivante ne furent jamais l'objet d'une exécution pratique. Ce fut après la «révolution» de 1839, qui fit accéder les libéraux au pouvoir, que l'intervention de l'État se précisa dans le domaine de l'instruction secondaire.

Un décret du 26 mai 1841 créa une école secondaire dans chaque district. Nonobstant leur nom, ces écoles avaient un statut différent des précédentes. Maintenant, elles représentaient une des possibilités d'orientation après l'école primaire: l'élève avait la possibilité de choisir entre l'école supérieure secondaire, l'institut littéraire et gymnasial et l'école de dessin. Un tel système s'inspirait du modèle autrichien, ou, mieux encore, du système en vigueur à partir de 1818 dans le royaume lombard-vénitien, qui prévoyait justement trois types d'écoles: les élémentaires inférieures, les élémentaires supérieures pour les jeunes désirant se consacrer à l'étude des sciences et des arts et les écoles techniques pour ceux qui aspiraient à entreprendre des activités économiques (Broggini 1984: 74-76).

Par la suite, les écoles de dessin trouvèrent une sanction définitive dans le décret législatif du 13 juin 1845 (Galli 1937: 1081-1082). Il y eut un autre tournant d'importance, les 12 et 19 janvier 1846, avec l'adoption de deux projets de loi distincts qui concernaient et les établissements littéraires et les communautés religieuses. Le premier projet, qui considérait comme insuffisantes les mesures prises précédemment, fixait les normes de l'enseignement secondaire, qui fut placé, de façon plus directe, sous la surveillance de l'État, afin de le rendre davantage uniforme. Le second établissait des dispositions plus sévères sur la discipline, l'administration et les conditions d'*utilité en faveur de la République* (Panzera 1989: 275-277).

Le processus d'édification de l'école secondaire publique fut couronné par les lois du 28 mai 1852 sur la sécularisation de l'instruction, et du 9 juin suivant, sur la réorganisation des études (Rossi 1959: 128-156). La loi approuvée le 28 mai 1852 sanctionna la sécularisation définitive de l'instruction gymnasiale, qui était prise en charge par l'État. Les communautés religieuses des *Serviti* de Mendrisio, des *Somaschi* de Lugano, des *Benedettini* de Bellinzone, de même que le collège pontifical d'Ascona et le séminaire archiépiscopal de Pollegio furent supprimés; leurs biens furent déclarés sécularisés et placés au profit de l'instruction secondaire. Lorsqu'il présenta ces dispositions au Grand Conseil, le Conseil d'État justifia en partie la suppression des communautés religieuses enseignantes par des motifs financiers, mais aussi par l'incapacité des membres de ces communautés d'élever leur science, *aux ailes amputées, au libre vol* (Amerio 1980: 9-19).

Les propositions contenues dans ce projet de loi suscitèrent de fortes résistances dans le canton et un profond malaise dans les rangs de la majorité libérale elle-même, au point qu'elles furent approuvées avec une seule voix d'écart. Nombreuses furent aussi les oppositions face au projet de loi sur la réforme des études supérieures, qui avait accueilli maintes suggestions formulées par les exilés lombards Carlo Cattaneo et

Giovanni Cantoni, devenus par la suite tous deux enseignants dans le nouveau lycée. Les observations de Cattaneo, en particulier, furent la base du projet présenté par le gouvernement qui, non seulement avait admis la conception d'une école laïque, mais aussi l'idée de réaliser dans le lycée une synthèse entre culture humaniste et culture scientifique, afin d'assurer l'unité de l'instruction et de l'éducation (Ambrosoli 1984: 15).

La loi du 28 mai 1852 établit que des écoles secondaires remplaceraient les établissements religieux supprimés à Lugano, Mendrisio, Bellinzone, Ascona et Pollegio. D'après la réorganisation successive des études, un cours philosophique avec trois classes et un cours d'architecture avec deux classes étaient prévus au lycée. Les cours des gymnases furent organisés en une section littéraire et une section technique, dénommée également *industrielle*, sur une durée de quatre ans. La taxe d'admission était de dix francs, et le total des taxes requises ne devait pas dépasser les trente francs. Les traitements des professeurs de gymnase s'élevaient à 1'200-1'500 francs, ceux du lycée à 1'600-2'000 francs. Un décret législatif du 25 septembre 1855 retoucha l'organisation des gymnases et des écoles industrielles, en améliorant même les rétributions des enseignants. En même temps, l'ancien collège *Papio de Ascona* fut destiné à l'instruction des filles: il eut cependant une vie brève, car il fut transformé en 1867 en internat de garçons avec une orientation commerciale (Galli 1937: 1101-1104).

Dès le début, le mécontentement et l'hostilité des catholiques furent considérables et se dressèrent contre l'enseignement de Cattaneo au Lycée cantonal de Lugano. Ces sentiments s'étaient accumulés à l'égard des mesures de sécularisation, qui avaient coupé net, en quelques années, les racines séculaires du système scolaire tessinois (Panzera 1995: 29-33).

Dans les années soixante, tandis que le gouvernement préparait le projet du nouveau Code scolaire qui devait sanctionner la complète *sécularisation de l'enseignement public* voulue par les factions les plus intransigeantes de la majorité radicale, les représentants de l'opposition conservatrice et du monde catholique brandirent la bannière de la liberté d'enseignement. À la fin de 1864, de nombreuses pétitions en faveur d'une telle liberté furent adressées par plusieurs communes au Grand Conseil. Le parlement refusa de les prendre en considération et repoussa également toutes les propositions des conservateurs tendant à introduire dans le Code scolaire le principe de la liberté d'enseignement (Panzera 1995: 33-40).

Par contre, la dernière réalisation du gouvernement radical en matière scolaire, à savoir l'institution de l'école normale, fut saluée par l'opposition de manière somme toute positive. En effet, la création de cet établissement pour la formation des maîtres et des maîtresses, qui fut aménagé dans les locaux de l'ancien séminaire de Pollegio, ne souleva pas de polémiques (Rossi 1959 : 169-186, Panzera 1995 : 40).

Entre février 1875 et janvier 1877, les conservateurs réussirent à écarter ce gouvernement du *Nuovo indirizzo* (Nouvelle orientation) qui aurait gouverné le canton jusqu'en 1890. Les objectifs prioritaires de la nouvelle majorité en matière de politique scolaire furent l'introduction de la liberté d'enseignement et la soi-disant *christianisation de l'instruction*. Le premier objectif fut atteint avec la réforme de la Constitution du 19 décembre 1875, qui affirmait le principe de la liberté d'enseignement. Par la suite, le 18 mai 1877, le Grand Conseil adopta un projet de loi qui mettait en œuvre le nouveau principe constitutionnel. Quelques mois plus tard, le 10 février 1878, le parlement abrogea les articles du Code scolaire de 1864 qui avaient abouti à la sécularisation complète de l'instruction (Panzera 1995 : 40-44.).

Après avoir introduit ces premiers changements, au cours de 1878, le *Nuovo indirizzo* s'apprêta à une réforme intégrale de la loi scolaire qui, pour finir, se révéla moins incisive que prévu. L'objectif principal du nouveau code scolaire était de poursuivre la *christianisation* de l'instruction ; quant aux autres questions, les conservateurs suivirent une ligne analogue à celle de leurs adversaires, malgré les critiques qu'ils leur avaient adressées dans le passé. Les propositions gouvernementales se limitèrent en effet à mieux coordonner les normes du Code scolaire de 1864 et des décrets législatifs successifs.

Les deux coalitions politiques s'affrontèrent au sujet de l'article 6, qui confiait à l'autorité ecclésiastique la surveillance de l'enseignement religieux ; en revanche, la gauche libérale ne souleva pas d'excessives objections à propos des normes qui prescrivaient l'instruction religieuse comme matière obligatoire, se considérant probablement satisfaite du fait que les parents pouvaient dispenser leurs enfants de cet enseignement (Panzera 1995 : 47).

Les écoles secondaires, auxquelles l'État réservait une grande partie des ressources destinées à l'instruction, en vertu de leur importance dans la formation de la classe moyenne, restèrent fondées sur la double distinction entre les écoles secondaires et les écoles de dessin d'une part, et le gymnase et le lycée d'autre part. Cependant, s'il n'y eut pas de nouveautés pour les écoles de dessin et les écoles secondaires, le projet gouvernemental proposa à nouveau, pour les gymnases littéraires, la création d'un établissement unique à Lugano. Les écoles industrielles, jumelées précédemment aux écoles littéraires, continuèrent à subsister sous le nom d'école technique. Le but de ces changements visait à fortifier l'enseignement classique en le séparant nettement de l'enseignement technique, et à concentrer les efforts sur un unique établissement. La forte réaction des localités intéressées – Locarno, Bellinzone et Mendrisio –, qui risquaient d'être privées de ces centres scolaires qui leur avaient été garantis par la loi sur la sécularisation des études secondaires, imposa la recherche d'une solution de compromis, réalisée en 1882. Le gymnase cantonal et une école technique furent établis à Lugano, tandis que Mendrisio, Locarno et Bellinzone avaient chacune leur école technique et pouvaient conserver leurs sections littéraires au cas où celles-ci seraient fréquentées par au moins six élèves.

En ce qui concerne le lycée, il n'y eut pas de grands changements : les enseignements du cours philosophique furent étendus et mieux différenciés de ceux du cours technique ; la durée des deux cours fut portée de deux à trois ans, de façon à ce que le *curriculum* entier des études secondaires dure neuf ans. L'école normale fut divisée en deux sections autonomes, masculine et féminine ; entre 1878 et 1881, elles avaient déjà été transférées de Pollegio à Locarno (Panzera 1995 : 50-52).

La réforme des études, achevée seulement en 1882 et baptisée du nom du directeur du Département de l'Éducation publique, M. Pedrazzini, mit fin aux craintes libérales au sujet de la démolition de l'école publique par les ultramontains. La réforme Pedrazzini signifia en réalité l'acceptation définitive par les conservateurs et les catholiques (grâce à la reconnaissance de la liberté d'enseignement et de l'instruction religieuse) de l'école d'État créée par les libéraux.

En 1889, quand la prédominance conservatrice touchait désormais à sa fin, le leader des conservateurs, Gioachimo Respini, put énumérer toute une série de chiffres concernant les écoles, le nombre des élèves et des enseignants, qui témoignait de manière éloquente de l'engagement du *Nuovo indirizzo* en faveur de l'instruction publique. Respini, se basant sur les données de 1885, relevait la présence de 18 écoles secondaires masculines (avec 21 maîtres et 451 élèves) et de 11 écoles secondaires féminines (avec 14 institutrices et 261 élèves). Les écoles de dessin étaient au nombre de 15, avec 588 élèves et 21 enseignants ; les gymnases cantonaux avaient alors en moyenne 26 professeurs et 335 élèves ; le lycée comptait 9 professeurs et 27 élèves, les deux sections de l'école normale 10 professeurs et 76 étudiants. Il rappelait finalement qu'en 1875-1876 on dénombrait seulement 8 établissements privés, avec 233 élèves, tandis que dix ans plus tard leur nombre était passé à 16, avec 786 étudiants (Respini 1889 : 20-30).

Hormis les aspects concernant la liberté et la *christianisation* de l'enseignement, qui n'étaient certes pas d'importance secondaire, le *Nuovo indirizzo* défendit une politique scolaire sensiblement analogue au régime précédent. Un peu paradoxalement, ce furent ces mêmes nouveautés qui contribuèrent à consolider définitivement l'école publique et, en même temps, à permettre de dépasser de dangereuses contradictions qui avaient jusque-là caractérisé la vie du canton (Panzera 1995: 55-61).

RÉFÉRENCES

SOURCES

Bagutti, G. (1820). *Saggio sulle scuole di mutuo insegnamento.* Milan, Silvestri.

Cattaneo, C. (1984). *Sulla riforma dell'insegnamento superiore nel Ticino.* Caneggio, Stamperia della Frontiera.

Franscini, S. (1828). *Della pubblica istruzione nel Cantone Ticino.* Lugano, Ruggia.

Franscini, S. (1987, première édition 1837). *La Svizzera Italiana,* vol. I. Bellinzone, Casagrande.

Franscini, S. (1985). *Per lo sviluppo dell'istruzione nel Cantone Ticino.* Caneggio, Stamperia della Frontiera.

Paldi, C. (1826). *Prospetto analitico delle scuole di mutuo insegnamento.* Lugano, Vanelli.

Parravicini, L. A. (1842). *Dell'educazione pubblica nel Cantone Ticino,* Lugano, Veladini.

Parravicini, L. A. (1842). *Manuale di pedagogia e metodica ad uso delle madri, dei padri, dei maestri, dei direttori ed ispettori scolastici e delle autorità amministrative del Cantone Ticino,* Locarno, Tipografia del Verbano.

Respini, G. (1889). *Ex Operibus. Il Ticino liberal-conservatore giudicato dalle sue opere.* Locarno, Tipografia cantonale.

RÉFÉRENCES BIBLIOGRAPHIQUES

Ambrosoli, L. (1984). Prefazione. In C. Cattaneo, *Sulla riforma dell'insegnamento superiore nel Ticino.* Caneggio, Stamperia della Frontiera.

Amerio, R. (1980). Gran Consiglio ticinese 28 maggio 1852. *Il nostro Liceo,* 9-19.

Broggini, R. (1984). La «Scuola Maggiore» nel Canton Ticino. *Risveglio,* 4, 70-83.

Cappelli, I. et Manzoni, C. (1997). *Dalla canonica all'aula. Scuole e alfabetizzazione nel Ticino da San Carlo a Franscini.* Pavie, Prime editrice.

Ceschi, R. (1986). *Ottocento ticinese,* pp. 99-120. Locarno, Dadò.

Ceschi, R. (1995). La scuola per formare il cittadino. In R. Ceschi et G. Vigo (éds), *Tra Lombardia e Ticino*. pp. 135-158, Bellinzone, Casagrande.

Galli, A. (1937). *Notizie sul Cantone Ticino*, vol. III. Lugano-Bellinzone, Istituto Editoriale Ticinese.

Genazzi, S. (1988). *Les libéraux radicaux du Tessin et l'école primaire, 1830-1854*, Université de Genève, Département d'Histoire générale.

Gilardoni, V. (1961). Le proposte di Carlo Cattaneo e di Gaetano Cantoni per il riordinamento degli studi del 1852. *Archivio Storico Ticinese, 8*, 407-418.

Mena, F. (1998). La pubblica istruzione. In R. Ceschi (éd.) *Storia del Cantone Ticino. L'Ottocento*, pp. 167-182. Bellinzone, Stato del Cantone Ticino.

Panzera, F. (1989). *Società religiosa e società civile nel Ticino del primo Ottocento*. pp. 158-67; 188-99; 266-82, Bologne, Cappelli.

Panzera, F. (1995). Tra scuola di Stato e libertà d'insegnamento: cattolici e pubblica istruzione nel Ticino della seconda metà dell'Ottocento. In Federazione Docenti Ticinesi (éd.), *Cento anni di scuola*. Locarno, Dadò.

Ritter, F. (1976). *I maestri elementari della scuola pubblica ticinese (1870-1890)*. Fribourg, Éditions Universitaires.

Rossi, F. (1959). *Storia della scuola ticinese*. Bellinzone, Grassi.

Danièle Périsset Bagnoud

L'instruction primaire publique en Valais 1830-1885 : des législations cantonales à leur application

L'école valaisanne en 1830 : état des lieux politiques

Le premier décret sur l'instruction publique valaisanne date de 1828. Y sont inscrits les principes d'obligation, les premiers principes de la gratuité et de la sécularisation de l'enseignement primaire. Mais, sans doute, la réelle innovation de cette loi est bien la tentative de *centralisation et d'étatisation cantonales de* l'instruction primaire. Car au-delà des trois principes de gratuité, sécularisation et obligation, il semble bien que *l'étatisation* ait été l'élément sans lequel aucun autre n'eût pu être mis en œuvre. Mais aussi, il est sans doute celui qui a posé le plus de problèmes, tant le contrôle de l'application des principes légaux ordonnés[1] fut pénible et laborieux jusqu'au 19e siècle, en butte perpétuelle aux résistances portées par les habitudes et les contingences géographiques, régionales et économiques, dont le manque de besoin d'instruction et de moyens pour y accéder.

1 Et c'est bien de *l'application* des principes de gratuité et d'obligation dont il sera question dans cet article. Leur institution en elle-même, le *pourquoi* de ces principes, ne semble pas avoir posé de problème dans cette période. Les élus valaisans, depuis le décret de 1828, sont acquis à leur cause. Les discussions soulevées lors du débat sur la sécularisation définitive de l'instruction publique primaire en 1873 seront abordées plus bas.

Ce décret de 1828, progressiste pour le 19e siècle valaisan, n'est pas né du trait de génie d'une Diète portée par un besoin urgent d'instruction populaire. Il s'inscrit dans la résolution des luttes politico-religieuses autour de l'enseignement mutuel qui embrasèrent le Valais entre 1820 et 1830 (Gagliardi & Luy 1988), comme en témoigne son article 34: *le mode d'enseignement sera individuel dans les écoles peu nombreuses, et simultané dans celles où le nombre des écoliers le conseillera.* Il fallait légiférer sur le mode d'enseignement agréé tant par l'État que par l'Évêque, afin de clore définitivement la porte aux promoteurs de l'enseignement mutuel, *poison qui s'insinue subtilement dans les veines de ces pauvres enfants et les conduit à la corruption des mœurs, sans qu'ils s'en aperçoivent. […] Il n'y a que l'enfer qui puisse produire une telle désolation.*[2]

LA GRATUITÉ DE L'INSTRUCTION PRIMAIRE AU 19e SIÈCLE

Le décret scolaire de 1828 – jamais entré en vigueur (Boucard 1938) – cerne les contours de la gratuité de l'école primaire, la loi de 1844 les affine tout en laissant à la charge des parents une partie des frais. La loi de 1873 consacre le principe de la gratuité dans son premier article: *l'instruction est gratuite dans les écoles primaires et dans les établissements d'État.*

Mais ce principe n'a pu trouver un écho immédiat dans la population et les communautés rurales, économiquement faibles. À l'orée du 19e siècle, ni les communes ni l'État ne salarient les régents. Ce sont les curés qui se chargent de rassembler les fonds nécessaires pour l'entretien des locaux et le salaire du régent lorsqu'il n'est pas ecclésiastique. Les revenus des confréries, des chapelles, des œuvres pies et des *consortages* forment les principales sources de revenus en alimentant les fonds d'école. Le décret de 1828 précise à l'article 6 que *dans les paroisses qui auront des fonds suffisants pour faire face au traitement d'un régent ainsi qu'aux frais de l'école, l'instruction élémentaire sera entièrement gratuite.* Mais toutes les communes ne sont pas assez riches. L'article 7 de la loi y remédie:

> *Dans les communes qui seront dénuées de fonds […], il sera permis d'y suppléer au moyen d'une rétribution payable par les parents des enfants qui seront appelés d'après leur âge à se rendre à l'école […]. Le Conseil de la*

2 Semonce du curé de Monthey à la sortie de la grand-messe, le 30.10.1925. Cité par Gagliardi & Luy 1988: 277.

> *commune [...] établira la répartition en égale part et par tête entre tous les enfants appelés [...]. La quote des enfants appartenant à des parents pauvres sera payée par la commune.*

La loi de 1844, mise en application, n'offre guère de progrès réel dans le domaine de la gratuité scolaire: *le traitement des régents est fourni: 1° par les fonds des écoles, 2° par la commune, si elle a des fonds suffisants, et à ce défaut 3° par la contribution des élèves* (art. 34).

Dans ces conditions, au vu de la pauvreté tant de la plupart des communes valaisannes que de leurs habitants, la généralisation de l'instruction primaire butte sur cette contribution à verser par les élèves, difficulté économique insurmontable pour bien des familles. L'école primaire n'est pas encore, dans les faits et en dépit des financements publics prévus par la loi, entièrement gratuite. Et cette situation demeurera encore, dans certains villages jusqu'au milieu du 20e siècle, sous la forme de contribution, bois et nourriture, au salaire du régent, malgré la gratuité totale de l'école publique inscrite dans la loi dès 1849.

Le régime radical de 1847 tente donc d'y remédier. Sa loi scolaire de 1849 modifie et élargit les modes de financement de l'instruction publique. Les fonds affectés jusqu'à ce jour à l'école le restent. L'excédent des capitaux destinés aux bénéfices paroissiaux vient compléter ces revenus. À défaut de ces ressources, les communes peuvent vouer aux écoles les fonds de sociétés dont le but serait moins utile que l'instruction. Enfin, la loi prévoit dans son article 13, et c'est absolument nouveau, *une contribution frappant tous les ressortissants domiciliés dans la commune, en raison de leur fortune, à l'exception des dissidents qui entretiennent par eux-mêmes une école particulière pour leurs enfants.*

En effet, et dans la partie orientale du canton principalement, l'impôt communal n'existe pas. Le prélèvement de la contribution à chaque élève défavorise les familles nombreuses et pauvres.

> *De là la tendance des pères de familles à ne pas envoyer leurs enfants à l'école afin de les soustraire aux conséquences que la fréquentation de celle-ci entraînerait. Rien de pareil dans les communes où il y a une répartition légale des charges publiques; là les parents savent qu'ils seront atteints quoi qu'ils fassent et leurs enfants ne seront pas dérobés aux bienfaits de l'instruction.* (*Rapport de gestion du Conseil d'État*, cité par Métrailler 1978: 70).

Mais les écoles des villages sont en général des écoles de section[3], et très souvent, *ce sont les écoles de section qui laissent le plus à désirer et cela à cause de l'abandon où elles se trouvent, l'administration communale n'ayant sur ces sortes d'écoles qu'une action presque nulle.*[4] Et comme l'État ne prend au 19e siècle aucune part aux dépenses dues à l'école primaire, ni pour l'entretien des bâtiments, ni pour le matériel scolaire, ni pour les salaires des régents, la stricte application de la loi et du principe de gratuité est rendue difficile. En 1853, il est expressément question *d'obliger les communes à donner aux enfants pauvres les plumes et papiers afin de les obliger à fréquenter l'école* et de *surveiller les enfants sous tutelle qui sont ceux qui négligent le plus de fréquenter l'école.* (Bulletin du Grand Conseil valaisan (BGC) 1853: 60). En 1869 encore, le parlement demande de *veiller à ce que les enfants pauvres reçoivent les subventions nécessaires pour se procurer le matériel de classe, afin qu'ils ne soient pas privés des bienfaits de l'instruction.* (BGC 1869: 83).

La gratuité effective de l'école est intimement liée au traitement des régents, qui occupe une place de choix dans les frais occasionnés par l'école. Avant 1846, il n'y a aucune formation organisée. Ce sont souvent des religieux, surtout dans le Haut du canton. Sinon, c'est le plus savant du village qui est élu par les pères de famille, s'il a du temps libre. On lui demande de savoir lire, écrire, calculer, enseigner le catéchisme, pratiquer le plain-chant. La Constitution cantonale laisse aux communes le soin de fixer les salaires, et les enfants doivent apporter, en nature, leur contribution. Des enchères ont lieu, où le régent le moins cher, et non le plus capable, est nommé. Le salaire est souvent en rapport avec leurs connaissances: pitoyable (Boucard 1938: 39-100).

En 1846, les premiers cours d'école normale sont organisés. Mais l'État peine à imposer ses régents brevetés aux communes. Les enchères et la priorité donnée au personnel non formé permettent de réaliser des économies sur le compte communal.

La loi de 1873 assure un salaire de 50 francs par mois à un régent breveté, 40 pour la régente brevetée. Ce n'est pas beaucoup. À un député qui n'estime pas nécessaire les mesures prévues par la loi de 1873, le régent *ayant fait son instruction aux frais de l'État, et c'est déjà une jolie posi-*

---

3 *La zone des chefs-lieux, ou des sections, groupe autour des villages dessus nommés des territoires assez importants ; chaque quartier a sa part propre, strictement distincte de celle du voisin, inégale même. [...] L'administration d'un territoire aussi étendu et aussi divers était chose bien compliquée. Il y avait les sections et il y avait l'ensemble. Il fallait respecter l'autonomie de chaque quartier et coordonner cette petite confédération.* Praplan 1947: 15, 22.

4 Message du chef du DIP pour 1868. Cité par Métrailler 1978: 67.

tion pour lui d'avoir 1 franc 50 par jour, surtout dans les communes où il reçoit en outre le bois et le logement, le Dr Beck rétorque: *Si la motion de diminuer le traitement de nos pauvres régents devait être accueillie favorablement par la haute assemblée, je proposerai au Département d'établir des ceintures à détentes pour nos régents qui souffriront de la faim* (BGC 1873: 158).

Les communes ont beaucoup de mal à se soumettre à la loi concernant le traitement du personnel enseignant. On signale, à la session de mai 1887 (BGC 1887: 45), des communes qui retournent le formulaire *indiquant un chiffre légal, et l'on fait une convention secrète diminuant le traitement*. En 1888, la médiocrité du traitement des enseignants primaires est encore à l'ordre du jour. Il devient urgent de l'améliorer. La faiblesse de l'école primaire est démontrée par les mauvais examens des recrues. *Comment l'instituteur peut-il faire son devoir lorsqu'il doit s'occuper principalement à subvenir à son entretien?* Et Roten, chef du Département de l'Instruction Publique (DIP), de s'écrier, quant à lui: *D'année en année, on augmente les sacrifices pour l'amélioration du bétail, qu'on en fasse autant pour la race humaine (rires), pour l'éducation et l'instruction, que les progrès moraux marchent de pair avec les progrès matériels.* (BGC 1888: 33).

Au cours du 19e siècle, l'instruction primaire est donc devenue légalement gratuite. Mais tant que l'État du Valais n'aura pas centralisé la gestion financière de l'Instruction publique et ne l'aura pas soutenue, il est certain que le prix de l'école pèsera lourd sur le budget des familles et aura une influence directe sur cet autre fléau de la généralisation de l'instruction qu'est l'absentéisme.

L'OBLIGATION SCOLAIRE

Le décret de 1828 fait référence à l'obligation de fréquenter l'école primaire:

> *Les parents, tuteurs et curateurs sont tenus d'envoyer à l'école élémentaire les enfants dont ils sont chargés, sous peine de cinq batz, au profit de la caisse de l'école, pour chaque semaine où un enfant aura manqué deux jours de travail, dans le cas où ce serait par négligence desdits parents ou tuteurs, ou pour les avoir retenus sans motifs légitimes* (art. 26).

La loi de 1844 établit que *tout citoyen est obligé de procurer l'instruction primaire à ses enfants* (art. 2). La Constitution cantonale de 1848 décrète que *l'instruction publique est obligatoire* (art. 8). En 1849, le règlement des écoles primaires fixe leur durée annuelle à 5 mois (art. 29) et leur ouverture, pour tout le canton, au 2 novembre (art. 28). La loi de 1873 confirme bien sûr cette obligation. Mais les députés, acquis à ces causes, ne sont pas dupes de la réalité et des résistances populaires à l'instruction:

> *En avant, voilà donc le mot d'ordre. Et, de fait, le peuple de notre vallée est en général robuste, intelligent, sobre, persévérant, courageux au travail comme ailleurs. [...] Nous possédons de nombreuses matières premières, de puissantes forces d'eau, des ressources en tous genres. Qui en profite? [...] Des besoins nouveaux nécessitent des institutions nouvelles. [...] Coûte que coûte, il faut élever le niveau de l'instruction publique. Reste à éprouver ces améliorations à la pierre de touche de l'expérience. C'est principalement sur l'opinion publique qu'il faut agir d'un commun accord afin de vulgariser le goût de l'instruction, d'en faire apprécier les bienfaits, d'en inculquer, pour ainsi dire, la foi dans l'âme du peuple à côté des sentiments religieux. [...] C'est donc sur les mœurs qu'il faut agir avant tout pour préparer le terrain à la semence que nos instituteurs populaires viendront y déposer.* (BGC 1873: 252-253).

Et, de fait, l'absentéisme reste tout au long du siècle un épineux problème. En 1878, la commission du DIP *invite le Conseil d'État à pourvoir aux moyens les plus efficaces, pour obtenir une application plus complète et plus sévère des prescriptions de la loi concernant la répression des absences. [...] Les absences qui sont la plaie de nos écoles, l'obstacle le plus sérieux au développement des enfants et du progrès* (BGC 1878: 45). Hélas, *les absences, qui sont toujours la pierre d'achoppement du progrès dans les écoles ne sont pas punies partout, ni généralement avec assez de rigueur* (BGC 1882: 36).

Les amendes dues aux absences sont difficiles à faire encaisser par les receveurs de la commune. Les régents doivent tenir des registres d'absences, mais il est relevé que *des instituteurs et des institutrices ne signalent pas les absences non autorisées à la Commission scolaire qui ne peut contrôler chaque jour le nombre d'élèves* (BGC 1884: 59-60). Ce registre est transmis chaque semaine au président qui publie les absences justifiées et encaisse les amendes. Celles-ci doivent figurer dans les comptes communaux vérifiés par l'État, faute de quoi l'administration communale est à son tour amendée. Le DIP charge ensuite ses receveurs d'encaisser les amendes scolaires d'après la liste que lui aura envoyée la commission scolaire (BGC 1884: 60-61). Mais certaines administrations communales résistent, comme à Vernamiège, où, en 1886, *le grand nombre d'absence provient du mauvais exemple donné par le président de la commune lui-même qui cherchait le plus possible à soustraire ses propres enfants à la fréquen-*

tation de l'école. Et que dire de la population, lorsque le DIP signale en 1894, qu'*une famille récalcitrante a mieux aimé être expulsée de son lieu d'habitation plutôt que de se soumettre au régime scolaire.*[5]

Métrailler (1978 : 89-149) analyse les causes de cet absentéisme persistant malgré l'obligation légale instituée dès 1844. Il identifie l'absence de besoin de s'instruire pour cette population aux revenus fort modestes, les exigences du monde agricole, la pauvreté matérielle des familles, le nomadisme, l'usage généralisé du patois et les conditions naturelles défavorables.

Devant la lourdeur de telles conditions, façonnant depuis des générations les mentalités populaires, que pouvaient, effectivement, les tentatives d'étatisation menées par les élites valaisannes, en établissant des lois et des moyens coercitifs pour les faire respecter ?

LA SÉCULARISATION DE L'ÉCOLE VALAISANNE

Jusqu'au 19e siècle, le clergé a l'entière responsabilité de l'instruction populaire. Mais en 1828, il ne représente plus que 53 % des enseignants, 37 % en 1854, 15 % en 1875 et 2,5 % en 1907 (Métrailler 1978 : 149-153). Cette diminution s'accompagne de la perte légale des prérogatives ecclésiastiques dans le domaine de l'instruction dès 1844.

Le premier article de la Constitution cantonale mise en discussion à la session d'automne 1875 affirme que *le Valais est une république souveraine incorporée comme canton à la Confédération suisse.* La Constitution cantonale de 1875 poursuit : *la religion catholique, apostolique et romaine est la religion d'État.* Et l'article 12 précise que *l'instruction publique est placée sous la direction et la haute surveillance de l'État.*

Ainsi, il ressort clairement que *l'instruction est maintenant sous la direction de l'État et non plus du Clergé. L'article pose parfaitement le principe, qui est l'objet de la grande lutte du moment* (BGC 1875 : 6). Le débat n'est pas récent.

En 1828, le clergé du Haut-Valais mène l'insurrection contre le décret scolaire qui a l'impudence de donner à la Diète une part de responsabilité en matière d'enseignement. *Le premier et principal objet d'enseignement des Écoles primaires doit être sans aucun doute d'apprendre aux Enfants la Religion.* Et le chanoine Gard renchérit : *Ce principe admis et reconnu, il s'ensuit naturellement que l'autorité ecclésiastique doit avoir la première et*

5 Ces deux derniers exemples sont cités par Métrailler 1978 : 91-93.

principale part dans tout ce qui concerne l'instruction publique. D'autre part, *l'Évêque a le droit d'approuver et de destituer les régents. Ce choix ne peut être partagé avec qui que ce soit.*[6]

Et, de fait, le conflit ne pourra être résolu dans la décennie à venir. Le parlement, mené par les libéraux, tente en 1840 de soumettre au peuple une nouvelle loi scolaire. Les débats se cristallisent sur les points mixtes requérant le concours des autorités civiles et religieuses. Mais le clergé n'est pas rassuré sur l'égalité des droits que la loi lui réserve, telle la surveillance de la nomination du personnel enseignant ou l'examen des livres dits classiques. Effectivement, le Conseil d'État souhaite ne reconnaître à l'autorité ecclésiastique qu'une compétence en matière d'instruction religieuse, étant entendu *qu'au pouvoir civil appartient la direction de tout ce qui se rattache à l'instruction civile du peuple.* (cité par Farquet 1947: 19). Sous la pression du clergé, le peuple refuse la loi.

La période 1843-1844 est agitée. Les conflits entre les libéraux et les conservateurs sont vifs. Au parlement, les conservateurs ont gain de cause. La loi de 1844, acceptée par le peuple, suit le système traditionnel et confie la direction générale des écoles au Conseil d'Éducation, organe du pouvoir ecclésiastique et de l'autorité civile (Farquet 1947: 22-26). Mais en 1847, au lendemain de la guerre du *Sonderbund* qui laisse le Valais financièrement exsangue et moralement abattu, les radicaux prennent le pouvoir.

Le nouveau gouvernement est anticlérical. Il abolit les immunités ecclésiastiques et supprime bientôt les ordres religieux, chasse les jésuites. Accusé d'avoir engagé le Valais dans le conflit du *Sonderbund,* le clergé voit ses biens incamérés et revendus pour payer les dettes de guerre. En 1848, le DIP est créé. Les écoles normales françaises et allemandes sont ouvertes. En 1857, le peuple désavoue le gouvernement radical. Les conservateurs catholiques regagnent le gouvernement.

Il faudra attendre les années 1870 pour qu'une nouvelle loi scolaire soit mise en chantier. Mais la sécularisation de l'enseignement est bel et bien définitive. Le souvenir des abus passés du cléricalisme est encore vif, et la majorité ne veut pas cette restauration-là, souhaitée par certains: *La présence d'un ecclésiastique dans le Conseil de l'Instruction publique ne peut avoir quelque importance que si cet ecclésiastique est nommé par l'Évêque. C'est alors seulement qu'il sera le véritable représentant du clergé.* À quoi il est répondu:

---

6 Cité par Gagliardi & Luy 1988: 100, 109. Voir au sujet de ce conflit les pages 97-113.

> *La Constitution sépare formellement la compétence civile d'avec la compétence ecclésiastique. Elle donne à l'État la haute surveillance de l'instruction publique; or de cette compétence découle le droit de nommer le conseil de l'Instruction publique. Abandonner ce droit, ce serait de la part de l'État abdiquer son pouvoir. […] Que ce dernier* [le clergé] *s'occupe essentiellement de l'instruction religieuse, mais non des autres matières d'enseignement pour lesquelles il n'est pas plus compétent qu'un simple laïque. […] Donnez au clergé le doigt, il prendra la main tout entière. […] Le clergé ne veut pas qu'on donne des notions de mathématique et de banque […]. Ainsi, ceux qui n'ont pas voulu de ces notions ont été victimes de leur indifférence. […] Qu'on donne au clergé la direction de l'instruction religieuse dans nos écoles, mais non celle des autres matières sur lesquelles il ne doit pas être appelé à délibérer. Si l'on faisait […] une comparaison au sujet de l'instruction, entre les différents pays, il en ressortirait un contraste désavantageux pour les pays, je ne dirais pas catholiques, mais soumis à l'influence du clergé.* (BGC 1873: 121-123).

Sans partager totalement cette virulence, la majorité des députés est d'accord sur ce point: la sécularisation de l'école est une nécessité pour la société valaisanne qui a un besoin urgent de s'instruire davantage. La surveillance et la suprématie de l'instruction et de l'enseignement en général reviennent à l'État. Par contre, les religieux sont appelés auprès de la population croyante, garants de leur foi catholique. Les débats sur la loi scolaire de 1873 sont ainsi conclus:

> *En consacrant à nouveau au Vénérable Clergé sa part légitime d'influence sur l'école dans le domaine appartenant à sa sphère d'action, vous avez manifesté une fois de plus votre attachement à l'Église, sans négliger les droits et les devoirs de l'État commis à votre garde. L'affirmation de cet attachement est conforme aux aspirations de vos mandants; elle est surtout opportune de nos jours où bien des pouvoirs ont la téméraire folie de travailler arbitrairement à l'étouffement du sentiment religieux avec ses grandes et immortelles espérances et à la confiscation de l'indépendance des âmes par les violentes atteintes portées à la liberté de conscience dont la violation fait frémir le cœur de tout citoyen (vifs applaudissements).* (BGC 1873: 368).

Ces quelques mots laissent à penser que la sécularisation est un moyen de conserver l'identité valaisanne menacée par les tentatives de centralisation fédérale. En 1869 déjà, le président du Grand Conseil ouvre ainsi la session d'automne:

Vous avez pu remarquer aussi l'attitude du peuple en présence de l'agitation qui se produit en Suisse, où un parti remuant pousse à la centralisation [...]. Le peuple valaisan demeure tranquille et paisible au milieu de ce mouvement et de toute cette agitation, il voue tous ses soins aux travaux agricoles [...]. S'il cherche le bien-être, le progrès, c'est en respectant les droits d'autrui, c'est en restant fidèle aux principes d'ordre, de justice, de morale, de religion que lui enseigne le christianisme. Non, il ne veut pas abdiquer ses droits et sa souveraineté au profit d'un pouvoir central qui ne connaît pas ses besoins, et qui aurait en fait de gouvernement d'autres idées et d'autres traditions que les siennes. (BGC 1869: 2-3).

En 1873, lors des débats sur l'introduction du curé comme membre-né de la commission scolaire, il est relevé *la nécessité de fortifier l'instruction religieuse de nos populations parmi lesquelles il ne voudrait pas voir s'établir le même courant anti-catholique qui règne ailleurs* (BGC 1873: 171). Et la séance du printemps 1870 est close en ces termes:

Oui, je ne crains pas de le dire hautement, le peuple valaisan veut rester ce qu'il a toujours été, fidèle à la sainte religion catholique, apostolique et romaine; il veut transmettre à ses descendants entier et intact le dépôt de la foi qu'il a reçu de ses pères (nombreuses marques d'approbation). (BGC 1870: 223-224).

LE VALAIS FACE À LA CENTRALISATION FÉDÉRALE

En 1815, le Valais, alors Département français du Simplon, est contraint par les alliés vainqueurs de Napoléon à adhérer à la Confédération suisse. En 1847, la défaite du *Sonderbund* humilie le Vieux pays. Politiquement, la majorité du parlement valaisan est conservatrice et catholique, alors que la majorité nationale est radicale, synonyme, pour le Valaisan, d'antireligieux. La Constitution fédérale de 1874 est refusée par la majorité du peuple valaisan. La centralisation fédérale est réellement vécue comme une atteinte à la liberté et à la souveraineté cantonale.

L'art 1er définit le canton du Valais; il en fait un État souverain. À mes yeux, il ne l'est pas; pas plus que tout autre canton de la Suisse. Il n'y a plus de canton souverain depuis la Constitution de 1848. [...] Il faut faire abstraction de notre amour-propre pour appeler les choses par leur nom, surtout en face de la Constitution fédérale qui nous régit. (BGC 1875: 7-8).

L'initiative de centralisation fédérale sur le plan scolaire est évidemment mal accueillie par le gouvernement. Elle nourrit en outre les luttes incessantes entre les radicaux/libéraux et les conservateurs. Bioley (1882: 2-1), conseiller d'État conservateur, écrit:

> *Au début de l'agitation provoquée par l'arrêté fédéral du 14 juin 1882 [...] autorisant la Confédération à légiférer en matière d'instruction publique [...] j'avais un moment conçu l'espoir de voir la presse valaisanne unanime à combattre cette nouvelle tentative de centralisation [...]. Croire que l'on ne vous verrait point vous ranger sous le drapeau de ceux qui prétendent bannir tout enseignement religieux de l'école. [...] Hélas, mon erreur a été vite dissipée et vous n'avez pas tardé à démontrer que [...] vous n'en entendez pas moins prendre position à côté des organes du radicalisme le plus avancé [...].*

Il est certain que les examens fédéraux des recrues ont fait prendre conscience encore plus clairement de l'indigence de la formation élémentaire en Valais, mais plutôt d'un point de vue formel et de celui de l'image de marque du canton face à la centralisation fédérale. Lors de la session d'hiver 1887, à propos de l'amélioration de la situation financière des enseignants, il est relevé que le Conseil d'État est:

> *[...] impatient de voir sous ce rapport nos jeunes gens acquérir l'instruction nécessaire pour atteindre enfin un degré satisfaisant sur l'échelle des examens pédagogiques. [...] Faisons nos efforts pour procurer à nos populations une bonne et solide instruction primaire. À l'horizon politique se dresse de nouveau le spectre de la Centralisation. Pour chasser le* Schulvogt, *prenons des mesures énergiques. [...] La note obtenue par nos recrues dans les examens a dû froisser notre amour-propre. Ah bien, à qui la faute? Ce n'est pas à la loi, qui est très bonne. [...] On doit attribuer cet abaissement à la position topographique de notre pays. Les pères de famille ont besoin de leurs enfants pour les aider à la culture des terres et aux soins du bétail. Mais précisément à cause de ces inconvénients, nous devons travailler à faire disparaître cette différence si choquante dans le degré d'instruction de nos recrues et de celles des autres cantons.* (BGC 1887: 131, 134, 136).

D'un point de vue structurel, les élus ne s'interrogent pas sur le sens donné à l'instruction primaire par la population. Ils semblent peu conscients – ou veulent-ils les ignorer? – des besoins réels d'instruction, issus de l'aspiration à échapper aux conditions de la vie rurale misérable et génératrice d'une assez forte émigration des paysans valaisans vers l'Amérique au long du 19e siècle.

Les révélations faites par ces examens fédéraux établis en 1875 ont sans aucun doute légitimé et appuyé l'établissement des mesures déjà décidées par l'État pour améliorer la qualité de l'école primaire valaisanne. Mais cette nécessité formelle n'est certainement pas née le lendemain des examens pédagogiques des recrues. La loi de 1873 et les nombreuses discussions sur les moyens les plus sûrs de la faire appliquer en sont une indication certaine. Pourtant, il restait, pour la rendre effective, à donner à la population rurale les conditions sociales et économiques lui permettant de légitimer l'augmentation de ses connaissances scolaires.

CONCLUSION

Les progrès de l'instruction primaire valaisanne au 19e siècle sont indéniablement marqués par l'évolution de la législation, qui pose les principes de l'instruction d'État obligatoire, gratuite et séculière.

Mais l'application de ces trois principes ne va pas sans mal. La population s'est mal accommodée des tentatives d'étatisation et de centralisation cantonales. L'autonomie des communes et des sections, la configuration géographique du pays pèsent lourd et sont souvent invoquées en guise d'explication. Est-ce suffisant?

Dans ce contexte où la foi catholique de la population et les intérêts politiques cantonaux intérieurs et extérieurs sont si inextricablement liés, la sécularisation de l'enseignement (plutôt que sa laïcisation) semble s'apparenter à une stratégie politique dont le gouvernement pouvait attendre de multiples bénéfices.

Sur le plan confédéral, la religiosité affichée du peuple et de ses élus sert l'identité valaisanne face à la centralisation confédérale, menée par des radicaux, adversaires désignés tant à l'intérieur qu'à l'extérieur du canton. L'autonomie complète reste un idéal national du Valais. Les faveurs accordées par les divers gouvernements tant au 19e qu'au 20e siècles encore à la paysannerie traditionnelle, à son maintien, voire à son amélioration, et l'autarcie dans laquelle est longtemps contenu le canton en attestent.

Sur le plan intérieur, il semble cependant que l'évolution légale la plus significative, et peut-être la plus étonnante si l'on tient compte de l'influence persistante du clergé dans l'éducation des jeunes valaisans jusqu'à nos jours (la direction de l'école normale haut-valaisanne est aujourd'hui encore assurée par une religieuse de la congrégation de Ste-Ursule), ait été la sécularisation de l'enseignement.

Sans doute échaudés par les revendications cléricalistes qui ont ajourné les lois scolaires de 1828 et 1840, humiliés par la défaite de l'alliance catholique du *Sonderbund*, mis sur la piste de la laïcisation par le gouvernement radical, les conservateurs n'ont plus rétrocédé au clergé les prérogatives conquises par leurs adversaires radicaux. Les progrès de l'instruction deviennent prioritaires. On se méfie des intentions cléricales à ce sujet. La sécularisation de l'enseignement permet aux élus d'éliminer un dangereux concurrent politique, soit l'ancien gouverneur du pays, l'Évêque et son clergé. La laïcité, à résonance idéologique, aurait blessé le sentiment profondément religieux du peuple valaisan et contrarié la politique conservatrice du gouvernement. Les actes de foi officiels (ainsi, les sessions du Grand Conseil sont ouvertes par une messe à la cathédrale) serviraient, consciemment ou non, davantage une stratégie politique qu'une réelle obédience cléricale. Exhorter la foi catholique et le respect de la hiérarchie qu'elle implique permet sans doute de maintenir l'ordre social traditionnel, garanti par une population rurale religieuse, non conflictuelle, aux ambitions contenues, méfiante devant l'inconnu, l'étranger, attachée à son gouvernement, soumise et résignée à sa pauvre condition économique. Le maintien du clergé dans sa zone d'influence, soit la religion et la conduite morale de la population, ne serait ni innocent, ni effectivement délimité de manière restrictive. Il y aurait la loi, pour les projets gouvernementaux, et l'esprit de la loi, pour l'édification du peuple.

Mais ce conservatisme voulu, programmé, ne porte-t-il pas en lui-même les raisons de l'échec de l'obligation et de la gratuité de l'instruction populaire? La pauvreté économique de ce pays agricole n'est-elle pas un frein à l'application des lois scolaires qui n'offrent pas de réelles possibilités de mobilité professionnelle? Dans une société qui s'accommode encore au 19e des marques de famille en guise de signature pour les actes légaux engageant la communauté locale[7], où l'agriculture – à moins d'émigrer – est quasiment le seul avenir possible, quels besoins, quels projets pourraient pousser la population à sacrifier à l'école les précieux services rendus à la campagne par les enfants, et à investir financièrement dans une éducation scolaire qu'aucune amélioration économique ou sociale ne pouvait couronner?

Il fallait bien attendre l'évolution de la société valaisanne, son entrée effective dans la société industrielle vers 1910 (Arlettaz 1976: 56), avec les *besoins* de scolarisation qu'elle entraîne et les *moyens* enfin offerts à la population (nouvelles perspectives d'emploi, possibilités d'ascension sociale, augmentation du niveau de vie, diminution des travaux de la

---

7 Voir Barras 1988: 58: *Ainsi voté et décidé, l'an et jour que sus* [22 septembre 1869]. *Le charge-ayant ne sachant se signer appose sa marque domestique* I°I.

campagne exigeant la présence des enfants) pour favoriser la généralisation de l'instruction primaire.

Le cadre légal de la modernité[8] était donné et l'évolution structurelle de la société pouvait s'y dérouler. Le 20e siècle industriel allait permettre de réaliser rapidement la percée de la population vers cette modernité, ainsi que vers la sécularisation réelle de la société valaisanne.

RÉFÉRENCES

SOURCES

Bulletin du Grand Conseil Valaisan (BGC), 1847-1888.

RÉFÉRENCES BIBLIOGRAPHIQUES

Altermatt, U. (1994). *Le catholicisme au défi de la modernité*. Lausanne, Payot.

Arlettaz, G. (1976). Les transformations économiques et le développement du Valais 1850-1914. In *Développement et mutations du Valais*, pp. 9-62. Sion, Groupe valaisan des sciences humaines.

Barras, M. (1988). *La communauté de Chermignon d'en Bas*. Montana, Bachman.

Bioley, H. (1882). Les écoles du Valais et la centralisation scolaire. (s.l.)

Boucard, L. (1938). *L'école primaire valaisanne à la fin du 18e siècle et son histoire de 1798 à 1830*. Thèse de doctorat, Université de Fribourg. St Maurice, Imp. de l'Œuvre St Augustin.

Farquet, M. (1949). *L'école valaisanne de 1830 à 1910*. Thèse de doctorat, Université de Fribourg. Sion, Fiorina et Pellet.

Gagliardi, J. & Luy, M.-M. (1988). *L'enseignement mutuel en Valais: miroir et champ de bataille d'une société. 1820-1830*. Mémoire de licence, Genève, Faculté de psychologie et des sciences de l'éducation, FPSE.

Métrailler, R. (1978). *L'école primaire en Valais durant la deuxième partie du 19e siècle et son processus de popularisation jusqu'à la veille de la première guerre mondiale*. Mémoire de licence, Fribourg, Faculté des lettres.

Praplan, A. (1947). *Ancien Lens. Des sections aux communes*. Sierre, Imp. Sierroise.

---

8 Dans le sens où l'entend Altermatt (1994: 35): *Il n'y a pas de modèle de la modernisation généralement admis. Mais on peut partir du principe que la modernisation est un formidable processus de transformation qui a commencé en Europe occidentale avant d'entraîner le monde entier dans sa dynamique. En un certain sens, ce concept est synonyme d'occidentalisation et d'européanisation du globe.*

RITA HOFSTETTER

LAÏCITÉ, GRATUITÉ, OBLIGATION ET DÉMOCRATIE : LES AMBITIONS UNIFICATRICES ET ÉGALISATRICES DE L'ÉTAT ENSEIGNANT L'EXEMPLE GENEVOIS 1798-1886

Cet article[1], centré sur l'histoire de l'école primaire genevoise au siècle dernier, a pour dessein de tenter de cerner les espoirs et les convictions, les facteurs et les acteurs, les forces et les pressions sociales ayant permis l'édification de l'État enseignant et assuré le succès de son école primaire. Dans un premier temps, je dégagerai les étapes et les enjeux majeurs de la sécularisation (1834) et de la progressive laïcisation de l'école genevoise (pleinement réalisée en 1872). Dans un second temps seront discutés successivement les deux principes de gratuité (1847) et d'obligation (1872), pour tenter de saisir quels sont les arguments majeurs conduisant à leur adoption et quelles sont leurs répercussions effectives sur les courbes statistiques et les pratiques sociales.

Quels sont les liens, ambigus, que la démocratie naissante entretient avec les trois principes de laïcité, gratuité et obligation et en quoi ces principes constituent-ils des principes fondateurs d'une école démocratique ?

---

1 Cet article s'inspire largement de Hofstetter 1998. L'essentiel de mon analyse se fonde sur la lecture des débats parlementaires *(Mémoriaux du Grand Conseil)* sur l'instruction publique, les *Rapports* ou *Comptes rendus administratifs du Conseil d'État* et les très nombreuses brochures sur l'éducation et l'instruction publiées au 19e siècle. Pour éviter de déborder trop largement les limites imparties à cet article, je me permets de ne pas alourdir ce texte de références et prie le lecteur de bien vouloir se référer à celles indiquées dans les ouvrages cités en fin de texte (en particulier l'ouvrage susmentionné).

LA SÉCULARISATION ET LA LAÏCISATION DE L'ÉCOLE CHRONIQUES, ENJEUX ET RÉSISTANCES

Alors qu'au début du 19e siècle, la plupart des petits Genevois, quand ils sont scolarisés, fréquentent une école élémentaire confessionnelle, payante et dégagée de tout contrôle étatique, moins d'un siècle plus tard l'instruction est obligatoire et la quasi-totalité des élèves découvre l'abécédaire sur les bancs de l'école primaire publique, désormais gratuite et laïque. Comment ce changement, qui caractérise, on le sait, de nombreux autres États suisses et européens, s'actualise-t-il à Genève, canton libéral, pour l'essentiel urbain, d'ancrage réformé mais mixte sur le plan confessionnel dès son adhésion à la Suisse en 1815?

PRÉHISTOIRE

Lorsque décline le 18e siècle, le visage de l'école genevoise est encore sensiblement similaire à celui dessiné par Calvin lui-même. Les écoles sont toujours placées sous la direction de la Vénérable compagnie des pasteurs, dont les pouvoirs politiques sont également étendus. Les citoyens sont encore tenus de professer la religion réformée, qui demeure ainsi constitutive de la nationalité genevoise (Fatio 1990). De ses plus élémentaires à ses plus hautes classes, l'école genevoise a pour fonction principale, tout au long de l'Ancien Régime, de diffuser et de préserver l'héritage calviniste.

Une fondation pieuse, la Société des catéchumènes (1736-1850), convaincue elle aussi des vertus rédemptrices de l'instruction, contribue alors puissamment à l'alphabétisation et l'évangélisation de la prime jeunesse. À l'orée du 19e siècle, celle-ci scolarise la majorité des petits citadins de condition modeste. Fondée, financée et dirigée par des notables protestants (pasteurs pour moitié d'entre eux) aux accointances étroites avec le pouvoir établi, cette Société exemplifie l'étroite alliance existant alors entre l'État, l'Église et les particuliers en matière scolaire. Le succès croissant de cette fondation «privée», chapeautée par les plus hauts dignitaires de l'Église, justifie le peu d'empressement de l'État à ouvrir lui-même des écoles élémentaires dans la cité, où fleurissent en revanche les institutions particulières aux programmes, écolages et finalités ajustés sur la stratification sociale.

Certes, à cette époque, la distinction entre puissances temporelle et spirituelle, initiatives privées et publiques est floue. Les Conseils genevois restent en étroite relation avec l'Église protestante, les ecclésiastiques assument des attributions politiques étendues, tandis que les entreprises particulières revêtent souvent un caractère public: leurs instigateurs sont pour la plupart des personnalités appartenant aux grandes familles patriciennes entre les mains desquelles se concentrent savoir, finance et pouvoirs. Ces familles, dont les destinées s'enchevêtrent avec celles du pays, se considèrent comme dépositaires de la nationalité et c'est précisément ce qui incite leurs membres de déployer zèle et fortune personnels au service de l'instruction universelle (Hofstetter 1994).

Une rivalité confessionnelle favorable à la scolarisation du peuple (1798-1830)

Cet équilibre séculaire est ébranlé avec l'Annexion française (1798-1813) puis surtout avec la réunion des communes catholiques sardes et françaises (1815-1816), au moment du rattachement de Genève à la Confédération helvétique. L'arrivée massive des catholiques dans la cité protestante (38,7 % de la population résidente du canton est catholique en 1822[2]) interroge la définition de la nationalité genevoise jusqu'alors jumelée au protestantisme et met en question l'hégémonie de la Vénérable compagnie des pasteurs et des notables protestants sur les institutions scolaires de la République.

Les catholiques n'acceptent évidemment pas d'être scolarisés sous la houlette des religionnaires; en vue de résister à l'emprise du protestantisme et de concurrencer son réseau scolaire, ils font venir diverses congrégations religieuses pour instruire et revigorer la foi de leurs jeunes fidèles. L'Église protestante, quant à elle, est confrontée à des divisions internes d'où émergent diverses communautés du Réveil et celles-ci, à leur tour, font de l'école leur terrain privilégié d'évangélisation (Fatio 1983, *Encyclopédie de Genève* N° 5, 1986). La Restauration se caractérise donc par une vive concurrence scolaire favorable à l'alphabétisation populaire. Précisons d'ailleurs que la plupart des enfants genevois sont alors scolarisés (certes parfois très brièvement et de façon élémentaire) et que la cause de l'alphabétisation est déjà en grande partie gagnée en 1830 (seuls 3 % des conscrits sont déclarés illettrés[3]).

---

2 Indications statistiques sur la population genevoise tirées de Bairoch & Bovée 1986.

3 J.-J. de Roches, *Premier rapport fait à la Compagnie académique*, 1830: 10. Cette statistique ne tient pas compte des femmes et des étrangers, qui recensent un taux d'illettrisme plus élevé; mais Genève se distingue alors effectivement pour son haut niveau d'instruction. Girod 1962; Mützenberg 1974.

Le gouvernement genevois se «contente», quant à lui, de veiller à préserver la paix aussi bien confessionnelle que scolaire, abandonnant l'alphabétisation des petits citadins aux initiatives privées et aux Églises, lesquelles œuvrent également dans les communes rurales où elles sont épaulées par les municipalités. Il en découle un système hétéroclite d'écoles, sans lien entre elles et calquées sur les divisions confessionnelles et sociales, système qui ne manque pas de susciter d'abondantes critiques. Celles-ci émanent surtout de l'opposition libérale désireuse de distinguer le politique du religieux et de séculariser et développer les institutions scolaires étatiques. D'autant que l'évolution économique et industrielle du canton met en lumière les lacunes dans la formation des classes industrielles et commerçantes (Hiler & Lescaze 1992) et attise les pressions sociales en faveur d'une plus large distribution de l'instruction et des privilèges qui lui sont associés.

LA SÉCULARISATION DE L'ÉCOLE SOUS LE SOUFFLE LIBÉRAL DE LA RÉGÉNÉRATION (1830-1841)

Les ambitions libérales trouvent un plus large écho sous la Régénération qui, dès 1830, conduit Genève, comme maints autres cantons suisses, à se libéraliser progressivement. Elles débouchent sur la loi de 1834 qui décrète la sécularisation de l'école. Du moment que l'école doit forger une nouvelle citoyenneté, il lui faut nécessairement être publique. Publique elle doit le devenir en ce double sens qu'elle sera accessible à tous et que c'est désormais à l'État, chargé de construire la nation, de la diriger. La sécularisation est également conçue comme un moyen d'apaiser les tensions confessionnelles et d'édifier un organigramme scolaire plus cohérent en centralisant sa direction. Aussi, la loi de 1835 contraint-elle les pouvoirs publics à établir une école primaire publique dans chaque commune. Les Églises gardent néanmoins une part dans la nomination des régents *(placet)* et le contrôle de l'enseignement religieux, lequel continue d'être obligatoire mais est désormais séparé des autres disciplines d'enseignement (Mützenberg 1974).

Les instances spirituelles, toujours absorbées par des dissensions internes, n'acceptent évidemment pas facilement d'être ainsi démises de leurs prérogatives. Un important réseau d'écoles privées continue de se développer pour enrayer la sécularisation: vers 1840, on dénombre une centaine d'écoles privées aussi bien philanthropiques qu'élitaires sur l'ensemble du territoire genevois, dont une cinquantaine dans l'espace urbain où l'État n'a encore ouvert aucune école primaire. Aussi, tout au long de ce premier 19e, la majorité de la population enfantine y fréquente toujours des institutions privées et celles-ci persistent à reconduire les divisions confessionnelles et sociales.

MISE EN PLACE DE L'ÉCOLE DE LA DÉMOCRATIE (1842-1870)

Genève accède à la démocratie suite à la révolution de 1841, démocratie qui ne trouvera son plein accomplissement qu'après la révolution radicale de 1846 qui met fin à l'hégémonie du patriciat genevois. Aussitôt au pouvoir, les radicaux s'attachent à faire coïncider l'école avec leurs perspectives démocratiques: du moment que la souveraineté est partagée avec le peuple lui-même, le savoir doit lui aussi devenir un bien commun. Futur citoyen, chaque enfant doit être éduqué pour être à même d'assumer pleinement ses droits et ses devoirs; comme premières préceptrices des générations naissantes, les filles seront elles aussi être intégrées dans cette vaste entreprise éducatrice (Duby & Perrot 1991). Alors que les régimes antérieurs s'étaient souciés avant tout des niveaux secondaires et supérieurs (Marcacci 1987), celui-ci fait de l'extension et de l'amélioration du réseau primaire une priorité.

La Constitution de 1847 décrète la gratuité de l'école primaire publique et distingue l'enseignement religieux des autres disciplines pour permettre aux enfants des deux confessions de fréquenter les écoles officielles. Après la loi de 1847 créant l'École secondaire de jeunes filles, la nouvelle loi sur l'instruction publique de 1848 centralise tous les pouvoirs entre les mains du nouveau Département de l'instruction publique (DIP), enlevant désormais aux ecclésiastiques toute attribution scolaire, sauf sur l'enseignement religieux. Bien que la laïcité ne soit pas requise des maîtres d'école, le *placet* est supprimé, ce qui équivaut à la confiscation par les instances temporelles du pouvoir d'élection des régents. Ces mesures de laïcisation partielle participent d'une politique mue par le triple but d'affirmer le primat de la puissance publique, de réduire les prérogatives des conservateurs et d'aplanir les conflits religieux que suscitait jusqu'alors l'hégémonie des protestants sur le réseau national pourtant destiné aux deux communautés confessionnelles. La loi poursuit encore le processus de «nationalisation» entamé sous la Régénération en insufflant un esprit patriotique et démocratique dans les programmes. La neutralité religieuse dissimule ainsi une forme de «messianisme républicain».

Se substituant aux Églises et aux familles patriciennes de l'ancienne République calviniste, l'État, sous l'égide des radicaux, se considère comme l'appareil de la cohésion sociale. Ses ambitions sont homogénéisatrices et centralisatrices, ayant en vue la «nationalisation» d'une partie du réseau privé. Dans le même temps où Genève renonce complètement au régime oligarchique, se précise ainsi la distinction entre les prérogatives (scolaires notamment) des pouvoirs privés, spirituels et publics, au profit de ces derniers. Tandis que de nombreuses écoles primaires publiques sont fondées (même dans la ville cette fois), des mesures drastiques sont prises à l'encontre des sociétés de bienfaisance avec la loi sur les fondations (1849) qui décrète notamment la dissolution de la Société des catéchumènes et supprime donc ses écoles, quand bien même la liberté d'enseignement est garantie par la Constitution genevoise depuis 1842.

Aux modifications apportées aux institutions officielles, les conservateurs protestants nostalgiques de la Genève d'antan, berceau du calvinisme, répliquent par la création d'établissements élitaires et philanthropiques. Les congréganistes et les communautés du Réveil parviendront, non sans peine, à conserver leurs établissements scolaires. Si le projet des radicaux de voir diminuer les écoles particulières n'est que partiellement réalisé, un renversement s'opère toutefois: même en Ville de Genève, la majorité de la population enfantine fréquente désormais les écoles officielles.

Bien qu'il ne puisse prétendre inaugurer le processus de scolarisation et d'alphabétisation des masses, déjà largement engagé sous la Restauration, l'État libéral l'accélère pourtant et lui confère de nouvelles fins économiques, politiques et sociales, aspirant à son tour à contrôler ce puissant instrument de pouvoir culturel et socio-politique.

UNE LAÏCITÉ CONQUÉRANTE (DERNIER TIERS DU 19e SIÈCLE)

Sous le *Kulturkampf* (1870-1878) genevois (Sottas 1974, Guichonnet 1986), les tensions confessionnelles, en veilleuse depuis la Restauration, s'exacerbent: elles confrontent protestants et catholiques, lesquels majorisent la population résidente réformée dès 1860, mais restent minoritaires sur le plan de la citoyenneté; s'y additionnent des antagonismes politiques qui opposent, au sein des deux confessions, les conservateurs aux libéraux. Les positions, de parts et d'autres, se durcissent avec la proclamation de l'Infaillibilité pontificale en juillet 1870. Résultant d'une confrontation socioculturelle liée à la modernisation (Altermatt 1994), le *Kulturkampf* a évidemment de violentes répercussions sur la scène scolaire, où se joue le devenir culturel des différentes communautés en présence. La politique anticléricale menée par les radicaux-libéraux conduit à l'interdiction d'enseigner pour les congrégations religieuses (1872), puis à leur dissolution et leur éviction du canton (1875) et finalement à la confiscation de leurs biens par l'État en 1876. Les anticléricaux genevois sont d'ailleurs confortés dans leur combat par la politique franchement laïciste des fédéralistes aux rênes du pays dès 1873 (*Nouvelle Histoire de la Suisse et des Suisses* 1986).

C'est dans ce contexte politico-religieux houleux qu'est élaborée la nouvelle loi sur l'instruction publique de 1872. Celle-ci confirme et élargit le processus de sécularisation et de laïcisation de l'école et contribue elle aussi à une «nationalisation» de l'enseignement et à la progression de l'alphabétisation populaire, tout en dénotant une tendance nettement plus autoritaire et plus étatiste que les législations précédentes (Moradpour 1981). Elle réitère la gratuité et renforce la laïcité de l'école primaire officielle (les régents doivent être laïques et l'enseignement religieux est rendu facultatif). La loi décrète surtout l'instruction obligatoire de 6 à 13 ans, ce qui permet de soumettre l'ensemble des institutions scolaires du canton, écoles privées comprises, au contrôle du Département. La nouvelle Constitution fédérale de 1874 (Criblez *infra*) ne modifiera donc rien à la législation cantonale, puisque Genève, à cette époque, a déjà rendu l'instruction obligatoire et que ses écoles primaires publiques sont déjà laïques et gratuites.

Les deux décennies suivantes verront se parachever l'édification de l'État enseignant: les écoles primaires publiques parviennent à s'imposer tandis que se précipite le déclin des filières parallèles. La loi de 1886 (Magnin 1973, Magnin & Marcacci 1987) fait (enfin) de l'école primaire l'antichambre du réseau secondaire: presque tous les petits Genevois découvrent maintenant le même abécédaire dans les mêmes écoles primaires. Certes, des discriminations sociales existent encore, même au niveau élémentaire: un réseau privé existe toujours, bien qu'amoindri (recrutant environ un dixième des élèves au tournant du siècle); de surcroît, les écoles officielles drainent leur public dans des quartiers eux-mêmes relativement homogènes sur le plan social et des doubles filières existent toujours dans le réseau public, puisque les élèves «destinés» aux études longues quittent l'école primaire avant les autres pour s'inscrire au Collège ou à l'École secondaire et supérieure de jeunes filles, dont l'admission demeure payante (Petitat 1982).

Ce n'est donc pas sans mal que le 19e siècle genevois a sécularisé et laïcisé l'institution scolaire, édifiant ainsi l'État enseignant, qui se substitue progressivement, non sans résistances et conflits, aux pouvoirs privés et spirituels sous l'égide desquels l'institution scolaire était auparavant placée. Et le 20e siècle genevois ne reniera pas l'organisation scolaire ainsi définie, tout en étant néanmoins pour l'essentiel dégagé des tensions politico-religieuses qui n'ont cessé d'envahir la scène scolaire au siècle précédent.

GRATUITÉ ET OBLIGATION : LES CONQUÊTES DE L'ÉTAT LIBÉRAL

LA GRATUITÉ : LE DESTIN DE LA DÉMOCRATIE SE JOUE DANS CELUI DE SON ÉCOLE PRIMAIRE PUBLIQUE

Le débat sur la gratuité scolaire n'est pas propre à la Genève démocratique et radicale du second 19e. Épisodiquement présent sous l'Ancien Régime déjà (la Réforme avait institué ce principe, mais il s'agissait avant tout d'une déclaration d'intention), il se trouve ravivé avec les idéaux égalitaires de la Révolution du 18e déclinant et la Constitution qui en découle (1794), décrète, mais ne l'applique que partiellement, la gratuité des écoles primaires. Si le débat se fait moins insistant sous la Restauration, il n'est pourtant pas délaissé des conservateurs, d'autant que leurs œuvres philanthropiques, subventionnées par des dons et legs charitables, s'adressent en priorité aux plus démunis et recourent couramment aux exemptions quand elles ne sont pas carrément gratuites (Hofstetter 1994). Mais c'est sous la Régénération puis sous la « démocratie conservatrice » (1842-1846) (Guichonnet 1986) que les pouvoirs publics se saisiront vraiment de la question, poussés en cela par de nombreuses et pressantes interventions libérales en sa faveur. Les réductions et exemptions d'écolages constituent alors les solutions adoptées pour éviter que la fortune ne conditionne le droit à l'instruction. Les instances politiques ne s'aventurent jamais au-delà de ces mesures exceptionnelles, octroyées d'ailleurs aux seuls enfants dont les dispositions intellectuelles et morales sont jugées satisfaisantes et dont les parents se trouvent dans une situation financière très précaire.

Avec l'accession au pouvoir des radicaux en 1846 et l'avènement de la démocratie, la gratuité de l'école primaire publique deviendra en revanche promptement une réalité : non seulement elle ne rencontre aucun contradicteur dans l'Assemblée constituante, mais elle est mise en pratique sitôt la Constitution adoptée par le peuple en mai 1847. Dès lors, l'admission dans les écoles primaires publiques est définitivement gratuite pour tous ses usagers, qu'ils soient genevois ou non ; et les fonctionnaires sont désormais entièrement salariés par les pouvoirs publics (Mottini 1987). Précisons toutefois que les fournitures scolaires restent à la charge des familles et que le réseau secondaire, lui, demeure toujours payant.

Quelles sont les raisons conduisant l'État, naguère si avare de ses deniers, à se montrer maintenant aussi prompt à puiser généreusement dans les caisses publiques pour instruire jusqu'au plus « insignifiant » de ses ressortissants? Subordonnant le destin de la démocratie à celui de son école (Baczko 1982, Hameline 1986), les radicaux estiment que c'est à l'État, et non aux pouvoirs privés et spirituels, qu'il incombe désormais de former les nouvelles générations pour les rendre à même d'assumer avec discernement leurs nouveaux devoirs et droits civiques. La gratuité est considérée comme la voie royale pour affermir la cohésion sociale, indispensable à la démocratie, puisque, en enrayant l'emprise du réseau privé et en réunissant les nouvelles générations dans les mêmes écoles nationales, elle contribue à l'unification du pays et à l'uniformisation des consciences et des intellects. La gratuité, avance-t-on encore, a l'avantage de ne plus faire dépendre l'instruction de la naissance et la fortune et donc de respecter les principes d'égalité et de liberté consubstantiels à la démocratie.

Mais, si la nouvelle majorité se montre fermement décidée à promouvoir la diffusion des premiers rudiments à travers l'épaisseur de toutes les couches sociales, elle n'a point pour intention en décrétant la gratuité de promouvoir une large mobilité sociale en permettant à tous d'accéder aux privilèges de l'instruction et des honneurs (Petitat 1982, Nique & Lelièvre 1993). Hantés par le spectre du déclassement, les radicaux se donnent comme mot d'ordre, comme leurs prédécesseurs conservateurs, de *mettre chacun à sa place* pour éviter tout bouleversement social. L'égalité devant l'instruction (et donc la gratuité) n'implique nullement que le savoir soit équitablement distribué, mais plutôt que chacun puisse bénéficier de l'instruction dont il aura besoin dans l'exercice de son métier, reconduisant ainsi inchangées les hiérarchies scolaires et sociales. Le réseau public reste d'ailleurs lui-même divisé en deux filières bien distinctes: d'une part, l'école primaire pour le peuple, gratuite mais sans débouché sur le secondaire avant 1886; d'autre part les degrés inférieurs du Collège et de l'École secondaire de jeunes filles, payants et donc discriminatifs, qui chevauchent les derniers degrés de l'école primaire et permettent seuls l'accès aux études supérieures (Petitat 1981, Marcacci 1987). Bien que les pressions sociales se fassent de plus en plus vives, les parlementaires n'adopteront que très tardivement la gratuité du secondaire, gratuité d'ailleurs toujours limitée aux filières les moins prestigieuses «réservées» au peuple et dont les programmes ont un horizon culturel nettement plus réduit.

RÉPERCUSSIONS SOCIALES DE LA GRATUITÉ

Quelles sont les répercussions effectives de la gratuité sur les courbes statistiques de l'école primaire publique? Curieusement, et contrairement à ce que l'historiographie genevoise a coutume de retenir – se faisant un peu rapidement l'écho des rapports du Conseil d'État, dont l'interprétation de l'évolution statistique vise souvent à justifier une politique scolaire – les répercussions de la gratuité sur les courbes des effectifs scolaires sont relativement faibles.[4] Alors que l'on recense 3'932 élèves pour l'année scolaire 1846-1847 (soit, avant la gratuité), on dénombre 4'753 inscriptions en 1847-1848 (soit, après sa mise en pratique), à savoir 821 inscriptions supplémentaires (+ 20,9 %). Cet accroissement se poursuit très doucement et dans un mouvement oscillatoire jusqu'en 1852, où l'on atteint les 5'225 inscriptions (472 élèves supplémentaires en 5 ans). Puis il stagne quasiment jusqu'en 1864-1865, où l'on dénombre 5'298 inscriptions. Entre 1846 et 1864, en 18 ans, les écoles primaires publiques recensent donc 1'366 élèves supplémentaires (+ 34,7 %).

Mais cette augmentation, qui reste bien en deçà des espérances radicales même si elle est importante, n'est que peu redevable à la gratuité. En effet, trois facteurs y contribuent bien davantage. Les deux premiers sont liés: dès 1846, les pouvoirs publics retirent à la Société des catéchumènes les locaux qu'ils lui louaient puis ils décrètent la dissolution de la Société en 1849. Dans le même temps, ils ouvrent plusieurs écoles primaires publiques dans la cité – ces nouvelles offres scolaires répondent à une demande et la stimulent tout autant – et celles-ci héritent ainsi entre 1847 et 1850, non seulement des locaux, des maîtres, des inspecteurs mais aussi et surtout des élèves de la Société dissoute. Or, en 1846, ladite Société ne recensait pas moins de 549 élèves dans ses écoles primaires et 281 dans ses établissements secondaires (dont l'âge n'exclut pas l'inscription dans les écoles primaires publiques[5]). La croissance démographique constitue le troisième facteur, lui aussi déterminant: en 1864, la population résidente compte près de 1'550 enfants de 6 à 12 ans de plus qu'en 1846, tous susceptibles de fréquenter les écoles primaires

4 *Rapports du Conseil d'État*, DIP 1845 à 1865. De grandes précautions doivent cependant être prises dans ces discussions statistiques, dans la mesure où les données sont parfois hétérogènes et floues.

5 La gratuité aura d'ailleurs un impact réel sur l'âge moyen des élèves des écoles primaires publiques, désormais sensiblement plus élevé, puisque précisément plusieurs enfants déjà enrôlés dans le monde industriel retournent maintenant, certes épisodiquement, à l'école.

publiques.[6] En résumé, la croissance des effectifs des écoles primaires publiques entre 1846 et 1864 est due davantage à la lutte menée par l'État contre le réseau privé et surtout contre sa principale rivale, la Société des catéchumènes, puis à la croissance démographique qu'à l'adoption de la gratuité.

Certes, l'influence de la gratuité n'est pourtant point à négliger. Elle encourage assurément à s'inscrire dans les écoles publiques et facilite la scolarisation de jeunes enfants d'extraction modeste. D'autres, plus âgés, reviennent à l'école pour bénéficier d'une instruction complémentaire.[7] Simultanément, la gratuité du public provoque des réductions ou suppression des écolages dans le réseau privé lui-même, soucieux de rivaliser avec sa concurrente publique. La gratuité contribue surtout à faire de l'instruction un bien auquel chacun estime avoir droit, indépendamment de son origine sociale. Par l'idée démocratique et égalitaire qu'il véhicule, ce principe valorise ainsi la connaissance et supprime progressivement l'une des barrières (mentale et matérielle) qui empêche encore certains enfants d'accéder à l'instruction. Elle inaugure en outre un mouvement qui se précipitera à la fin du siècle, faisant progressivement de l'État l'instituteur (quasi unique) de la nation et rendant de plus en plus naturelle l'inscription dans le réseau public. En élargissant également les attributions sociales de l'État, elle contribue à faire de cet État un régulateur du social et un réducteur d'inégalités (Rosanvallon 1990).

L'OBLIGATION, UNE INSTANCE DE FREIN OU D'ACCÉLÉRATION DE LA DÉMOCRATIE ?

L'instruction obligatoire, elle non plus, n'est point une «invention» du 19e siècle ni de la Genève radicale et démocratique. En effet, elle aussi a déjà été instituée en 1536, simultanément à l'adoption de la Réforme. N'est-il point nécessaire que chaque fidèle sache lire pour accéder au message évangélique (Furet & Ozouf 1977, Garrisson 1986)? Certes, cette obligation ne s'avère alors guère contraignante et nombreux sont les enfants des classes populaires qui, tout au long de l'Ancien Régime, ne bénéficient d'aucune véritable scolarisation. Puis c'est au tour de la Constitution de 1794 de décréter l'instruction obligatoire, conjointement à la souveraineté du peuple, en vue d'élever tous les Genevois au niveau

6 On peut les estimer à 7'156 en 1846 et à 8'601 en 1864. Bairoch & Bovée 1986: 26.

7 Mais on note en contrepartie un accroissement des absences découlant précisément de la gratuité, d'autant que les familles les plus démunies peinent à renoncer aux menus gains résultant du travail de leurs enfants.

d'une « citoyenneté éclairée » (Rosanvallon 1992). Mais la Révolution ne trouve pas les moyens de ses ambitions et les décrets auxquels elle donne naissance ne connaissent qu'une vie très éphémère, sans véritable répercussion sur les pratiques.

Plusieurs interventions, généralement d'origine libérale et radicale, se font à nouveau entendre en faveur de l'instruction obligatoire dès la Régénération ; mais ces diverses propositions se voient successivement écartées et cela, curieusement, aussi bien par la majorité conservatrice (1840 et 1842) que la majorité radicale (1847 et 1862) (Magnin 1994). Deux raisons principales sont avancées pour justifier ce refus : premièrement, le peuple genevois recèle un taux imperceptible d'illettrisme (nous dirions aujourd'hui d'analphabétisme) en raison, affirme-t-on, de son attachement à la culture ; convient-il dès lors d'inventer des mesures coercitives pour parer à un mal qui n'existe pas ? Deuxièmement, l'obligation scolaire est une grave atteinte aux libertés individuelles et le contrôle de son respect impraticable.

C'est en 1872 seulement que le principe fera l'objet d'un assentiment général et surtout d'une prompte concrétisation au niveau des pratiques. Le principe lui-même (non les modalités de son application) ne rencontre alors guère de contradicteur et ne suscite pratiquement pas de débat dans l'hémicycle parlementaire tant il va de soi.

Comment expliquer ce prompt changement ? Quels sont alors les arguments invoqués en faveur de l'obligation et quelles sont ses répercussions sur les effectifs scolaires et les pratiques sociales ?

Le nouveau contexte culturel, socio-politique et religieux contribue puissamment à cette décision. Dès 1870, avec l'accession au pouvoir des radicaux-libéraux, s'entame le *Kulturkampf* genevois. Le gouvernement défend alors un projet politique franchement autoritaire et étatiste : asseoir la suprématie de la puissance publique (Ruchon 1956, Sottas 1974, Guichonnet 1986). Convaincue que les *libertés individuelles doivent baisser pavillon devant la liberté générale*[8], en fait, devant les impératifs étatiques, la nouvelle majorité ne voit, elle, point de contradiction entre l'obligation de l'instruction et les libertés individuelles garanties par la Constitution. Bien au contraire. Elle prétend qu'il incombe à l'État de faire usage de tous les moyens à sa disposition pour éviter que ces libertés ne soient bafouées. L'obligation de l'instruction constitue la voie royale pour ce faire, puisqu'elle implique un contrôle de l'instruction dispensée à tous les petits habitants du canton et permet donc de neutraliser les prétendus ennemis des libertés républicaines.

8 *Mémorial du Grand Conseil* 1869 : 1238.

L'enjeu premier de l'obligation scolaire n'est donc plus de combattre l'analphabétisme (pratiquement conjuré à Genève en 1872), mais ce que nous pourrions surnommer «l'ignorance républicaine» ou une résistance aux principes républicains. Tout se passe comme si l'instruction obligatoire, qui permet notamment à l'État de mettre un pied dans les écoles privées, était d'abord envisagée comme une instance de frein à la démocratie naissante, comme un moyen d'en éviter ou tout au moins d'en contrôler les éventuels débordements en garantissant un solide encadrement moral, social et politique du futur citoyen.[9]

Bien qu'ils soient les instigateurs d'une politique scolaire autoritaire et étatiste, les promoteurs de l'obligation se présentent néanmoins comme les artisans de la démocratie. En devenant le *lot de chacun*, l'instruction, prétend-on, est enfin dissociée de la richesse et du *hasard de la naissance* puisqu'elle garantit à chacun la même nourriture intellectuelle de base. Elle fait de chacun un citoyen responsable, capable d'écrire et de reconnaître le nom de celui qu'il choisit comme son représentant. Il ne s'agit pas seulement d'être en mesure d'apposer un nom sur un bulletin de vote; l'espoir est bien davantage de faire coïncider un droit avec une capacité, autrement dit de superposer la souveraineté de la raison à celle du nombre (Rosanvallon 1992). Or cette incantation démocratique, qui se retrouve sous toutes les plumes, revêt néanmoins quelque caractère paradoxal. Bien qu'il ne cesse d'en appeler à la liberté, l'égalité et la fraternité sociales, l'État libéral se fait conquérant et prétend devenir le seul maître du peuple, au prix d'une neutralisation de ceux qui interrogent ses prétentions et d'une réduction du pluralisme scolaire.

Dans les années 1870, deux populations sont explicitement visées par les mesures coercitives liées à l'obligation; non qu'elles ne soient scolarisées, précisons-le, mais parce que les écoles qu'elles fréquentent véhiculent des idées supposées mettre en péril la cohésion sociale. Il s'agit premièrement, on s'en doute, des communautés confessionnelles, en particulier des congrégations catholiques dont on redoute les convictions ultramontaines. La seconde cible visée est la population étrangère en constante augmentation à mesure que l'on avance dans le siècle: sur une population résidente de 51'113 individus, le recensement de 1822 dénombre en effet 68,2 % Genevois, 12,1 % Confédérés et 19,7 % étrangers; moins de 50 ans plus tard, en 1870, la population résidente atteint 93'239 âmes et ne compte plus que 43,4 % Genevois, pour 18,4 % Confédérés et surtout 38,2 % étrangers.[10] Cette enflure étrangère, préci-

9 À en croire Nique et Lelièvre (1993) le même phénomène peut être repéré en France.

10 Bairoch & Bovée 1986: 15.

pitée par la révolution industrielle, inquiète d'autant plus les Genevois qu'elle est d'origine ouvrière et souvent de confession romaine, attisant dans le même temps les tensions sociales et confessionnelles déjà vives (Heimberg 1996). L'obligation de l'instruction, en favorisant la fréquentation des écoles nationales, est perçue comme un facteur d'intégration sociale et donc un ferment d'ordre: en transformant ces *masses tumultueuses* et revendicatrices en citoyens utiles et raisonnables, ne pourrait-elle point prévenir voire résoudre les tensions sociales (Heller 1988, Ruchat 1990) ?

Ainsi, en 1872, les plus ardents défenseurs de l'obligation ambitionnent moins la diffusion des premiers rudiments que l'universalisation de la raison, ou plutôt du message républicain et de sa morale. L'instauration de l'obligation a pour première fonction d'élargir l'emprise politique sur les consciences et les intellects, afin de frapper du sceau de l'État la formation des nouvelles générations. Cela ne signifie pas pour autant que les parlementaires n'envisagent pas aussi d'assurer, par l'obligation, une plus large et plus égalitaire diffusion de l'instruction et donc d'améliorer les conditions de vie des classes populaires, mais ces dimensions sociales, soulignons-le, sont rarement évoquées pour justifier l'adoption de l'obligation.

En revanche l'influence des autres législations cantonales est puissante et nombreux sont les députés favorables à l'obligation qui les citent à l'appui de leur cause. Précisons encore que l'orientation est davantage politique qu'économique: les pressions du monde économique, elles, ne sont quasiment pas relevées alors même que l'on s'efforce déjà à cette époque de mieux harmoniser la formation avec les exigences de l'industrie. Quant aux femmes, si leur exclusion citoyenne va de soi en ce dernier tiers de siècle, inversement, leur inclusion dans l'obligation constitue une évidence même pour ceux qui défendent les seules nécessités civiques de ce principe. La scolarisation des femmes ne s'impose-t-elle pas comme une vaccine contre leur mysticisme (Duby & Perrot 1991) ? En rendant certaines disciplines obligatoires et en permettant au DIP de contrôler l'enseignement dispensé par les écoles confessionnelles, l'obligation constitue l'instrument rêvé pour réduire l'emprise des Églises sur les esprits.

RÉPERCUSSIONS SOCIALES DE L'OBLIGATION

L'obligation de l'instruction a-t-elle massivement accru, comme on a coutume de le prétendre, le nombre d'enfants scolarisés ? Autrement dit, quelles répercussions concrètes ce principe a-t-il eu sur les courbes statistiques et en quoi a-t-il modifié les pratiques sociales? À nouveau, il convient d'abord de nuancer l'affirmation selon laquelle l'obligation, à elle seule, aurait précipité la scolarisation du peuple. Les effectifs des écoles primaires publiques accusent certes une augmentation suite à l'adoption de l'obligation en octobre 1872: le DIP recense 6'931 inscriptions au printemps 1871, 7'513 au printemps 1874, soit 582 élèves supplémentaires (+ 8,4 %).[11] Une régulière mais très lente croissance caractérise ensuite les effectifs, qui se stabilisent autour des 8'000 élèves dans les années quatre-vingt.[12]

Mais cette croissance n'est pratiquement pas redevable, selon moi, à l'obligation. En effet, c'est précisément trois mois avant l'adoption de l'obligation que l'État interdit d'enseignement les congrégations religieuses catholiques. Or celles-ci recensent 1'576 enfants en 1865.[13] La fermeture de ces écoles a certes occasionné la création de quelques écoles catholiques privées non congréganistes à Genève et congréganistes dans la zone française limitrophe; mais cette interdiction a aussi conduit des familles catholiques à confier désormais leurs enfants aux écoles primaires étatiques. La croissance pointée ci-dessus entre 1871 et 1874, voire jusqu'en 1880, est donc le résultat moins de l'obligation que de la lutte menée par l'État contre sa principale rivale de l'époque, l'école congréganiste. D'autant que s'y ajoutent les incidences de la croissance démographique et un affaiblissement progressif de l'ensemble du réseau privé, désormais sous tutelle étatique. Seule une toute petite frange d'enfants est nouvellement scolarisée, regroupant probablement surtout des familles très pauvres, colonisées jusqu'alors par la nécessité de dénicher les moyens de leur survie (au maximum 1,5 % de la population résidente dans la tranche d'âge concernée). Si, à Genève, sur le registre de la scolarisation, l'obligation de l'instruction conforte plus une pratique qu'elle n'opère une rupture, la majeure partie des enfants allant déjà antérieurement à l'école, cela ne signifie pas qu'elle n'ait point eu de répercussions.

---

11 On constate donc un impressionnant accroissement des effectifs entre 1864 et 1870, sans pour autant qu'un changement de loi ait eu lieu. *Rapports du Conseil d'État* DIP 1865 à 1880.

12 Puis, indépendamment de toute rupture législative, ils s'amplifient brusquement dans les années nonante, tandis que la croissance démographique s'emballe, pour atteindre les 9'800 élèves à la fin du siècle. *Rapports du Conseil d'État* DIP 1880 à 1900.

13 Registres statistiques des Frères de la doctrine chrétienne et des Sœurs de la charité. Vicariat épiscopal de Genève. Nous ne possédons pas les statistiques exactes pour la période ultérieure.

En effet, l'obligation de l'instruction contribue puissamment à régulariser et prolonger la fréquentation scolaire, qui s'accroît à mesure que s'étendent les contrôles étatiques, et c'est en ce sens qu'elle opère une véritable rupture. Elle réduit surtout progressivement le nombre d'enfants qui ne suivent l'école qu'avec intermittence et combat de plus en plus efficacement l'absentéisme et les sorties précoces, les travaux des champs et l'embauche dans les ateliers ou la boutique concurrençant en effet toujours l'école jusqu'en 1870. Et c'est pour ces raisons, et non parce qu'elle scolariserait enfin une masse d'enfants jusqu'alors étrangers à l'école, que l'obligation contribue à diffuser plus largement l'instruction et concourt ainsi à une plus grande égalité dans l'accès à l'école. Elle a surtout indéniablement pour conséquence d'asseoir l'école primaire publique (que l'on surnommera d'ailleurs significativement mais abusivement «l'école obligatoire»), qui peu à peu s'impose tandis que s'amenuise le réseau privé.

CONCLUSION : LA PUISSANCE DE LA PRESSION SOCIALE

L'histoire de l'école genevoise, certes trop schématiquement retracée ici, confirme évidemment tout en la nuançant l'affirmation que la laïcité, la gratuité, l'obligation sont des principes fondateurs d'une école d'État plus démocratique. Sans eux, l'école d'État pourrait-elle d'ailleurs être qualifiée de démocratique? Toutefois, ils ne suffisent nullement à ce qu'elle le soit réellement. Ces principes contribuent assurément à la formation d'une citoyenneté éclairée et à la construction du lien social et favorisent, chacun à leur manière, l'accès à l'instruction ou plutôt l'accès à l'école primaire étatique. Tandis que décline le 19e siècle, l'école publique, dont la légitimité n'est plus guère mise en question, constitue d'ailleurs l'un des plus importants piliers de la démocratie. Pourtant ce périple historique dans le 19e siècle genevois nous conduit aussi à interroger les liens que la démocratie naissante entretient avec l'école, liens qui ne manquent pas de paradoxes. À nuancer également l'impact des seules ruptures législatives, et en particulier des principes de gratuité et d'obligation, sur l'essor des écoles primaires étatiques et sur une plus grande égalité devant l'instruction.

En effet, tout se passe comme si la Genève libérale du 19e était moins soucieuse de défendre les principes fondateurs de la démocratie (en particulier de garantir la liberté et l'égalité), que de conforter l'ordre social et le pouvoir établi et de faire de l'État le seul instituteur de la nation. À la proclamation d'une liberté – la liberté de l'enseignement – la démocratie n'associe-t-elle pas étroitement la multiplication des contrôles et des réglementations, sinon quelques tentations au monopole par ceux-là mêmes qui se font les défenseurs de la liberté ? Les partisans de la démocratie s'entêtent dans la recherche d'une éducation unificatrice (Baczko 1982), au mépris plusieurs fois, on l'a vu, du droit à la diversité et au pluralisme scolaire. Serait-ce là une voie obligée pour créer la démocratie ?

L'analyse minutieuse des débats parlementaires démontre encore que l'adoption des trois principes de gratuité, laïcité et obligation découle moins du souci de diffuser l'instruction de façon plus égalitaire et d'œuvrer à la promotion sociale du peuple, que de la volonté de placer l'école sous l'égide étatique, en vue de l'unification des esprits et des consciences. Épris d'ordre, le 19e siècle démocratique, tout à son souci de conjurer la dissolution sociale et d'édifier la nation, a d'ailleurs pour principale ambition de *mettre chacun à sa place*. Lui aussi, comme ses prédécesseurs, calque ses offres scolaires sur les divisions sociales et s'échine à lutter contre les ambitions scolaires (en fait sociales) jugées démesurées du peuple. Le 19e libéral œuvre certes à une plus large diffusion des premiers rudiments (mesure de toute évidence égalitaire) mais tout autant à reconduire les divisions sociales, en faisant preuve d'une étonnante inventivité stratégique pour préserver la fonction sélective de l'école et résister aux pressions sociales en faveur d'une plus large accession aux privilèges sociaux liés à l'instruction.

Précisément, ne néglige-t-on pas trop souvent la puissance de cette pression sociale, en focalisant notre attention sur l'analyse des débats parlementaires et des ruptures législatives ? À elles seules, à Genève, les nouvelles législations ne sont point les instigatrices de ce vaste mouvement de scolarisation. Gratuité, laïcité et obligation contribuent certes à généraliser l'instruction et surtout au succès de l'école primaire publique (opérant notamment un transfert du privé au public) mais leurs répercussions sur les statistiques scolaires sont relativement faibles. Ces lois entérinent, accompagnent, régularisent et accélèrent plus qu'elles n'induisent le processus de scolarisation, déjà engagé depuis longtemps à Genève, à la faveur probablement de la prospérité économique de la République et de la vénération du protestantisme pour le Livre, puis de la mixité confessionnelle du canton, suscitant une rivalité scolaire dynamique tout en précipitant la sécularisation et la laïcisation de l'école publique. D'où la facilité par exemple avec laquelle l'obligation est adoptée et mise en pratique certes ; mais d'où aussi ses faibles répercussions statistiques. Ne touche-t-on pas là aux limites des volontarismes politiques et inversement à la puissance des pressions sociales ? Assurément, les initiatives privées, religieuses puis étatiques, les révolutions démocratique puis industrielle ont permis la généralisation et la prolongation de la scolarisation, mais celles-ci ne peuvent être pleinement accomplies qu'à la condition de répondre à une demande sociale d'instruction, sans laquelle toute mesure en faveur de l'alphabétisation et de la scolarisation est inéluctablement vouée à l'échec, sinon à court tout au moins à long terme. Et ce sont précisément la nature et les incidences de cette pression sociale qui mériteraient maintenant d'être plus finement étudiées.

RÉFÉRENCES

SOURCES

Recueil authentique des Lois et Actes du gouvernement de la République et Canton de Genève. (1817 à 1910).

Exposés succinct des délibérations du Conseil représentatif (1821-1824).

Mémorial des séances du Conseil Représentatif (1828-1842).

Mémorial du Grand Conseil du canton de Genève (1842-1910).

Compte rendu de l'administration du Conseil d'État (1823-1910).

Séance de l'assemblée générale des souscripteurs et donateurs pour l'instruction religieuse de la jeunesse. (1824-1849). Genève: Bonnant.

Visites pastorales. Écoles de Genève. Enquête sur les écoles. (1846; 1849; 1865). Ms. Vicariat Épiscopal du Canton de Genève.

RÉFÉRENCES BIBLIOGRAPHIQUES

Altermatt, U. (1994). *Le catholicisme au défi de la modernité. L'histoire sociale des catholiques suisses aux XIXe et XXe siècles.* Lausanne, Payot.

Baczko, B. (1982). *Une éducation pour la démocratie. Textes et projets de l'époque révolutionnaire.* Cahors, Garnier.

Bairoch, P. & Bovée, J.-O. (1986). *Annuaire statistique rétrospectif de Genève.* Genève, Département d'Histoire Économique.

Duby, G. & Perrot, M. (éds.). (1991). *Histoire des femmes. Le XIXe siècle.* Paris, Plon.

Encyclopédie de Genève (1985 à 1990). Tomes IV, V, VI, VIII. Genève, Association de l'Encyclopédie de Genève.

Fatio, O. (éd.). (1983). *Genève protestante en 1831. Acte du colloque tenu en commémoration des 150 ans de la création de la Société Évangélique de Genève et de la parution du journal «Le Protestant» de Genève.* Genève, Labor et Fides.

Fatio, O. (1990). Confession et patrie. *Bulletin de la Société d'histoire et d'archéologie de Genève*, N° XX.

Furet, F. & Ozouf, J. (éds.). (1977). *Lire et écrire. L'alphabétisation des Français de Calvin à Jules Ferry.* 2 tomes, Paris, Minuit.

Garrisson, J. (1986). *L'homme protestant.* Paris, Complexe.

Guichonnet, P. (éd.). (1986). *Histoire de Genève.* (3e éd.). Toulouse & Lausanne, Privat & Payot.

Girod, R. (1962). À Genève, de 1809 à 1845: niveaux d'instruction et inégalités intellectuelles. *Annales, 3,* 459-476.

Hameline, D. (1986). *Courants et contre-courants dans la pédagogie contemporaine.* Sion, ODIS.

Hameline, D. (1994). *Privé-public: la différence et l'inégalité.* Préface de Hofstetter R. (1994). (pp. 5-13). Carouge, Zoé.

Heimberg, C. (1996). *L'œuvre des travailleurs eux-mêmes? Valeurs et espoirs dans le mouvement ouvrier genevois au tournant du siècle (1885-1914).* Genève, Slatkine.

Heller, G. (1988). *« Tiens-toi droit! » L'enfant à l'école primaire au 19e siècle: espace, morale, santé. L'exemple vaudois.* Lausanne, Éditions d'en bas.

Hiler, D. & Lescaze, B. (1992). *Révolution inachevée Révolution oubliée 1842. Les promesses de la Genève moderne.* Genève, S. Hurter.

Hofstetter, R. (1994). *Le drapeau dans le cartable. Histoire des écoles privées à Genève au 19e siècle,* Carouge, Zoé.

Hofstetter, R. (1998). *Les lumières de la démocratie. Histoire de l'école primaire publique à Genève au 19e siècle.* Berne, Lang.

Magnin, C. (1973). *Instruction publique et privée et rapports de classes à Genève au XIXe siècle; la loi sur l'instruction publique du 5 juin 1886.* Mémoire de licence. Genève, Faculté des Lettres.

Magnin, C. & Marcacci, M. (1987). *Le Passé composé.* Genève, Tribune Éditions.

Magnin, C. (1994). « Au nom du père »: démocratie, discipline sociale et instruction publique. Les débats et décisions de la Constituante genevoise de 1847 sur la gratuité de l'instruction primaire et l'instruction obligatoire. *Discipline: usages, figures. Équinoxe, 11,* 145-158.

Marcacci, M. (1987). *Histoire de l'Université de Genève (1559-1986).* Genève, Université de Genève.

Moradpour, É. (1981). École et jeunesse. Esquisse d'une histoire des débats au parlement genevois 1846-1961. Genève, *Cahiers du Service de la recherche sociologique* N° 14.

Mützenberg, G. (1974). *Genève 1830. Restauration de l'école.* Lausanne, Grand-Pont.

Nique, C. & Lelièvre, C. (1993). *La République n'éduquera plus. La fin du mythe Ferry.* Paris, Plon.

Nouvelle Histoire de la Suisse et des Suisses (1986). (2e éd.). Lausanne, Payot.

Petitat, A. (1982). *Production de l'école – Production de la société. Analyse socio-historique de quelques moments décisifs de l'évolution scolaire en Occident*. Paris & Genève, Droz.
Rosanvallon, P. (1990). *L'État en France de 1789 à nos jours*. Paris, Seuil.
Rosanvallon, P. (1992). *Le sacre du citoyen. Histoire du suffrage universel en France*. Paris, Gallimard.
Ruchon, F. (1953). *Histoire politique de Genève 1813-1907*. Genève, Jullien.
Ruchat, M. (1990). *Le sacrifice de l'ombre. Histoire de l'éducation correctionnelle en Suisse romande 19*e. Thèse de doctorat présentée à la Faculté de psychologie et des sciences de l'éducation de l'Université de Genève.
Sottas, D. (1974). *Le Kulturkampf à Genève 1870-1878. Essai d'interprétation*. Mémoire de licence. Genève, Faculté des Lettres.

Marie-Thérèse Weber

L'école fribourgeoise : application des principes de gratuité, d'obligation et de laïcité 1830-1885

La scolarisation était déjà au Moyen Âge l'une des préoccupations des bourgeois de Fribourg. Par la suite, l'État et l'Église se sont souvent disputé l'hégémonie sur l'école, car le contrôle de cette institution renforçait leur pouvoir et leur permettait d'infléchir, dans une certaine mesure, les destinées du canton. Aussi l'application, à l'école fribourgeoise, des principes de gratuité, d'obligation et de laïcité durant les années 1830 à 1885 implique-t-elle la nécessité de rappeler le développement antérieur de cette institution. Celui-ci éclairera partiellement la situation de l'école au 19e siècle et l'enjeu qu'elle représente alors pour l'État et l'Église.

Des premiers jalons de l'école fribourgeoise

Fribourg était dotée, au Moyen Âge, d'un établissement scolaire municipal appelé *grande école* et d'instituts privés, les *petites écoles*, qui remplissaient la fonction d'écoles populaires. Bien que plusieurs couvents fussent établis à Fribourg, la *grande école* ne dépendait pas de l'Église: elle était l'œuvre des bourgeois de la ville. Réservée à une certaine élite, elle se proposait la formation d'hommes compétents au service de l'État et de l'Église. À cette époque-là, la scolarité n'était ni gratuite ni obligatoire. Au 16e siècle, les troubles entraînés par la Réforme accélérèrent, à Fribourg, le déclin de l'école. Alors, le chanoine Pierre Schneuwly, soutenu par les autorités religieuses et civiles, fut la cheville ouvrière de la Contre-Réforme et du renouveau intellectuel. Il était convaincu que la racine du mal était l'ignorance et que l'instruction faciliterait la réforme morale. Cette instruction *s'adresse d'abord à l'élite, vu qu'elle présidera aux destinées temporelle et spirituelle du canton. Cette élite sera ensuite chargée d'instruire le peuple* (Weber 1997: 24). En 1575, il obtint la création d'un Conseil d'éducation, la Chambre des Scholarques, formé de trois laïcs et de trois ecclésiastiques. Il élabora avec son concours un règlement scolaire considéré comme une charte pédagogique, qui fut appliqué en 1577. De plus, il collabora à l'implantation d'un Collège cantonal confié aux Jésuites: l'enseignement secondaire était ainsi assuré à Fribourg. Mais il fallut attendre l'avènement du Père Girard pour que l'école primaire fût organisée.

L'ÉCOLE PRIMAIRE À L'AUBE DU 19e SIÈCLE

Sous l'Ancien Régime, l'Église avait la haute juridiction sur l'école fribourgeoise qui dépendait d'abord de la paroisse, mais, peu à peu, les communes rattachées à la même paroisse voulurent avoir chacune leur école. Tenant à sauvegarder la formation religieuse et morale de l'enfant, l'Église se réservait le droit exclusif d'examiner le savoir et l'orthodoxie des idées de l'instituteur. Malgré cette autorité, le gouvernement cantonal, représenté par les sous-inspecteurs et les autorités municipales, maintenait un certain contrôle sur la vie scolaire. Le Collège, bastion de l'ultramontanisme, connut un rapide essor: *Rien ne peut être plus intéressant pour le bonheur d'un état* (sic) *que l'éducation de la jeunesse, dont une partie est destinée à gouverner l'État, et l'autre à le conduire à la félicité éternelle* (Fontaine 1789: 43). Quant à l'enseignement primaire, il se développa lentement; le chanoine Fontaine, conscient de la médiocrité de cet enseignement, insista sur la nécessité de le réformer et défricha le terrain sur lequel le Père Girard allait travailler.

En 1798, à l'avènement de la République helvétique, l'État se substitua au pouvoir ecclésiastique.

> *De communale ou de paroissiale qu'elle* [l'école] *était, elle devient exclusivement « nationale », « unitaire » et uniforme comme toutes les autres institutions de la République une et indivisible. Dès lors, c'est l'État qui s'en occupe exclusivement; [...] de confessionnelle qu'elle était, l'école tend à devenir neutre; ou, si l'on veut, en langue moderne, de « cléricale », elle tend à devenir « laïque »*. (Dévaud 1905: 12).

À ce moment-là, l'école changea d'orientation : avant la Révolution, elle était surtout chargée de former de bons chrétiens mais, après 1798, sa tâche principale était de faire de bons citoyens. Le ministre Stapfer fit établir dans chaque canton un Conseil d'éducation et des inspecteurs d'éducation chargés des visites d'écoles et des rapports au Conseil. Un arrêté du gouvernement, daté du 4 décembre 1800, exigea que toute municipalité eût son école. Par conséquent, de nouveaux établissements scolaires virent le jour dans le canton de Fribourg. Mais certaines communes durent renoncer à ouvrir une école faute de moyens financiers et d'autres n'avaient pas suffisamment d'argent pour assurer un traitement convenable à l'instituteur (souvent, l'écolage constituait une partie et parfois même l'intégralité de ce traitement). *C'est pourquoi, comme avant la Révolution, le maître d'école exerce un métier pour vivre ; il cherche tout au moins à obtenir quelques places lucratives, comme celles de secrétaire municipal, de lecteur au temple, de clerc d'église. Le Conseil d'éducation ne peut blâmer cette manière d'agir* (Dévaud 1905 : 76). Celui-ci aurait voulu rendre l'instruction primaire gratuite et faciliter ainsi la fréquentation de l'école.

Quand la Suisse connut le régime de l'Acte de Médiation, les cantons furent à nouveau souverains et l'Église reprit de l'influence sur les écoles fribourgeoises.

> *Alors eurent lieu la séparation de la commune de Fribourg d'avec l'État de Fribourg et le partage des biens nationaux en biens cantonaux et en biens communaux de la Ville, sous le nom d'Acte de dotation. Par cet acte, daté du 8 octobre 1803, il fut assigné à la ville de Fribourg, implicitement, la propriété du bâtiment des écoles primaires près de l'église de Saint-Nicolas et explicitement un revenu annuel de 3'160 francs de Suisse pour le salaire des instituteurs et institutrices des écoles inférieures soit primaires qui ont jusqu'à présent été établies à Fribourg, selon sa population et selon ses institutions existantes pour l'enseignement allemand et français, au nombre de six classes pour les garçons et de quatre pour les filles, et qui seront encore nécessaires à l'avenir, plus pour la distribution des prix.* (Schneuwly 1905 : 8).

D'autres ressources provenant notamment de créances furent ajoutées au revenu susmentionné.

Malgré les efforts entrepris par le Conseil d'éducation[1] sous la République helvétique, la situation scolaire n'était pas satisfaisante. Alors l'Avoyer et le Grand Conseil, *occupés sans cesse de tout ce qui peut contribuer au rétablissement de l'ordre moral et civil, à l'affermissement du res-*

1 La désagrégation de ce Conseil coïncida avec celle de la République helvétique.

pect dû à la religion, à la pureté des mœurs et à la pratique des vertus chrétiennes et sociales (*Décret* 1803: 191), ordonnèrent l'établissement d'un Conseil d'instruction publique formé de 12 membres dont 4 ecclésiastiques, qui était chargé de proposer un plan d'études pour les écoles primaires et supérieures. Quant à la Chambre des Écoles[2], elle demanda au Conseil communal de confier les classes françaises aux Cordeliers et les classes allemandes aux Augustins afin d'améliorer l'enseignement primaire.[3] Le Père Grégoire Girard, qui était alors gardien du couvent des Cordeliers, devint le responsable des petites écoles françaises et le Père Pélage Bérard celui des classes allemandes. Cette nouvelle organisation fut couronnée de succès.

> *Girard avait entrepris une tâche difficile. Lorsqu'il parut, l'école primaire fribourgeoise, malgré les efforts méritoires du régime helvétique attendait encore un organisateur, et tout le monde ne trouvait pas indispensable d'accorder aux enfants la « liberté de raisonner ». On était à une époque où les partis conservateurs n'étaient guère partisans de l'école publique obligatoire. Les libéraux prônaient, par contre, par égalitarisme, la diffusion de l'instruction et demandaient à l'école de contribuer à la « régénération » des peuples en répandant les « lumières ».* (Castella 1847 : 596).

Vu les compétences du Père Girard, qui avait rédigé à l'intention de Stapfer un *Projet d'éducation publique pour la République helvétique*, la Chambre des Écoles lui confia la tâche d'élaborer pour Fribourg

> *[…] un projet de règlement d'après lequel tout ce qui regardait l'éducation proprement dite, l'enseignement et la discipline était déclaré du ressort de la Chambre des écoles. À ce Conseil le droit de choisir la méthode à suivre, à classer les enfants, à décider des promotions, à veiller à la fréquentation des classes, à dénoncer les parents négligents ou réfractaires, à révoquer les instituteurs incapables, à s'assurer par des visites officielles de la marche de l'école. […] Ce projet de règlement, modèle pour la forme et le fond de lucidité administrative […], fut adopté par la Chambre des Écoles et ratifié par le Conseil…* (Daguet 1896 : 170-171).

---

2 Dès 1751 une Chambre des Écoles, où siégeaient six ecclésiastiques et six laïcs, traita les problèmes relatifs aux établissements scolaires de la ville de Fribourg. Cette Chambre, supprimée lors de la Révolution, fut rétablie en 1803 par le Conseil communal.

3 Les Ursulines s'occupaient alors des écoles de filles.

Fribourg mit alors l'instruction élémentaire à la portée de tous les enfants. En 1807, le Conseil communal déclara *que tout individu est tenu envers la patrie d'élever les enfants dont il est chargé, de manière que non seulement ils ne deviennent pas à charge au public par leur immoralité ou par leur ignorance, mais qu'ils puissent lui être utiles par leur capacité et leur bonne conduite...* (*Protocole* 1807 : 168). À cet effet, il arrêta que

> *[...] tout père de famille, ou toute autre personne le représentant, est obligé et, en cas de négligence, devra être contraint d'envoyer soigneusement ses enfants aux écoles primaires ou à des écoles particulières duement autorisées par les autorités à ce compétentes, à moins qu'il ne fasse conster qu'il prend à la maison ou dans l'étranger toutes les mesures pour que ses enfants y reçoivent une éducation équivalente...* (*Protocole* 1807 : 168).

Les parents étaient responsables de la fréquentation scolaire de leurs enfants, et, en cas de négligence de cette observation, pouvaient être l'objet d'une punition allant même jusqu'à trois jours de prison ; quant aux parents pauvres dont les enfants manquaient la classe, ils ne recevaient plus les aumônes publiques. L'école primaire n'était plus réservée à une élite, mais elle était ouverte à tous les enfants et le principe de l'instruction obligatoire était introduit à Fribourg. Les efforts de la Chambre des Écoles et ceux des autorités communales conjugués à la collaboration efficace du Père Girard permirent cette réalisation.

LES MUTATIONS SCOLAIRES, DE LA RESTAURATION À LA VEILLE DU SONDERBUND

En 1816, le Grand Conseil approuva la création d'un Conseil d'éducation qui *s'occupe de la surveillance et de la direction qui appartient à l'État, tant sur l'éducation en général que sur tous les établissements publics ou particuliers d'instruction et d'éducation...* (*Constitution et lois organiques de la ville et république de Fribourg* 1816 : 96-97). Sur ces entrefaites, Mgr Yenni revendiqua, pour l'Église, une certaine autorité sur l'école, mais en vain. *Le gouvernement monopolise, de droit comme de fait, tout l'enseignement et son organisation* (Sudan 1934 : 70). En février 1819, un arrêté sur l'organisation de l'instruction publique définit les tâches du Conseil d'éducation, de la Commission d'école d'arrondissement chargée notamment de remettre périodiquement au Conseil d'éducation des rapports sur la situation des écoles, de s'occuper des *enfants qui, dénués de vêtements en raison de l'indigence profonde de leurs parents ne peuvent fréquenter l'école*

(Arrêté du 26 février 1819: 92). Étant donné qu'aucun ecclésiastique ne siégeait au Conseil d'éducation, Mgr Yenni créa, dans chaque décanat, une Commission d'école chargée de surveiller l'enseignement. L'école fribourgeoise était donc contrôlée par l'État et par l'Église: *Double hiérarchie qui, là où la concertation ne put se réaliser, fut une entrave au progrès scolaire* (Python 1987: 181).

Le Grand Conseil fribourgeois se préoccupa aussi de l'organisation des écoles rurales dans les régions catholiques du canton de Fribourg[4] et décida que toute paroisse devrait avoir son école, qu'on maintiendrait les écoles de filles là où elles étaient implantées et qu'on essayerait d'en créer ailleurs. *Fondées sur la religion, les bonnes mœurs, le respect pour l'autorité paternelle, civile et ecclésiastique, les écoles primaires seront autant d'instituts d'éducation* (Arrêté du 30 juin 1819: 104). Dès l'âge de sept ans révolus, tout enfant devait fréquenter l'école primaire à moins qu'il ne fût malade ou instruit à la maison. Les absences des élèves étaient mentionnées dans des registres contrôlés par le curé et le syndic, et entraînaient des amendes alimentant le fonds de l'école. Malgré ces mesures, la fréquentation scolaire était irrégulière:

> *Qu'importe aux parents le degré d'instruction atteint par leurs enfants! Leur parle-t-on d'instruction, c'est toujours le mot «à quoi bon»? Qu'ils répètent. À leurs yeux, rien n'est bon que ce qui produit directement. L'économie familiale arrache l'enfant à l'école; c'est la raison des interminables vacances qu'on réclame. L'économie paysanne a besoin de l'enfant non seulement en été, mais dans les premiers jours du printemps jusqu'en octobre, non seulement un moment le soir, mais chaque jour une demi-journée.* (Sudan 1934: 205).

Quant au traitement du régent et à l'entretien des locaux scolaires, ils incombaient aux paroisses ou aux communes ayant leur propre école dans une paroisse. Les élèves, eux, payaient, chaque mois, une finance couvrant les fournitures scolaires qu'ils utilisaient; une Commission s'en chargea pour les enfants pauvres. Les écoles rurales étaient soumises à la surveillance des curés et des administrations paroissiales et à l'inspection des Commissions d'école d'arrondissement; elles recevaient au moins une fois par mois la visite du curé et du syndic. Sudan estimait

4 Un arrêté, daté du 1er février 1804, ordonnait l'organisation d'un Conseil ecclésiastique chargé de s'occuper des écoles de l'arrondissement de Morat (comme la majorité de la population de cet arrondissement était protestante, 4 ministres de l'Évangile siégeaient dans ce Conseil). En outre, la ville de Morat devait avoir son propre Conseil d'instruction publique.

que ces deux arrêtés de 1819 constituaient le statut fondamental de la législation scolaire fribourgeoise.

Étant donné le manque d'instituteurs et de moyens matériels, Girard, qui avait fortement contribué à la «démocratisation» de l'enseignement, introduisit en 1816 l'enseignement mutuel dans les petites écoles françaises de la ville de Fribourg: ce fut une réussite, mais, à la campagne, la méthode ne fut appliquée que dans quelques établissements.

> *L'assentiment des populations rurales manque en attendant que fasse défaut la confiance même à l'œuvre du Père Girard et des protagonistes du progrès scolaire. L'esprit particulariste et autonomiste de la famille résiste à l'entreprise centralisatrice du gouvernement. Celui-ci, par surcroît, est bien mal secondé. Non seulement l'appui du clergé lui fait défaut, mais les régents eux-mêmes n'entendent rien à ses intentions. La fréquentation reste irrégulière, l'instruction ne progresse pas, la méthode ne se propage pas, en un mot rien ne va, parce que, en dernière analyse, les régents ne savent rien, ne peuvent rien et ne font rien.* (Sudan 1934: 212).

Il fallait donc remédier à cette situation. Comme les écoles modèles n'étaient pas assez nombreuses pour former les instituteurs, le Père Girard fut chargé d'organiser un cours destiné aux maîtres qui en avaient le plus besoin et aux futurs candidats à l'enseignement. Ce cours eut lieu l'été 1822, mais cette expérience, qui aurait permis d'implanter l'enseignement mutuel, ne se renouvela pas l'année suivante. L'enseignement mutuel servit de prétexte aux traditionalistes pour s'opposer aux vues libérales du Père Girard et devint un enjeu politique et religieux. En 1823, le Grand Conseil vota la suppression de l'enseignement mutuel. Sur ces entrefaites, Girard démissionna. Ces événements causèrent de vifs remous et le Conseil d'éducation dut réorganiser l'enseignement d'après le mode simultané.

En 1830, les libéraux arrivèrent au pouvoir dans plusieurs cantons et inaugurèrent la période de la Régénération. À Fribourg, ceux-ci eurent gain de cause le 2 décembre 1830, mettant ainsi fin à l'hégémonie patricienne. L'éducation étant, pour eux, un facteur important de rénovation sociale, ils voulurent réformer le système scolaire en vigueur. Aussitôt, une série de violents conflits opposèrent l'Église et l'État, chacun voulant s'assurer le contrôle de la société par l'école. Les partisans de l'évêque revendiquaient la suppression du Conseil d'éducation afin de renforcer leur pouvoir. Mais le nouveau gouvernement fribourgeois confirma le rôle du Conseil d'éducation qui devait s'occuper, entre autres, *des écoles primaires, secondaires et supérieures, de leur surveillance et direction, soit par lui-même, soit par les autorités établies à cet effet ; [...] des instituteurs publics ; [...] des établissements particuliers d'instruction et d'éducation [...] Par ces attributions données au Conseil d'éducation il n'est dérogé en rien à celles qui appartiennent à l'autorité ecclésiastique relativement à l'enseignement religieux* (Loi du 27 mai 1831: 103-104). Comme la religion était la branche principale d'enseignement et que les autres matières visaient surtout la formation chrétienne des élèves, Mgr Yenni demanda qu'on accordât à l'Église un droit de contrôle sur les écoles et, en outre, que l'évêque approuvât la nomination des instituteurs et l'introduction des nouveaux livres dans les classes. Mais ces exigences ne furent pas satisfaites. Afin d'améliorer l'instruction, le Conseil d'éducation s'occupa de la création d'un poste d'inspecteur scolaire, qui fut confié à Joseph Pasquier. Celui-ci dut organiser une école normale et la diriger. En 1834, le Conseil d'éducation élabora un projet de loi qui tendait à renforcer son influence. Bien qu'il ne touchât pas aux attributions de l'Église, garanties par les lois antérieures, il voulut limiter l'influence du clergé sur les instituteurs, en précisant que leur fonction était incompatible avec toute autre charge, à l'exception de celle de député au Grand Conseil (la charge de clerc d'église serait ainsi supprimée). L'évêque s'opposa à ce projet qui, après de longues discussions au Grand Conseil, dut être remanié. En définitive, *la volonté libérale de réforme n'avait pu faire contrepoids à la résistance des communes ni à la détermination de l'autorité ecclésiastique et de ses défenseurs* (Genoud 1983: 96). Étant donné les diverses oppositions qu'il rencontrait, le Conseil d'éducation ne pouvait réaliser toutes les réformes qu'il souhaitait dans l'enseignement primaire, mais il réussit à obtenir l'ouverture d'une École moyenne à Fribourg.

En 1837, les conservateurs eurent la majorité aux élections du Grand Conseil. Certains attribuaient cette victoire à l'incapacité des libéraux à opérer d'importantes réformes à l'école primaire et au fait que les Jésuites enseignaient au Collège. L'année suivante, une pétition demanda la création à Fribourg d'un établissement scolaire privé pour remédier à l'état déplorable dans lequel se trouvait l'ancienne école du Père Girard. Malgré l'opposition du Conseil d'éducation et du Conseil municipal, une école privée fut créée à Fribourg et confiée aux Marianistes. Celle-ci se développa rapidement et servit de stimulant aux écoles publiques. Bien que les conservateurs aient obtenu la majorité au Conseil d'éducation, ils ne parvinrent pas à réformer globalement le système scolaire en vigueur. Cependant, l'un des traits marquants de leur activité fut la création et le développement des écoles de filles. Dans cette entreprise, ils étaient soutenus par l'évêque, favorable à la séparation des sexes à l'école et convaincu de la nécessité d'accorder une éducation spécifique aux filles vu leur rôle futur de mères. Les Dames de la charité de Fribourg formèrent de futures institutrices, qui suivirent, pendant dix mois, un cours financé par l'État. Quant au clergé, il souhaitait l'essor des écoles congréganistes afin de lutter contre les idées libérales. Ainsi des Frères des écoles chrétiennes s'établirent à Estavayer-le-Lac et à Châtel; les Dames de Saint Joseph se chargèrent des écoles de filles.

À la demande du district allemand, le Grand Conseil vota en 1844 la création d'une École moyenne allemande, qui s'ouvrit l'année suivante à Tavel. Cet établissement se distinguait de l'École moyenne française, notamment par les pouvoirs que l'évêque exerçait en donnant aux professeurs le *placet* et en réglant les questions relatives à l'enseignement religieux. Comme le projet de loi sur la création d'une École moyenne allemande avait facilement été accepté, le Conseil d'éducation réorganisa l'École moyenne centrale en accordant certains droits à l'Église: les livres utilisés à l'école étaient soumis, au préalable, à l'approbation de l'évêque dont la surveillance pouvait s'étendre *à toutes les parties de l'enseignement, comme aussi sur les rapports que les professeurs ont avec leurs élèves, en tout ce qui peut concerner la morale et la religion* (Loi du 16 juin 1845: 189). À partir de 1845, l'influence du clergé s'accrut, notamment par le biais de diverses commissions. Le règlement du 2 octobre 1846 concernant l'organisation de l'École moyenne française prévoit même que la direction de cet établissement pourrait être assumée par l'ecclésiastique chargé de l'enseignement religieux ou par l'un des autres professeurs. Mais le *Sonderbund* entraîna la chute du gouvernement conservateur, qui marqua la fin d'une époque pour l'école fribourgeoise.

L'ÉCOLE SOUS LE RÉGIME RADICAL

Au lendemain du *Sonderbund*, un gouvernement radical s'installa à Fribourg et une nouvelle Constitution, qui ne fut pas soumise à l'approbation des citoyens, suscita de vives protestations et même des insurrections, qui échouèrent. Alors les conservateurs lancèrent un appel aux citoyens afin qu'ils se réunissent le 24 mai 1852 à Posieux pour revendiquer l'approbation populaire de la Constitution cantonale et de nouvelles élections, mais l'Assemblée fédérale rejeta leur pétition. La plupart des Fribourgeois étaient conservateurs et désapprouvaient le régime radical qui avait pris des mesures à l'encontre de l'Église (le gouvernement avait notamment supprimé des couvents, condamné les autres à ne plus recevoir de novices, donc à disparaître par voie d'extinction).

De graves conflits surgirent aussi entre les autorités ecclésiastiques et civiles. L'évêque du diocèse, Mgr Marilley, protesta contre les empiétements de l'État et durcit même ses positions:

> *L'originalité de la résistance de Mgr Marilley fut précisément de la fonder sur les réactions religieuses mêmes que provoquaient les mesures laïcisatrices du gouvernement en faisant un pari sur leur vigueur et en les liant au mécontentement plus général qu'éprouvaient les masses devant le nouveau régime* (Python 1987: 306).

Cette intransigeance causa la disgrâce de l'évêque, qui fut emprisonné au château de Chillon, puis expulsé de Suisse le 13 décembre 1848. À la suite de ces mesures, le mécontentement grandit dans la population fribourgeoise, dont la majorité était attachée à l'Église et aux principes conservateurs.

À Fribourg, le gouvernement radical dressa un bilan négatif de l'école. *Comme il accusait d'obscurantisme le clergé réfractaire à la diffusion des lumières, il chercha à effacer les traces de la période jésuitique* (Weber 1997: 76) et il entreprit la réforme de l'instruction publique. Étant donné que J. Schaller, directeur de l'Instruction publique, ne pouvait ignorer les compétences pédagogiques du Père Girard ni ses vues libérales, il l'appela à présider la Commission de révision de la loi scolaire et il feignit

> *[...] du même coup d'orienter la réforme dans le sens des idées girardiennes. En réalité, celles-ci durent céder devant les impératifs [...]: «nationalité» et «laïcité». On vit le pédagogue expérimenté se heurter, sur tous les problèmes essentiels, à la volonté inflexible de la majorité de la commission, conduite par Daguet, son disciple de la veille* (Ruffieux 1953: 131).

Vu les divergences d'opinions, les discussions furent ardues. Finalement, Girard put remettre à la Direction de l'Instruction publique un projet de réorganisation scolaire émanant de cette Commission. Mais la plupart des propositions du Père Girard furent rejetées.

Tandis que la loi du 16 juin 1845 relative à la nouvelle organisation de l'École moyenne centrale accordait certains droits à l'évêque, la loi du 23 septembre 1848 sur l'instruction publique élimina la participation de l'Église au contrôle de l'école. *La haute surveillance de toutes les branches d'instruction et d'éducation publique appartient à l'État* (Loi de 1848: 381). Cette loi interdit de confier l'enseignement à une corporation, à une société ou à une congrégation religieuse. Mais l'enseignement religieux dépendait encore de l'Église; toutefois, l'État désignait les ministres du culte qui en étaient chargés et les livres utilisés pour ces cours étaient soumis à son approbation. Le gouvernement n'évinçait donc pas la religion de l'école, mais le pouvoir clérical. En outre, l'État délégua ses compétences à un nouvel organisme :

> *La Direction de l'instruction publique est chargée sous l'autorité du Conseil d'État : a) De la direction et de la haute surveillance des écoles primaires, secondaires et supérieures publiques ; b) De la surveillance des institutions d'enseignement privé ; c) De la surveillance particulière des instituteurs et professeurs ; d) De l'administration de tous les biens destinés à l'instruction laïque ou cléricale ; e) De la législation relative à l'instruction publique* (Loi de 1848 : 381-382).

Cette loi mentionne aussi l'obligation de la fréquentation de l'école primaire et la gratuité de l'enseignement.

Une innovation marquante de cette nouvelle loi fut la fondation d'une École cantonale qui remplaça le Collège Saint-Michel.[5] Cet établissement était formé d'un progymnase, d'un gymnase constitué des sections littéraire, industrielle et pédagogique (cette dernière section était en fait l'École normale des instituteurs) et de cours académiques. La direction de cette école fut confiée à Daguet dès sa fondation jusqu'en 1853. Mais, comme le régime était contesté, la population, en majorité conservatrice, ne soutenait pas cet établissement ; de plus, elle n'admettait pas la mise à l'écart du clergé du domaine scolaire ni certains choix pédagogiques tels que l'absence de professeurs de classe, l'enseignement par objet.

La loi scolaire de 1848 atteste donc la suprématie de l'État. Mais,

> *[...] À dire vrai, l'indépendance qu'elle gagne vis-à-vis de l'Église, l'École l'obtient au prix le plus élevé : la « protection » de l'État ; à ce prix, ce n'est plus une indépendance. Le radical intransigeant ne s'en préoccupe guère pourvu que la laïcité triomphe à tous les degrés ; tout bien considéré, il n'est qu'un clérical à rebours* (Ruffieux 1957 : 92).

DÉFENSE DE L'ÉCOLE FRIBOURGEOISE

Le climat se détendit en 1856 : en effet, de longues négociations aboutirent au retour de l'évêque à Fribourg, quelques jours avant les élections au

5 Rappelons que le Collège Saint-Michel avait été confié aux Jésuites et que ceux-ci furent bannis après l'échec du *Sonderbund*.

Grand Conseil qui renversèrent la majorité radicale. L'avènement du régime conservateur-libéral en 1856 permit une révision de la Constitution cantonale et supprima les articles anticonfessionnels et anticléricaux, mais l'obligation et la gratuité de l'enseignement primaire étaient maintenues. *L'État a la haute surveillance de l'éducation et de l'instruction publiques, qui sont organisées et dirigées dans un sens religieux et patriotique. Un concours efficace est assuré au clergé en cette matière* (Constitution 1857: 42-43). L'Église et l'État purent de nouveau collaborer.

Dès 1859, la formation des instituteurs fut assurée dans les locaux de l'ancien couvent d'Hauterive. Pour de nombreux jeunes gens, devenir instituteur était une promotion sociale: dans la hiérarchie, l'instituteur se situait juste après le prêtre, dont il était le bras droit. Il était à la fois au service de la religion et de l'État. En définitive, c'est la loi du 20 mai 1868 qui fonda une école normale pour les candidats francophones. Selon cette loi, cet établissement avait *pour but de former des maîtres capables et religieux, des hommes qui, par leurs connaissances, leurs principes et leur dévouement, puissent agir efficacement sur les mœurs et la prospérité publiques* (Loi de 1868: 50).

Dans les années 1860, la coalition des libéraux et des conservateurs commença à se détériorer sous l'influence de jeunes prêtres ultramontains et anti-libéraux. L'opposition entre le libéralisme et le catholicisme romain, qui marqua l'évolution idéologique de l'Europe pendant la deuxième moitié du 19e siècle, se répercuta aussi en Suisse. En effet, la publication du *Syllabus* (1864), la proclamation de l'infaillibilité pontificale (1870) qui engendra, en Allemagne, le *Kulturkampf*, suscitèrent une certaine agitation à Fribourg, qui favorisa la montée des ultra-conservateurs.

À cette époque, Fribourg avait un ardent défenseur de l'école en la personne de Raphaël Horner qui, en 1869, devint aumônier et professeur à l'École normale d'Hauterive. Il travailla à la fondation de la Société fribourgeoise d'éducation (1871) qui était de tendance conservatrice et revendiquait pour l'école le maintien de l'autonomie cantonale. Des représentants des autorités civiles et ecclésiastiques participaient aux assemblées générales de cette Société et démontraient par leur présence *la solidarité et l'union intime qui règnent chez nous entre l'Église, l'État et l'École* (Horner 1873: 113). Par la création de la Société fribourgeoise d'éducation, Horner s'opposait à la Société des instituteurs de Suisse romande de caractère libéral-radical. Présidée par Daguet, cette société, comptant parmi ses membres bon nombre de Fribourgeois, était favorable à la séparation de l'Église et de l'école comme aux visées centralisatrices du gouvernement fédéral.

Horner était le principal rédacteur du *Bulletin pédagogique*, organe de la Société fribourgeoise d'éducation. Craignant la perte de l'autonomie cantonale dans le domaine scolaire, il défendait dans ses articles l'école chrétienne, notamment à l'époque où l'Assemblée fédérale décida la révision complète de la Constitution:

> *Catholique et suisse, mais fribourgeois, avant tout, tel sera le double cachet de notre petite revue. Ce sera là une protestation tacite, mais permanente, contre la tentative des hommes qui cherchent à livrer à un parti politique le droit inouï de marquer toutes les intelligences et toutes les consciences de son timbre cosmopolite et athée* (Horner 1872: 4).

Quelques mois plus tard, Horner se fit de nouveau le défenseur du fédéralisme: *Ce n'est pas nous qui consentirons jamais à faire de nos 25 républiques des préfectures d'un pouvoir dictatorial; ce n'est pas nous qui sacrifierons à de mesquines susceptibilités, à des ambitions ou à des intérêts personnels, à un esprit de coterie, le drapeau fédéral...* (Horner 1872: 65). Ce projet de révision à tendance centralisatrice était dangereux pour le caractère confessionnel des écoles. Le Grand Conseil mit en garde les citoyens, car ce projet admettait

> *[...] l'ingérence des pouvoirs fédéraux, non seulement en ce qui concerne l'instruction supérieure, mais aussi en matière d'instruction primaire; en imposant aux cantons souverains un contrôle humiliant, il fournit au pouvoir central une occasion et un prétexte dans l'avenir pour s'emparer de l'instruction publique. Cette instruction une fois centralisée, que deviendraient les libertés civiles et religieuses et les droits des pères de famille?* (Proclamation 1872: 61).

Finalement, la nouvelle Constitution fédérale à laquelle les cantons catholiques étaient opposés fut acceptée en 1874. La législation scolaire fribourgeoise dut, par conséquent, être modifiée pour répondre aux exigences fédérales. Fribourg renonça en principe mais non en fait au caractère confessionnel de l'école. L'enseignement religieux, placé sous le contrôle des autorités ecclésiastiques, était garanti dans les écoles. Mais les autorités religieuses ne pouvaient plus désigner la moitié des membres des commissions d'études et le ministre du culte était écarté de la commission scolaire locale.

Les dirigeants radicaux auraient aimé instaurer une autorité centrale en matière scolaire. Aussi, en 1875, le Conseil fédéral ordonna que les recrutables subissent un examen. Le canton de Fribourg, qui avait déjà introduit cette pratique dès 1864, astreignit les jeunes gens qui ne possédaient pas les connaissances suffisantes à suivre des cours de répétition dans leur commune.

En 1882, Horner prit aussi part à la lutte que son canton menait afin de garantir une certaine autonomie à l'école. Le projet d'instituer un inspecteur fédéral fut rejeté par Fribourg qui élabora une nouvelle loi scolaire en 1884. Celle-ci inscrivit l'instruction religieuse en tête du programme malgré la propagande fédérale en faveur d'une école neutre. Cette loi, fondée sur celle de 1848, ne comportait que peu de modifications. Toutefois, elle favorisa l'avènement de l'*école chrétienne*, c'est-à-dire celle où collaborent étroitement l'État et l'Église, le régent et le prêtre. Les élections de 1886 renouvelant le Conseil d'État furent favorables aux conservateurs et amenèrent Python au pouvoir, lequel voulait réaliser dans son canton une démocratie chrétienne.

CONCLUSION

L'État et l'Église, qui furent longtemps les deux piliers de la société fribourgeoise, tantôt collaborèrent, tantôt s'opposèrent, car chacun voulait exercer l'autorité suprême sur l'école.

Fribourg eut d'abord le souci de former une élite capable de présider aux destinées du canton puis, grâce à la collaboration de Girard, « démocratisa » l'enseignement : il fallait éclairer le peuple afin qu'il pût remplir ses devoirs de citoyen et de chrétien, autrement dit de *citoyen de deux mondes* (Girard 1844 : 119).

Malgré la faiblesse des ressources financières du canton, la législation scolaire fribourgeoise put introduire sans difficultés majeures l'obligation d'instruire les enfants et la gratuité de l'enseignement primaire. Mais la laïcisation de l'école entraîna la désapprobation populaire sous le régime radical : *la sollicitude du pouvoir civil envers l'école n'était pas, en 1847, une nouveauté dans notre canton, ce qui l'était, en revanche, c'était la prétention de se passer complètement du concours de l'Église. Là réside la cause fondamentale de l'échec radical en matière scolaire* (Ruffieux 1957 : 95). Le peuple fribourgeois, dans sa majorité, manifesta, à maintes reprises, son attachement à la coopération de l'État et de l'Église dans le domaine de l'école. Cette collaboration eut son couronnement en 1889, au début de la *République chrétienne*, par la fondation d'une université d'État à caractère catholique et international.

RÉFÉRENCES

SOURCES[6]

Bulletin officiel des lois, décrets, arrêtés et autres actes publics du gouvernement de la ville et république de Fribourg, 1803-1884.

Constitution et lois organiques de la ville et république de Fribourg (1816). Fribourg, Piller.

Protocole du Conseil communal (1807). Fribourg, Archives de la Ville de Fribourg, 168-170.

RÉFÉRENCES BIBLIOGRAPHIQUES

Castella, G. (1922). *Histoire du Canton de Fribourg depuis les origines jusqu'en 1857*. Fribourg, Fragnière.

Charrière, G. (1985). *L'École cantonale de Fribourg, 1848-1857*. Mémoire de licence. Fribourg, Faculté des Lettres.

Daguet, A. (1896). *Le Père Girard et son temps*. Paris, Fischbacher.

Dévaud, E. (1905). *L'École primaire fribourgeoise sous la République helvétique, 1798-1803*. Fribourg, Saint-Paul.

Flückiger, E. (1950). *Die Stadtschulen von Murten*. Morat.

Fontaine, C.-A. (1789). *Réflexions impartiales sur la nécessité de l'établissement d'un séminaire et d'une réforme dans l'enseignement public, suivies d'un plan raisonné et des moyens d'exécuter l'un et l'autre*. Manuscrit. Fribourg, Bibliothèque cantonale et universitaire.

Forster, H. (1990). Die katholischen Landschulen Deutchsfreiburgs während der Mediation (1803-1814). *Freiburger Geschichtsblätter, 67*, 89-129.

Genoud, F. (1983). *L'école fribourgeoise à l'époque de la Régénération, 1830-1847*. Mémoire de licence. Fribourg, Faculté des Lettres.

Girard, Grégoire (1844). *De l'enseignement régulier de la langue maternelle dans les écoles et les familles*. Paris : Dezobry & Magdeleine.

Horner, R. (1872). Programme. *Bulletin pédagogique, 1*, 2-4.

Horner, R. (1872). Votation du 12 mai. *Bulletin pédagogique, 5*, 65-67.

Horner, R. (1873). Appel du Comité de la Société fribourgeoise d'éducation. *Bulletin pédagogique, 8*, 113-114.

Jelk, S. (1983). *L'École normale d'Hauterive, de sa fondation à l'ouverture de la section allemande 1859-1909*. Mémoire de licence. Fribourg, Faculté des Lettres.

Merz, R. (1927). Die Landschulen des alten Murtenbiets. *Freiburger Geschichtsblätter, 29*, 3-213.

---

6 Les protocoles du Conseil communal ont été consultés aux archives de la Ville de Fribourg et les rapports du Conseil d'éducation aux archives de l'État de Fribourg.

Python, F. (1974). *Le clergé et le pouvoir politique à Fribourg sous le régime libéral-conservateur 1856-1881*. Fribourg, Éditions universitaires.

Python, F. (1987) *Mgr Étienne Marilley et son clergé à Fribourg au temps du Sonderbund 1846-1856*. Fribourg, Éditions universitaires.

Ruffieux, R. (1953) Un aspect de l'histoire du régime radical fribourgeois. Les vues nouvelles sur l'éducation. *Annales fribourgeoises*, 122-134.

Ruffieux, R. (1957). *Idéologie et nécessité. Essai sur le régime radical fribourgeois (1847-1856)*. Fribourg, Éditions universitaires.

Scherwey, J. (1943). Die Schule im alten deutschen Bezirk des Kantons Freiburg von den Anfängen bis zum Jahre 1848. *Freiburger Geschichtsblätter*, *36*, 1-171.

Schneuwly, J. (1905). *Écoles du Père Girard*. Fribourg, Saint-Paul.

Sudan, L. (1931). L'École fribourgeoise sous le régime libéral de 1831. *Annales fribourgeoises*, 39-72.

Sudan, L. (1934). *L'école primaire fribourgeoise sous la Restauration, 1814-1830*. Paris, E. de Boccard.

Vial, J.-C. (1977). *Fribourg et la révision de la Constitution fédérale de 1872*. Mémoire de licence. Fribourg, Faculté des Lettres.

Weber, M.-T. (1997). *La pédagogie fribourgeoise, du Concile de Trente à Vatican II*. Berne, Lang.

GABRIEL MÜTZENBERG

GENÈVE ET FRIBOURG : LE CHEMIN DE CROIX D'UN LAÏCISME MODÉRÉ

Je suis partisan d'une éducation religieuse des enfants [...] Puisque la loi prévoit une collaboration entre l'école et les Églises, il faut que cette action soit loyale et effective. La leçon de religion doit être donnée dans les meilleures conditions, avec le concours actif de l'école, et constituer une sorte de culte scolaire, dont l'influence spirituelle rayonne sur l'école entière. (Atzenwiler 1940, cité par Meylan 1955 : 4).

La Révolution française, au travers de maintes fluctuations, tend vers une laïcisation certaine. L'égalité des droits, la liberté, pour chacun, d'exercer le culte de son choix, ou de n'en suivre aucun, voilà qui ne se concilie que peu avec l'existence d'une religion nationale, d'une société que régente un clergé, ou encore avec la fameuse devise de la monarchie capétienne : une foi, une loi, un roi. L'Église subsiste. On la respecte. Elle est tenue, comme toute autre institution, de se conformer à la Constitution. Mais elle ne domine pas.

L'école, qu'elle soit publique ou privée, ne sort pas indemne d'un tel processus. Influencée par la philosophie des Lumières, elle doit, sous le contrôle de l'État, et de l'État seulement, prendre un nouvel essor. Tendre, peut-être, vers l'obligation, ou vers la gratuité ou encore vers l'une et l'autre. L'instruction publique pour tous est dans l'air.

LA RÉPUBLIQUE ET CANTON DE GENÈVE

Ce droit de chacun à l'éducation, à Genève, s'inscrit dès la déclaration unilatérale et définitive, par le Conseil général, de son indépendance spirituelle et politique, le 21 mai 1536. L'école, dès lors, a un rôle premier. C'est elle – Collège et Académie – par ses fondateurs brillants humanistes, qui fait le renom de la cité. La Compagnie des pasteurs et professeurs, sous la haute surveillance du Petit Conseil, exerce la charge de son organisation et de son inspection. Si donc l'enseignement, à tous les niveaux, se trouve entre les mains de l'institution ecclésiastique, le pouvoir civil demeure le maître et le bailleur de fonds! C'est vrai, aussi, pour les écoles de campagne.

La fin de l'Ancien Régime coïncide avec un foisonnement de projets de réforme scolaire dont aucun, comme c'est le cas aussi dans la grande République voisine, ne se verra appliqué. On réaffirmera, sous une autre forme, dans la *Déclaration des droits et des devoirs de l'homme social* du 9 juin 1793 (art. XXXII), le principe de 1536: *L'instruction étant un besoin de tous, la Société la doit également à tous ses membres.* Ou dans la Constitution genevoise du 5 février 1794 (239): *Il y a des institutions nationales pour l'éducation et l'instruction publique et gratuite des citoyens et citoyennes de tout âge.* (Mützenberg 1978: 195).

En 1798, la vieille République, tout comme la Suisse, tombe sous les intrigues et les coups de boutoir du Directoire. Mais si la Confédération, transformée en État satellite, devient, pour un temps seulement, car non viable, la *République helvétique une et indivisible,* Genève est annexée purement et simplement. Chef-lieu du Département du Léman, elle parvient à conserver, dans un réflexe identitaire qui remet à plus tard tout projet de réforme, son Collège et son Académie. Et elle fonde, pour sauvegarder par des moyens financiers suffisants son patrimoine et ses institutions, la *Société économique* destinée aux seuls (anciens) Genevois. Sur le plan scolaire, elle se met donc en veilleuse.

LE CHOC DE LA RESTAURATION QUAND PÉDAGOGIE ET POLITIQUE S'EMBRASSENT

La cité de Calvin, la tourmente napoléonienne passée, ne peut plus redevenir la république purement protestante qu'elle était. Une population nouvelle s'est installée dans ses murs. De plus, face à la Confédération suisse dont l'accueil bienveillant, sous certaines conditions, constituerait pour elle l'option la meilleure, elle ne saurait hésiter longtemps. Même si l'augmentation de territoire nécessaire, pour que le nouveau canton soit d'un seul tenant, comporte un nombre de communes catholiques considérables, françaises et surtout sardes, et que la naturalisation genevoise de ces dernières s'opère sous la surveillance sourcilleuse des puissances signataires des traités de paix de Vienne, de Paris, de Turin. Le gouvernement doit en tenir compte. Au besoin, le curé de Genève, Jean-François Vuarin (1769-1843), Savoyard et royaliste, mais naturalisé genevois, ne manquera pas de le lui rappeler. Jouant des hautes protections dont il a su entourer son ministère : Madame mère aussi bien que le tsar Alexandre. Et c'est lui, jusqu'à sa mort, qui orchestrera les oppositions du clergé catholique au programme de scolarisation de l'État (Vuarin 1835 : 10, 25 ss).

Ce dernier, en effet, quand le Nouveau Territoire s'intègre à la République, a pleine conscience de sa responsabilité. Cette population dont il hérite demeure largement, il le sait, analphabète. Son inculture jure avec l'instruction élémentaire plus généralisée de l'Ancien Territoire. Une comparaison entre deux pétitions, une à Puplinge, commune anciennement sarde, l'autre à Gy, genevoise et réformée, le révèle : dans la première, pour 4 signataires, on a 14 citoyens qui tracent chacun une croix à côté de son nom ; dans la seconde, à l'inverse, pour 12 communiers qui savent signer on en a 3 seulement qui s'en montrent incapables (Mützenberg 1974 : 356 ss).

L'ambition du gouvernement, dans ces conditions, c'est de pourvoir chaque commune d'une école. Il participe largement, dans ce dessein, aux frais de premier établissement. Quant aux traitements des instituteurs et aux fournitures, c'est l'affaire des parents, par le biais des écolages, et des autorités locales. Toutefois, les uns et les autres, trop souvent, sont pauvres. Des mécènes, en général protestants, suppléent à ce manque. Ou c'est l'État, face à la carence communale, qui rallonge ses prestations…

Cet effort soutenu porte son fruit. Des classes s'ouvrent. On engage des maîtres. Mais les enfants, nombreux, par la méthode individuelle en cours, où ne sont dispensées à chacun, chaque jour, que deux ou trois leçons de quelques minutes seulement, ne font que peu de progrès. Il faudrait une autre manière de faire, collective, plus efficace.

Or, cette panacée existe : l'enseignement mutuel. Cette méthode soulève, chez les responsables de l'instruction publique, un vif espoir. Fondée, dans une salle rectangulaire ou carrée – bancs au centre, demi-cercles dessinés à même le sol contre les parois – sur le travail collectif continu de tous les élèves, par groupes, sous la direction de moniteurs et la haute surveillance du maître, elle permet l'acquisition rapide des rudiments de la connaissance : lecture, écriture, calcul. Les enfants, aux bancs, écrivent sur le sable, l'ardoise ou le papier. Aux demi-cercles, qu'ils gagnent au commandement, par une suite de gestes minutieusement prévus, ils exercent tour à tour, sous la baguette des moniteurs, lettres, syllabes, mots, phrases, calculs… Chacun, marchant au propre rythme de ses acquisitions, passe ainsi, la matière étant soigneusement graduée, d'une classe à l'autre, en ne changeant toutefois ni de maître ni de local, mais seulement de place.

Ainsi, dans une même salle, et sous un seul instituteur, 100, 200 élèves peuvent-ils être entrepris. Le Conseil d'État, à Genève, est impressionné. Ses vues de scolarisation généralisée apparaissent moins problématiques. Le grand nombre des écoliers ne sera plus un obstacle. L'autorité scolaire tient en main, semble-t-il, soudain, la pédagogie de sa politique.

L'ÉCOLE, FACTEUR D'INTÉGRATION ?

Le canton une fois constitué, son gouvernement s'interroge. Comment les nouveaux Genevois, voici peu Sardes ou Français, vont-ils s'intégrer à la République protestante à qui ils font perdre son unité ?

Comment, par exemple, ces habitants de Puplinge qui ne savent que tracer une croix à côté de leurs noms vont-ils rejoindre ces communiers de Gy si généralement capables de tenir une plume ? Peu de kilomètres les séparent. Mais l'Histoire, de tout son poids, les a rendus différents. Une autre mentalité les habite. Même si eux aussi ont traversé les temps de la Révolution et de l'Empire. Cette parenthèse n'a pas tout effacé. Paris et Turin le démontrent. Et à Genève, la Constitution ne s'est pas trop embarrassée de démocratie. Elle s'est mise dans le vent. Elle n'a pas rétabli la souveraineté du Conseil général. Et elle a mécontenté bien des anciens Genevois.

Le Conseil d'État, qui possède l'initiative des lois, n'ignore pas cette tension. Il s'emploie avec zèle à libéraliser le régime. Par un processus régulier qu'on définira comme « le progrès graduel », il modifie, amende, accorde. Le citoyen, à chaque lustre, se réveille mieux loti.

C'est dans cette même perspective de libéralisme modéré que le gouvernement travaille à la promotion scolaire dans les communes du Nouveau Territoire. Il entend former des citoyens. Bien alphabétisés. Instruits. Égaux, sur ce point en tout cas, de ceux de l'Ancien Territoire.

Étienne Dumont, le brillant rédacteur du règlement du Conseil représentatif et souverain, va plus loin encore dans cette perspective. Il envisage, pour tout le canton, sous la direction d'une commission composée de représentants, en nombre égal, des deux territoires, les mêmes écoles. Ainsi verrait-on enfin, dans un pays devenu confessionnellement mixte, enfants catholiques et enfants protestants sur les mêmes bancs ! Fusion des populations et des mentalités ! Apprentissage de la tolérance ! L'expérience, note-t-il, a été faite à Carouge (Dumont s.d. : 109 ss).

Cette proposition hardie (trop ?) n'a pas de suite. La religion, catholique ou protestante, dans l'éducation de la jeunesse, ne peut avoir qu'une place, la première.

La théorie politique d'arrière-fond de la Constitution tant décriée, ouvrage d'un de ses principaux inspirateurs, Joseph des Arts, prête à l'influence religieuse toute la force de l'ordre social. C'est elle qui forme les rois, dispose les riches à la modestie et à la libéralité, *fait aimer à chacun les devoirs de son état* (Des Arts 1816 : 65 ss).

Dumont, libéral protestant – il a fait de la théologie – collaborateur de Mirabeau et disciple de l'utilitarisme de Bentham, appliquerait volontiers au nouveau canton un remède de cheval. Le voit-il déjà, dans une vision prémonitoire, s'enfoncer jusqu'à la fin du siècle dans ces conflits confessionnels inextricables qui se cristalliseront autour des noms de Vuarin, de Marilley, de Mermillod ?

L'ÉCOLE, REFLET DE LA SOCIÉTÉ

Les progressistes audacieux – faut-il dire utopistes ? – qui par l'éducation voudraient changer le monde, ne font que peu de disciples. L'institution scolaire, engoncée dans une pâte sociale difficile à remuer, ne peut les suivre.

Les écoles catholiques, une bonne trentaine autour de 1840, dont 11 de garçons, 8 de filles et 13 mixtes, peuvent dépasser chacune, grâce à l'usage de la méthode mutuelle, le nombre de 180 élèves. Les progrès de ces modestes établissements, sous le contrôle de la *Commission d'instruction publique* de cinq membres, en majorité catholiques, et, dès 1826, d'un inspecteur à plein temps, sont réjouissants. Le Conseil d'État a la haute main sur cette organisation. Les communes et les parents, ainsi qu'un comité local, font leur part. Quant à l'Église, payée par l'État, elle se charge de l'enseignement religieux. Surtout, elle fait en sorte que l'école, jusqu'au bout des ongles, si l'on ose dire, soit catholique : dans son personnel – l'instituteur, pour être nommé, doit obtenir un certificat ou *placet* de l'autorité épiscopale –, ses manuels, ses lectures, son programme.

Rien de plus légitime en vérité. Toutefois, son exigence, sur deux points, heurte de plein fouet le propos de l'autorité scolaire : l'enseignement mutuel ; la coéducation des sexes. Elle a l'un et l'autre en abomination, et, quand elle le peut, les tient en échec, les entrave. Jean-François Vuarin y va de ses pamphlets. Anonymes le plus souvent ! Mais personne ne s'y trompe. Et on sait bien que tout ce qui est protestant, à ses narines, a une odeur de soufre. L'injure à l'endroit de la Réforme et des réformés, sous sa plume, est coutumière.

De plus, il estime toujours que son Église, prétéritée, n'a pas assez de liberté – lui qui la refuse systématiquement aux autres et applaudit à la mise à sac, par la populace, le 31 mai 1835, de la salle de culte privée d'Anières. Cela en dépit de son attitude ultra-conservatrice qui rejoint allégrement celle de Des Arts dans son ouvrage: *Les hommes naissent et demeurent inégaux en droits.* Il est vrai que le curé de Saint-Germain, qui fait de la classe installée dans les combles de son église sa chasse gardée, au prix de mainte péripétie où l'on voit l'autorité scolaire et la police intervenir, n'en est pas à une contradiction près. Il a sa logique, celle de Rome, revue et corrigée par lui (Mützenberg 1974: 125 ss, 134 ss, 499 ss).

L'école n'agit donc pas en maîtresse dans la société. Elle est servante. Elle épouse les formes d'organisation adoptées, dans un lieu donné, par le corps social. Elle se conforme au régime politique et religieux en cours. Elle se laisse modeler. Elle plie. Et elle demeure, dans ces conditions, strictement confessionnelle.

Le père Girard, à Fribourg, pensera pouvoir lui donner une assise plus large, et une position d'autorité qui lui permette d'exercer son influence sur l'ensemble de la population. Mais il devra déchanter.

LE PÈRE GIRARD À FRIBOURG

Un des biographes du célèbre cordelier, Alexandre Daguet (1896: I, IX), écrit dans sa préface: *Les Jésuites et leurs soutiens ne se trompaient pas lorsqu'ils considéraient la modeste école du père Girard comme un danger pour la religion, c'est-à-dire pour la domination du clergé.*

Que penser de cette affirmation sévère? N'est-elle pas excessive, voire abusive?

UN CATHOLICISME TOLÉRANT, UNIVERSEL

Enfant, le futur disciple de François d'Assise est profondément touché par ce qu'il appellera *la théologie de ma mère.* Cette dernière, un jour que le prêtre avait épouvanté son fils en lui disant que tout non-catholique était voué à l'enfer, et que le jeune garçon pensait alors avec douleur à la paysanne protestante de Morat qui venait chaque semaine les régaler de ses produits, toujours chaleureuse et gaie, lui avait dit, au moment où il s'en ouvrait à elle: *Ton curé n'est qu'un âne, Dieu ne damne pas les bonnes gens.*

Girard, tout au long de sa vie, serrera cette parole dans son cœur. La lecture de la Bible, ses contacts avec des protestants comme le ministre de la République helvétique Philippe-Albert Stapfer, qui le prend à son service, ou avec les pasteurs et notables de l'Église réformée de Berne, quand il y remplit avec beaucoup de tact les fonctions de premier curé de la ville depuis la Réforme, sont pour lui décisifs. Il admire le respect qu'on a, dans les écoles bernoises, de la foi catholique des enfants émigrés de Suisse centrale. S'il n'avait déjà été tolérant à ce moment-là, dira-t-il, il le serait alors devenu (Lüginbühl 1888 : 114).

Enseignant expérimenté et catéchète virtuose, il a pour ambition une éducation à l'humanité ouverte sur le monde. Aussi exulte-t-il à la pensée de se voir confier, en 1804, les petites écoles françaises de sa ville natale. Immédiatement, sa manière paternelle, souriante, douce, de prendre les enfants, avec beaucoup de dignité, de fermeté, lui gagne les cœurs. Il a l'art de susciter, dans l'esprit de ses élèves, un puissant intérêt pour les matières enseignées. Aussi le succès, très rapidement, répond-il à ses efforts. Les garçons pauvres, qui croupissaient autrefois dans l'ignorance et la grossièreté, inquiétant leurs parents et les autorités en faisant les quatre cents coups, sont maintenant rangés, assidus, polis, impatients de se rendre à l'école. Le changement est spectaculaire.

On comprend, dans ces conditions, que le nombre d'élèves augmente régulièrement et rende le travail des instituteurs, qui pratiquent la méthode simultanée, quasiment impossible…

On est en 1815. Girard, comme les Genevois, découvre l'enseignement mutuel. *Don du Ciel !* s'exclame-t-il. Et il se met à l'œuvre, l'adapte à sa vision personnelle, toute de fine psychologie.

Las ! ses ennemis, au zèle amer dès longtemps allumé – on lui reproche d'être disciple de Kant – se déchaînent au nom de la religion. L'Église catholique, en France, déclare la méthode *abominable, impie, calculée pour la destruction du trône et de l'autel*. Girard se défend. Il multiplie les enquêtes, les mémoires… L'enseignement mutuel n'est-il pas vieux comme le monde ? dit-il. Dès qu'un enfant a instruit ses frères et sœurs, il était là (Daguet : 1896 : I, 300 ss).

Le directeur des écoles françaises, pour l'heure, a gain de cause. En 1817, l'évêque Pierre-Tobie Yenni, dans l'idée de concourir aux projets de l'instruction publique, fait l'éloge de la méthode. Girard peut aller de l'avant.

L'école prospère. Les cérémonies de clôture, en présence des plus hautes autorités, en célèbrent les progrès. Des chants inédits font éclater sa joie. Et c'est l'occasion, pour le chef de l'établissement, d'une exhortation bien sentie.

> *S'il est mal d'éclairer la jeunesse, s'exclame-t-il en 1815, l'autorité doit, dès ce moment, renverser toutes les chaires, fermer toutes les écoles, brûler tous*

> *les livres ; et, loin de mettre la parole sur les lèvres de son enfant bien-aimé, la mère doit le condamner au silence et à la stupidité [...] Prédicateurs de ténèbres, s'indigne-t-il, faites donc le procès de l'auteur de la nature !* (cité par Meylan 1950 : 249).

On ne saurait être plus clair. Toutefois, d'aussi sages raisons ne convainquent pas une réaction qui va réussir à rappeler, en 1818, les Jésuites à Fribourg. Girard, désormais, a tout à craindre. Mais il n'en poursuit pas moins son plan. N'a-t-il pas promis de consacrer sa vie entière à la jeunesse de son pays ?

La diffusion de la méthode mutuelle dans les écoles rurales le préoccupe. Pour en faciliter l'usage, il met en œuvre, en 1820, sa *Grammaire des campagnes.* Ainsi peut-il *apprendre à l'enfant la langue de la loi et de la religion par l'étude des mots et de la construction française.* L'affaire, du côté des autorités, semble en bonne voie.

À fin avril, il passe quelques jours heureux à l'Institut de Vernier, chez le pasteur François Marc Louis Naville venu visiter son école, en compagnie d'autres Genevois, deux ans auparavant. Les affinités, entre les deux hommes, sont vives. Même largeur d'esprit, même sentiment d'un christianisme universel de la pratique journalière sur lequel l'un et l'autre estiment nécessaire, dans leur enseignement, de bâtir, cela sans entrer dans les circonvolutions complexes de la dogmatique des Églises – à réserver aux ecclésiastiques en charge. Ainsi, de même que l'Institut de Vernier peut passer pour une École nouvelle avant la lettre (Ferrière 1907), de même le moine et le ministre de l'Évangile sont-ils prêts, dans une perspective œcuménique non encore de mode, à considérer davantage ce qui les unit que ce qui les sépare (Daguet 1896 : I, 355 ss, 433 ss).

UN OBSCURANTISME EN CRUE

Rentré à Fribourg, Girard met en train l'impression de sa *Grammaire.* Elle se fera feuille par feuille, les épreuves en passant chaque fois à l'évêché pour vérification. Or, quand on en arrive à la dernière, le texte ne revient pas à son auteur. L'évêque a pris peur. Le séjour du Cordelier chez Naville a soulevé les fanatismes confessionnels, et, avec eux, toute la hargne qui poursuit, en France notamment, l'enseignement mutuel. Ce dernier, *protestant,* destructeur de l'ordre social, *sort tout le monde de sa place.* Le moniteur, qui dirige les exercices de son groupe, s'estime supérieur au jeune patricien. Les hiérarchies sont renversées, l'absolutisme contesté, la domination du clergé dénoncée.

Or, la *Grammaire des campagnes*, conçue pour promouvoir la méthode, si elle développe le jugement moral de l'enfant dans un langage religieux dénotant à chaque page l'estampille catholique, n'imbibera pas peu à peu, fait toutefois remarquer l'évêque, *l'esprit et le cœur des vérités de la foi*. Elle remplacera d'autres ouvrages plus délibérément catholiques. Aussi Mgr Yenni demande-t-il à Girard d'en suspendre la publication.

L'auteur, ulcéré, répond par un long mémoire. Il s'étonne qu'on reproche à son livre de ne pas être une apologie du catholicisme. A-t-on de pareilles exigences pour le Lhomond, le Restaut, qui sont approuvés partout ? Une grammaire n'est pas un catéchisme. Elle n'a pas à énoncer, encore moins à expliquer, les dogmes de l'Église. Son propos est différent. Mais ce qui, avant tout, choque le Cordelier pédagogue, c'est l'usage qu'on fait, dans cette affaire, de la religion. Il ne connaît hélas que trop *les dispositions de certains esprits qui, à force de vouloir paraître catholiques, ne se mettent pas en peine d'être chrétiens* (Daguet 1896 : I, 447).

Tandis que la réaction, en Europe, sous la baguette du prince de Metternich, son talentueux cocher, s'affirme avec violence, le père Girard continue sur sa lancée. Toutefois l'annonce par Louis XVIII, lors de l'ouverture des Chambres du 28 janvier 1823, de l'envoi de quelque cent mille hommes en Espagne, donne aux Jésuites de Fribourg le signal de leur assaut. L'évêque, acculé par les pressions venant de l'intérieur et de l'extérieur, adresse au Conseil d'État, le 25 février 1823, une lettre qui renie délibérément ce qu'il avait approuvé en 1817. Il y développe dix griefs contre l'enseignement mutuel.

Girard, fidèle à lui-même, se défend. Le Conseil communal le soutient. Plus de 400 pères de famille signent une pétition. La population, indignée par le volte-face de Mgr Yenni, manifeste sa désapprobation. Il y a même, devant l'évêché, le Collège St Michel, la maison de l'avoyer, des cris séditieux, un commencement d'émeute : *Vive Girard ! À bas l'évêque et les Jésuites !...* Le Cordelier en est navré.

Toutes ces démarches, toutefois, sont vaines. Même la publication, par son ami Naville, sous le pseudonyme de l'*Observateur de Genève*, des deux lettres contradictoires de l'évêque, assorties de pertinentes réfutations (Naville 1823), ne fait qu'attiser les accusations de ses ennemis. Le 4 juin, après une discussion de neuf heures, le Grand Conseil abolit l'usage de la méthode lancastérienne par 79 voix contre 35. Girard, le 6, donne sa démission. Cinq instituteurs suivent son exemple. Et l'École, objet d'admiration de tous les pédagogues, quelle que soit leur confession, retombe dans une insignifiance totale. Abolie au nom de la religion, son enseignement religieux, bientôt, se borne à la récitation du catéchisme (Daguet : 1896 : II, 2-68).

Gabriel Compayré aurait donc raison: *Au fond, ce qu'on ne pouvait pardonner à Girard, dans un milieu arriéré où l'on croyait devoir fonder la religion sur l'ignorance, c'est qu'il cherchait à éveiller les intelligences* (1906: 71).

UN CATHOLICISME EXALTÉ : LES JÉSUITES ET LE *SONDERBUND*

La Compagnie de Jésus, fondatrice du Collège St Michel au 16ᵉ siècle, connaît au 19ᵉ, à Fribourg, tout en réduisant à néant l'œuvre du père Girard, une floraison assez exceptionnelle. Son monumental Pensionnat (1827-1847), haut lieu de l'aristocratie légitimiste française à l'époque de Louis-Philippe, abrite jusqu'à plus de 350 étudiants chaque année. Et comme ils sont souvent accompagnés par leur famille, la ville, qui bénéficie ainsi d'une croissance économique fort bienvenue, voit toute une société, brillante et riche, évoluer entre ses murs.

Le propos de la Compagnie, on le sait, est la formation des élites. L'instruction populaire ne l'intéresse pas. Le peuple doit demeurer attaché à sa modeste condition. L'instruire, c'est l'entraîner vers des situations qui ne peuvent être, dans le contexte social du temps, que déceptrices…

Les études proposées aux jeunes gens sont donc tournées vers le passé; elles misent sur le *statu quo*, comme le montre bien Kathleen Ashe, une dominicaine américaine, et sont le plus souvent, hélas, bien que non sans éclat, coupées de la vie réelle. Orientées vers l'avenir, et ouvertes sur la société contemporaine, elles auraient peut-être pu coexister, voire collaborer avec les écoles du père Girard. Mais l'incompatibilité entre leurs deux conceptions des choses était avant tout d'ordre idéologique.

On le voit bien quand les tensions politico-religieuses, au sein d'une Confédération d'État de moins en moins viable qui cherche sa voie, s'acheminent peu à peu vers la crise du *Sonderbund*. L'enseignement des Jésuites suit alors le principe d'une clôture intellectuelle stricte. Il se meut dans un monde fermé. La culture classique dont bénéficient leurs élèves par la pratique assidue des auteurs peut bien être aussi solide que brillante, les contenus, toujours concoctés dans les officines de la Compagnie, se contentent souvent, en matière d'histoire notamment, de généralités stéréotypées et tendancieuses. Ainsi, dans l'ouvrage du père Bellefroy, *Histoire de l'Helvétie depuis son origine jusqu'à nos jours* (1841: 159 ss), les Réformateurs ne sont-ils que des perturbateurs avides de richesses, de plaisirs et de puissance.

Les collégiens, pensent leurs maîtres, se méfieront cordialement d'un monde trop facilement corrupteur. Ils ne se laisseront pas circonvenir par les sirènes du romantisme. Ni par les boursouflures de l'imagination. Ils se garderont comme du feu des rêves de liberté. Mais leur piété, messe quotidienne, communion fréquente, confession obligatoire, s'enrobera de musique et revêtira, dans les célébrations, une certaine pompe. Un mysticisme exalté coule, prêt à s'enflammer.

Il ne pourra le faire que dans une seule direction : celle qu'indique, invariablement, face au pygmée de la science, de la littérature et de l'art, ce géant qu'est l'Église. L'image est d'un des prédicateurs de la maison, Barrelle, qui a le talent, dans ses sermons, de faire frémir d'effroi ses jeunes auditeurs. Pour lui *toute innovation, toute transformation, toute altération est interdite.* L'Arche du Salut ne change pas. On ne peut que la vénérer. Et lui obéir.

La religiosité proposée par les Pères s'attache volontiers, dans le souvenir d'un glorieux passé, aux côtés surnaturels de la foi. Des reliques apportées au Collège – le corps de saint Serapion, don du pape Grégoire XVI en 1836, et la tunique du Christ – y jouent un rôle important. Deux étudiants, grâce à elles, sont guéris d'un pied malade. L'évêque déclare alors qu'il ne peut s'agir, dans ces deux cas, que d'une intervention directe de la puissance divine (Ashe 1971 : 101).

Cette atmosphère où le miracle vient récompenser le fils d'une famille de la haute société – Charles de Damas en l'occurrence – illustre une dévotion certaine, chez les Jésuites de Fribourg, à la cause sacrée du trône et de l'autel. S'ils se défendent de s'allier formellement à un parti, ils ne craignent pas de dévoiler au grand jour leur mentalité résolument « Ancien Régime ». Si donc il peut paraître abusif de prétendre qu'ils ont été les maîtres de la ville – le grand historien Dierauer pourtant le pense – il est clair que leur présence, leurs sympathies, leur enseignement, leurs prédications enflammées, ont joué un rôle décisif dans la formation de l'opinion politique des Fribourgeois à l'heure du *Sonderbund*.

Très critiques à l'endroit du libéralisme et de la démocratie, et constamment immergés dans un milieu où règnent souverainement, comme étant le bien en soi, le légitimisme et le cléricalisme, ils placent le surnaturel, dans leurs sermons, au cœur de la problématique du jour. Aumôniers des soldats mobilisés pour résister à l'assaut des troupes fédérales, ils les persuadent que Fribourg est appelée à être une ville martyre, une ville sainte. Dieu l'a protégée jusqu'à ce jour, disent-ils. Il opérera encore un miracle en sa faveur (Ashe 1971 : 142).

Le père Girard, rentré dans sa patrie en 1834, après un long séjour à Lucerne, prône pour son canton la neutralité qu'il avait observée – tout à l'avantage du catholicisme – lors des précédentes guerres civiles de 1531, 1656, 1712. Mais le Grand Conseil ne suit pas cet avis. Il se laisse enflammer par l'exaltation religieuse qui s'est emparée des esprits sous l'influence des Jésuites. Et le vieux Cordelier écrit: *L'esprit qui règne ici est tel qu'un homme sensé et chrétien s'y trouve presque en enfer. Tout ce que je vois est si triste que je m'exilerais une deuxième fois si je n'avais pas 82 ans* (Compayré 1906: 106).

CONCLUSION : UN ÉCHEC, LE LAÏCISME ?

La tendance au laïcisme, en Suisse, ne réclame pas une école sans Dieu. Elle suppose, toutefois, la liberté d'enseignement: droit, pour chacun, d'enseigner indépendamment de l'État; droit, pour la famille, de recevoir l'enseignement de son choix; droit, pour le maître, d'exprimer son opinion et de communiquer sa pensée (Martin 1910: 11).

Sans doute le respect de cette dernière exigence ne va-t-il pas sans poser de graves problèmes de conscience. Un enseignant peut-il, sans blesser les convictions de tel ou tel de ses élèves, appuyer de toute l'autorité que lui confère sa position la religion – ou l'idéologie – qui est la sienne? Ne contrevient-il pas, s'il le fait, à son devoir strict?

Dans une société où l'unité morale serait parfaite – mais peut-elle l'être vraiment? – la question ne se poserait pas. L'école publique d'État, confessionnelle, comme à Fribourg, contenterait tout le monde. L'exemple du père Girard, au sein d'une population entièrement catholique, montre cependant qu'il n'en est rien. Les tenants d'une même confession peuvent avoir, en matière d'éducation, des conceptions qui postulent une école différente. De telle sorte qu'un certain pluralisme scolaire, dans un tel milieu, ne se justifie pas moins que dans un canton devenu mixte, comme Genève, sur le plan confessionnel.

Certes, l'État, dans une telle situation, peut intervenir pour imposer une école ouverte à tous, respectueuse de chacun, laïque, neutre. La libéralisation que tente, en 1848, le gouvernement radical de Fribourg, en offre, dans son échec, un éloquent exemple. Il était difficile, voire impossible, pour une population qui n'avait pas changé, et que l'esprit révolutionnaire du temps touchait peu, de passer du catholicisme exalté des institutions d'avant le *Sonderbund* au libéralisme tolérant d'une école laïque. Même si cette dernière, quant à l'enseignement religieux, se contentait de le contrôler, et ne le supprimait pas (Ruffieux 1953: 131).

Le canton de Genève, lui, sous la contrainte de son évolution politique, démographique et religieuse, procède à une laïcisation graduelle: 1. La Compagnie des pasteurs cesse de régner sur l'école (Loi du 27 janvier 1834). 2. L'enseignement religieux, dans les Collèges, est l'apanage des seuls ecclésiastiques (Loi du 4 avril 1836). 3. L'école primaire, demeurée confessionnelle sous le contrôle de deux inspecteurs, l'un catholique, ancien séminariste, l'autre protestant, pasteur, devient elle aussi, en même temps que gratuite, laïque (Constitution du 24 mai 1847, Loi du 25 octobre 1848, Règlement des écoles primaires du 21 juin 1849, Loi du 19 octobre 1872).

Ces étapes successives ne se réalisent pas sans résistances. L'Église romaine, fidèle à son principe, celui qu'exprime encore avec force le pape Pie XI (*Lettre encyclique* [...] 1929: 33) et le Concile Vatican II, en termes plus mesurés (*Actes du Concile* [...] 1966: III, 201 ss), n'acceptent pas une école dans laquelle la foi catholique, entre les mains d'un instituteur *catholique,* n'imprègne pas tout l'enseignement. Le curé de Genève Dunoyer, dans un *Mémoire* à Mgr Marilley, son évêque, ne le cache pas (Dunoyer 1849, *cf. Recueil des Lois* XXXIV: 604 ss). Il constate, l'Église se trouvant dépouillée de ce qu'elle estime ses droits, contrôle du personnel, des livres, des matières enseignées et des méthodes, qu'il n'y a plus dans le canton que des écoles confessionnellement mixtes qui peuvent être fréquentées indifféremment par des élèves de tous les cultes. Le maître ne pouvant être, dans ces conditions, que neutre (Mützenberg 1972: 407 ss). Mais cette neutralité, en réalité, est-elle possible? Elle ne l'est pas, en tout cas, pour des enseignants catholiques qui se veulent fidèles à leur Église. Mais le serait-elle, en revanche, pour d'autres? Un éducateur n'a-t-il pas toujours, quel que soit son bon vouloir, une opinion, qui transparaît dans ses actes et dans son dire? (Marschall 1948: 103 ss).

À Fribourg, la parenthèse radicale fermée, une école strictement contrôlée par un État laïque ne subsiste pas. Alexandre Daguet, son maître à penser, doit s'exiler.

Quant à Genève, en dépit d'une virulente opposition – l'Église catholique n'abdique jamais – le laïcisme finit par s'imposer. Mais jusqu'en 1907, date de la séparation de l'Église et de l'État, la lutte demeure farouche: petite guerre menée par le clergé qui s'arrange, ayant fixé l'heure du catéchisme en début de matinée, pour que les élèves arrivent en retard dans leurs classes; secteur public de plus en plus déserté au profit des établissements tenus par des congréganistes – 126 en 1869; Église catholique dite nationale, ou libérale, plus tard *chrétienne,* vigoureusement soutenue par le gouvernement d'Antoine Carteret pour faire pièce, mais sans succès durable, à l'Église ultramontaine du Concile Vatican I qui proclame, en 1870, l'infaillibilité du pape... (Pons 1865: 21, 58, Mützenberg 1972: 453).

Manifestement, dans cet affrontement prétendu sans merci, la diplomatie vaticane marque des points. Les radicaux en mal d'électeurs doivent composer. Ils ont besoin des voix des catholiques. Aussi la laïcité, avant la Loi de 1872 qui sépare l'enseignement religieux à l'école primaire du programme obligatoire en le remettant aux seuls ecclésiastiques, comme c'était déjà le cas dans les Collèges, demeure-t-elle incomplète. D'autant plus que la liberté d'enseignement garantie par la Constitution laisse la porte ouverte à la vague, fluctuante il est vrai, des écoles privées. Le problème, à l'aube du troisième millénaire, est plus actuel que jamais…

On peut toutefois se demander si la victoire, soit de l'École confessionnelle d'État, comme à Fribourg, soit de l'école publique laïque, comme à Genève, constitue la solution la meilleure. Sur la lancée du père Girard, les Naville et leurs émules, après la Révolution fazyste, lancent avec l'*Institution Rilliet* et l'*Institution Lecoultre* des établissements non-confessionnels dans lesquels l'instruction religieuse, loin d'être écartée, mais chrétienne, biblique, imprègne profondément, dans son esprit, l'atmosphère qu'on y respire (Mützenberg 1972: 436 ss). On est en présence, ici, d'un œcuménisme non inféodé à une institution dominatrice, que ce soit l'Église de Rome avec ses diplomates, les nonces apostoliques – celui de Suisse, en 1873, se voit justement expulsé par les radicaux – ou qu'il s'agisse d'une école sans religion, neutre, privée de toute finalité, de toute sève spirituelle, qui prône l'autonomie totale de la raison, mais ne laisse pour finir dans le cœur de ses élèves qu'un vide existentiel propre aux plus sinistres floraisons. Mieux vaut, nous semble-t-il, une pédagogie ouverte à la foi qui laisse l'enseignement dogmatique aux Églises, n'oppose pas nature et grâce, et ne jette pas, dans la vie, des jeunes privés de toute patrie spirituelle. Car c'est sans doute bien là ce que voulait, en définitive, dans un État non-confessionnel, et pour l'ensemble du peuple (*laos*: le peuple des laïques), l'article 27, alinéa 3, de la Constitution fédérale de 1874, accepté, mais jamais appliqué (Marschall 1948: 200 ss, *cf.* Probst 1982: 10 ss).

RÉFÉRENCES

Ashe, K., O. P. (1971). *The Jesuit Academy (Pensionnat) of Saint Michel in Fribourg 1827-1847*. Études et recherches d'histoire contemporaine N° 1. Éditions Universitaires, Fribourg.

Baubérot, J. (1990). *La laïcité, quel héritage? de 1789 à nos jours*. Genève, Labor et Fides.

Bellefroy, Le R.P. (1841). *Histoire de l'Helvétie depuis son origine jusqu'à nos jours*. Manuel du Collège. Fribourg.

Compayré, G. (1906). *Le père Girard et l'éducation par la langue maternelle.* Paris, P. Delaplane.

Daguet, A. (1896). *Le père Girard et son temps. Histoire de la vie, des doctrines et des travaux de l'éducateur suisse (1765-1859).* 2 vol. Paris, Fischbacher.

Déclaration des droits et des devoirs de l'homme social (1793) placée en tête de la Constitution de 1794. Bibliographie Rivoire, t. II, 3959, 4311, 5739. Genève.

« Déclaration sur l'éducation chrétienne ». *Les Actes du Concile Vatican II* (1966), vol III, 191-213. Paris, Centurion.

Des Arts, J. (1816). *Les principes de la Révolution française sont incompatibles avec l'ordre social.* Paris et Genève, Paschoud.

Dumont, É. (s.d.). *Recueil de pièces diverses relatives à l'éducation et à l'instruction publique.* Genève, Bibliothèque publique et universitaire, Ms Dumont 42.

Dunoyer, J.-V. (1849). *Mémoire adressé à S.G. Mgr Marilley, évêque de Lausanne et de Genève, sur le nouveau règlement des Écoles primaires du Canton de Genève.* Carouge, F. Grumel.

Ferrière, A. (1907). Une école nouvelle en 1830. Genève, *La Semaine littéraire* des 1er et 8 juin 1907.

Girard, G. (1819-1835). Fragments de lettres au pasteur Naville. Genève, Bibliothèque publique et universitaire, Ms. suppl. 1473, fol. 69-122.

Lüginbühl, R. (1888). *Philippe-Albert Stapfer, ancien ministre des arts et des sciences et ministre plénipotentiaire de la République helvétique. 1766-1840.* Paris, Fischbacher.

Marschall, J. (1948). *Das Prinzip des Konfessionslosigkeit der öffentlichen Schulen in der Bundesverfassung.* Berne, Haupt. (Thèse Zurich).

Martin, W. (1910). *La liberté d'enseignement en Suisse.* Paris et Lausanne, Arthur Rousseau et Payot.

Mémorial des séances du Grand Conseil (1848) ; t. III. Genève.

Meylan, L. (1950). L'œuvre du Père Girard. *Éducateur et Bulletin corporatif de la Société pédagogique de Suisse romande,* 242-252 ; 262-267.

Meylan, L. (1955). L'école laïque en Suisse. *Extrait de la Nouvelle revue pédagogique.* Paris, Casterman.

Mützenberg, G. (1962). Un grand homme d'État anglais apôtre de la liberté religieuse en Irlande : William Ewart Gladstone (1809-1898). *Les Cahiers protestants,* 245-263.

Mützenberg, G. (1972). Révolution genevoise de 1846 et pédagogie chrétienne, ou Un grand pas vers l'école laïque. *Revue suisse d'histoire,* 22/3, 433-457. Bâle, Schwabe.

Mützenberg, G. (1974). *Genève 1830. Restauration de l'école.* Lausanne, Grand-Pont. (Thèse de doctorat).

Mützenberg, G. (1977). Une école à la mesure de la démocratie et de la liberté. *Cahiers de l'Alliance culturelle romande* N° 23, 143-147.

Mützenberg, G. (1978). Plan d'éducation ou rêverie pédagogique? *Bulletin de la Société d'histoire et d'archéologie de Genève, 16/2*, 187-195.

Mützenberg, G. (1982). De Genève à Paris: quand l'éducation républicaine se veut spartiate. *Revue suisse d'histoire, 32*, 451-455. Bâle. Schwabe.

Mützenberg, G. (1997). *Grands pédagogues de Suisse romande*. Lausanne, L'Âge d'homme.

Naville, E. (1850). Notice biographique sur le père Girard. *Bibliothèque Universelle*, 1850/14. Genève et Paris.

Naville, F. (1823). L'Observateur de Genève. *Mémoires de Mgr l'évêque de Lausanne et Genève*, adressés au Conseil d'État de la Ville et République de Fribourg en 1817 et 1823. Genève, Barbezat.

Pie XI (1929). *Lettre encyclique sur l'éducation chrétienne de la jeunesse*, 31 décembre 1929. Paris, Maison de la Bonne Presse.

Pons, A.-L. (1865). *Genève et ses écoles rivales, menaçant sa paix à venir.* Genève, Sabot.

Probst, A. (1982). Essai sur l'histoire de la laïcité. *Ichthus, Revue évangélique*, N° 110, 9-14, Marseille.

Recueil authentique des Lois et Actes du gouvernement de la République et Canton de Genève, t. XXXIII, 1847; t. XXXIV, 1848.

Ruffieux, R. (1953). Un aspect de l'histoire du régime radical fribourgeois. Les vues nouvelles sur l'éducation. *Annales fribourgeoises*, 122-134.

Vuarin, J.-F. (1835). *Mémoire présenté à Mgr l'évêque de Lausanne et de Genève, par le clergé catholique du Canton de Genève, sur les pièges tendus par l'hérésie à la foi de la population catholique*. Genève, Vignier.

MARTINE RUCHAT

« RÉCALCITRANTS », « INDISCIPLINÉS » ET « ARRIÉRÉS » : FIGURES DE LA DÉVIANCE SCOLAIRE 1874-1890

Dès la fin du 18e siècle, la philanthropie a suscité la création d'un grand nombre d'institutions « protectrices » des enfants des classes populaires. Les diverses pratiques de contrôle social (Ruchat 1993 et 1996b) et d'éducation (Bovet 1938) qui lui sont liées ont entraîné la diffusion de concepts[1], tel ceux d'*enfant abandonné moralement*, d'*enfant vicieux*, d'*enfant rebelle* et d'*enfant criminel* (Ruchat 1995a et b). Ces catégories symboliques rendent problématique une enfance dès lors morcelée en autant de réalités malignes, lesquelles sont utilisées par les philanthropes et les hommes politiques, ainsi que dans les journaux, brochures et appels de fonds pour à la fois alarmer et convaincre. À titre d'exemple du foisonnement des publications sur l'*enfance malheureuse*, cet appel du comité de l'établissement disciplinaire de la Garance, à Genève, datant de 1845 :

> *Le nombre des enfants dépravés augmente tous les jours : esprit d'insubordination, manque de respect pour l'autorité paternelle, pour la vieillesse et les infirmités, goût de la fainéantise et du vagabondage, travail superficiel, impudence, mensonge, voilà ce que l'on voit, que serait-ce si on disait ce que l'on ne voit pas ? Des pères et des mères viennent demander qu'on protège et qu'on élève leurs enfants, qu'ils ne savent plus comment les garantir de la contagion.*[2]

---

1 Nous empruntons à Prieto (1975) l'idée du concept comme étant la *connaissance qu'on a d'un objet lorsqu'on le conçoit.*

2 *Pensionnat éducatif et professionnel (à la Garance, près de Genève)*, BPU : Gf 1481 : 5.

Les craintes de l'insoumission, de la révolte voire du crime sont à mettre au compte de cette « sensibilité philanthropique » si justement définie par Renouard comme une *inclination, une émotion où se mêle la charité à faire au pauvre à la peur qu'inspire ce dernier à des hommes assurés de leur supériorité sociale* (Renouard 1990: 33).[3] Au 19e siècle, l'enfance populaire fait peur.[4]

L'école, outre son aspect civilisateur (apprendre à lire, écrire et compter, améliorer l'hygiène des enfants et des familles), n'est-elle pas aussi un moyen de former à un ordre nouveau, celui de l'industrie? (Magnin 1985). L'école devient un lieu de contrainte au même titre que l'usine et que ces divers lieux de contention des corps et des esprits rebelles – ou soupçonnés de le devenir – que sont les prisons, les asiles pour l'enfance abandonnée moralement et les maisons de correction (Ruchat 1993).

Dans ce mouvement d'organisation d'une société industrielle et de réglementation des comportements, les enfants sont dotés d'une nouvelle valeur sociale. Ils ne sont plus seulement des « objets » d'investissement affectif (et en particulier familiaux) (Ariès 1973). Ils le sont aussi en « capital social », c'est-à-dire comme forces de travail, outre les fonctions spécifiques de mères et femmes au foyer pour les filles, et de soldats et électeurs pour les garçons. Ce que l'école publique résume dans la formule: *former des citoyens utiles au pays*. L'objectif de formation à une utilité sociale nécessite, pour être en accord avec les valeurs culturelles et sociales dominantes, une disciplinarisation de l'enfance, ce qui implique un nouveau champ de connaissance de l'enfance des classes populaires.

Cet article a pour objectif, dans la poursuite d'une réflexion entre institutionnalisation de l'enfance et création de catégories morbides (Ruchat 1995a et 1995b), d'analyser, à partir d'archives de la Direction de l'Instruction publique fribourgeoise et du Département de l'Instruction publique genevois, l'effet de l'obligation scolaire, entre 1874 et 1890, sur la connaissance de l'enfant. Ces effets vont se manifester dans au moins trois « espaces » symboliques que j'ai choisi de rappeler: celui du temps, celui de l'intelligence et celui du langage. L'imposition des normes scolaires (de lieu, de temps, d'acquisition de savoir et de savoir-vivre) conceptualise par effet d'exclusion l'enfant perçu comme dérangeant l'ordre scolaire. Quelles sont les caractéristiques de ces nouveaux objets de préoccupations sociales? Sur quelles pratiques et par quels acteurs s'élabore leur connaissance?

---

3 Voir aussi *Philanthropes et politiques sociales en Europe (XVIIIe-XXe siècles)* 1994.

4 Voir Perrot 1978, 1979, 1982, 1985, 1987 ainsi que Perrot, Schmitt & Farge 1985.

ALLER À L'ÉCOLE

Au moment des premiers débats du Conseil national consacrés à l'obligation scolaire, les 12, 13 et 14 décembre 1871, celle-ci est en vigueur dans tous les cantons suisses excepté Genève. L'obligation de l'instruction primaire révèle en Suisse une volonté politique centralisatrice des radicaux au pouvoir.[5] La question de l'obligation est d'abord celle de son application. Le sceau constitutionnel devient celui d'une exigence de contrôle sur la formation des citoyens, en premier lieu sur le temps de scolarisation (par jour, par mois, par année et en nombre d'années). Les manquements, soit la non-fréquentation des classes, les absences illégitimes et les arrivées tardives, sont objets de punition. Cette réglementation du temps scolaire imposé va avoir de multiples conséquences.

La première est de mettre en place un système de contrôle et de surveillance des élèves qui entrent pour la première fois à l'école. Les diversités cantonales d'application n'enlèvent rien aux effets, à savoir repérer les contrevenants à la loi et par différents moyens de pression les enjoindre d'aller à l'école. Ce premier acte de contrôle social confronte inspecteurs et instituteurs à la connaissance des populations enfantines et à l'évaluation scolaire, médicale et morale des enfants (soit l'éducabilité, la contagion et la légitimité de l'absence). Lorsqu'à la fin du siècle, à Fribourg, la Direction de l'Instruction publique donnera mandat aux maîtres de vérifier par des visites domiciliaires la véracité des motifs, les absences légitimes diminueront au profit des illégitimes.

L'aspect juridique de l'obligation se heurte à la réalité quotidienne des enfants à laquelle se trouvent confrontés les enseignants: celle de la pauvreté. Dans les deux situations genevoise et fribourgeoise on relève, dans les comptes rendus administratifs du Conseil d'État, qu'absences et émancipations prématurées concernent les milieux populaires démunis et même dans une *extrême nécessité*.

À Fribourg, l'absentéisme scolaire est vu comme un effet d'habitudes rurales qui ne seraient pas favorables à l'instruction, notamment pendant l'été, lorsque les enfants sont retenus aux champs ou à la maison pour le tressage de la paille.[6] Mais la pauvreté reste une raison fondamentale des absences, ce que rappelle le compte rendu administratif du Conseil d'État fribourgeois de l'année 1890: *On doit, en partie les attribuer à la gêne d'un grand nombre de familles, au manque d'ordre des parents et à la*

---

5 *Cf. L'Art. 27 de la Constitution fédérale [...]* 1878.
6 En 1878, on enregistre à Fribourg 7 % d'absentéisme scolaire.

mauvaise habitude d'exploiter en quelque sorte, dès le bas âge, les enfants pour les travaux de la campagne.[7]

À Genève les inspecteurs parlent aussi d'*habitudes néfastes, funestes* et même *coupables*, de *fléau scolaire*. Et quelle que soit l'étendue de ce dernier, la plainte est lancinante autant du côté des instituteurs que des inspecteurs; il s'agit de détruire une habitude qui consiste à n'aller à l'école que lorsque l'on n'a aucun prétexte pour manquer.[8]

Alors qu'à Genève, ce sont essentiellement les familles qui sont rendues responsables des irrégularités scolaires, à Fribourg, on recherche des coupables aussi du côté de l'Instruction publique. Certains préfets, présidents de Commissions scolaires, répugnent à admonester et à prononcer des amendes. Des instituteurs *faibles et négligents* se soumettent aux sollicitations des parents comme à diverses *influences locales*. Ils contrôlent mal les absences, n'informent pas la préfecture, laissent passer pour légitimes celles qui ne le sont pas. Par ailleurs, les instituteurs, comme les Commissions scolaires locales, sont peu zélés à faire appliquer la loi, tant les écoles sont devenues insuffisantes ou trop petites pour faire face aux effectifs qu'entraîne l'augmentation de la population enfantine et scolarisée.[9]

Le laxisme des maîtres autour des congés accordés demande des remises à l'ordre de la part de la Direction de l'Instruction publique. Il en va de même des commissions scolaires négligentes, qui peuvent être suspendues ou mises à l'amende pour ne pas avoir fait les démarches nécessaires pour faire entrer l'enfant à l'école (et notamment requérir du préfet l'emploi de la gendarmerie).[10] De même que le secrétaire communal encourt une amende de 5 francs s'il omet de communiquer à l'instituteur les informations sur les enfants qui s'établissent pendant l'année sur la commune.

À Genève les inspecteurs déplorent les retraits prématurés des élèves (dès l'âge de treize ans) et y voient un fait *anormal* exécuté par des parents *mal inspirés*, tout en reconnaissant la nécessité qui oblige à mettre le plus

---

7 *Compte rendu administratif du Conseil d'État du canton de Fribourg*, 1890.

8 À Genève l'absentéisme scolaire se situe, entre 1874 et 1881, entre 3 et 3,5 %. En 1882, lorsque le Bureau de recensement effectue le travail statistique, le chiffre passera à 1 % pour descendre vers 0,5 % en 1897. Dans les statistiques d'absentéisme scolaire, entre 1874 et 1881, est retenu le chiffre de 1 % d'infirmité physique ou intellectuelle. En 1888-1889 il est question de 13 % d'enfants atteints d'infirmité ou de maladie sur l'ensemble des absents.

9 S'il y a dans le canton de Fribourg 18'187 écoliers et écolières à l'école primaire en 1874, il y en aura 19'363 en 1882, 19'894 en 1895 et 24'148 en 1912. (*cf. Annuaire de l'instruction publique en Suisse*, 1915).

10 Article 32 de la loi fribourgeoise sur l'instruction publique de 1884.

tôt possible l'enfant à même de gagner sa vie. Les classes primaires supérieures de filles perdent jusqu'à un tiers des effectifs pendant l'année.

À Fribourg, comme si on ne pouvait moralement les retenir, des élèves sont émancipés avant quinze ans accomplis, à la seule condition que leur instruction soit jugée suffisante par la Commission scolaire et par l'inspecteur. Dans les lois sur l'instruction publique fribourgeoise de 1874 et 1884, trois situations font l'objet d'une mesure exceptionnelle d'émancipation avant l'âge réglementaire. Il s'agit des cas où :

- le travail de l'enfant est indispensable aux parents sans ressources, mais à condition que l'élève satisfasse aux conditions d'examen;
- l'élève a obtenu à l'examen de printemps la note moyenne pour toutes les branches;
- l'enfant est *absolument privé d'intelligence.*[11]

La loi précise aussi les congés d'été pour l'alpage. Peuvent en bénéficier ceux qui ont atteint leur treizième année et obtenu la note *passable* sur les branches principales, ceux qui sont dispensés de la fréquentation scolaire pendant l'été, à condition que *la famille entière habite l'été les hautes régions alpestres.* À la fin du siècle, dans les campagnes fribourgeoises, nombreuses sont encore les raisons de ne pas se rendre à l'école. Mis à part les différents travaux – notamment les montées à l'alpage – et les faiblesses physiques ou mentales, ce sont aussi les chemins qui sont impraticables, et, en hiver, rendus même dangereux par la neige.

Le contrôle du temps s'étend aussi hors de l'école. Non seulement la police fait entrer les enfants dans l'école, mais elle les envoie aussi, à la tombée de la nuit, dans leur foyer. Outre le fait d'être pour leurs élèves des exemples de bonne conduite, les instituteurs doivent faire la *tournée des gamins* et, à Fribourg, les accompagner les dimanches et les jours de fêtes à l'Église. Si nécessaire, le Conseil communal astreindra l'instituteur à résider près de l'école dans l'intérêt de la discipline et de la surveillance des élèves en dehors du temps scolaire.

LA MOYENNE À ATTEINDRE

Après la mesure du temps, une deuxième réglementation porte sur la quantité de connaissances à acquérir, appelé *minimum d'instruction obligatoire.* Faut-il rappeler que l'obligation de l'instruction est un enjeu de

11 Article 42, *Ibid.* La loi de 1874 disait : *l'enfant qui n'a pas l'intelligence nécessaire.*

civilisation qui est général en Europe? Lorsque le conseiller national Eytel affirme que *si la Suisse ne déclarait pas l'instruction primaire obligatoire, gratuite et laïque, elle s'exposerait à rougir de honte devant l'Europe civilisée,*[12] il ne fait qu'ajouter un argument nationaliste à celui du conseiller Staempfli qui, lui, s'exprime en ces termes:

> *Du reste, il n'est pas indifférent à la Confédération que les jeunes gens qu'elle appellera au service militaire soient plus ou moins instruits. La vie politique tend, depuis quelques années, à se démocratiser de plus en plus chez nous, en ce sens que le peuple est appelé à coopérer à l'œuvre législative. Il n'est donc pas non plus indifférent à la Confédération que les 99 % des enfants sortant des écoles possèdent ou non un certain degré de connaissance.*[13]

Une fois le degré de connaissance *suffisant* défini, se pose immanquablement, non pas la question du pourcentage d'*inéducables* laissés à leur famille ou à la charité privée,[14] mais celle des élèves qui font baisser la moyenne de la classe, quelles que soient par ailleurs les raisons invoquées: indiscipline, méconnaissance de la langue, limitation intellectuelle ou *anormalité*. Et là encore les manières différentes d'y répondre entre ces deux cantons si contrastés que sont Genève et Fribourg[15] n'enlèvent rien à la problématique commune aux responsables de l'Instruction publique: comment éviter que certains enfants fassent baisser la moyenne? Moyenne qui sera mise en rapport avec celle obtenue par les recrues militaires à leur examen pédagogique.[16]

---

12 M. Eytel, *Rapport au Conseil fédéral suisse par le Département fédéral de l'Intérieur*, 1878: 24.

13 Staempfli, Rapporteur de la commission, *Ibid.*, 1878: 14.

14 Dans les lois scolaires genevoises comme fribourgeoises les exceptions à l'obligation concernent les enfants idiots, sourds-muets, aveugles, atteints d'infirmité contagieuse ou repoussante.

15 Le premier est un canton de petite taille, réduit quasiment à sa ville, l'autre est un canton agricole. Le premier riche, le second pauvre. À Genève, le Département de l'Instruction publique sera dirigé pendant soixante années par les radicaux (mis à part une interruption de huit années à mettre au compte des conservateurs). Dans le canton de Fribourg, l'instruction publique est dirigée sans interruption par les conservateurs: de 1872 à 1886 par Henri de Schaller, de 1886 à 1927 par Georges Python. Ce dernier sera président du Conseil d'État entre 1895 et 1903, et exercera une «dictature tempérée» à la fois républicaine, populaire, teintée de féminisme et de catholicisme social. (Bugnard 1981: 875).

16 Ces examens pédagogiques des recrutables vont aussi être l'objet de la politique fédérale centralisatrice en 1875. Les objets de l'examen sont la lecture et la composition, le calcul mental et écrit, la géographie, l'histoire et la Constitution de la Suisse. Outre une évaluation de la qualité potentielle des armées, cet examen est une mesure de celle de l'instruction publique. Cet examen était selon Bovet (1934: 7) *réclamé par tous ceux qui désiraient que la Confédération s'occupât de l'école primaire*. Voir aussi Lustenberger 1996.

À Fribourg, la Direction de l'Instruction publique tance ces maîtres *qui ne répondent qu'imparfaitement aux exigences de leur vocation* et *ne tiennent pas assez compte de l'état de leur classe, de la différence des aptitudes et surtout aussi du métier dans lequel ils se trouvent.*[17] À Genève comme à Fribourg, ce sont les différences d'*aptitudes* scolaires qui sont le «nouveau» problème scolaire difficile à gérer dans des classes qui contiennent encore jusqu'à septante élèves en 1882 (l'école genevoise de Lancy a encore septante-cinq élèves en 1896, ceci étant toutefois une exception). En 1886, les maîtres du district de la Broye et du cercle de Cournillens introduisent cette réalité dans une liste de problèmes que posent à la Direction de l'Instruction publique certains instituteurs de cet arrondissement rural:

> *Les élèves sont traités avec rudesse, on leur reproche les défauts de leurs parents, les enfants peu doués qui appelleraient la sollicitude de l'instituteur sont délaissés et viennent chaque année grossir les rangs des illettrés.*[18]

En 1889, dans la Singine et dans le cercle de Cormondes, on relève *la trop grande proportion d'enfants peu doués comparés au petit nombre d'élèves intelligents.*[19] Cette catégorie d'enfants est problématisée à Fribourg dès lors que sont associés le bas niveau pédagogique des recrues et la faiblesse intellectuelle par manque d'instruction. La rébellion est désormais du côté de l'intelligence. Le problème de ces *intelligences rebelles* nommées aussi *déshérités de l'intelligence* deviendra un problème reconnu socialement à la fin du siècle lorsqu'un large mouvement en faveur des enfants faibles d'esprit, ainsi qu'une volonté politique de recenser les populations, vont engager le Département fédéral de l'Intérieur à mener une statistique nationale sur la question. Celle-ci favorisera la création de classes spéciales à Genève en 1898 et à Fribourg en 1900 (Ruchat 1996a et 1997). D'ici-là, face à ceux qui en appellent à la sollicitude de l'enseignant et de l'inspecteur, ce sont des stratégies d'évitement de la baisse de la moyenne générale de la classe qui seront mises en place. L'organisation en classe d'âge est le critère fondamental de la répartition des élèves dans l'école. S'y ajoute une conception pédagogique qui veut que seuls les enfants ayant obtenu une certaine moyenne d'acquisition scolaire passent dans le degré supérieur. Les enfants qui sont insuffisamment préparés pour passer dans la classe supérieure et trop âgés pour rester dans le degré inférieur vont alors poser problème. De fait, puisqu'ils sont inca-

---

17 *Compte rendu administratif du Conseil d'État du canton de Fribourg* 1889: 25.
18 *Compte rendu administratif du Conseil d'État du canton de Fribourg* 1887: 335.
19 *Compte rendu administratif du Conseil d'État du canton de Fribourg* 1889: 21.

pables de suivre à l'échelon supérieur, ils sont maintenus malgré leur âge à l'échelon inférieur et encombrent les classes destinées aux plus jeunes. Bien qu'ils dépareillent l'unité de la classe, aucune solution globale ne semble avoir été envisagée, ni à Fribourg ni à Genève, avant 1897, pour ces élèves *retardés* qui n'ont jamais suivi l'école, ne l'ont suivie qu'irrégulièrement, y sont entrés tardivement, ou sont étrangers.[20] Pour y faire face les enseignants vont user de diverses stratégies avant que ne s'impose la solution des classes spéciales.

Il semblerait qu'une fois nommé et socialement désigné, dans les rapports d'inspecteurs notamment, l'enfant *peu doué* devienne à la fin des années quatre-vingt un problème pour l'école. Il vient s'ajouter à la liste des *entraves* à l'instruction populaire avec la pauvreté, l'éloignement de l'école, l'émancipation précoce ou les vacances trop largement accordées et ceci d'abord dans les communes rurales.

À Fribourg, on peut entrevoir trois situations:

- les enfants laissés dans leur famille ou placés dans des institutions privées[21] dans les cas d'*incapacités physiques et intellectuelles bien constatés*[22];
- les enfants *peu doués* maintenus en classe et souvent négligés par le maître ou la maîtresse;
- les *arriérés* qui demandent un surplus d'instruction et qui par défaut d'instruction fréquentent l'école un hiver de plus pour combler leurs lacunes.[23] En 1882, la Conférence des directeurs de l'instruction publi-

20 Dans la première décennie du 20e siècle, le problème de la surcharge des classes enfantines s'étendra aussi aux écoles rurales.

21 Il existe en Suisse plusieurs instituts qui accueillent des enfants «intellectuellement retardés». Soit: l'Institut suisse pour enfants sourds-muets à Yverdon (1813), l'Institut pour les sourds-muets à Genève (1822), l'Asile de l'Abendberg pour enfants crétins (1840), l'Asile des aveugles de Lausanne (1843), l'institution «Keller» pour jeunes filles à Hottingen-Zurich (1850), l'Institut «Zur Hoffnung» à Bâle (1857), l'établissement «Weissenheim» près de Berne (1868), l'Asile de l'Espérance à Etoy dans le canton de Vaud (1872) et un établissement à Regensberg inauguré en 1883. À la fin du siècle s'ouvriront: l'Asile La Solitude, à Genève, pour épileptiques (1883), l'Institut St-Eugenio (1890) à Locarno, l'Institut de Gruyère (1890) à Fribourg, l'Institut de la Géronde (1894) en Valais, etc.

22 *L'obligation de fréquenter l'école primaire publique s'étend à tous les enfants domiciliés dans la commune, sauf les cas d'incapacité physique ou intellectuelle bien constatés.* Article 20 de la loi sur l'Instruction publique primaire du 17 mai 1884.

23 Article 31: *L'obligation de fréquenter l'école primaire publique s'étend à tous les enfants des bourgeois et des habitants d'une commune et commence dès l'âge de 7 ans révolus jusqu'à celui de 15 ans accomplis pour les deux sexes, à moins que leur défaut d'instruction n'exige la fréquentation de l'école pendant un hiver de plus.* Loi du 28 novembre 1874 sur l'instruction primaire et secondaire.

que réunie à Berne voudrait même rendre pour ces arriérés cet hiver supplémentaire obligatoire.

À Genève, l'augmentation de la population enfantine[24] en cette fin de 19e siècle pose à l'école un certain nombre de difficultés pratiques, lesquelles contraignent le Département de l'Instruction publique à faire construire des écoles et des classes et à répartir différemment les élèves. Le maintien d'élèves dans les classes enfantines est une de ces dispositions. En 1888 par exemple, les 368 enfants de 6 à 7 ans qui constituaient le degré enfantin supérieur obligatoire vont rester dans l'école enfantine. Ce fait, certainement courant dans les écoles rurales, devient un problème dans les classes de la ville à cause du nombre élevé d'enfants et, probablement, de la demande plus forte d'entrées à l'école enfantine (qui n'est pas obligatoire, rappelons-le, pour le 1er degré).

La première stratégie utilisée par le corps enseignant genevois relève de la simple tactique, voire d'une supercherie: compte tenu du rôle évaluateur affecté au calcul des moyennes, enseignants et inspecteurs sont tentés de ne pas prendre en compte, dans ce calcul, les enfants scolairement faibles. Ces enfants jugés incapables ou depuis trop peu de temps à l'école pour être interrogés – l'inspecteur Chautems parle même de *désespérante nullité* ou encore de *non-valeurs* pour qualifier ces incapables – échappent aux examens semestriels. Pendant l'année scolaire 1880-1881 par exemple, ce sont parfois près de la moitié ou plus des enfants qui ne sont pas examinés parce qu'ils sont trop faibles: *Des 52 élèves présentes à l'examen, 24 ont été déclarées par Melle la maîtresse Bornand hors d'état de le subir, soit à cause de leur incapacité complète, soit à cause du peu de temps écoulé depuis leur admission à l'école.*[25]

Si, dans le court terme, cette manière de faire assure un niveau suffisant pour la classe et une satisfaction en fin de semestre pour l'inspecteur et le maître, elle n'est pas supportable à long terme, ni pour l'enseignant qui risque d'être qualifié d'incompétent, ni pour la validité des moyennes. Ce type d'imposture collective sera en effet dévoilé lors de l'examen pédagogique des recrues qui a lieu au moment de l'incorporation des jeunes soldats, même s'il est tentant, là aussi, d'«ignorer» les résultats de certaines recrues afin de masquer la médiocrité éventuelle du «niveau».

Une deuxième tactique consiste à faire passer l'enfant dans la classe supérieure en diminuant les exigences en matière d'apprentissage, parti-

---

24 Il y a 7'235 élèves dans l'année scolaire 1877-1878, il y en aura 11'299 en 1906.

25 Rapport d'inspecteurs 1880-1883. Inspecteur Chautems, 1880-1881. École des Pâquis (filles, 1e division). Cote: AEG, I.P. Ge 11 21.12.1880-30.3.1883.

culièrement de la lecture. Mais cette fausse solution ne fait que repousser de quelques années le retard d'apprentissage. Et celui-ci ne se révélera qu'avec plus d'éclat lors de l'examen des recrues.

Il reste une troisième solution: faire stagner les *retardés* dans les classes enfantines. Mais cette pratique revient à délaisser effectivement une partie de la population scolaire. Un tel abandon est incompatible avec l'esprit philanthropique. Et non seulement il entrave l'arrivée des nouveaux élèves, mais il va à l'encontre de l'option pédagogique de diminuer le nombre d'élèves par classe.

CONNAÎTRE LES ÉLÈVES

Ces diverses pratiques d'organisation et de «normalisation» réglementant la vie scolaire, comme celle de ses écoliers, vont contribuer par lien de réciprocité, de distinction et d'exclusion à morceler l'enfance désormais obligatoirement instruite. Les pratiques scolaires, philanthropiques, judiciaires et policières se doublent d'une connaissance – les concepts – des objets dont elles s'occupent, lesquels formeront le soubassement sémiologique sur lequel vont se développer les sciences de l'enfant que seront, au 20e siècle, la pédopsychiatrie, la psychologie et les sciences de l'éducation. En les distinguant des catégories connues comme enfant régulier et ponctuel, enfant discipliné, sage ou soumis, enfant régulier ou normal, le langage produit de nouveaux concepts caractérisant l'enfant anormal: *enfant récalcitrant, enfant indiscipliné* et *enfant arriéré.* Ces nouvelles catégories sociales assoient leur identité dans un rapport d'exclusion où d'un côté s'élabore une norme scolaire et de l'autre se multiplient les figures de l'intolérable.

Si à l'origine d'une politique de l'éducation, à partir de 1874, il y a l'illettrisme de certaines recrues voire quelques cas d'imbécillité présentés dès 1883 dans les statistiques comme un *manque d'intelligence,*[26] ce sera bientôt l'absentéisme, l'indiscipline puis l'arriération scolaires que les responsables de l'instruction publique mettront à l'index.

Les enfants qui apparaissent sous le nouveau terme de *récalcitrants* croisent ceux que la philanthropie appelle les *abandonnés moralement* pour lesquels une loi est édictée à Genève en 1892.[27] Cette catégorie

---

26 Notons qu'en 1880 le canton de Fribourg occupe le 20e rang sur 24 cantons à l'examen pédagogique des recrues, alors que Genève en 1885 occupe le 2e rang après Bâle-ville.

27 Il s'agit de la loi sur l'enfance abandonnée, à laquelle est liée celle de la puissance paternelle de 1891.

comprend les vagabonds, les vicieux et les enfants *en mauvais exemple* parentaux révélée par l'enquête du Département de l'intérieur genevois en 1890 (Ruchat 1993). Le terme de *récalcitrant* semble avoir subi les nuances qu'entraînent les pratiques de contrôle de la scolarisation. Restreint dans les années septante aux enfants qui ne fréquentent pas l'école, il s'appliquera à la fin du siècle autant à ceux qui s'absentent qu'aux retardataires.

Après le récalcitrant au minimum scolaire, que représente celui qui fait l'école buissonnière, accumule les arrivées tardives et quitte l'école avant la fin de la scolarité, l'indiscipliné est la bête noire de la volonté d'instruire. Symbole de la résistance à l'effet civilisateur, il est l'*indocile,* le *rebelle,* le *vicieux,* le *mauvais exemple* pour lequel, à Genève, Antoine Carteret demande en 1878 une *classe spéciale* ou *classe disciplinaire* et à Fribourg, en 1884, la Direction de l'Instruction publique, une exclusion de l'école *contre un enfant vicieux dont la conduite serait un exemple dangereux pour ses condisciples.*[28] L'incarcération d'enfants indisciplinés, bien que non prévue par la loi, apporterait de l'avis du Conseil d'État fribourgeois de bons résultats face aux enfants qui cumulent les absences illégitimes et les amendes non payées. On voit dans ce cas-ci une proximité entre le concept d'indiscipliné et de récalcitrant. Comme on verra à Genève, avec Carteret, le rapprochement entre enfant sale et enfant récalcitrant. Comportement conçu par le député radical comme résistance à la loi :

> *Est-il admissible cependant que des enfants sales, couverts de vermine, puissent être mis en contact avec d'autres enfants suffisamment soignés ? Nous ne demandons pas des vêtements recherchés ; ce que nous voulons c'est une mise simple et décente, c'est surtout la propreté.*[29]

Mais les caractéristiques morales qui distinguent les concepts de l'élève problématique vont bientôt se doubler de caractéristiques liées à l'intelligence. Englobés dans les causes de l'illettrisme et de l'arriération scolaire, ces élèves irréguliers appartiennent aux concepts des champs de l'arriération scolaire. Ces irréguliers de tous ordres seront englobés dans les *arriérés,* par absentéisme scolaire, par langue maternelle étrangère, par indiscipline, par débilité physique ou morale.

Dès 1886, les situations semblent être clairement désignées entre une catégorie d'enfants nécessitant un traitement scolaire spécial – les *arriérés* et les *peu doués* – et ceux qui sont dispensés de l'instruction scolaire.

---

28 Article 43 de la loi sur l'instruction publique fribourgeoise de 1884.
29 *Mémorial du Grand Conseil genevois* 1878 : 1864.

EN CONCLUSION

Les pratiques de contrôle de la jeunesse ne font que se renforcer à la fin du siècle alors que l'État fait alliance avec les milieux philanthropiques à Genève et qu'à Fribourg se renforce le contrôle policier sur la jeunesse à l'extérieur de l'école comme dans l'école. Il est question alors de *mesures énergiques, répressions énergiques, mesures sévères, jugements sévères*.

Dans les dernières décennies du 19e siècle, *contrôler* deviendra le maître-mot: contrôle des horaires, contrôle des congés, contrôle des vacances, contrôle des élèves, contrôle des maîtres et maîtresses, contrôle des adresses et surtout des changements d'adresse, car les élèves profitent d'un déménagement pour échapper à l'obligation scolaire. Toute une palette d'écritures sera consacrée à cet objectif: registres scolaires, livrets, certificats, *registres-onglet*, où sont conservées les circulaires et les instructions de la Direction de l'Instruction publique et de l'inspecteur, registres matricules, registres des émancipations, registres des progressions et des absences, plus le journal de classe obligatoire, lequel est introduit par la conférence des directeurs de l'Instruction publique du 10 juin 1882.

Du côté de l'instruction publique s'élabore une nouvelle norme et valeur, celle de l'intelligence. L'intelligence devient un capital, monnayable moyennant des apprentissages scolaires, mais aussi extrascolaires. Ce qui naît, c'est l'idée que l'enfant n'est pas que moral. Ce n'est pas qu'un caractère à définir par tout un vocabulaire jugeant et comptabilisant les défauts et les qualités, c'est une intelligence qui se déploie dans sa diversité et se développe moyennant certaines conditions d'hygiène, de santé, de discipline, de stimulation et d'émulation. Son développement sera l'assise de tous les savoirs pédo-techniques et médico-pédagogiques.

RÉFÉRENCES BIBLIOGRAPHIQUES

Ariès, P. (1973). *L'enfant et la vie familiale sous l'Ancien régime*. Paris, Seuil.

Bovet, P. (1938). L'éducation philanthropique dans la Genève de Pictet-de-Rochemont. Genève, Société générale d'imprimerie,

Bovet, P. (1934). *Les examens de recrues dans l'armée suisse 1854-1913. Enquête internationale sur les examens*. Neuchâtel/Paris, Delachaux & Niestlé.

Bugnard, P. (1981). Le Régime Python (1882-1914). In *Histoire du canton de Fribourg*, t. II, Fribourg.

L'Art. 27 de la Constitution Fédérale et l'Instruction Primaire en Suisse.

Rapport au Conseil fédéral suisse par le Département fédéral de l'intérieur. (1878). Berne, K.-J. Wyss.

Lustenberger, W. (1996). *Pädagogische Rekrutenprüfungen. Ein Beitrag zur Schweizer Schulgeschichte.* Coire, Verlag Rüegger.

Magnin, C. (1985). *Les enjeux de la loi sur l'instruction publique du 5 juin 1886.* Document de travail. Genève, Service de la recherche sociologique.

Perrot, M. (1978). La fin des vagabonds. *L'Histoire,* N° 3 juillet-août, 23-33.

Perrot, M. (1979). Dans la France de la Belle Époque, les « Apaches », première bande de jeunes. In *Les marginaux et les exclus dans l'histoire, Cahier Jussieu 5,* pp. 387-407. Paris, Université Paris 7.

Perrot, M. (1982). Sur la ségrégation de l'enfance au 19e siècle. *La psychiatrie de l'enfant, 25, 1,* 179-206.

Perrot, M. (1985a). Quand la société prend peur de sa jeunesse en France, au 19e siècle. In *Les jeunes et les autres. Contribution des sciences de l'homme à la question des jeunes, 1.* Paris, Centre interdisciplinaire de Vaucresson.

Perrot, M., Schmitt, J.-C. & Farge, A. (1985b). Adolescences un pluriel à l'étude des historiens. *Adolescence, revue semestrielle de psychanalyse, psycho-pédagogie et sciences humaines,* 3, 1, 43-74.

Perrot, M. (1987). Les enfants de la Petite Roquette. *L'Histoire,* N° 100, 31-38.

Philanthropes et politiques sociales en Europe 18e-20e siècles, (1994). Actes du colloque organisé par l'AREPPOS. Paris, Éditions Anthropos historiques.

Prieto, L. (1975). *Pertinence et pratique, Essai de sémiologie.* Paris, Minuit.

Renouard, J.-M. (1990). *De l'enfant coupable à l'enfant inadapté.* Centurion, Païdos.

Ruchat, M. (1993). *L'oiseau et le cachot. La naissance de l'éducation correctionnelle en Suisse romande au 19e siècle.* Genève, Zoé.

Ruchat, M. (1995a). Nommer l'enfant vicieux au 19e siècle ou la violence des mots dans la « protection » de l'enfance, à l'exemple de la ville de Genève. *Revue Traverse,* N° 1, 99-111.

Ruchat, M. (1995b). Récalcitrants, rebelles et vicieux: les figures de l'intolérable à Genève dans la seconde moitié du 19e siècle. In *Pour une histoire des gens sans histoire. « Mélanges » offerts à Marc Vuilleumier,* pp. 137-150. Lausanne, Éditions d'en Bas.

Ruchat, M. (1996a). *Aux origines des classes spéciales 1898-1929.* Rapport final au Fonds national suisse de la recherche scientifique, N° 11-037487.93.

Ruchat, M. (1996b). Discipline sociale et urbanité à Genève, sur le chemin de l'école : 1850-1913. In J.-G. Petit & Y. Marec (éds.), *Le social dans la ville*, pp. 91-103. Les Éditions de l'atelier, Éditions ouvrières.

Ruchat, M. (1997). Les classes spéciales pour arriérés : de l'œuvre philanthropique à l'innovation pédago-psychologique (1898-1908). In *Handicaps et inadaptation, Les cahiers du CTNERHI, 73*, 33-45.

JEAN-CHRISTOPHE BOURQUIN

NORMES ÉTATIQUES ET NORMES LOCALES : CONTRÔLE ET RÉPRESSION DES ABSENCES SCOLAIRES DANS LES STATISTIQUES FRIBOURGEOISES 1850-1912

> *Je viens d'écrire à MM. les Préfets pour leur recommander la rigoureuse répression des absences, attendu que les bienfaits dont la Providence nous a gratifiés cette année, nous permettent d'être plus sévères dans l'exécution de la loi.*

Cet extrait d'une circulaire de la direction de l'Instruction publique du canton de Fribourg à ses inspecteurs scolaires du 28 novembre 1868 (Archives de l'État de Fribourg, classeur sans cote) indique que le respect de l'obligation scolaire, pourtant en vigueur depuis 1848, ne se fait que sous la contrainte. Ces vigoureuses injonctions laissent de plus entendre que la loi est loin d'être respectée.

Dans le court texte qui suit, nous nous proposons de tenter de comprendre socialement le problème de l'obligation scolaire, en considérant sa mise en application et les résistances qu'elle rencontre comme un conflit de normes, la norme légale, étatique, venant heurter la norme privée, familiale. L'issue de l'affrontement est connu, l'État, détenteur du monopole de la violence légitime finit par imposer sa norme aux cellules familiales. Nous voulons mettre en évidence ici les différentes modalités de la résistance « privée » à la violence symbolique (ou réelle, on emprisonnait parfois les parents réfractaires) telles que les séries statistiques disponibles nous permettent de les comprendre.

Le *Compte rendu du Conseil d'État du canton de Fribourg* donne une statistique du nombre des élèves et des absences pratiquement continue entre 1850 et 1912. Ces chiffres permettent donc de se faire une idée de la manière dont les cellules familiales fribourgeoises ont résisté à l'État.

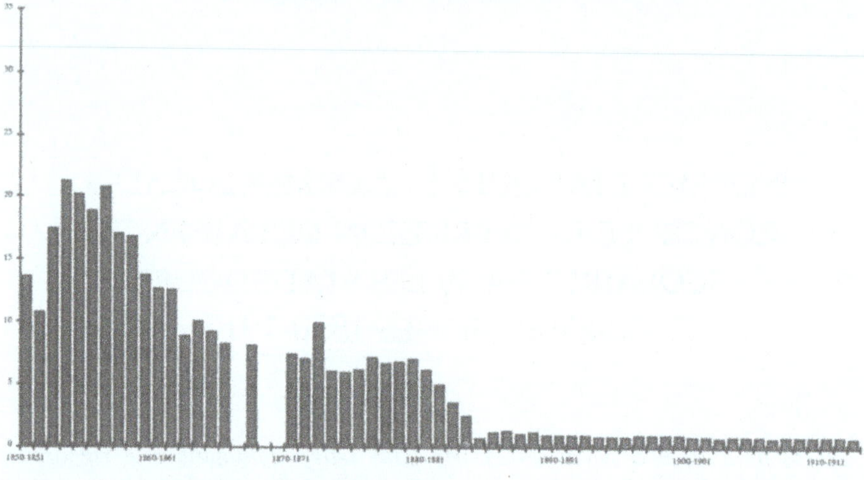

Figure 1. Absences par élève, 1850-1912.

La figure 1 montre que l'écrasement de la résistance a pris du temps. Le nombre d'absences par élève et par année augmente dans les années 1850, ce qui doit probablement être lu comme un indice de la difficulté qu'a l'école radicale à s'imposer dans un canton resté profondément conservateur. Les parents n'envoient pas volontiers leurs enfants dans les écoles primaires d'un régime qu'ils rejettent dans leur grande majorité. Mais les conservateurs, revenus au pouvoir en 1855, ne peuvent ignorer l'héritage radical et la reprise en main se fait sentir dès la fin des années 1850. La stabilisation des années 1860-1870, examinée comme telle, pourrait laisser penser que l'État est parvenu à son niveau optimal de répression en obtenant un niveau proche des cinq absences par élève, par an. Mais une nouvelle chute spectaculaire a lieu au début des années 1880. Dès ce moment, on tourne autour d'une absence par élève et par année. Après plus de 30 ans de lutte, la norme étatique finit par s'imposer.

Précisons ici les moyens dont dispose l'État pour parvenir à ses fins. Nous avons vu que les préfets et les inspecteurs interviennent sous la houlette de la direction de l'instruction publique. Au niveau local, les lois scolaires prévoient des commissions scolaires, chargées de contrôler le nombre d'absences dans les registres de classe tenus par les instituteurs. Elles signalent aux inspecteurs et préfets les cas graves. La main de l'État porte ainsi à différents niveaux. Dans la salle de classe, face aux élèves, l'instituteur ; dans le village, tout près des familles, la commission scolaire ; plus haut, au-dessus des villages, le préfet et l'inspecteur scolaire ; au sommet, enfin, la direction de l'Instruction publique, qui n'est donc qu'une partie de la machine étatique qu'elle domine.[1]

Les commissions locales ne font pas que surveiller les absences. La loi leur donne aussi le droit d'accorder des congés aux élèves. La règle reste pourtant la présence et le congé devrait être l'exception. Les statistiques des absences relèvent les congés, malgré qu'ils soient légitimés par les autorités locales. Ils viennent s'ajouter aux absences illégitimes, aux refus absolus de la norme par les familles. La figure 2 permet de se rendre compte de la manière dont ces deux types d'absences se complètent.

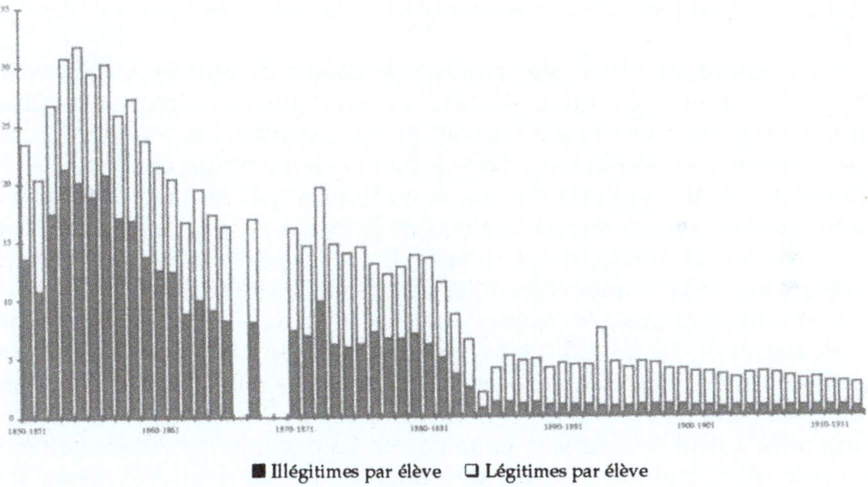

Figure 2. Absences illégitimes et congés, 1850-1912.

1 Nous épargnons volontairement au lecteur l'énumération des lois scolaires fribourgeoises. Le rôle des commissions locales, des autorités centrales et des inspecteurs ne change pas fondamentalement pendant tout le 19e siècle.

Le moins que l'on puisse dire est que les autorités communales font de la norme une application souple. À partir du moment où les absences illégitimes diminuent nettement (dans les années 1860), les congés deviennent plus nombreux que celles-ci.

L'absentéisme ne peut donc être compris simplement comme l'expression d'une résistance individuelle à une norme étatique. Les autorités locales participent activement au détournement de la norme en accordant des congés aux enfants de leurs administrés lorsque la répression rend difficile à leurs parents la désobéissance ouverte. La mauvaise volonté des autorités locales est d'ailleurs parfaitement connue des autorités centrales:

> *Un grand nombre d'instituteurs se plaignent des commissions d'école qui ne font absolument rien pour réprimer les absences [...] N'ayant plus votre appui, les instituteurs sont paralysés et n'osent pas gourmander le syndic. Je vous prie [...] de rappeler leurs devoirs aux commissions.* (Direction de l'instruction publique, lettre au préfet de la Sarine, le 8 janvier 1880).

On ne saurait, dès lors, plus résumer le conflit de normes à l'affrontement du public et du privé, de l'État et des familles. Ce cadre simpliste doit faire place à une vision rendant mieux compte de la complexité des phénomènes de résistance à l'obligation et de la réalité conflictuelle et hiérarchisée des rapports sociaux et politiques que révèlent cette question. Les autorités centrales tiennent en principe les choses en main, car elles édictent la norme (pas d'absences!) par rapport à laquelle les autres acteurs ne peuvent que réagir. Elles disposent de plus de moyens répressifs et n'hésitent pas à les utiliser. Mais les autorités locales ne jouent pas sans réticences un jeu dont les règles leur sont imposées. Les solidarités et les normes propres à la société villageoise les contraignent à biaiser, dans un canton rural où les enfants sont, dès huit ans, une force de travail dont il peut être difficile de se passer. La pratique du village ne peut trop se distancer de l'intérêt des familles (et de celui des pères de familles, électeurs des autorités locales et membres des commissions de surveillance). Cette lutte entre sous-champs sociaux, global, local et familial, ne contribue pas peu à la définition de la communauté rurale par rapport à l'extérieur (nous et eux), telle que la décrit Henri Mendras (1976: 57-89).

Mais la norme qui domine le champ local (le village) n'est pas pour autant la norme familiale, même si tout le village comprend que les familles ont besoin de main-d'œuvre. Le village n'est pas une «grande famille» et en son sein, les hiérarchies et les conflits se reproduisent, comme le montre la lettre citée ci-dessus. L'instituteur, partie intégrante de la société villageoise, peut se trouver, à propos des absences, dans une situation très délicate. Négligeant ses obligations, il risque les foudres des autorités centrales, les respectant de manière trop zélée, il encourt celles du syndic ou des pères de ses élèves. Le syndic et les commissions locales sont dans une situation identique. Un syndic trop réticent peut faire l'objet de pressions efficaces de la part des autorités centrales (remontrances du préfet, de l'inspecteur scolaire, du curé, souvent appelé à la rescousse dans les questions scolaires, au plus, convocation à Fribourg, devant le directeur de l'instruction publique). Mais s'il néglige les intérêts de ses concitoyens, il risque sa position politique. Les autorités locales sont contraintes au compromis et à la médiation entre les besoins des parents (tous aux champs!) et les exigences de l'État (tous à l'école!), situation à nouveau constitutive de leur identité par rapport à la communauté rurale (Mendras 1976: 57-89).[2]

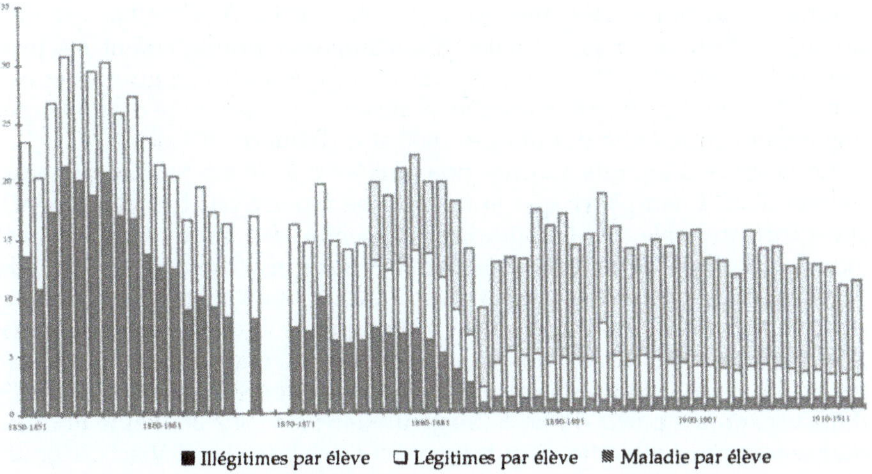

Figure 3. Absences, tous motifs, 1850-1912.

2 Soulignons que l'État ne vise pas la fréquentation absolue des classes, en particulier en été. Une telle chose serait impossible dans une société paysanne. Néanmoins sa volonté de réduire le nombre de congés est claire.

Reste que la courbe des absences légitimes ou illégitimes diminue globalement. On peut estimer que le niveau atteint au milieu des années 1880 tient compte des réfractaires absolus et des congés « raisonnables », que prévoient d'ailleurs les lois scolaires, nécessaires aux besoins de l'agriculture. La norme centrale est appliquée, signe que la hiérarchie qui structure le champ social global est respectée. Mais, dès 1876, les relevés des absences font apparaître une nouvelle catégorie statistique. Le décompte des enfants absents pour motifs illégitimes ou en congé est complété par celui des enfants malades.

Cet affinement du contrôle pose des problèmes : comment savoir ce que recouvraient auparavant les catégories « absences légitimes » et « absences illégitimes » ? Comment étaient décomptées les absences pour maladie, étaient-elles seulement tenues en considération ? Nous estimons que l'émergence de nouvelles catégories statistiques est liée à l'émergence de nouvelles réalités sociales. Ceci ne signifie pas que nous pensons que les enfants fribourgeois n'étaient pas malades avant 1876, mais la maladie n'était sans doute pas alors utilisée massivement comme justification des absences. Car la courbe d'ensemble est éloquente : les absences pour maladie anéantissent pratiquement les progrès faits dans le contrôle et la répression des absences illégitimes et des congés. On voit bien que le nombre d'absences par élève ne diminue que légèrement entre la fin des années 1860 et le début du 20e siècle.

Le nombre d'enfants absents pour maladie a même tendance à augmenter avec le temps (ce que la figure 3 ne montre pas très clairement). Il est fort probable que ces absences d'un nouveau genre sont l'expression médicalisée de la résistance des familles qui n'osent plus, face à la répression, braver ouvertement la loi. Nous analysons ici la maladie comme le fruit d'un rapport social plutôt que de causes physiologiques. À l'appui de cette thèse, l'absence de corrélation entre le nombre de cas de maladies infectieuses graves (diphtérie et fièvre typhoïde) déclarés dans le canton à partir de 1876 (Siegenthaler 1996 : 307-309) et le nombre d'absences pour maladie. D'autre part, si l'on classe les districts fribourgeois selon le nombre d'absences pour maladie, chose possible entre 1876 et 1912, on constate de remarquables régularités.

Tableau 1
Classement des districts selon le nombre d'absences pour maladie par élève

	1er rg	2e rg	3e rg	4e rg	5e rg	6e rg	7e rg
Sarine	4	8	9	8	6	2	0
Singine	1	3	3	5	9	13	3
Gruyère	17	9	6	3	2	0	0
Lac	0	1	0	1	7	6	21
Broye	0	1	4	5	4	14	9
Glâne	10	8	9	7	3	1	0
Veveyese	5	7	6	8	6	1	4

Ce tableau se lit ainsi : la Sarine a occupé quatre fois le premier rang (rg) en ce qui concerne les absences pour maladie, 8 fois le deuxième, 9 fois le troisième, etc.

La Gruyère et la Glâne sont très souvent au premier rang, tandis que le district du Lac et, dans une moindre mesure, la Broye, occupent le plus souvent les deux derniers rangs. Difficile d'admettre que, dans un territoire aussi petit que celui du canton, ceci soit le fruit des conditions sanitaires. Même si la Gruyère est un district pauvre et montagnard, il serait étonnant que ses enfants soient beaucoup plus égrotants que ceux du district du Lac. Par contre, les rapports conflictuels de la Gruyère et des Gruyèriens avec le pouvoir central sont établis et fort bien documentés (Bugnard 1983, *passim*). La maladie est le moyen qu'ont trouvé les familles pour se soustraire à la norme étatique. Difficile, en effet, de vérifier la véracité des déclarations des parents ou de les obliger à produire un certificat médical. Ici aussi, le village est, au moins, complice. Les autorités scolaires locales savent sans doute que tel enfant, déclaré malade par ses parents, travaille aux champs avec sa famille.[3]

La résistance à l'obligation se développe donc dans le champ familial comme dans celui du village et ses fondements sont autant individuels que collectifs. Cette première conclusion soulève quelques questions et tout d'abord sur la définition de l'État dans une structure fédéraliste. Si l'on se réfère à la définition wébérienne, la violence légitime est, en principe, aux mains des communes et des autorités cantonales. Les statistiques fribourgeoises montrent qu'il n'y a pas de synchronisation des actions répressives (les communes restent à la traîne) et que la communauté d'intérêts entre centre et périphérie est loin d'être évidente. Il ne

3 Nous ne disposons malheureusement pas de données permettant de mesurer une éventuelle variation saisonnière des absences pour maladie.

faudrait pas pour autant se représenter les communes du canton de Fribourg comme autant d'irréductibles foyers de résistance au pouvoir cantonal. Elles sont clairement dominées par les autorités centrales, qui finissent par leur imposer la norme générale, parfois à long terme et jamais sans résistances. La définition wébérienne reste valable, mais il nous semble nécessaire de préciser que les modalités de l'application de la violence légitime sont soumises aux rapports de forces, parfois contraires, qui structurent l'État comme un champ social.

Les questions scolaires, pourtant, élargissent le champ d'intervention de l'État. En déterminant une norme telle que l'obligation, l'État se donne simultanément les moyens de l'appliquer, ce qui implique un contrôle sur des individus et des familles dont on ne s'occupait que peu auparavant (il n'existe pas d'impôt cantonal sur le revenu pendant la plus grande partie du siècle passé). Au moment où le secteur central de l'État fait appliquer ses normes par les secteurs périphériques (communes), la violence légitime s'incarne, tout près des familles, dans l'instituteur, la commission d'école ou le curé qui la préside souvent. Comme il est matériellement difficile de faire respecter l'obligation, les salles de classe étant trop petites pour contenir tous les élèves, l'absentéisme est aussi une réponse raisonnable à une situation impossible. Ici aussi, la volonté de faire appliquer la norme donne une réalité matérielle à l'État: il contraint les communes à construire des écoles, pour lesquelles les habitants doivent contribuer. Le bâtiment d'école, souvent la plus grosse réalisation de la commune, matérialise la volonté du secteur central de faire respecter la loi et la réalité de l'État. On peut avancer ici, paradoxalement, que si l'État crée l'école obligatoire, l'école obligatoire lui donne une existence tangible, qu'il n'avait sans doute pas auparavant, il n'y a pas un gendarme, ni un juge par village…

L'emboîtement des résistances individuelles et des réticences locales montre que le refus de la norme étatique ne saurait se comprendre en dehors de son contexte social. Présenter des cellules et des normes familiales (ou, pire, des individus et des normes individuelles) comme isolées face à une norme extérieure à eux ne résiste pas à une analyse, même rapide, des sources disponibles.

Ce fonctionnement peut-il se constater ailleurs que dans le canton de Fribourg? Les statistiques publiées dans le *Compte rendu du Conseil d'État* du canton de Vaud permettent de regarder ce qui se passe en pays voisin.

La comparaison ne peut porter que sur quelques années, mais, d'emblée, elle surprend. Quel que soit le type d'absences considéré, les Vaudois sont beaucoup plus indisciplinés que les Fribourgeois, ce qui met à mal les clichés sur les attitudes des protestants (Vaud) et des catholiques (Fribourg) face aux normes légales et à l'institution scolaire.

Tableau 2
Absences dans les cantons de Vaud et de Fribourg

	Illégitimes		Légitimes		Maladie		Ensemble	
	VD	FR	VD	FR	VD	FR	VD	FR
1867	14.2	8.1	16.1	8.8	9.0	-	39.3	16.9
1871	14.7	7.0	14.7	7.6	11.3	-	40.7	14.6
1874	12.7	5.9	13.9	8.0	8.0	-	34.6	14.0
1877	11.1	6.7	12.6	5.5	8.9	6.4	32.6	18.6
1880	9.8	6.2	12.2	7.4	10.7	6.1	32.8	19.7
1904	1.2	0.8	8.3	2.8	13.1	11.6	22.5	15.2
1906	1.4	0.8	8.9	2.9	15.6	10.2	25.9	13.9
1907	1.2	0.8	8.7	2.6	15.8	8.8	15.7	12.2
1908	1.0	0.8	8.2	2.4	15.6	9.6	24.8	12.8
1909	0.9	0.8	7.7	2.5	14.8	9.0	23.4	12.3
1910	0.9	0.9	7.9	2.1	14.6	9.2	23.4	12.1
1911	0.9	0.8	7.5	2.1	16.8	8.8	25.1	10.6
1912	1.1	0.8	6.8	2.1	13.3	8.2	21.1	11.0

Le nombre total des absences diminue certes dans les deux cantons, mais il part d'un niveau beaucoup plus haut dans le canton de Vaud et il n'atteint même pas en 1912 le point où se trouvait Fribourg en 1867. Seul point d'égalité, le nombre des absences illégitimes, aussi efficacement réduit dans les deux cantons.

Les autorités locales ont, dans le canton de Vaud, beaucoup plus de poids face aux autorités centrales. En matière scolaire, celles-ci sont pratiquement dépourvues de moyens de répression, qui sont tous concentrés entre les mains des communes et des commissions d'école. L'amour des lois, chanté dans l'hymne vaudois, est donc plutôt platonique et la distribution du pouvoir favorise les résistances. Il est possible, par ailleurs, que les instituteurs fribourgeois ne relèvent qu'une partie des absences de leurs classes, participant à la résistance des autorités locales sous la pression des pères de famille. La correspondance de la direction de l'Instruction publique fustige régulièrement ceux qui ne remplissent pas correctement les devoirs de leur fonction. Mais nous ne pouvons pas être certains que les instituteurs vaudois ne faisaient pas de même…

On se gardera donc d'affirmer, au moment de conclure, que les statistiques, quelles que soient leurs origines, reflètent avec précision la *réalité* de l'absentéisme. Mais on retiendra la similitude de leurs fluctuations et de leurs distributions dans les deux cantons. Le modèle dégagé des données fribourgeoises peut donc être appliqué aux chiffres vaudois. Les modalités de résistance aux normes nouvelles et donc la manière dont le pouvoir étatique s'exerce y sont similaires, malgré des constitutions différentes.

RÉFÉRENCES BIBLIOGRAPHIQUES

Bugnard, P.-Ph. (1983). *Le machiavélisme de village. La Gruyère face à la République chrétienne de Fribourg (1881-1913)*. Lausanne, Le Front Littéraire.

Mendras, H. (1976). *Sociétés paysannes. Éléments pour une théorie de la paysannerie*. Paris, A. Colin.

Siegenthaler, H. (1996). *Statistique historique de la Suisse*. Zurich, Chronos.

Deuxième partie

Dynamique intercantonale, rôle de la Confédération et contexte international

MARTINA SPÄNI

LA LAÏCISATION DE L'ÉCOLE POPULAIRE EN SUISSE AU 19e SIÈCLE

Séparer exercice des droits civiques et appartenance confessionnelle, voilà un processus qui est à mettre au nombre des événements politiques et culturels les plus hautement significatifs du 19e siècle. Ce principe de droit inscrit dans la Constitution fédérale lie depuis 1874 tous les cantons. Comme le déclare d'une façon mordante le constitutionnaliste Fleiner: *Si l'on s'en réfère à la Constitution fédérale, la vie d'un individu peut s'écouler du berceau à la tombe sans qu'il entre en contact avec une Église ou une communauté religieuse* (1923: 331). Si l'on considère qu'en 1839, soit moins de quarante ans auparavant, la population rurale du canton investissait la ville de Zurich pour en chasser l'impie gouvernement libéral, ou qu'en 1847 le *Sonderbund* conservateur et catholique espérait, avec l'aide de l'étranger, séparer la Suisse en deux groupes de cantons de force égale sur le plan confessionnel, on peut appréhender aussi bien la rapidité que la violence du débat qui a secoué le pays autour de cette question centrale: notre société a-t-elle avantage à s'organiser sous l'égide de vérités religieuses auxquelles tous sont soumis et qui sont reconnues officiellement par l'État, ou trouverait-elle un avantage à y renoncer? Dans la phrase que nous citions de Fleiner, il faut souligner l'utilisation de l'expression de nature hypothétique *peut s'écouler*, car dans les faits, après 1874, l'Église et la religion ont continué à jouer un rôle important dans la vie culturelle suisse. On trouve même des cantons où, après cette date, le principe *Cuius regio, ejus religio* était appliqué dans la pratique, bien que ne figurant pas dans leur Constitution.

En d'autres termes, la laïcisation de la vie publique signifie moins l'effacement de l'Église et de la religion qu'une *réorganisation juridique* des institutions publiques qui, jusque-là, s'étaient trouvées soumises directement à l'aire d'influence de l'Église: mariage (et divorce), enterrement, juridiction, et donc aussi l'instruction publique. Cette dernière devait être entièrement soustraite à l'influence de l'Église pour être placée dans une sphère d'influence laïque légitimée par le droit public. C'est là le sens de l'article 27, alinéa 2, de la Constitution fédérale de 1874 qui prescrit que l'école doit être *exclusivement placée sous la direction de l'État*, et que les écoles publiques *doivent pouvoir être fréquentées par les adhérents de toutes les confessions sans qu'ils aient à souffrir d'aucune façon dans leur liberté de croyance et de conscience* (article 27, alinéa 3).

Jusqu'à nos jours – et pas seulement en Suisse –, la recherche historique sur l'école s'est peu souciée de savoir comment, dans une société pluraliste régissant *deux* systèmes scolaires confessionnels séparés et ne tolérant pas l'irruption d'un *troisième, un seul* système scolaire, neutre et publique a pu, historiquement, se constituer. Deux niveaux au moins sont concernés par cette *laïcisation* – osons désormais l'utilisation du néologisme *dé-confessionnalisation* – du système scolaire: d'une part le niveau de la réglementation institutionnelle et juridique incluant les plans d'études en vigueur; d'autre part le niveau du débat public sur l'école: débat pédagogique, juridique, théologique ou politique, soutenant ou critiquant les principes de la mise en pratique de cette dé-confessionnalisation. Notre recherche embrasse ces deux niveaux, celui de l'histoire des débats sur l'école aussi bien que celui de l'histoire de l'institution, malgré les lacunes que présente cette dernière. Notre objet est plus particulièrement la réponse à la question suivante: dans quelle mesure peut-on mettre en évidence, dans l'histoire des systèmes scolaires, les modèles, semblables ou différents, qui caractérisent l'évolution du processus de dé-confessionnalisation? Il s'agit donc de brosser à grands traits une histoire du déroulement de ce processus qui mette bien en évidence les conflits qu'il engendre au niveau des principes.

Des efforts de dé-confessionnalisation entrepris par la République helvétique[1] aux réformes scolaires de la Médiation et de la Restauration

Quelles sont les caractéristiques d'une *école populaire confessionnelle type* d'avant 1800? Elle présente les traits suivants: une direction assurée par un ecclésiastique qui exerce sur l'enseignant un devoir de surveillance; la présence d'une population scolaire confessionnellement homogène à laquelle correspond l'appartenance confessionnelle des enseignants, de la population et des autorités de surveillance de la commune scolaire; une orientation religieuse donnée aux moyens d'enseignement; un enseignement religieux confessionnel et, le cas échéant, la présence de symboles religieux accrochés aux murs de la classe. L'enseignant avait en plus à accomplir des services dans le cadre de l'Église, par exemple celui de chantre. Au cœur même de ce type d'école on trouve le credo ou les dogmes confessés par une communauté relevant d'une religion d'État placée sous la protection de l'État et de l'Église. La référence à la *juste croyance* occupe une place centrale dans les concepts éducatifs; mieux encore: c'est autour de cette *juste croyance* que tournent tous les arguments qui justifient la seule vraie formation. L'ordre rigide de l'organisation strictement confessionnelle des écoles en Suisse, avant 1800, correspond au découpage confessionnel du pays, qui date entre autre du 16ᵉ et du début du 18ᵉ siècles. Cependant il en allait différemment à ce sujet pour les villes libres catholiques et protestantes, de même que pour les régions où régnait la parité.[2] À l'égard de ces dernières on peut précisément se demander si leur expérience dans l'organisation d'un État confessionnellement séparé, mais cependant uni politiquement, les a conduites à jouer un rôle d'avant-garde en ce qui concerne l'abolition

1 Ce point de notre étude ne poursuit qu'un but: celui de montrer que déjà au seuil du 19ᵉ siècle les concepts fondamentaux caractérisant une école laïque et publique ont été formulés, abandonnés puis repris par le mouvement de la Régénération (voir à ce sujet His 1920: 629 et ss; Osterwalder 1992).

2 Voici les régions de parité au 16ᵉ siècle: Glaris, Grisons, Appenzell. Régions de parité décrétées à la suite de la *Quatrième Paix nationale* de 1712 (Deuxième guerre de Villmergen): futurs cantons d'Argovie et de Thurgovie. Le principe de parité accordait la protection aux deux confessions. *Les ecclésiastiques et tout ce qui avait affaire au service divin, au mariage et à l'enseignement, ne devaient relever que de juges confessant la même croyance. Chaque confession pouvait fonder des écoles à ses propres frais [...]* (Steiner 1976: 72). La libre administration de leur Église, à laquelle l'école appartenait, leur était garantie, de même que l'égalité dans la jouissance des droits bourgeoisiaux.

des barrières confessionnelles au 19e siècle, ou si, au contraire, le fait d'être habituées à cette séparation confessionnelle à l'intérieur de l'organisation de l'État n'a pas exacerbé les résistances à l'encontre de la neutralisation confessionnelle.[3]

Une tentative rigoureuse – mais cependant largement vouée à l'échec – de soustraire l'école au champ d'influence traditionnel de l'Église a été entreprise par la République helvétique. Le Directoire, au premier rang duquel on trouvait le Ministre des arts et des sciences Philipp-Albert Stapfer, essaya de planifier et d'organiser, dans un État unitaire helvétique non séparé en unités confessionnelles distinctes, un système scolaire centralisé. L'élément essentiel du premier projet de loi scolaire de Stapfer réside dans la conduite complète, par l'État, et non plus par l'Église, du système scolaire. Le projet n'exclut cependant pas fondamentalement, c'est-à-dire légalement, la possibilité pour les ecclésiastiques de revêtir une charge dans ce domaine, mais il ne leur accorde cependant pas sans autre une place parmi les autorités de l'école. Dans le *Projet de loi sur les écoles élémentaires* qu'écrivit Stapfer en 1798 (Luginbühl 1902: 526 et ss), les connaissances et savoir-faire dits *civiquement utiles*, comme la lecture, l'écriture, la connaissance de deux langues, le calcul et le civisme occupent une place de choix, mais des disciplines scientifiques comme la géographie, l'histoire, l'anthropologie et l'histoire naturelle rivalisent d'importance avec elles. Conformément à l'idéologie des Lumières, et non sans une intention polémique, l'enseignement de l'histoire naturelle sert d'antidote aux superstitions répandues (Luginbühl 1902: 529). Le plan d'études ne fait pas mention de catéchisme, de psaumes, de prières, de chants religieux et de Bible, car leur nécessité éducative pour l'établissement d'un ordre moral dans la Société est mise en doute.

Un enseignement de la morale dispensé par le maître d'école et un enseignement religieux donné par le curé ou le pasteur devaient prendre la place de la formation religieuse confessionnelle. Cependant cet enseignement religieux donné par l'ecclésiastique présente peu de points communs avec les contenus religieux transmis par le catéchisme. Il s'agit plutôt de l'enseignement d'une morale teintée de religion, d'une *religion naturelle* (comme l'entendaient les Lumières), où la nature, l'histoire, la morale, la raison et le christianisme ne se contredisent pas mais finissent

3 Pour répondre à cette question, il suffit d'indiquer ici que Saint-Gall a fait partie de ces cantons qui ont maintenu la séparation confessionnelle de leurs écoles jusqu'au 20e siècle.

au contraire par s'éclairer réciproquement (Luginbühl 1902: 531).[4] Voilà ce qui remplace une formation confessionnelle, religieuse et morale. Le problème de l'éducation morale est lui aussi abordé avec beaucoup de soin et de manière très consciente, même si pour le résoudre d'autres moyens sont mis à contribution. Et c'est précisément cela, cette prétention à faire une éducation morale en faisant abstraction de la foi chrétienne – alors que c'est là le domaine où s'exerce traditionnellement l'influence de l'Église – qui a concurrencé et provoqué les milieux conservateurs chrétiens. Les luttes à ce sujet durèrent tout le 19e siècle.

Le projet de loi de Stapfer fut révisé à maintes reprises et les caisses vides de l'État firent le reste: il ne resta pas grand chose du plan originel du ministre, et pas seulement en ce qui concerne la question de l'organisation de l'école laïque (Wernle 1938: 219 et ss; Zehnder 1882: 81 et ss; His 1920: 640 et ss). Pour citer un exemple illustrant la continuité confessionnelle de l'école, on peut mentionner le règlement des écoles rurales du canton de Schaffhouse datant de 1804, soit du début de la Médiation. Le simple énoncé des disciplines enseignées montre la différence d'avec le plan de Stapfer:

> *Épellation, lecture, écriture (d'après des modèles orthographiques); exercices de mémorisation à l'aide du catéchisme, de versets bibliques et de cantiques; calcul et chant. Les leçons doivent chaque jour débuter et finir par une prière de circonstance. Après la première prière, lecture est faite d'un chapitre des Saintes Écritures et à la fin de la classe il est chanté quelques versets d'un Psaume ou d'un cantique. Depuis le jour où les élèves quittent l'école et jusqu'à leur confirmation, le Pasteur doit leur donner chaque semaine une à deux heures d'enseignement religieux* (Zehnder 1882: 95).

On voit par de tels exemples que, durant la Médiation et la Restauration, le poids de l'enseignement religieux n'a pas perdu de son importance dans un État dont les droits des citoyens et la culture politique restent largement inscrits dans le champ confessionnel.

Des époques de la Médiation et de la Restauration survécurent, dans un petit nombre de cantons, les *Conseils de l'éducation* (ou autres autori-

---

4 Il était indiqué que le *ministre du culte*, comme on appelait le curé, de même que l'enseignant aient, durant leur formation, à se former à cette tâche *[...] avec plus de détail, dans les livres que le Directoire exécutif est chargé de faire composer pour l'instruction des instituteurs et des ministres du culte* (Luginbühl 1902: 531, cité en français). La version du Projet retravaillée par le Directoire (*Entwurf der Instruktionen* 1799) ne contient plus d'allusions à une formation obligée à la religion naturelle.

tés ayant la même fonction), *authentiques instances de l'État* dans lesquelles des laïques aussi bien que des ecclésiastiques pouvaient siéger. Ces Conseils tentèrent de faire passer dans les mœurs l'obligation scolaire, d'améliorer la formation des enseignants et d'élargir l'éventail des branches enseignées.[5] Dans plusieurs cantons, des groupes privés de citoyens fondèrent des Unions dans le but d'améliorer l'école populaire. Parfois ce furent des communes qui hâtèrent de leur propre initiative la constitution de leur école.[6] Peu à peu s'impose l'idée que la transmission des connaissances dites *d'utilité publique* contribue finalement au bien de l'État. Ce type de connaissances va désormais concurrencer ce qui constituait traditionnellement l'objectif principal de toute école publique: la formation morale et religieuse.

Johann Konrad Troll, une des personnalités les plus actives dans la réorganisation des écoles communales de Winterthour en 1819, justifie en ces termes, dans une allocution publique qu'il prononce en 1822 lors d'une fête des écoles, *l'éducation des enfants à leur rôle de citoyen*:

> *Les temps sont révolus où l'on pouvait gagner sa vie avec des mains maladroites tout en passant pour adroit, et où l'on pouvait faire son bonheur tout en étant d'une ignorance crasse. La mobilité accrue des gens, la lutte de plus en plus vive pour obtenir sa part d'un gâteau qui se rétrécit de plus en plus, voilà maintenant ce qui nous attend, et cela va durer* (Troll 1822: 29).

Comme on peut le constater, Troll fait allusion aux inéluctables changements politiques et économiques. Il conclut sa réflexion en soulignant que celui qui est *riche en connaissances* ne connaîtra pas le chômage, ne sera pas dépendant des autres et n'aura pas à craindre les crises économiques (Troll 1822: 20). Pour lui, le but *le plus élevé et le plus sacré* de l'école reste, cependant, *la formation morale et religieuse* des enfants (1822: 6), but auquel il subordonne *la formation intellectuelle et scientifique*. Dans cette hiérarchisation des objectifs de l'école en objectifs éducatifs et objectifs d'enseignement à laquelle se livre ici Troll, nous voyons déjà la

5 Comme exemple de la constitution progressive, après 1800, du système scolaire d'un canton paritaire, on pourrait citer le canton de Saint-Gall (Rüegg 1860).

6 Ainsi, par exemple, l'*Evangelischer Schulverein*, fondé en 1827 dans le canton des Grisons et qui eut également un pendant catholique (voir à ce sujet Metz 1989), ou le *Glarner Schulverein* animé par le curé Jakob Heer (Heer 1832; Heer 1882). Il faudrait également mentionner diverses améliorations scolaires apportées dans plusieurs villes suisses différentes. Ici aussi une lacune de la recherche serait à combler: au début du 19e siècle (et jusqu'à l'étatisation complète de l'instruction publique), par qui, par quels groupes les diverses initiatives de réformes scolaires ont-elles été prises?

préfiguration des objectifs diversifiés que prôneront les réformateurs libéraux après 1830 quand ils attribueront à l'institution scolaire le rôle de transmettre des connaissances utiles au citoyen et celui de former sa raison et son cœur.[7]

La dé-confessionnalisation comme fruit d'évolutions intra-confessionnelles (1830-1860)

C'est dans les cantons régénérés, où les libéraux avaient pris le pouvoir et pu initier une politique de réforme scolaire renouant avec les idéaux déjà exprimés dans ce domaine par la République helvétique, que les résistances à l'étatisation progressive et aux réformes de l'école se firent le plus vivement sentir. Cependant la totalité des cantons régénérés placèrent les confessions traditionnelles sous la protection de l'État, en leur garantissant un statut privilégié (Steiner 1976) et en admettant ainsi le caractère chrétien, protestant ou catholique, de leurs écoles publiques. Cet amarrage étroit et traditionnel entre l'Église et l'État n'accordait pas seulement, dans les nouvelles structures d'un État libéral, une place protégée aux dogmes confessionnels. Il constituait aussi un danger pour la conception protestante d'une religion « positive » ou « supra-naturaliste » *(supranaturalistisch)*, dans la mesure où l'intrusion de la pensée politique de l'État libéral dans un système traditionnel où l'Église est Église de l'État n'allait pas sans influencer l'appareil dogmatique interne de l'Église, en pouvant lui accorder ou lui retirer sa fonction de surveillance ou de direction. À cela s'ajoute que, dans le protestantisme, la liberté de conscience et de croyance, parce qu'elle s'appuie sur un fondement théologique[8], ne se laisse pas imposer de limites. Le théologien protestant Daniel Schenkel regrette, face aux conflits internes qui déchiraient son Église en 1843, que la *Confessio Helvetica* ait substitué à *l'autorité vivante de l'Église* un *Juge suprême mort* : la lettre de la Bible.[9]

---

7 Voici comment I.Th. Scherrer formule, en 1832, l'article de la loi présentant les objectifs de l'école zurichoise : *L'école populaire se doit, conformément à des principes admis par tous, d'instruire les enfants de toutes les classes sociales pour qu'ils deviennent des adultes intelligents, utiles à leur pays et de bonnes mœurs.* L'expression de *bonnes mœurs* sera transformée en *mœurs religieuses et morales* par le Grand Conseil zurichois (*Die Zürcherische Volksschule* 1933 : 700, ainsi que la note de la page 129).

8 Et non plus sur un fondement constitutionnel et politique, comme c'est le cas de la liberté de croyance et de conscience figurant dans la Constitution fédérale.

9 La *Confessio Helvetica* (1675) : *Deus ipse, per scripturas sanctas pronuncitans quid verum sit, quid falsum, quid credendum sit, quidve fugiendum* (Schenkel 1843 : 2).

Trois tendances se font jour dans le domaine de la théologie des Églises réformées: la tendance libérale, la tendance piétiste et une troisième qui, entre les deux autres, cherche une voie moyenne (Finsler 1881). C'est dans cette pluralité de tendances qu'il faut chercher les raisons pour lesquelles, il y a cent ans, l'Église réformée ne s'est plus opposée à la laïcisation de l'école. Ce n'est pas qu'une opposition protestante à une école de droit public devenant de plus en plus laïque ait cessé, mais cette opposition était formée par des laïques et des ecclésiastiques qui ne pouvaient plus prétendre représenter, à eux seuls, les préoccupations d'une Église réformée qui, à cet égard, serait demeurée une.

L'Église catholique s'opposa en revanche toujours à l'emprise de l'État sur le système scolaire, et elle lutta contre cet empiétement dès qu'un tel danger pointait (voir par exemple l'article en la matière de la *Conférence de Baden*). C'est précisément parce qu'elle confessait une pensée catholique et ecclésiale marquée par l'unité et l'autorité sur les consciences des croyants qu'elle fut, et elle seule, attaquée dans le *Kulturkampf*.

L'élément nouveau, dans les querelles religieuses du 19e siècle, consiste dans le fait que les adversaires en présence ne sont pas les adversaires traditionnels, c'est-à-dire les communes ou les cantons catholiques luttant contre leurs homologues protestants, mais que c'est du sein même des communautés religieuses que surgissent les réformateurs les plus entêtés et les plus dangereux. En résumé, on peut caractériser les années s'étendant de 1830 à 1860 comme étant celles des luttes confessionnelles internes, ou des luttes *intra-confessionnelles*. Une politique de l'enseignement protestante d'obédience libérale était considérée comme l'ennemi d'une politique de l'enseignement protestante d'obédience conservatrice, et il en allait de même pour les politiques de l'éducation catholiques, conservatrices et libérales. Là où les forces libérales pouvaient s'unir, elles montraient alors un front commun contre les tenants conservateurs des deux confessions. La réaction des mouvements populaires conservateurs dans les cantons de Zurich et de Lucerne à l'encontre de leurs gouvernements libéraux, à la fin des années 30 du siècle, illustre parfaitement cette dynamique (*Züriputsch* 1989; Gelzer 1843; *Des Zürchervolkes Kampf und Sieg* 1839; Siegwart-Müller 1863). Les protestants, comme les catholiques, s'entre-déchiraient dans leur propre sein, car dans les deux cas le mouvement populaire visait la chute du gouvernement libéral. De même, dans la partie protestante du canton de Berne, la population s'opposa, dix ans plus tard environ, à la politique de l'éducation des libéraux, ce qui, dans ce cas aussi, amena un gouvernement conservateur au pouvoir. On pourrait en dire autant en ce qui concerne le canton de Vaud, où les luttes entre le pouvoir politique et l'Église amenèrent à une scission dans l'Église et dans l'école. Une stratégie de défense était possible à mettre en place dans les cantons paritaires où les forces conservatrices insistèrent pour que la direction de l'école et de l'Église soit subordonnée à un Conseil confessionnel dans lequel des laïcs aussi bien que des ecclésiastiques pouvaient siéger. Vu le danger d'être majorisé par les protestants libéraux, l'opportunité de cette demande fut discutée, mais on considéra que cette stratégie pouvait aussi contribuer à empêcher que se produise un effet de solidarité entre protestants et catholiques libéraux. À ce sujet on peut citer l'exemple du canton d'Argovie où, durant la Régénération, les demandes des conservateurs catholiques ne purent aboutir par la faute d'une partie des députés catholiques du Grand Conseil – formé paritairement de protestants et de catholiques – qui menaient avec les libéraux protestants une politique culturelle commune. Tirant les conséquences de cet échec, les conservateurs catholiques demandèrent qu'en matière de politique scolaire et ecclésiastique les Conseils soient séparés selon la confession de leurs membres (Steiner 1976 : 557). Le canton des Grisons fournit un autre exemple de conflits violents qui éclatèrent à l'intérieur du camp catholique.[10] On peut supposer que, dans ce cas, ce furent surtout les réformateurs libéraux, catholiques et laïques, qui votèrent contre l'autonomie des communes en matière d'école, afin de remettre dans les seules mains du Conseil de l'éducation cantonal la compétence de diriger les écoles (Metz 1989 : 405), et cela d'autant plus que le *Schulverein* protestant, composé de pasteurs, pouvait se sentir concurrencé par ce nouveau Conseil de l'éducation composé paritairement de protestants et de catholiques.

On peut se poser maintenant la question suivante : quel rôle ont joué ces luttes intra-confessionnelles dans les politiques de l'éducation et les concepts éducatifs d'une Église d'État, maintenue mais cependant affaiblie ?

10 Il s'agit plus précisément d'un conflit entre l'évêque Georg Bossi et Alois de Latour. De Latour avait fondé le *Katholischer Schulverein*, qui fut dissous en 1843 ; il fut aussi le premier président du nouveau Conseil de l'éducation de 1843, directeur de l'école cantonale catholique et impliqué en permanence dans des conflits avec l'évêque (Metz 1989 : 401 et ss).

LES CONCEPTIONS ÉDUCATIVES DES RÉFORMATEURS LIBÉRAUX ET LEUR CRITIQUE PAR LES MILIEUX CONSERVATEURS

Que ce soit à Bâle-Campagne, Saint-Gall ou Zurich, à Fribourg ou Lucerne, en Argovie ou en Thurgovie, partout la politique des libéraux en matière d'école annonce l'avènement, tant sur le plan matériel que sur le plan moral, d'un temps meilleur qui devra être atteint par l'élargissement du nombre des bénéficiaires d'une école transmettant des contenus d'enseignement profanes. En guise d'exemple, on peut citer ce que déclare un libéral thurgovien, le pasteur Thomas Bornhauser, quand il écrit qu'il ne convient pas de ne former que *quelques érudits isolés* (1829: 14), mais que c'est chacun, *du Landammann au plus simple laboureur, du premier maître d'école à l'humble mère berçant son enfant*, qui se doit de posséder *des connaissances faisant de lui un citoyen à part entière* et d'être *traversé par le souffle chaud de l'amour de la Patrie* (Bornhauser 1829: 4). Une telle instruction convient avant tout à un pays libre:

> *[...] où les membres des autorités judiciaires, de l'armée, des Conseils, du Gouvernement, doivent être choisis au sein même du Peuple; où des particuliers, jouissant de la confiance de leurs concitoyens, sont souvent propulsés dans des fonctions pour lesquelles ils n'ont pas pu se préparer, et où, alors, un certain degré de culture générale doit pallier le manque d'études spécifiques.* (Bornhauser 1829: 4 et ss).

Pour Bornhauser, c'est s'enfermer dans un cercle vicieux que de déduire de l'inculture de la population son incapacité à embrasser des charges politiques, pour l'exclure dès lors de la vie civique. C'est même précisément *dans le caractère public des délibérations du Grand Conseil, de l'administration de l'État et de la Justice*, dans l'élection des autorités et dans le droit *d'exprimer ses besoins et ses désirs dans le respect de la légalité* que Bornhauser voit un moyen *d'éduquer le Peuple* (Bornhauser 1829: 7). Pour lui, le chemin vers un avenir meilleur passe donc et par l'amélioration des institutions de formation et par l'introduction d'un système de démocratie représentative qui tout à la fois invite et contraint la population à discuter et à prendre position dans les affaires publiques.

Pour améliorer les résultats de l'éducation, les libéraux ne pensaient pas qu'il suffisait seulement d'élargir, en les ciblant mieux, la panoplie des branches enseignées; ils prétendaient au contraire que c'était dans la transmission même des connaissances qu'il fallait faire preuve de psychologie, en tenant compte des besoins du développement naturel de l'enfant. Cette conception à la fois rationaliste et sensualiste de l'éducation s'appliquait également à l'enseignement de la religion. Il n'y avait plus lieu, dès lors, de tourmenter la jeunesse avec des exercices de mémorisation contraires aux enseignements de la psychologie, comme on en faisait reproche à l'école ancienne, mais on devait procéder par étapes et sensibiliser l'enfant à la religion et à la morale en ayant recours successivement à sa raison et à son cœur. Cela signifiait aussi que la matière de l'enseignement religieux soit adaptée à l'âge des enfants.

La critique touchait l'enseignement traditionnel de la religion sur deux plans: celui du contenu enseigné et celui de la méthode utilisée. Conformément aux principes de la pédagogie libérale, tout ce qui ne correspondait pas à la nature enfantine devait être éliminé de l'enseignement religieux. *Der Eidgenosse* (19.4.1833: 1), journal catholique et libéral de Lucerne, se livre aux remarques suivantes dans un article intitulé *Sur l'éducation religieuse*:

> *Aucun manuel élémentaire, y compris celui qui est destiné à l'enseignement religieux, ne devrait contenir des éléments que l'on ne peut expliquer aux enfants ou qui demeurent complètement inadaptés à leur âge. Et pourtant on trouve dans ce dernier manuel* [le *Catéchisme* recommandé de l'évêque Salzmann, note de l'auteure], *la mention des péchés – sodomie et autres – interdits par Dieu dans le 6ᵉ et le 9ᵉ commandements ! Cet ouvrage veut même que les enfants de cet âge reçoivent un enseignement sur le mariage et ses exigences.*

Le Zurichois Ignaz Thomas Scherr, directeur d'un Séminaire de formation des maîtres et spécialiste en politique scolaire, exprime un avis semblable dans sa réplique très polémique aux attaques des milieux conservateurs qui dénonçaient l'école nouvelle comme étant ennemie de la religion. Il écrit en substance:

> *Je suis près de penser qu'il n'y a aucune hâte à remplir la tête d'innocents enfants avec des commandements comme: tu ne commettras pas d'adultère, tu ne tueras pas, tu ne convoiteras pas la femme de ton prochain, ni son serviteur, ni sa servante, ni son bœuf, ni son âne. Pour l'amour du ciel et de Dieu, que peut comprendre à tout cela un enfant innocent ?* (Scherr 1839: 7).

Scherr s'en prend aussi bien à l'emploi du catéchisme qu'à l'utilisation de la Bible dans les salles de classe. À l'intention des défenseurs des moyens d'enseignement religieux traditionnels que compte le camp des conservateurs chrétiens, il écrit:

> *À ceux qui prétendent que la lecture des Saintes Écritures, même si tout n'en peut être compris et expliqué, dépose quand même dans les cœurs la semence de la Foi qui germera et portera fruit en temps voulu, nous rétorquerons ouvertement que nous tenons cette conviction pour être aussi superstitieuse chez les Réformés que peut l'être chez les Catholiques l'espérance nourrie par les formules des prières latines, apprises mécaniquement par cœur, et bien sûr incomprises* (Scherr 1839a: 569).

À ces contenus traditionnels de l'enseignement religieux on devrait substituer, dans l'enseignement élémentaire, le récit de contes moraux qui dirigent l'attention des enfants sur les merveilles d'une nature créée par Dieu et les incitent à se bien conduire.

Les essais tentés par les pédagogues libéraux pour réformer l'enseignement de la religion se rattachent à une longue tradition théologique qui commence avec la réforme piétiste de l'enseignement religieux au 17e siècle et prend de plus en plus d'importance dans le 18e siècle finissant. Ce que critiquent avant tout les pédagogues libéraux c'est la conception de l'enseignement religieux professée par les milieux «orthodoxes» de l'Église, pour qui la Parole de Dieu apprise par cœur a une valeur en soi, qu'elle soit ou non comprise par l'apprenant. Dans le piétisme, la *méthode* d'enseignement et d'apprentissage prend au contraire une place centrale: ici l'attention est mise sur la compréhension du texte et le rapport que celui-ci entretient avec la vie (*Lebensbezug*). On se trouve ainsi placé devant un changement de sens de ce *Lebensbezug*, son acception glissant d'une *objectivité inhérente à la matière du catéchisme*, (selon la pédagogie religieuse «orthodoxe») à une *innovation méthodologique* pour la pédagogie piétiste (Fraas 1971: 107).[11] Cette conception de l'enseignement religieux fut développée au 18e siècle par les Philanthropes, qui donnèrent à la notion de *Lebensbezug* une place de plus en plus grande. Ainsi, Dieu ou les devoirs qu'Il exige pouvaient-ils se refléter et être expérimentés dans l'histoire, la nature, la Bible ou les profondeurs de l'homme.[12] Mais qu'advient-il quand des contradictions se pré-

---

11 Sur les rapports entre la pédagogie de langue allemande et le piétisme, voir Osterwalder 1992.

12 On pourrait citer un grand nombre de pédagogues écrivains ayant développé ce thème dans leurs écrits, d'une manière ou d'une autre. Pour les années s'étendant de 1800 à 1830, j'évoquerai ici à titre d'exemples: J. Schulthess, E. von Fellenberg, R. Hanhart, J. H. Pestalozzi, J. Heer, H. G. Nägeli.

sentent entre les diverses sources de la Révélation? Quelles sources doivent-elles alors faire l'objet d'une révision? La profonde dispute théologique sur les rapports entre Dieu et le monde pose la question de la Vérité: s'est-elle créée au cours de l'histoire ou a-t-elle existé de toute éternité? Elle concerne avant tout l'évaluation que l'on fait de la Bible et aussi l'unité de l'enseignement ecclésial. La coalition des chrétiens piétistes et orthodoxes considérait la Bible comme étant la source irrévocable de la vérité. La théologie libérale, quant à elle, diluait les dogmes chrétiens à un point tel que l'Évangile se trouvait finalement mué en une histoire universelle, morale et progressiste, de la science, de l'économie et de la politique. Par là, la religion chrétienne se retrouvait visiblement transformée en une religion civile cherchant à rompre les barrières confessionnelles et sociales, ce qui provoquait, de la part des forces conservatrices, une très forte résistance.[13] C'est à partir de ces considérations théologiques relevant de l'histoire des idées qu'il faut chercher l'origine de la conception supra-confessionnelle de l'enseignement religieux qui se propagea pendant et après les discussions qui accompagnèrent la réforme de la Constitution fédérale de 1874.

Dans les écrits des pédagogues réformateurs libéraux de la première moitié du 19e siècle, cette nouvelle manière de considérer la religion et l'enseignement religieux dans les écoles n'était pas présentée comme une réforme de la religion ou comme une entreprise de dé-confessionnalisation de l'école, mais au contraire comme une nécessité fondée sur des connaissances scientifiques relevant de la psychologie et de la pédagogie et ayant pour finalité l'amélioration de l'éducation morale. Cette réforme de l'enseignement religieux dans les écoles fut en outre légitimée par l'absence d'une formation théologique chez les enseignantes et les enseignants. C'est la raison pour laquelle l'aspect dogmatique de cet enseignement devait être le fait des ecclésiastiques. Toutes ces dispositions passèrent cependant dans le grand public – et à juste titre – pour être une attaque contre la *religion des Ancêtres*.

Les adversaires de la politique éducative des libéraux – une coalition de prêtres et de laïcs d'origine campagnarde – prirent principalement ombrage de deux aspects de la réforme proposée: l'ouverture de l'éventail des disciplines enseignées, faite au nom de la culture des facultés rationnelles, et la réforme de l'enseignement religieux. Traduites dans le langage des milieux religieux de l'époque, ces réformes signifiaient une

---

13 On sait que la tentative faite par le gouvernement zurichois de nommer à l'Université le théologien libéral David Friedrich Strauss se termina d'une manière catastrophique (*Züriputsch* 1989; *Die Zürcherische Volksschule* 1933: 241 et ss).

surestimation de la raison humaine et une dépréciation de l'unique moyen de Salut, dans le Temps et dans l'Éternité, pour l'individu et la société: la foi en *la croyance de nos Pères*, la seule vraie Foi.

La confession catholique romaine, tout comme la protestante, plaçait (et place toujours) au centre de la *vraie foi* la Confession des Apôtres et les Dix Commandements. Mais contrairement aux catholiques, qui réservent aux seuls prêtres l'exégèse de la Parole de Dieu, les protestants placent au centre de leur conception de la foi le rapport direct entre Dieu, respectivement la Parole de Dieu, et l'homme.[14] Cependant, malgré cette différence, les critiques adressées par les deux confessions à l'égard de l'école prirent une forme semblable. C'est ainsi qu'on peut lire dans le journal catholique *Schweizerische Kirchenzeitung* (1839: 107) que, dans les Séminaires de formation des maîtres de Suisse, la mode du «beaucoup enseigner» a fait son entrée et *qu'elle ne produit en règle générale que des demi-savants présomptueux tout juste capables de tourner la tête de notre jeunesse et de lui gâter l'esprit.* Le pasteur Jakob Heer (1839: 44), de l'Église réformée de Glaris, ne dit pas autre chose: *Qu'aurait à espérer notre patrie d'une jeunesse, même intelligente et instruite, mais sans cœur, orgueilleuse, effrontée, sans foi, se faisant elle-même l'objet de sa propre adoration?* C'est pourquoi, aussi bien les conservateurs catholiques que protestants exigèrent qu'une instruction religieuse soit garantie dans les écoles et, à cette fin, la meilleure manière de faire passait à leurs yeux par une instruction chrétienne dans les écoles de formation des maîtres.[15] Ainsi, des deux côtés, soulignait-on la supériorité de la

14 Ainsi, celui qu'on a appelé le *Comité des vingt-deux*, formant le Comité exécutif de la réaction conservatrice zurichoise, s'élève-t-il contre l'idée que la seule surveillance des écoles primaires par les ecclésiastiques était une garantie suffisante pour leur maintien dans une ligne chrétienne: *Les ecclésiastiques ne sont pas l'Église, car l'Église se trouve dans le cœur de chaque croyant, et l'Église et l'école ne sont unies que lorsque l'école marche dans les pas de l'Église et qu'elle se donne comme plus haut devoir l'éducation des enfants, non pour le Monde, mais pour le Royaume de Dieu. Ce n'est qu'alors qu'on peut dire d'une école qu'elle est religieuse, quand le maître n'utilise l'ensemble des disciplines enseignées que comme moyen unique de gagner d'un côté le cœur de l'enfant pour le Christ et à faire de lui, d'un autre côté, l'utilisateur intelligent de ce qu'on lui a enseigné* (*An Herrn Scherr*... [1839]).

15 C'est la raison pour laquelle le Séminaire de Kreuzlingen dirigé par Johann Jakob Wehrli recevait tant d'éloges; c'est également pour cette raison qu'Ignaz Thomas Scherr, directeur du Séminaire de Zurich, fut destitué par le gouvernement conservateur en 1839 et que, de même, son ancien élève Heinrich Grunholzer, directeur du Séminaire de Münchenbuchsee dans le canton de Berne, fut congédié par le gouvernement conservateur en 1852. On pourrait encore mentionner, à Saint-Gall, les attaques des conservateurs à l'encontre du directeur du Séminaire Hans Rudolf Rüegg à la fin des années 50 (Balsiger 1896: 63), ou les disputes entre le clergé catholique et Alois de Latour, directeur catholique de l'école cantonale des Grisons.

croyance traditionnelle sur l'efficacité de la méthode naturelle qui plaçait au premier plan la transmission d'un savoir rationnel.

Entre 1830 et 1860, les conflits provoqués par le développement des écoles protestantes s'apaisèrent. Quand bien même certains ne cessèrent de pourfendre, jusqu'au milieu du 20e siècle, le manque d'inspiration chrétienne des écoles, ce type de critique était désormais impuissant à soulever les foules. Le fait que des écoles confessionnelles *privées* virent le jour – comme le Séminaire protestant de formation des maîtres d'Unterstrass à Zurich (en 1869) et, dans le canton de Berne, celui de Muristalden (en 1863) – témoigne *a contrario* du large degré d'acceptation dont jouissaient les écoles primaires publiques transmettant des savoirs et savoir-faire profanes. Ce fait indique aussi l'état de neutralité confessionnelle auquel était parvenue l'école publique.

Disons brièvement qu'à la fin des années 50, les Églises officielles et les Synodes étaient compétents pour déterminer ou autoriser les moyens d'enseignement pour l'éducation religieuse utilisés dans des écoles primaires publiques, écoles qui, pour la majorité d'entre elles, passaient encore officiellement pour être confessionnelles. Mais les synodes ecclésiastiques eux-mêmes, et cela est d'une importance capitale, ne pouvaient plus prétendre exercer une influence quelconque sur l'ensemble des écoles, ne serait-ce par exemple qu'en tant qu'organe consultatif du *Conseil de l'éducation.*[16] Dans les anciens cantons catholiques et protestants, les Conseils de l'éducation, en tant qu'organes de l'État, se retrouvèrent homogènes du point de vue de leur composition confessionnelle. Il n'était pas interdit aux ecclésiastiques d'y siéger. Ainsi, dans les années cinquante, le Conseil de l'éducation de Zurich fut dominé par des théologiens protestants, sans que l'on puisse dire que le Conseil fût devenu pour autant un organe officiel de l'Église. Les directeurs des Séminaires cantonaux de formation des maîtres étaient souvent des ecclésiastiques de la confession régnant dans le canton; une série de Séminaires où régnait la parité confessionnelle furent fondés entre 1855 et 1865. Enfin, le fait que la loi garantisse aux ecclésiastiques une place dans les *commissions scolaires communales* revêt entre autre une

16 Vers 1860, dans le canton de Saint-Gall, la révision des lois et de la Constitution aboutit enfin à la constitution d'une école primaire supra-confessionnelle placée sous la conduite de l'État. En 1856, débuta la formation commune des maîtres; cependant la Constitution cantonale autorisait la séparation confessionnelle des écoles sur le plan communal (Rüegg 1860; Balsiger 1898: 71 et ss; Holenstein 1934). Dans le canton des Grisons, la souveraineté de l'Église sur l'école prit définitivement fin en 1848, respectivement en 1853; la permission fut accordée aux communes de poursuivre la tenue d'écoles confessionnelles séparées (Metz 1989).

raison pratique : les ecclésiastiques n'étaient-ils pas, dans les campagnes, de ceux dont on pouvait attendre qu'ils aient, sur la base de leur instruction, des compétences pour surveiller et organiser l'école de la commune ? Dans les anciens cantons paritaires, la composition confessionnelle des Conseils de l'éducation, où les ecclésiastiques pouvaient aussi être admis, faisait l'objet d'une réglementation.[17]

LE DÉBAT SUR LA DÉ-CONFESSIONNALISATION DE L'ÉCOLE ENTRE 1860 ET 1885

Le fait que, dans un tableau d'ensemble de ses *Statistiques de l'enseignement en Suisse* de 1871, la Confédération différencie les écoles *selon leur confession*, et non selon d'autres critères tels que : *écoles où règne la parité confessionnelle*, ou *écoles supra-confessionnelles* ou encore *écoles neutres du point de vue confessionnel*, montre à quel point la catégorie *école confessionnelle* était officiellement utilisée à cette époque comme une variable courante (Kinkelin 1875). Cela n'est pas étonnant si l'on considère les caractéristiques des populations scolaires des cantons et des communes.[18] Cependant, cette statistique d'ensemble ne correspond pas aux données légales et à l'état de fait que l'on peut rencontrer dans tous les cantons : pour certains, les lois scolaires primaires autorisaient les communes à tenir des écoles confessionnellement mixtes (par exemple dans les Grisons et à Saint-Gall). Dans d'autres, elles en encourageaient même la création (par ex. en Thurgovie), bien qu'en fait, dans beaucoup de communes, mais de loin pas dans toutes, les enfants d'une autre confession se trouvaient déjà présents. Pour des raisons relevant du droit des individus cette situation n'était pas satisfaisante, car le statut confessionnel des écoles communales empêchait les gens d'une autre confession établis dans la commune de faire partie de la Commission scolaire ; ou alors des parents étaient contraints d'envoyer leurs enfants dans une autre école communale parce que l'école de leur lieu de domicile accueillait les enfants d'une autre confession. La liberté d'établissement octroyée

17 Une étude d'ensemble sur les lois régissant la composition des Conseils de l'éducation et sur la composition même de ces conseils n'existe malheureusement pas.

18 La proportion est de 2 protestants pour 17'034 catholiques dans le canton du Tessin, de 2 contre 2'223 dans le canton d'Uri, de 60 contre 2'322 dans le canton de Zoug. Elle s'inverse en faveur des protestants dans le canton de Zurich, où l'on compte 13'576 catholiques pour 43'021 protestants. Ce canton ne possède que 2 écoles catholiques contre 367 écoles primaires protestantes (Kinkelin 1875, II. *Ubersicht*).

par la Constitution fédérale de 1848 à tous les citoyens et citoyennes des deux confessions chrétiennes reconnues fut élargie en 1866 à toutes les autres religions. Ainsi, pour des raisons liées non seulement au droit des individus et à l'économie mais également à une conscience nationale et à une culture politique, la revendication se fit de plus en plus pressante, au cours des années 60, pour que les écoles soient organisées de telle façon qu'aucune des confessions présentes dans la commune ne soit défavorisée et pour qu'on puisse considérer ces écoles comme étant neutres, du moins en ce qui concerne leur surveillance, leur direction et les contenus enseignés (voir aussi à ce propos la contribution de Criblez dans le présent ouvrage).

Cette réorganisation s'imposait pour plusieurs raisons: tout d'abord par souci d'économies, car un grand nombre de petites écoles confessionnelles existaient qui auraient eu avantage à fusionner, ce qui aurait entraîné une simplification dans la conduite de l'enseignement (pour ce qui est, par ex., du canton de Thurgovie, *cf. Schweizerische Lehrer-Zeitung* 1865: 393 et ss). Pour des raisons relevant du droit des individus ensuite, car chaque citoyen et chaque citoyenne avaient droit à l'utilisation des institutions publiques sans subir d'atteinte dans le libre exercice de ses droits.[19] Pour des raisons de politique culturelle enfin, car les divergences confessionnelles ou, pour être plus précis, les divergences entre catholiques conservateurs et libéraux ne cessaient, au début des années 60, de prendre de l'ampleur dans les cantons qui comprenaient de grandes régions catholiques. Il faut mettre ces divergences en relation avec le fait que, dès le début des années 60, l'Église catholique, et avec elle ses fidèles, avait commencé à s'organiser en Unions (Steiner 1961; Stadler 1984) qui, après la défaite du *Sonderbund*, recommencèrent à jouer un rôle politique de plus en plus grand, non seulement dans les régions traditionnellement catholiques mais aussi dans la diaspora.

On peut voir, dans les combats menés après 1865 dans les cantons de Saint-Gall et de Berne au sujet de la politique scolaire, les signes avant-coureurs des discussions concernant la neutralité confessionnelle des écoles primaires qui préludèrent à la révision de la Constitution fédérale en 1874. La controverse tournait autour du droit qu'avaient les ordres religieux, et plus particulièrement les Sœurs enseignantes catholiques, de se livrer à l'enseignement dans les écoles publiques (pour le canton de Berne, voir Kummer 1866 et Greith 1866; pour le canton de Saint-Gall, voir Holenstein 1934: 202 et ss). Dans la discussion de ces ques-

---

19 Le droit des parents à disposer de leurs enfants devait être respecté et la répartition des enfants dans les écoles devait se faire sans considération de leur confession.

tions deux aspects se mêlèrent: celui des compétences pédagogiques et scientifiques des enseignants ecclésiastiques et celui concernant leur devoir de fidélité à l'Église catholique romaine et à leur Ordre. Dans le cas des sœurs enseignantes du Jura bernois catholique, dans un premier temps, il ne fut pas demandé que celles qui enseignaient dans des écoles confessionnellement mixtes fussent destituées, comme cela avait été fait dans le canton de Saint-Gall (Holenstein 1934: 218). La polémique visa leur manque de loyauté démocratique (voir par ex. Jolissant 1867). Le conflit se calma à l'occasion de l'examen attentif des fondements légaux de la Constitution qui accompagna les travaux de révision de cette dernière. Si la liberté de croyance et de conscience devait rester un principe intangible et (presque) sans limite, les enseignants et enseignantes pouvaient donc aussi en bénéficier, quelle que soit la confession à laquelle ils appartenaient. Le seul point important résidait dans leur comportement même en classe, qui nécessitait l'indispensable contrôle de l'État sur l'école afin qu'aucune propagande de nature confessionnelle, religieuse ou politique ne soit faite.[20]

Les arguments avancés pour préserver ce qui subsistait de l'ancienne école confessionnelle, ou pour plaider en faveur d'une réforme chrétienne de l'école, étaient semblables à ceux qui avaient déjà été entendus entre 1830 et 1860. Contrairement à ce que fit l'Église catholique, les pasteurs de l'Église réformée n'agirent qu'à titre individuel. Par contre le mouvement catholique-romain développa un programme de résistance élaboré. Les diverses Unions catholiques, emmenées surtout par des laïcs, utilisèrent les ressources de la démocratie directe pour défendre ou faire triompher leur point de vue. Ainsi un citoyen anonyme écrit-il, en 1871, dans un article intitulé *Du droit de l'Église sur l'école* paru dans les *Schweizer-Blätter für katholisches Wissen und Leben* (1871: 535):

> *Si la majorité des pères de famille ne nous soutiennent pas, nous sommes perdus sur cet objet* [l'influence de l'Église sur l'école, note de l'auteure] *et aussi sur beaucoup d'autres; nous aurions beau avoir pour nous le droit le plus juste, l'idée la plus pure, la science la plus vraie et l'expérience, nous n'aurions, malgré tout cela et avec tout cela, pas la moindre voix au chapitre.*

20 Cela correspond en gros à l'opinion exprimée par le conseiller national zurichois Römer lors de la consultation au sujet de l'article de la Constitution en 1873 (Holenstein 1931: 200). La dispute au sujet du droit d'enseignement s'étendit cependant jusqu'à la votation sur le «bailli scolaire». Le Tribunal fédéral eut affaire à diverses plaintes à ce sujet (Salis 1904).

Dans la plupart des cantons, la séparation de l'Église et de l'école était très avancée. C'est pourquoi les discussions concernant la neutralité de l'école primaire portaient surtout – mis à part le droit d'enseigner décerné aux Ordres ecclésiastiques – sur la conception de l'enseignement religieux et sur sa place dans le programme d'études des écoles. Les croyants engagés, tant protestants que catholiques, rejetaient résolument l'idée d'un enseignement religieux neutre (Langhans 1874; Rohn 1879) et exigeaient la mise hors du *curriculum* d'un enseignement religieux dont on ne pourrait plus garantir qu'il fût confessionnel. Les libéraux, théologiens et hommes politiques confondus, prônaient au contraire la possibilité et la nécessité d'un tel enseignement. Dans une école visant à *développer tout l'être humain*, argumentaient-ils, l'éducation des dispositions morales et religieuses ne pouvait être laissée de côté (Furrer 1872; Mayer 1875). Ces divergences d'opinions furent finalement désamorcées par l'acceptation de l'article 49 de la Constitution fédérale qui précisait que personne ne pouvait être contraint de suivre un quelconque enseignement religieux. La Constitution ouvrait donc la voie à des solutions fort différentes pour régler le problème de l'éducation religieuse: 1) il était possible d'offrir dans les écoles un enseignement religieux sur des bases confessionnelles; 2) un enseignement religieux supra-confessionnel et moral pouvait être intégré dans le programme scolaire; 3) on ne pouvait pas inclure dans le programme un enseignement basé sur une *Weltanschauung* moralisante. Les cantons catholiques réalisèrent surtout la première variante; les protestants la deuxième et dans les deux cas un droit de dispense était garanti par l'article 49 de la Constitution.

On sait que lors de la votation sur le «bailli scolaire» en 1881-1882 (Mösch 1962) la conception fédéraliste en matière de politique de l'éducation emporta les suffrages. Le principe d'une école primaire non confessionnelle, avec toutes ses conséquences, ne pouvait dès lors plus être inscrit dans une loi d'application, ce qu'aurait souhaité le conseiller fédéral Schenk. Comme l'écrit avec raison Fleiner, réaliser un enseignement primaire non confessionnel ainsi que le demande la Constitution fédérale (Borghi 1987, 1996) n'est:

> *[...] réalisable que jusqu'à un certain point. Car s'il est du ressort du peuple, ou des autorités scolaires mandatées par lui, d'élire les enseignants et les autorités de surveillance de l'école, on peut s'attendre à ce que les opinions de la majorité des votants se manifestent plus ou moins dans la ligne de l'école* (Fleiner 1923: 517).

Il n'incomba dès lors qu'au Tribunal fédéral ou au Parlement – quand il était saisi d'une plainte – de déterminer les limites dévolues à la neutralité exigée. Ainsi peut-on expliquer, par l'autonomie des cantons et par les compétences accordées aux communes, des différences comme celles qui existent, par exemple entre l'école genevoise et l'école d'Appenzell Rhodes-Intérieures. Le fait qu'à la fin du 19e siècle la lettre des lois cantonales en ce qui concerne la séparation de l'école et de l'Église et l'exigence de la neutralité de l'école (voir Hunziker 1882) ait été irréprochable n'est pas en contradiction avec le maintien, dans certaines régions du pays, d'écoles menées selon des principes confessionnels. Et cela parce qu'une politique de l'éducation régie par le principe de la démocratie directe ne peut être simplement exercée à partir d'un seul centre de décision mais est tributaire du partage du pouvoir entre nombre d'entre eux.

(Traduction : J.-P. Rey)

RÉFÉRENCES

An Herrn Scherr, der Zeit Seminardirektor in Küssnacht. (s.l.n.d.) (1839).

Balsiger, E. (1896). *Hans Rudolf Rüegg. Lebensbild eines schweizerischen Schulmannes und Patrioten, zugleich ein Beitrag zur Geschichte des Volksschulwesens.* Zurich.

Bäumlin, R. (1959). Die evangelische Kirche und der Staat in der Schweiz seit dem Kulturkampf. *Zeitschrift der Savigny-Stiftung für Rechstgeschichte.* Tome 67, pp. 249-277. Weimar.

Biedermann, A. E. (1845). Was ist Religion ? *Kirche der Gegenwart*, 1, 7-10.

Borgh, M. (1987/96). Article 27. In J.-F. Aubert *et al.* (éds.), *Kommentar zur Bundesverfassung der Schweizerischen Eidgenossenschaft vom 29. Mai 1874.* Bâle, Helbing & Lichtenhahn ; Zurich, Polygraphischer Verlag ; Berne, Stämpfli.

Bornhauser, T. (1829). Ein Wort über Thurgaus bürgerliche Bildung und Schulwesen. Der gemeinnützigen Gesellschaft dieses Kantons vorgelesen. Trogen. *Der Eidgenosse.* 19.4.1833, 1. Sursee.

Des Zürchervolkes Kampf und Sieg für seinen Christenglauben. Februar bis September des Jahres 1839 (1839). Zurich.

Entwurf der Instruktionen für die neuerrichteten Erziehungsräthe (1799). Lucerne.

Fleiner, F. (1923). *Schweizerisches Bundesstaatsrecht.* Tübingen, J.C.B. Mohr (Paul Siebeck).

Finsler, G. (1881). *Geschichte der theologisch kirchlichen Entwicklung in der deutsch-reformierten Schweiz seit den dreissiger Jahren.* Zurich.

Fraas, H.-J. (1971). *Katechismustradition. Luthers kleiner Katechismus in Kirche und Schule*. Göttingen.

Furrer, K. (1872). *Der confessionslose Religionsunterricht. Ein Beitrag zur Verständigung*. Zurich.

Gelzer, H. (1843). *Die Straussischen Zerwürfnisse in Zürich von 1839*. Leipzig.

Greith, C. J. (1866). *Ueber die Integrität der kath. Primarschulen und die Lehrfreiheit der Ordenlehrschwestern in denselben. Vorstellungsschrift des Tit. Herrn Bischofs von St. Gallen an den Tit. Grossen Rath des Kantons St. Gallen*. Saint-Gall.

Heer, G. (1882). *Geschichte des glarner Volksschulwesens*. Glaris.

Heer, J. (1832). *Das Volksschulwesen in Demokratien. Bericht über die Entstehung und Verhandlungen des glarnerischen Schulvereins*. Glaris.

Heer, J. (1839). *Einige Worte der Belehrung, der Warnung und des Trostes hinsichtlich der neuesten kirchlichen Vorfälle im Kanton Zürich an meine geliebten Mitbürger*. Glaris.

His, E. (1929). *Geschichte des neuern Schweizerischen Staatsrechts*. Bâle, Helbing & Lichtenhahn.

Holenstein, T. (1931). *Die konfessionelle Artikeln und der Schulartikel der schweizerischen Bundesverfassung*. Olten, Otto Walter.

Holenstein, T. (1934). *Geschichte der konservativen Volkspartei des Kantons St. Gallen 1834-1934*. Saint-Gall, Buchdruckerei Ostschweiz A-G.

Hunziker, O. (1882). Zusammenstellungen der schulgesetzlichen Bestimmungen des Bundes und der Kantone. Statistik über das Unterrichtswesen in der Schweiz im Jahr 1881. In C. Grob (éd.), *Auftrag des schweizerischen Departements des Innern auf den Zeitpunkt der schweizerischen Landesausstellung Zürich 1883*. Tome VII. Zurich.

Jolissant, P. (1867). *Die Lehrberechtigung der geistlichen Orden im Lichte des Rechts, der Freiheit und der demokratischen Erziehung in der Republik Bern*. Berne.

Kinkelin, H. (1875). *Statistik des Unterrichtswesens in der Schweiz. Zweiter Theil. Statistik der Primarschulen und Ergänzungen zum ersten Theil*. Bâle/Genève/Lyon.

Kummer, J. J. (1866). *Bericht und Anträge über die Orden und Ordensschwestern im Jura. Dem Regierungsrathe zu Handen des Grossen Rathes vorgelegt von der Direktion der Erziehung*. Berne.

Langhans, G. (1874). *Der Religionsunterricht und die religösen Lehrmittel in der Volksschule*. Berne.

Luginbühl, R. (1902). *Phil. Alb. Stapfer, helvetischer Minister der Künste und Wissenschaften (1766-1840). Ein Lebens- und Kulturbild*. (2e éd. avec un Appendice). Bâle.

Mayer, F. (1875). *Stoff und Methode des konfessionsfreien Unterrichtes in Religion, Sittlichkeit und Recht durch die staatliche Volksschule*. Zurich.

Metz, P. (1989). *Geschichte des Kantons Graubünden*. Tome I (1789-1848). Coire, Calven.

Mösch, J. (1962). *Der Schulvogt. Der Kampf für und gegen ein eidgenössisches, zentralistisches Primarschulgesetz 1882*. Olten Walter.

Osterwalder, F. (1992). Condorcet – Instruction publique und das Design der Pädagogik als öffentlich-rechtliche Wissenschaft. In J. Oelkers (éd.), *Aufklärung, Öffentlichkeit und Bildung: pädagogische Beiträge zur Moderne. Zeitschrift für Pädagogik* (Suppl. 28), pp. 157-193. Weinheim/Beltz.

Osterwalder, F. (1992). Die Geburt der Pädagogik aus dem Geist des evangelischen Dogmas. *Vierteljahrsschrift für wissenschaftliche Pädagogik, 68*, 426-454.

Rohn, J. A. (1879). *Das Unding eines confessionslosen Religionsunterrichtes. Vortrag gehalten den 12. September 1878 an der Generalsversammlung des schweiz. Pius-Vereins zu Stans*. Soleure.

Rüegg, H. R. (1860). *Die St. Gallische Erziehungsfrage und ihre Lösung. Ein Beitrag zur Verfassungsrevision von 1860*. Saint-Gall.

Salis, L.R.v. (1904). Schweizerisches Bundesrecht. In *Staats- und verwaltungsrechtliche Praxis des Bundesrates und der Bundesversammlung sei dem 29. Mai 1874*. Tome 5. Berne.

Schenkel, D. (1843). *In wie fern darf und soll der evangelische Geistliche von den ausgemachten sichern Resultaten der theologischen Wissenschaft im Volksunterricht Gebrauch machen? Referat, vorgetragen vor der Schweizerischen Predigergesellschaft im Aarau am 16. August 1843*. Aarau.

Scherr, I. T. (1832). *Entwurf eines Gesetzesvorschlages zur Organisation des Volksschulwesens im Kanton Zürich. Allen Kennern, Beförderern und Freunden der Volksbildung zur Vorberathung mitgetheilt*. Zurich.

Scherr, I. T. (1839a). *Leichtfassliches Handbuch der Pädagogik für Lehrer, Gebildete, Eltern und Schulfreunde*. Zurich.

Scherr, I. T. (s.d.) (1839b). *Züchtigung des Zweiundzwanzigsten der XXIIger im sogenannten Glaubenscomité*. Zurich.

Scherr, I. T. (1840). *Meine Beobachtungen, Bestrebungen und Schicksale während meines Aufenthaltes im Kanton Zürich vom Jahr 1825-1839*. Saint-Gall.

Schweizer-Blätter für katholisches Wissen und Leben. (1859 et ss.). Herausgegeben durch eine Gesellschaft von Geistlichen und Laien. Lucerne.

Schweizerische Kirchen-Zeitung. (1832 et ss). Herausgegeben von einem katholischen Vereine. Lucerne.

Schweizerische Lehrer-Zeitung. (1862 et ss). Organ des Schweizerischen Lehrervereins. Zurich/Frauenfeld.

Siegwart-Müller, K. (1863). *Ratsherr Josef Leu von Ebersol*. Altdorf.

Stadler, P. (1984). *Der Kulturkampf in der Schweiz. Eidgenossenschaft und Katholische Kirche im europäischen Umkreis 1848-1888*. Frauenfeld/Stuttgart, Huber.

Steiner, A. (1961). *Der Piusverein der Schweiz von seiner Gründung bis zum Vorabend des Kulturkampfes 1857-1870*. Stans, Josef von Matt.

Steiner, P. (1976). *Die religiöse Freiheit und die Gründung des Schweizerischen Bundesstaates*. Berne/Stuttgart, Haupt.

Troll, J. C. (1822). *Von dem Zwecke unserer Schulen. Rede bey der Feyer des dritten Schulfestes am 13ten May 1822 in der Kirche zu Winterthur gehalten*. Winterthur.

Wernle, P. (1938). *Der schweizerische Protestantismus in der Zeit der Helvetik 1798-1803. Erster Teil. Der Aufstieg der Revolution in der Eidgenossenschaft*. Zurich/Leipzig, Max Niehans.

Zehnder, F. (1882). Philipp Albrecht Stapfer (1766-1840) und die Volksschule zur Zeit der Helvetik und der Mediation. In *Die Praxis der Schweizerischen Volks- und Mittelschule*. Beiträge für spezielle Methodik und Archiv für Unterrichtsmaterial. Herausgegeben unter Mitwirkung bedeutender Schulmänner von J. Bühlmann. Tome 2, pp. 81-96. Zurich.

Züriputsch. 6. September 1839. Sieg der gerechten Sache oder Septemberschande? (1989). Une publication de l'*Antiquarische Gesellschaft*. Pfäffikon, Buchverlag Wetzikon.

Josianne Thévoz

La Société Pédagogique Romande et les principes de laïcité, de gratuité et d'obligation 1864-1885

L'esprit du temps est à l'association, pouvait-on lire dans la lettre circulaire, signée Numa Droz et Vuillonnet, envoyée à tous les instituteurs romands en 1863 au nom d'un comité d'initiative pour la fondation d'une association d'instituteurs.

> *Il est dans la mission de notre siècle de révéler ce que les hommes peuvent quand ils s'unissent dans une même pensée […] Dans ce domaine de la pédagogie, […] le progrès incessant est une nécessité qu'il n'est plus à démontrer. Aussi, entre toutes les associations, celle du corps enseignant est-elle, à notre avis, la plus importante et la moins contestable.* (cité par Savary 1914 : 6).

L'appel fut entendu et, le 24 janvier 1864, la Société des Instituteurs Romands (SIR), devenue en 1889 la Société Pédagogique Romande (SPR) voit le jour.[1] Son organe de presse, *L'Éducateur*, paraît pour la première fois en janvier 1865.

1 La SPR compte 8'000 membres en 1997, regroupés au sein de sept associations cantonales, en majorité des enseignantes et des enseignants des degrés enfantins, primaires et secondaires I (généralistes). Les femmes, bien que participant aux congrès depuis 1872, n'ont été admises comme membres qu'en 1889. La SIR (Société des Instituteurs Romands) devint alors la SPR (Société Pédagogique Romande).

CONTINUITÉ ET COHÉRENCE

Les lignes directrices de la SPR n'ont guère varié depuis lors : le souci constant du bien des enfants, spécialement ceux des classes sociales les plus défavorisées, la recherche du progrès en pédagogie, l'amélioration du statut et de la formation du corps enseignant. La continuité et la cohérence des prises de positions à travers les années sont frappantes ; avec pertinence et patience, affinant et ajustant ses arguments, la SPR travaille sans relâche pour que l'école publique *permette aux jeunes gens de devenir des citoyens éclairés sur leurs droits et sur leurs devoirs [...], les élève à la dignité d'hommes moraux et de citoyens indépendants* (Charotton 1870 : 6) ; on retrouve les mêmes buts cent ans plus tard : *l'école doit offrir à chacun l'occasion de son plus grand progrès* et *amener chacun à participer pleinement à la gestion responsable de la société.* (*L'école perspectives nouvelles*, SPR 1974 : 68 et 74).

L'étude des rapports des congrès de la SPR fait ressortir un souci constant de valoriser l'école populaire primaire. Au siècle dernier, les thèmes à débattre sont choisis par le comité central et soumis aux sections cantonales qui rendent ensuite un mémoire. Une synthèse, véritable monument de pédagogie, établie par le rapporteur, sert de base à la discussion et aux résolutions votées lors du Congrès.

Les principes de gratuité, de laïcité et d'obligation ont-ils été des préoccupations pour les membres de la SIR entre 1864 et 1885 ? On peut classer les thèmes retenus au cours des neuf congrès tenus dans cette période en trois catégories : développement de la jeunesse (14 thèmes), enseignement des disciplines (7 thèmes), corps enseignant (4 thèmes).

En analysant les questions touchant au développement de la jeunesse on constate que les sujets de l'éducation des jeunes filles (1870) et l'école enfantine (1877) sont traités chacun une fois, que le thème du développement physique apparaît deux fois, le développement « moral » trois fois et le développement intellectuel sept fois.

Si les principes de gratuité, de laïcité et d'obligation n'ont pas été étudiés pour eux-mêmes, ils n'étaient pas absents des préoccupations des instituteurs et des institutrices romands dans cette période de controverse au niveau national. Plusieurs questions y font référence, directement ou indirectement. C'est le cas, par exemple, des trois suivantes :

> *Quels sont les moyens administratifs et pédagogiques propres à obtenir avec l'instruction obligatoire, la fréquentation la plus régulière des écoles, tout en tenant compte de la position des parents ?* (SIR 1874).

> *La nouvelle Constitution fédérale pose en principe (art. 27) que l'instruction doit être suffisante : mais ce terme étant vague et élastique* [sic], *comment un programme détaillé de l'instruction primaire doit-il être rédigé ?* (SIR 1877).
> *On se plaint que les jeunes gens, quelques années après leur sortie de l'école, ont oublié la plus grande partie des connaissances qu'ils y avaient acquises. À quoi faut-il attribuer cet état de chose et quels sont les moyens d'y remédier ?* (SIR 1879 et 1882).

UNE CENTRALISATION DOUCE

Mais les congrès, manifestations-phares de la SIR, ne sont pas les seules occasions de réunion. Un comité central dirige la société et prend, le cas échéant, des décisions politiques. Il se réunit le 22 octobre 1871 pour examiner les décisions prises le 14 octobre par le *Schweizerischer Lehrerverein* proclamant le droit et le devoir pour la Confédération de se superposer à l'action des cantons en matière d'instruction.

> *Une discussion longue et assez animée s'engage. On reconnaît les avantages qu'auraient les résolutions votées à la Tonhalle de Zurich pour faire marcher certains cantons impotents, valétudinaires ou mal disposés. Mais on craint en général une centralisation à la française avec des inspecteurs permanents, espèce de papes scolaires et qui voudraient imposer leurs méthodes et leurs opinions au corps enseignant.* (Daguet 1871 : 321).
> *Plusieurs délégués trouvent que la Société romande ne peut pas abandonner les instituteurs fribourgeois et valaisans et que le seul moyen de faire sortir certains cantons catholiques de l'ornière où ils se complaisent, c'est de donner à la Confédération le contrôle et la haute main dans tout ce qui concerne l'instruction primaire.* (*Ibid.* : 322).

Après de sérieuses discussions, on arrête alors trois résolutions qui seront soumises à l'acceptation des sections cantonales :

1. *L'instruction primaire est obligatoire dans toute l'étendue de la Confédération. Elle est du ressort des cantons. Cependant la Confédération peut, au moyen de délégations, s'assurer en tout temps de l'état de l'instruction primaire.*
2. *L'administration et la tenue des écoles publiques primaires ne peuvent être confiées à des corporations religieuses.*
3. *Toute liberté politique et religieuse doit être garantie à l'instituteur en dehors de son enseignement et l'École doit être rendue la plus indépendante possible de l'Église.* (Gavard 1872 : 50).

En novembre 1871, une adresse à l'Assemblée fédérale informe de ces vœux les députés des deux Conseils. *À peine nos décisions obtenaient-elles la notoriété publique par la voie des journaux, qu'une certaine presse se déchaînait contre nous avec violence, nous traitant d'athées, d'incrédules, de matérialistes!* s'écrie Gavard, vice-président de la SIR, en lisant le rapport du comité central au Congrès de 1872:

> *Point n'est besoin de protester énergiquement contre ces allégations [...] Venez dans nos écoles, dirons-nous à nos détracteurs et voyez ce qui s'y passe, nous inculquons à nos enfants les sentiments de paix et de charité qui doivent animer tous les hommes [...]; nous voulons qu'ils écoutent la voix de leur conscience et qu'ils aient l'énergie de la faire respecter; nous ne sommes point les hommes du dénigrement et de la haine et nous croyons servir, mieux que vous ne le faites, la cause de Dieu, de la Patrie et de l'Humanité.* (*Ibid.*: 51).

Une seule phrase indique, dans ce rapport de 1872, les suites données à toutes ces discussions et démarches: *Vous savez le sort éprouvé par le projet de Constitution; nous dirons seulement que, dans le cas d'une révision nouvelle, notre Fédération maintiendra ses propositions.* (*Ibid.*: 50).

Le rapport sur la marche de la société pendant les années 1873-1874 ne fait pas mention de discussions au sujet du nouveau texte de la Constitution accepté le 19 avril 1874. Le congrès, réuni en juillet de la même année, adopte bien une résolution concernant l'instruction obligatoire et la fréquentation régulière des écoles; mais ni le rapporteur, ni aucun délégué ne font allusion à l'article 27 consacrant la gratuité, l'obligation et la laïcité de l'enseignement primaire, sous la surveillance de la Confédération. Seuls quelques orateurs officiels, lors des discours, se félicitent ou s'interrogent sur la portée et l'application de cet article.

REJET DE LA LOI MILITAIRE

Les réactions sont plus vives au sujet de la loi militaire, dite loi Welti. Des protestations s'élèvent dans toute la Suisse romande. Le 4 octobre 1874, le comité central adresse une pétition au Conseil des États et au Conseil national:

> *Le Comité central des instituteurs de la Suisse romande, réuni à Fribourg le 4 octobre 1874, après avoir pris connaissance des dispositions du projet de loi relatif à l'organisation militaire et pesé mûrement les conséquences qui résul-*

teront inévitablement des articles 2, 3 et 79, articles qui imposent aux instituteurs primaires l'obligation de donner à leurs élèves une instruction militaire combinée avec les exercices gymnastiques [sic], *en même temps qu'ils consacrent pour eux-mêmes l'obligation de recevoir une instruction analogue, déclare à l'unanimité se joindre aux corps enseignants des divers cantons qui repoussent les dispositions précitées comme nuisibles à l'école et sans utilité réelle pour la patrie. [...]*
C'est avec regret que les instituteurs de la Suisse romande se séparent, en cette occurrence, de leurs frères de la Suisse allemande dont la majorité s'est prononcée pour l'instruction militaire, mais ils espèrent bien que les autorités fédérales, loin de voir dans leur attitude une opposition systématique qui serait condamnable et un manque de patriotisme qui serait à déplorer, la considéreront pour ce qu'elle est réellement, c'est-à-dire le fruit d'une conviction sérieuse fondée sur des principes et partagée par le très grand nombre des citoyens de la partie française de la Suisse. L'unanimité, on le sait très bien, ne règne pas non plus à cet égard dans la Suisse allemande et nous ne faisons, en définitive, que nous ranger à l'opinion émise par la minorité de la commission du Conseil national dont rien, certes, ne peut autoriser à croire que le patriotisme soit moindre que celui de la majorité de la commission. (Savary 1914: 18).

UNE INSTRUCTION « SUFFISANTE »

Il faut attendre le Congrès de 1877 pour qu'aient lieu de véritables débats au sujet de l'article 27, sur ce que signifie une instruction « suffisante » et sur la possibilité de rédiger un programme détaillé pour l'instruction primaire.

Le rapporteur, Biolley, après avoir rappelé l'historique de l'article 27, pense qu'en prévision de la loi scolaire que l'Autorité fédérale pourrait élaborer *le congrès ferait bien de formuler des vœux qu'il transmettrait à qui de droit.* Il soumet à la discussion des thèses suivies de propositions détaillées qui portent sur quatre points:

Les cantons témoigneront de leur intérêt bien entendu et de leur sollicitude éclairée pour le développement de l'instruction publique:
– en faisant les sacrifices pécuniaires qu'exige ce développement [...]
– en élaborant des lois scolaires progressives [...]
– en établissant des programmes [...]
– en ne nommant, pour constituer les autorités scolaires, que des hommes capables, justes et dévoués [...]. L'instituteur doit posséder les qualités que

> *réclame sa vocation. [...] Les autorités scolaires et la population montreront qu'elles savent reconnaître l'utilité de l'instruction.* (Rapport du VIe Congrès de la SIR 1877: 6).

Une dernière proposition faite par le rapporteur concerne l'intervention possible de la Confédération. Soutenues par plusieurs délégués, ces propositions sont combattues par ceux qu'une *centralisation à outrance et le bailli scolaire effraient* (Lavanchy 1901: 7). Après de longues heures de vifs débats et de belles joutes oratoires, l'assemblée vote à une grande majorité le texte suivant:

> *Le congrès pédagogique de Fribourg, considérant que par les examens de recrues la Confédération possède le moyen de s'assurer du degré d'instruction dans tous les cantons, arrête:*
> 1. *Qu'il n'y a pas lieu d'établir de loi fédérale sur l'instruction primaire;*
> 2. *Toutefois, si une loi fédérale intervenait sur la matière, le Congrès se réserve de formuler les vœux du corps enseignant.* (Ibid.: 7).

Dans les années qui suivent, les rapports sur la marche de la Société ne font pas mention d'une quelconque discussion ou intervention au sujet d'un projet de loi scolaire, ni au sujet des propositions du conseiller fédéral Numa Droz. C'est *L'Éducateur* du 1er février 1882, sous la plume de Daguet, qui donne des renseignements aux membres de la SIR. *De divers côtés, on nous demande ce qu'il en est de l'article 27 et de l'état de la question devant les Chambres, non pour en hâter l'exécution, mais pour savoir à quoi s'en tenir.* L'auteur consacre deux pages à des explications détaillées et conclut:

> *Tel est en raccourci et présenté d'une manière impartiale l'état de la question que soulève l'article 27 et dont les Conseils de la nation auront à s'occuper dans cette législature. Quand on se rappelle le peu d'écho que rencontrait, il y a peu d'années encore, au sein des assemblées, toute centralisation même anodine dans le domaine scolaire, on peut se faire une idée du changement accompli dans les esprits en Suisse, et notamment dans la Suisse française, où la tendance à une centralisation quelconque était accueillie par les plus avancés avec une défaveur marquée ou un silence glacial, comme au congrès scolaire de Lausanne en 1868.* (Daguet 1882: 33 et 35).

Un numéro suivant de *L'Éducateur* donne encore *les conclusions telles qu'elles sont sorties de la conférence de douze hommes d'école de la Suisse allemande, réunis du 15 au 20 mai à Berne.*

Le rapport d'activité du comité de la SIR pour les années 1880-1882, présenté lors du congrès en juillet 1882, ne consacre que quelques lignes à l'article 27:

> *Une question des plus importantes se discute maintenant en Suisse: l'application de l'article 27 de la Constitution fédérale, prévoyant que l'instruction primaire doit être suffisante, obligatoire, gratuite et laïque. Bien des divergences de vue se font jour quant aux moyens de réaliser ce programme. Notre honorable président, M. Biolley, a été choisi pour représenter le canton de Neuchâtel au sein de la commission romande chargée de donner un préavis. Tous, Mesdames et Messieurs, nous devons nous intéresser à cette question capitale, et dans notre modeste sphère, contribuer à la résoudre, de manière à assurer la complète exécution de la Constitution, aussi bien quant à ce qui concerne l'instruction suffisante que la complète liberté de conscience, cet autre grand principe dans notre pacte fondamental.* (Rapport d'activité du comité de la SIR 1882: 49).

Cependant ces quelques lignes sont déjà de trop pour un membre du comité central qui fait remarquer *qu'à sa connaissance le comité central n'a jamais pris de décision au sujet de l'article 27.* Dans sa réponse, le rapporteur souligne qu'il se borne, dans ce texte:

> *[...] À appeler l'attention du corps enseignant romand sur cet important sujet. Le comité directeur a pensé, qu'au moment où tous les citoyens suisses discutent cette question, notre société ne pouvait l'ignorer, et cela d'autant moins que notre président M. Biolley a été choisi comme membre de la Commission consultative romande, chargée de donner un préavis sur cette question.* (Compte rendu du comité central de la SIR 24 juillet 1882).

La réponse est jugée satisfaisante et le débat est clos! On n'en saura pas plus.

Pas de grandes décisions...

Pas un seul fait saillant, note le comité directeur dans son rapport sur les années 1883-84, *aussi votre comité central n'a-t-il tenu que deux séances* pour le choix des questions et pour l'organisation du congrès. Le même calme plat pour le comité central de 1885-86! Cependant, M. Breuleux, président de la Société, sachant les activités des sections cantonales, se demande *s'il ne serait pas utile de resserrer davantage les liens qui nous unissent et d'établir des rapports plus suivis entre les sections et le comité directeur sans attenter à l'indépendance de qui que ce soit.* Le président souhaite aussi que *l'on suive avec plus de persévérance et de ténacité la réalisation de nos principes, qui restent parfois lettre morte.* (Rapport d'activité du comité de la SIR 1886: 68).

On constate donc que la SIR s'est peu impliquée dans les discussions fédérales des années 1870-1885; les créations récentes des associations cantonales (dès 1856 Vaud et 1860 Neuchâtel pour les premières) requéraient toutes les forces disponibles dans les cantons; les discussions internes (statuts, réflexion et travail communs) et externes (reconnaissance de l'association par les autorités) mobilisaient les membres actifs et leur laissaient peu de temps… et d'envie de prendre part aux séances de la jeune Société des instituteurs romands.

… MAIS DES CONGRÈS TRÈS SUIVIS

Cependant les grandes manifestations tels les congrès attiraient plusieurs centaines de personnes et le faste donné aux festivités, la qualité des invités, le nombre impressionnant de discours montrent bien que les besoins de fraternité, de collégialité et de reconnaissance extérieure étaient très présents.

On est frappé, à la lecture des thèmes mis en discussion, de leur portée novatrice. Les rapporteurs faisaient preuve d'un esprit clairvoyant et leurs propositions d'avant-garde seront souvent reprises et menées à terme bien des années plus tard. Leurs propositions étaient soumises au congrès et là on entendait s'affronter les grands ténors et orateurs de l'époque, chefs de départements de l'instruction publique en tête, dans de longues plaidoiries pour soutenir ou rejeter les propositions. Souvent il ne restait de ces joutes qu'une résolution, dite générale, qui excluait les conclusions formulées et se bornait à demander *que les membres du corps enseignant, de même que les autorités scolaires, prennent toutes les mesures du possible pour remédier à ce fâcheux état de chose* (Savary 1914: 22).

Peu à peu les membres du comité central de la SPR vont se distancer de leurs autorités politiques et scolaires; ils oseront affirmer leur identité et afficher leur autonomie. Les pionniers, qu'ils aient été futuristes ou rétrogrades, avaient patiemment débroussaillé le chemin.

RÉFÉRENCES

Charotton, M. (1870). *IIe question. 3e Congrès de la Société des instituteurs de la Suisse romande*. Neuchâtel, Imprimerie Guillaume.

Compte rendu du Comité central, 24 juillet 1882. Neuchâtel (manuscrit).

Daguet, A. (1871). Réunion du comité central des instituteurs de Suisse romande. *L'Éducateur*, 321-322. Genève, Imprimerie Taponnier et Studer.

Daguet, A. (1882). L'article 27 de la Constitution. *L'Éducateur*, 33-36 et 179-183. Neuchâtel, Borel.

Gavard, A. (1872). *Rapport du Comité central 1871-1872. Compte rendu du IVe Congrès*, pp. 46-51. Genève, Imprimerie Taponnier et Studer.

Lavanchy, J. (1901). *Notice historique de la Société pédagogique romande (1861-1901)*. Supplément de *L'Éducateur*. Lausanne, Imprimeries Viret-Genton.

Rapports du comité central sur la marche de la Société. Compte rendu du Congrès de 1872: pp. 46-51; *de 1882*: pp. 47-50; *de 1886*: pp. 65-70.

Savary, E. (1914). *Notice historique (1864-1914). Société pédagogique romande*. Supplément de *L'Éducateur*. Lausanne, Imprimeries réunies.

SIR (Société des instituteurs de la Suisse romande).(1874). *Ve Congrès de la Société des instituteurs romands*. Formation des instituteurs. Fréquentation régulière des écoles. Caisse de secours. Saint-Imier, Imprimerie Grossniklaus.

SIR (Société des instituteurs de la Suisse romande). (1877). *VIe Congrès de la Société des instituteurs romands*. Article 27: l'instruction suffisante. Écoles enfantines. Enseignement historique. Fribourg.

SIR (Société des instituteurs de la Suisse romande). (1879). *VIIe Congrès de la Société des instituteurs romands*. Développement physique de l'enfant. Oubli des connaissances et remédiation. Étude du latin. Manuels scolaires. Lausanne, Imprimeries Borgeaud.

SIR (Société des instituteurs de la Suisse romande). (1882). *VIIIe Congrès de la Société des instituteurs romands*. Oubli des connaissances et remédiation. Enseignement secondaire. Examens annuels. Neuchâtel, Imprimerie Borel.

SPR (Société pédagogique romande). (1974). *XXXIIIe Congrès de la Société pédagogique romande*. L'école perspectives nouvelles. Montreux, Imprimerie Corbaz.

Lucien Criblez

L'article sur la formation dans la Constitution fédérale du 29 mai 1874

Puisse l'arbitre des destinées des peuples faire de la nouvelle loi fondamentale de notre pays une source abondante de bénédictions pour nos enfants et nos petits-enfants. (Proclamation du Conseil fédéral suisse au peuple suisse, 1874: 332).

Antécédents, contexte et déroulement des travaux sur la révision de la Constitution

La Confédération a le droit d'établir une université et une école polytechnique (article 22 de la Constitution fédérale de 1848). C'est par cet article de la Constitution fédérale de 1848 qu'a été formulée, le 12 septembre 1848, la compétence accordée à la Confédération dans le domaine des Hautes Écoles. Dans les travaux d'approche qui précédèrent la fondation de l'État fédéral, la création d'une université suisse avait d'abord été envisagée par le biais d'un concordat.[1] Pour des raisons liées à l'économie et à la politique du pays, ce concordat, dans un deuxième projet de Constitution, prévoyait en plus la création d'une école polytechnique et d'écoles normales:

1 Un tel concordat avait déjà été envisagé à la suite de la Révolution libérale du début des années 30 du siècle. Les universités de Zurich, en 1833, et de Berne, en 1834, furent fondées avec l'ambition, entre autre, de pouvoir devenir des universités fédérales (Geiser 1890: 65 et ss).

> *Il sera établi une ou deux universités fédérales où toutes les parties de l'instruction supérieure seront enseignées. Il sera aussi établi une école polytechnique, ainsi que des écoles normales pour les régens, le tout aux frais de la Confédération* (Schiess (s.d.) [1848] : 188, *en français dans le texte, NdT*).

La création d'une école fédérale d'agriculture avait également été envisagée. Cependant, pour des raisons liées à une appréciation plus réaliste de l'état des finances, on ne mentionna, dans l'article sur la formation, que la fondation d'une université fédérale et d'une école polytechnique (Oechsli 1905 : 37 et ss). Le nouvel État fédéral confiait ainsi aux seuls cantons la formation des générations futures et, de tous les établissements mentionnés dans la Constitution, seul fut fondé en 1854, et ouvert en 1855, le Polytechnicum de Zurich, devenu aujourd'hui l'École polytechnique fédérale (Oechsli 1905 : 57 et ss). Une *université fédérale* n'a pu, jusqu'à nos jours, être réalisée.

Vers 1870, la révision de la Constitution n'avait été envisagée par le Conseil fédéral que comme une révision partielle de cette Constitution.[2] Il ne fut pas du tout question, dans un premier temps, de discuter l'article régissant la formation, le message du Conseil fédéral se limitant aux domaines dont la révision, pour des raisons économiques ainsi que de politique nationale, s'avérait urgente : affaires militaires, protection des forêts, libre circulation des personnes, poids et mesures, liberté d'établissement et situation juridique des personnes jouissant du statut d'« établi », acquisition de la citoyenneté suisse, droit du mariage, unité du droit, organisation et compétences du Tribunal fédéral (Message [...] 1870). Mais, comme l'indique Aubert (1987/1996 : note marginale 158), c'est avec la commisssion du Conseil national qu'on passa *[d]'une série de modifications plutôt ponctuelles [...] [à] une révision totale, où chaque partie de la Constitution de 1848 était remise sur le métier*. Il faut dire que la guerre franco-allemande de 1870 avait suscité un large débat sur le fonctionnement de l'État fédéral.[3]

---

2 Aubert (1987/96) donne un aperçu historique sur les débats entourant cette révision ; on trouvera dans Lampert (1918), Burckhardt (1931 : 195 et ss) et Maerki (1947), un exposé des discussions, plus particulièrement en ce qui concerne l'article sur la formation. Les débats à ce sujet du Conseil national et du Conseil des États, ainsi que ceux des commissions préparatoires, sont également publiés : voir *Protocole [...]* 1871 ; *Bulletin [...]* 1871/72 ; *Protocole [...]* 1873 ; *Procès-verbaux [...]* 1877.

3 Comme les débats aux Chambres fédérales avaient dû être repoussés par suite de la guerre franco-allemande, la population du pays avait été invitée à faire état de ses désirs à l'occasion de la révision de la Constitution. Quelques-uns de ces désirs, présentés sous la forme de requêtes, concernaient également le domaine de l'éducation.

Tant au Conseil national qu'au Conseil des États, des commissions préparatoires, dans lesquelles dominaient les promoteurs radicaux de la révision, se mirent au travail. La commission du Conseil national se scinda, pour ses délibérations, en quatre groupes ou «sections», les questions scolaires étant traitées par le premier groupe, appelé aussi «section politique». Les commissions préparèrent leurs prises de position en avril et mai 1871 (*Protocole [...]* 1871), et les deux Conseils siégèrent presque sans interruption de novembre 1871 au 5 mars 1872 (*Bulletin [...]* 1871/72).

À la fin des débats aux Chambres, le parlement adressa aux électeurs une proclamation dans laquelle l'acceptation de la Constitution leur était recommandée avec emphase. Bien qu'une question au demeurant quelque peu rhétorique – *L'avenir de la république au centre de l'Europe appartiendra-t-il au recul ou au progrès?* – y ait été posée, cette question, et d'autres du même ordre que l'on trouve au terme de la Proclamation, anticipaient pourtant le possible échec du projet de Constitution (Proclamation [...] 1872: 832). Cet échec fut effectivement consommé en votation populaire le 12 mai 1872, aussi bien en ce qui concerne le vote du Peuple que celui des Cantons (voir ci-dessous le tableau N° 3).

Les débats sur la révision devaient-ils être repris? Après les élections au Conseil national du 27 octobre 1872, qui non seulement virent la réélection des chefs de file de la révision mais constituèrent pour eux une victoire électorale, les deux Conseils votèrent, les 20 et 21 décembre 1872, une motion chargeant le Conseil fédéral de reprendre la question de la révision de la Constitution.

À vrai dire, dans son message du 4 juillet 1873, le Conseil fédéral *prit sa tâche un peu à la légère et ne proposa [...] que d'infimes retouches* (Aubert 1987/96: note marginale 180). Les travaux des commissions, en septembre et en octobre, apportèrent cependant des changements essentiels à ce nouveau projet. Les débats aux Chambres s'étendirent ensuite du 3 novembre 1873 à la fin janvier 1874. Comme cela avait déjà été le cas lors de la votation du premier projet, les deux Conseils décidèrent de faire voter l'ensemble de la Constitution en bloc et non pas ses différentes parties séparément. En déclarant que *le peuple suisse se partageait en deux partis à peu près de même force, que ces deux partis avaient à cœur, l'un et l'autre, le bien du pays, mais en le comprenant différemment* (Proclamation [...] 1874: 329), le Conseil fédéral s'efforça de calmer les vagues soulevées par une polémique devenue entre-temps publique, qui avait en particulier pour cible les articles concernant la formation et les confessions, et qui, entre les deux votations, avait repris de plus belle. Sur fond de *Kulturkampf*[4], c'étaient les questions du Syllabus et du dogme de l'infaillibilité pontificale décrété par Pie IX qui suscitaient cette polémique et qui, surtout, avaient opéré un changement de front dans la bataille politique qui se livrait autour de la nouvelle Constitution. L'échec du premier projet de Constitution est à mettre sur le compte de l'opposition entre, d'une part, les auteurs de la révision – radicaux anticléricaux et centralisateurs – et, d'autre part, l'alliance formée par les fédéralistes, les ultramontains et les protestants conservateurs. Dubs (1873: 7) décrit excellemment les débats qui précédèrent la deuxième votation sur la révision de la Constitution: *Mesurés au début, puis quelque peu occultés par la Guerre franco-allemande, ils subirent l'influence, à l'issue de cette dernière, de l'option politique centralisatrice prise par les vainqueurs.* Ainsi, à côté du *Kulturkampf*, on voit poindre le deuxième objet qui alimentera les discussions qui se tiendront sur la révision de la Constitution: la victoire de l'Allemagne sur la France est toujours désignée comme un succès du système scolaire de la Prusse. De tels arguments étayeront la revendication d'un contrôle renforcé de la Confédération sur le domaine scolaire.

À la suite du large rejet du premier projet de Constitution par les milieux fédéralistes, et en particulier par ceux des cantons romands, on limita, dans le deuxième projet, la tendance visant à unifier le droit (par exemple dans les domaines du droit civil et du droit pénal), tout en réaffirmant avec force les options anti-catholiques du projet. La conséquence en fut que les cantons romands fédéralistes et, dans une moindre mesure, les conservateurs protestants, purent ainsi être gagnés à la cause de la nouvelle Constitution révisée.

LES OPTIONS CONCERNANT LA POLITIQUE DE L'ÉDUCATION DANS LA RÉVISION DE LA CONSTITUTION

Aussi bien le Conseil fédéral, dans son message du 17 juin 1870, que les deux commissions préparatoires des Chambres fédérales pour le projet

4 Il n'est pas possible d'entrer ici dans le détail des relations entre le *Kulturkampf* et les débats qui accompagnèrent la révision de la Constitution. Nous renvoyons, sur cette question, à la contribution de Späni dans le présent volume, ainsi qu'à Stadler 1984 et à Holenstein 1931; pour la préhistoire de cette question, voir Späni 1993. Segesser (1875) en donne, d'un point de vue catholique et conservateur, un aperçu général. Concernant la révision de la Constitution, les «lignes de front» confessionnelles sont clairement marquées dans le «Mémorial de Langenthal» ([Keller *et al.*] 1871), dans la requête des évêques suisses (Greith 1871) et dans la réaction à cette requête, due à Simon Kaiser (1871).

de Constitution de 1872 étaient restés fidèles au principe selon lequel la Confédération n'avait à disposer de compétences que dans le seul domaine des Hautes Écoles. Ce n'est que lors des débats au Conseil national que l'article sur la formation reçut pour la première fois un contenu qui affectait la souveraineté cantonale en matière scolaire. Cette ingérence de la Confédération dans la souveraineté cantonale fut justifiée par trois arguments (Maerki 1947: 26 et ss), dont voici le premier: l'exercice des droits populaires en matière de démocratie directe postule qu'un certain degré d'instruction soit atteint par tous les citoyens. Cet argument se rapporte donc avant tout au développement des *droits démocratiques*, et ce furent les représentants du mouvement démocratique en cours de formation qui exigèrent de la Confédération qu'elle s'engage plus activement dans le domaine de la formation (Koller 1987). Le deuxième argument se rapporte à la mobilité croissante des habitants, un problème de mobilité qui devenait un problème de formation. Contrairement à ce que pense Maerki (1947: 33), ce problème n'était pas dû au seul désir des citoyens nouvellement établis dans un autre canton d'y trouver des écoles d'un aussi bon niveau que celles de leur canton d'origine. Non, la raison en est à chercher plutôt dans l'inadéquation entre l'orientation encore confessionnelle des écoles et la mobilité des gens. Si un protestant de Zurich voulait s'établir dans un canton catholique de Suisse centrale, il devait pouvoir être assuré, sur la base de la liberté de conscience et de croyance qui lui était garantie, que ses enfants puissent fréquenter une école non confessionnelle. Dans ce sens, la mobilité croissante de la population et sa réglementation légale par la *liberté d'établissement* ont provoqué la neutralité idéologique des écoles. Enfin, une troisième raison invoquée pour justifier l'ingérence de la Confédération dans les affaires scolaires des cantons se trouve, signe des temps, dans le domaine militaire (*cf. supra*).

La proclamation du Conseil fédéral résume en ces termes les intentions de l'exécutif concernant sa politique de l'éducation, intentions qui seront par la suite liées à la révision de la Constitution:

> *La Confédération devra veiller entre autres à ce que dans tous les Cantons il soit donné à la jeunesse, sous la direction exclusive de l'autorité civile, une instruction suffisante, obligatoire et gratuite; ainsi les générations nouvelles recevront une éducation appropriée à l'œuvre qui les attend, et l'enfant du pauvre, comme celui du riche, aura le moyen de s'orienter au milieu des difficultés croissantes de la vie et de se créer une existence honorable* (Proclamation [...] 1874: 331).

Dans ces lignes apparaissent clairement, d'une part, l'idéal des promoteurs radicaux de la Constitution révisée, idéal qui s'inscrit dans le droit fil de la tradition des Lumières, et, d'autre part, les quatre principes valables pour l'école primaire, principes qu'on rappellera une nouvelle fois. La nouvelle Constitution fédérale devrait garantir :

- que l'enseignement primaire soit suffisant, donc correspondant à des exigences minimales restant à définir ;
- que l'enseignement primaire soit obligatoire, ce qui signifie que tous les enfants doivent le fréquenter ;
- que cet enseignement, dans les écoles publiques, soit gratuit ;
- qu'il soit placé sous le contrôle de l'État.

Ce « programme de politique de l'éducation » fut accepté par le Souverain, le 29 avril 1874, à travers l'adoption de la Constitution.

À côté des intenses discussions soulevées par ces quatre principes, d'autres questions importantes concernant le domaine de la formation furent également traitées lors de la révision de la Constitution, questions qu'on ne peut évoquer ici que brièvement :

- En ce qui concerne *les établissements d'enseignement supérieur*, le contenu de l'article 22 de la Constitution de 1848 ne fut pratiquement pas remis en question. *L'intérêt qu'a la Confédération envers l'enseignement supérieur a donc été accepté par tous les partis* ([Dubs] 1873 : 16). Mais une discussion se développa quand même sur la question de l'opportunité de mentionner dans la Constitution, à côté du Polytechnicum et de l'Université fédérale, d'autres établissements d'enseignement supérieur, en particulier des séminaires de formation de maîtres pour l'enseignement secondaire inférieur, des écoles d'art, des écoles professionnelles et autres écoles du même genre. On discuta également, en relation avec la question du libre exercice des professions scientifiques, de la mise en place d'une école fédérale pour la formation du personnel médical (rattachée par exemple au Polytechnicum de Zurich) ou d'une école fédérale de droit.[5] Lors des débats, la formulation générale *et d'autres établissements d'instruction supérieure* (Constitution fédérale [...] 1874, article 27) fut préférée à

5 La réglementation des études de médecine par la Confédération eut lieu plus tard sur la base de l'article 33 de la Constitution de 1874 (Fischer 1927). Le projet d'une école fédérale de droit ressurgit au début des années 1890 lors des discussions sur l'unification des droits civil et pénal (voir à ce propos, entre autre, Meili 1890 et Kaiser 1891).

celle qui énumérait les établissements. En outre l'article sur la formation fut complété par une disposition nouvelle, à savoir que la Confédération était habilitée non seulement à *créer* des institutions d'enseignement supérieur, mais aussi à les *subventionner*.[6]

- Le *libre exercice des professions scientifiques*: avec les établissements d'enseignement supérieur et l'unification du droit, ce n'était pas seulement le problème de l'uniformisation de la formation aux professions scientifiques qui était posé, mais aussi la question du libre exercice de celles-ci, une question liée à la reconnaissance réciproque des diplômes professionnels cantonaux. Les médecins et les pharmaciens, formés dans les universités cantonales, devaient pouvoir exercer leur profession sur l'ensemble du territoire suisse. Cette exigence avait pris de l'importance en particulier au vu de la mobilité croissante de la population et elle était liée, en tant que problème ayant déclenché la révision de la Constitution, à l'application de la liberté d'établissement.
- La question de *l'enseignement religieux* et du *droit des parents à l'éducation religieuse de leurs enfants*: lors des discussions de 1870-1872 concernant la révision de la Constitution, la question de l'enseignement religieux ne fut pas abordée, car cette question était du ressort de l'article sur la liberté de conscience et de croyance:

> *La liberté de conscience et de croyances est inviolable. Nul ne peut être inquiété dans l'exercice de ses droits civils pour cause d'opinion religieuse, ni être contraint d'accomplir un acte religieux, ou encourir des peines à ce sujet [...] Nul ne peut, pour cause d'opinion religieuse, s'affranchir de l'accomplissement d'un devoir civique* (Loi fédérale [...] 1872, article 48; voir aussi sur ce point la contribution de Späni dans le présent ouvrage).

Lors des discussions sur la Constitution, ce n'est qu'avec le durcissement des positions, survenu sur fond de *Kulturkampf*, que la position du parlement à l'égard de l'article confessionnel se radicalisa et rejaillit sur le domaine de la formation. C'est ainsi qu'il faut considérer, d'une part, le principe consistant à mettre l'école sous le contrôle de l'État et, d'autre part, l'article de la Constitution de 1874 selon lequel *les écoles publiques*

---

6 Les fédéralistes poussèrent à ce que l'action de la Confédération se limite à ce subventionnement ([Dubs] 1873: 16); toutefois cette position ne s'imposa pas. Dans les années 1880, la discussion sur un subventionnement des universités cantonales par la Confédération reprit de plus belle (Zutt 1888).

doivent pouvoir être fréquentées par les adhérents de toutes les confessions, sans qu'ils aient à souffrir d'aucune façon dans leur liberté de conscience ou de croyance (Constitution fédérale [...] 1874, article 27) non seulement comme une suite logique de l'introduction, dans la Constitution fédérale, de la liberté d'établissement, mais également comme une avancée extrême du *Kulturkampf* dans sa lutte contre l'ultramontanisme. On mentionna à nouveau l'école et l'éducation lors des interminables discussions que soulevèrent les articles confessionnels 49 et 51 de la Constitution. L'article 49 prescrit le principe de l'inviolabilité de croyance et de conscience:

> *Nul ne peut être contraint de faire partie d'une association religieuse, de suivre l'enseignement religieux, d'accomplir un acte religieux, ni encourir des peines, de quelque nature qu'elles soient, pour cause d'opinion religieuse* (Constitution fédérale [...] 1874, article 49).

En outre, l'Ordre des Jésuites et des sociétés à lui affiliées reçurent l'interdiction de s'établir sur le territoire suisse, toute activité dans le domaine de l'école et de l'Église leur étant également interdite (Constitution fédérale [...] 1874, article 51, abrogé lors de la consultation populaire du 20 mai 1973).

Il faut bien comprendre que le débat autour des quatre principes régissant l'enseignement primaire est étroitement lié aux discussions concernant les trois domaines que nous venons de mentionner. Ainsi, par exemple, le *Schweizerischer Lehrerverein* (Société suisse des enseignants) demanda qu'un brevet d'enseignement unique assure à tout enseignant et enseignante la liberté d'exercer sur tout le territoire de la Suisse. Il demanda aussi la création d'un institut pédagogique fédéral pour la formation du corps enseignant (*Schweizerische Lehrer-Zeitung* 1871: 323 et ss, 339 et ss; Fries 1871).[7]

---

7 Après que le directeur de l'école normale de Küssnacht, dans un «exposé-programme» tenu lors du Congrès de la Société suisse des enseignants de 1861, eut encore mis en garde contre une forte centralisation de l'école (*Je ne tiens ni pour possible ni pour souhaitable une centralisation de l'école* (Fries 1861: 389), la Société suisse des enseignants avait progressivement opté, dès 1870, pour une unification du droit dans le domaine de l'éducation (voir Fries 1871, Meyer 1871). Elle n'était revenue sur ses positions qu'après l'échec de la votation sur le «bailli scolaire» en 1882. Il faut souligner qu'en revanche la Société pédagogique romande soutenait une position fédéraliste très arrêtée (voir Droz 1878: 8).

LES PRINCIPES RÉGISSANT L'ENSEIGNEMENT PRIMAIRE

Par quelles étapes, lors des discussions préparatoires, les principes régissant l'enseignement primaire passèrent-ils avant d'être ancrés dans la Constitution de 1874? Quelles alternatives furent-elles proposées? Sur quelles bases, à cette époque, les prises de position se fondèrent-elles? On ne pourra, dans les lignes qui suivent, entrer dans tout le détail des discussions qui aboutirent à la rédaction de l'article constitutionnel sur la formation. Nous nous bornerons, dans un premier temps, à présenter ces discussions sous la forme de tableaux d'ensemble dont l'ambition est de montrer les stades par lesquels le texte de la Constitution est passé. Nous présenterons ensuite, en les résumant, les arguments qui ont été avancés pour justifier l'introduction de ces principes dans la Constitution fédérale.

Remarquons d'abord que de tels principes régissant l'enseignement primaire n'existaient ni dans la Constitution de 1848, ni dans le projet du Conseil fédéral. Ce n'est que lors du passage du stade de la révision partielle au stade de la révision totale de la Constitution que l'article sur la formation fit, lui aussi, l'objet d'une discussion approfondie. Il faut dire à ce propos que tant la commission du Conseil national que celle du Conseil des États avaient refusé d'introduire dans la future Constitution des dispositions concernant l'enseignement primaire. Lors des débats au Conseil national cette position avait, dans un premier temps, été acceptée. Par le biais d'une motion, le conseiller national Simon Kaiser demanda que la question soit reprise (*Bulletin [...]* 1871/72: 335, 338 et ss, 509, 568). Cette motion fut couronnée de succès et aboutit à une proposition de texte constitutionnel.

Les tableaux 1 et 2 montrent que l'introduction de principes régissant l'enseignement primaire, principes valables pour tous et sur tout le territoire suisse, ne s'est pas faite d'un seul coup, mais a été précédée de beaucoup de tâtonnements. À côté des questions de fond qu'il a fallu résoudre, il s'est aussi souvent agi de problèmes ayant trait à la formulation desdits articles.

Tableau 1
Évolution des principes régissant l'enseignement primaire au cours des débats de 1871 et 1872 des Chambres fédérales au sujet de la Constitution (en italique: les formulations nouvelles)

Conseil national. Séance du 22 décembre 1871	Conseil des États. Séance du 19 janvier 1872	Propositions soumises lors du scrutin de 1872
Art. 24 […][8] *Les Cantons pourvoient à l'instruction primaire obligatoire et gratuite.* *La Confédération peut fixer, par voie législative, un minimum de ce qu'on doit exiger des écoles primaires.*	*Suppression de l'art. 24*	Art. 25 […] Les Cantons pourvoient à l'instruction primaire, *qui doit être* obligatoire et gratuite. La Confédération peut fixer, par voie législative, *le* minimum *de l'enseignement qui doit être donné dans les écoles primaires.* Dispositions transitoires Art. 4 *Un délai de cinq ans est accordé aux Cantons pour introduire la gratuité de l'enseignement public primaire (Art.25).*

8 Pour les raisons indiquées plus haut, on laisse ici de côté l'alinéa sur l'université, l'école polytechnique et les instituts supérieurs d'enseignement.

Tableau 2
Évolution des principes régissant l'enseignement primaire au cours des débats de 1873 et 1874 des Chambres au sujet de la Constitution (en italique: les formulations nouvelles)[9]

Message du Conseil fédéral du 16 juin 1873	Commission du Conseil national. Séance du 28 septembre 1873	Commission du Conseil des États. Séance du 28 octobre 1873
Art. 25 [...] Les Cantons pourvoient à l'instruction primaire, qui doit être obligatoire et gratuite.	Art. 25 [...] Les Cantons pourvoient à l'instruction primaire, qui doit être obligatoire et gratuite. *Elle ne peut être confiée à des personnes appartenant à un ordre religieux. La Confédération a le droit d'édicter des prescriptions sur le minimum de l'enseignement qui doit être donné dans les écoles primaires.*	Art. 25 [...] Les Cantons pourvoient à l'instruction primaire, qui doit être *exclusivement sous la direction de l'autorité civile. Elle doit être obligatoire et, dans les écoles publiques, gratuite.* La Confédération a le droit d'édicter des prescriptions sur le minimum de l'enseignement qui doit être donné dans les écoles primaires.
Conseil national. Séance du 12 novembre 1873	**Conseil des États. Séance du 10 décembre 1873**	**Constitution fédérale du 29 mai 1874**
Art. 25 [...] Les Cantons pourvoient à l'instruction primaire, *qui doit être suffisante et placée* exclusivement sous la direction de l'autorité civile. Elle est obligatoire et, dans les écoles publiques, gratuite. La Confédération a le droit d'édicter des prescriptions sur *l'enseignement* qui doit être donné dans les écoles primaires *et sur les conditions que doivent remplir ceux qui veulent être admis à donner cet enseignement.* *Les écoles publiques doivent pouvoir être fréquentées par les adhérents de toutes les confessions, sans qu'ils aient à souffrir d'aucune façon dans leur liberté de conscience ou de croyance.*	Art. 25 [...] Les Cantons pourvoient à l'instruction primaire, qui doit être suffisante et placée exclusivement sous la direction de l'autorité civile. Elle est obligatoire et, dans les écoles publiques, gratuite. Les écoles publiques doivent pouvoir être fréquentées par les adhérents de toutes les confessions, sans qu'ils aient à souffrir d'aucune façon dans leur liberté de conscience ou de croyance. *La Confédération prendra les mesures nécessaires contre les Cantons qui ne satisferaient pas à ces obligations.*	Art. 27 [...] Les Cantons pourvoient à l'instruction primaire, qui doit être suffisante et placée exclusivement sous la direction de l'autorité civile. Elle est obligatoire et, dans les écoles publiques, gratuite. Les écoles publiques doivent pouvoir être fréquentées par les adhérents de toutes les confessions, sans qu'ils aient à souffrir d'aucune façon dans leur liberté de conscience ou de croyance. La Confédération prendra les mesures nécessaires contre les Cantons qui ne satisferaient pas à ces obligations.

9 On n'abordera pas ici la question des délais d'application. Comme lors du premier projet de 1872, cette discussion porta sur un délai de trois ou de cinq ans.

Au centre des discussions, on trouve les quatre principes suivants:

a) le principe de l'obligation scolaire
Ce principe, qui rendait la fréquentation de l'enseignement primaire obligatoire, a dû être introduit pour quatre raisons avant tout. La première consiste dans le faible taux de fréquentation des écoles, un absentéisme dont, au cours du 19e siècle, enseignants et autorités scolaires ne cessèrent de se plaindre, malgré l'extension de la scolarisation à l'ensemble du territoire national. En deuxième lieu, l'obligation scolaire devait contribuer à résoudre des problèmes sociaux. En effet, si enfants et adolescents sont contraints de fréquenter l'école, ils ne pourront pas aller travailler en fabrique! Une bonne scolarité avait aussi une action préventive, rendant moins importante l'assistance publique aux indigents, moins nécessaires les maisons de correction et autres institutions de ce genre. La troisième raison recoupe le principe, évoqué dans la Constitution, de *l'enseignement suffisant*: pour ce qui est des élèves, des prestations minimales suffisantes ne peuvent être garanties que si ces élèves fréquentent régulièrement l'école. Enfin, une quatrième raison, liée à des arguments relevant du domaine de la politique de l'État, est constamment évoquée: si les citoyens doivent voter les lois et participer à la conduite de l'État, il faut tout d'abord que, par l'instruction, ils deviennent souverains. *C'est un des objectifs d'un État moderne, que l'ensemble de ses citoyens atteigne le degré d'instruction qui les rende capables d'accomplir les finalités essentielles de cet État* (Keller 1871: 198). En ce sens, la fréquentation scolaire était considérée comme un devoir civique, ce qui en justifiait le caractère obligatoire. Toutefois l'obligation scolaire devait concerner l'*obligation d'acquérir de l'instruction*, et non l'obligation de fréquenter l'école publique. Elle devait donc aussi pouvoir être accomplie au sein d'une école privée (Maerki 1947: 69 et ss). Cette obligation de l'enseignement primaire fut à peine combattue car, ainsi argumentait-on, elle était déjà introduite dans la législation de nombreux cantons ([Dubs] 1873: 17).

b) le principe de la gratuité de l'enseignement
La gratuité de l'enseignement est une conséquence naturelle de l'obligation scolaire introduite par l'État (Keller 1871: 198). Par ailleurs, les arguments suivants furent avancés pour justifier la gratuité: si c'est l'État qui prescrit la fréquentation de l'école, celle-ci ne devrait rien coûter. Et enfin: l'école est une institution publique, répondant à des besoins publics et correspondant à des desseins publics. *C'est un devoir de la Communauté au service de la Communauté* (Keller 1871: 441).

Böhmert résume en six points le débat qui eut lieu alors au sujet de la gratuité de l'enseignement (Böhmert 1871 : 8 et ss). 1) Du point de vue du droit public, la gratuité de l'enseignement primaire s'inscrit dans la suite logique de l'obligation scolaire. L'écolage équivaudrait à un impôt *per capita* injuste. 2) Pour des raisons sociales, l'État ne peut prélever des écolages. 3) L'institution d'un écolage conduirait les parents à retirer le plus tôt possible leurs enfants de l'école. 4) L'argument consistant à dire que *ce qui ne coûte rien ne vaut rien* ne serait cependant pas valable pour la chose scolaire. 5) La gratuité libérerait les enseignants d'une tâche pénible, les maîtres éprouvant souvent des scrupules à exiger des écolages élevés de la part des parents. 6) L'encaissement des écolages est une opération ennuyeuse et coûteuse.

La gratuité de l'enseignement primaire, bien qu'étant *une disposition à l'arrière-goût socialiste* ([Dubs] 1873 : 17), fut à peine combattue, parce qu'à l'instar de l'obligation scolaire elle était déjà la règle dans de nombreux cantons. Un des arguments entendus contre la gratuité de l'enseignement consistait à dire que ce n'était pas l'argent, mais la qualité de l'enseignement qui importait, et que l'on préférerait payer un écolage afin de pouvoir fréquenter une bonne école, plutôt que de pouvoir fréquenter gratuitement une mauvaise école.

c) le principe de la direction de l'école par l'autorité civile

Ce principe fut assurément le plus controversé. La liberté de croyance et de conscience ancrée dans la Constitution entraînait pour l'école la conséquence suivante : la conduite des écoles était du ressort de l'État, ce qui revenait à conférer à cet État la haute surveillance sur les écoles. Pendant que les uns exigeaient, pour cette raison, un enseignement libre de tout élément confessionnel et religieux, comprenant l'interdiction d'enseigner faite à l'égard des ecclésiastiques, de même que l'impossibilité pour ceux-ci de siéger parmi les autorités scolaires, d'autres faisaient remarquer que de telles exigences ne correspondaient pas aux situations rencontrées dans les cantons. L'obligation scolaire rendait cependant nécessaire que l'enseignement soit ouvert aux adeptes de toutes les confessions et ne blesse les convictions de personne. C'est la raison pour laquelle les fédéralistes exigèrent – mais sur ce point ils n'étaient pas unanimes – que l'enseignant ne puisse être un ecclésiastique ([Dubs] 1873 : 18). Les radicaux auraient bien voulu aller encore plus loin et éloigner les ecclésiastiques de toute fonction ayant trait à l'école (par exemple, celle de membre d'une commission scolaire). Pour contrer cette position si marquée par le *Kulturkampf*, il fut rétorqué que les expériences faites avec les sœurs enseignantes avaient toujours été positives et que les localités où elles étaient engagées ne pourraient, pour des raisons financières, se passer de leurs services. Aussi le conseiller national Segesser rendit-il ses collègues attentifs au fait que le concept de neutralité ne devait pas concerner la personne des enseignants mais bien les contenus enseignés (Segesser 1873: 353 et ss).

d) le principe de la mise en place et du contrôle d'exigences minimales
Les fédéralistes n'avaient rien à objecter au fait de fixer à l'enseignement primaire les exigences minimales que celui-ci devait atteindre:

> *Si, d'une manière générale, la population est appelée à se donner ses lois, la Confédération a intérêt à ce que chaque citoyen possède un degré d'instruction qui lui rende possible le plein exercice de ses droits civiques. C'est pure folie de faire voter un citoyen qui ne sait ni lire, ni écrire* ([Dubs] 1871: 104).

Selon les fédéralistes, ce n'était cependant pas à la Confédération de jouer le rôle d'inspecteur. Il fallait respecter la suprématie des Cantons en matière d'école. C'est pourquoi Dubs proposa, lors des débats sur la première révision de la Constitution, la formulation suivante:

> *Les écoles primaires sont du ressort des cantons. La Confédération est cependant habilitée à exiger que les Cantons soient en état d'assurer à chaque citoyen suisse une formation physique et intellectuelle qui le rende apte à accomplir ses devoirs civiques et militaires* ([Dubs] 1871: 105).

Le fait de confier à la Confédération le droit de prescrire et de contrôler les prestations minimales qu'avait à assurer l'enseignement primaire se justifiait pour trois raisons: on allégua d'abord que la présente révision de la Constitution améliorait les droits populaires et la démocratie directe (droit de référendum). Le mouvement démocratique avait déjà, dans quelques cantons, conduit à la réforme des droits populaires. Le fait que le Souverain n'ait pas seulement à s'exprimer lors de l'élection des membres du parlement et du gouvernement (démocratie représentative), mais au contraire aussi sur les affaires même du pays (démocratie directe), exigeait un meilleur niveau de formation des citoyens. Seul un Souverain instruit peut prendre, en matière politique, des décisions adéquates.[10] Au 19e siècle, on voyait en outre communément dans l'améliora-

10 Sur l'histoire des relations entre politiques et éducation dans le «mouvement démocratique», voir, à titre d'exemple, l'ouvrage que Koller (1987) a consacré à cette question s'agissant du Canton de Zurich.

tion de la formation scolaire une contribution à la résolution des questions sociales. Enfin, tout au long des débats sur la révision de la Constitution, la question des exigences minimales adressées à l'enseignement primaire devint de plus en plus une arme utilisée dans le *Kulturkampf*. L'argument central avancé par les partisans de la révision et par ceux qui voulaient l'inscription, dans la Constitution, d'exigences minimales à l'endroit de l'enseignement primaire, consistait à dire que les cantons catholiques conservateurs négligeraient l'éducation populaire.[11] On fit appel, entre autres, à la statistique scolaire[12], pour montrer que les cantons catholiques conservateurs, en comparaison suisse, octroyaient aux enseignants des salaires plus modestes, autorisaient une scolarité plus courte et présentaient en outre un taux de scolarisation plus faible.

LES CONSÉQUENCES SUR LA FORMATION DU NOUVEL ARTICLE 27

La stratégie mise en place après l'échec du premier projet de révision de la Constitution aux fins de gagner à la cause de la révision, d'une part, les fédéralistes libéraux et radicaux des cantons romands (en renonçant à certains projets d'unification du droit – en particulier le droit civil et pénal) et, d'autre part, une partie des conservateurs protestants (en durcissant les aspects anti-catholiques des articles confessionnels) fut couronnée de succès : le 19 avril 1874, le Peuple et les Cantons approuvaient la nouvelle Constitution fédérale.

C'est aussi que les différences entre la position des fédéralistes et celle des radicaux en ce qui concerne les questions qui nous intéressent ici n'étaient pas très importantes. À l'occasion du deuxième projet de révision, les fédéralistes avaient publié un *Programme fédéraliste* qui, dans le

11 Bien qu'on dispose d'analyses de la presse au sujet de la révision de la Constitution entre 1872 et 1874 (voir par exemple Haeberli 1949, Steiner 1959), il n'y a pas eu, jusqu'à aujourd'hui, d'analyses de la polémique publique qui eut lieu au sujet de l'article sur la formation. La polémique au sujet des écoles fribourgeoises, entre Emanuel Lüthi, alias Ludwig Manuel (pseudonyme pour Lüthi) et Hubert Charles, peut être citée ici à titre d'exemple (Manuel 1871, Charles 1872, Lüthi 1872, résumé dans Gass 1888 et Lüthi 1892).

12 Au sujet de la statistique scolaire, voir la contribution de Gonon dans le présent ouvrage. Mattmüller (1982) donne un aperçu d'ensemble sur les statistiques scolaires entre 1870 et 1902. On trouvera chez Kinkelin (1873, 1875) la première source importante sur cette question (outre les premières tentatives faites dans ce domaine par le futur conseiller fédéral Stefano Franscini).

domaine de la politique de la formation, contenait déjà, à l'exception du point concernant les exigences minimales à l'endroit de l'enseignement primaire, tout ce qui sera accepté par la suite dans la Constitution :

> *La Confédération a le droit de créer une université, une école polytechnique et d'autres établissements d'instruction supérieure. L'instruction primaire* [est] *obligatoire et gratuite. L'instituteur doit être laïque.* (Programme fédéraliste 1873 : 1 ; voir aussi [Dubs] 1873 : 4).

Les différences d'opinion au sujet de la question scolaire ne se limitaient pas simplement au fait de savoir si la Confédération pouvait ou non édicter des prescriptions au sujet des prestations minimales que devait assurer l'enseignement primaire. Les divergences s'étendaient pour le moins à deux autres aspects de la question : en effet, les visées des centralisateurs tendaient à combattre, d'une part, le maintien d'un État fédéraliste et les rapports institués entre l'Église et l'État, et, d'autre part, les rapports instaurés, en conséquence des précédents, entre l'Église et l'école publique. En justifiant le rôle joué par la Confédération pour garantir un enseignement primaire qui soit obligatoire, suffisant, gratuit et laïque par l'insuffisance des efforts entrepris dans ce domaine par les cantons catholiques, on imbriquait inextricablement l'un dans l'autre les deux aspects de la question.

En outre, un déplacement est survenu, entre les deux débats constitutionnels, dans la composition des forces en présence. Lors de la discussion du premier projet, les débats avaient été marqués surtout par le souci de l'indépendance cantonale. Les tendances unitaires n'avaient cependant pas été combattues par les seuls cantons catholiques conservateurs, mais elles avaient aussi divisé la grande famille radicale, qui occupait, dans la Confédération, une position dominante : d'un côté, une partie des radicaux romands était passée dans le camp des opposants à la révision de la Constitution, ce qui rendait évident qu'une trop forte centralisation du pays ne serait pas seulement combattue par les cantons conservateurs catholiques, mais aussi par les cantons linguistiquement minoritaires. D'un autre côté, l'aile libérale de la famille radicale, celle qui, en 1870, avait voté pour le maintien de l'État fédéral lors de la votation sur les casinos, ne soutenait pas non plus ce développement. Le retrait du gouvernement du conseiller fédéral Dubs, justifié explicitement par les tendances centralisatrices du premier projet de Constitution, fut le signe visible du changement de camp des libéraux, qui passèrent ainsi du camp des révisionnistes dans celui des anti-révisionnistes.

Dans le débat au sujet du deuxième projet de Constitution, cette ligne de front entre unitaires et fédéralistes fut recoupée par celle qui intervenait dans le *Kulturkampf*. Du fait des articles confessionnels, la confrontation entre les fronts confessionnels devenait plus aiguë, et l'accord des fédéralistes protestants romands fut marchandé contre un assouplissement dans l'unification du droit. Quant à la *katholische Sondergesellschaft* (Altermatt 1991: 97 et ss), elle rejeta aussi massivement le deuxième projet qu'elle avait rejeté le premier (voir ci-dessous le tableau 3).

Avec l'acceptation de la Constitution fédérale et la discussion au sujet d'un éventuel règlement d'application pour l'article 27, la première ligne de front se reconstitua et refit parler d'elle. Si le conseiller fédéral Numa Droz, dans son rapport au sujet d'un possible règlement d'application pour l'article 27, avait encore procédé avec circonspection et présenté des arguments très différenciés (Droz 1878), la polémique publique reprit de plus belle au début des années 80.[13] Par décision de la Confédération, un poste de secrétaire fédéral à l'éducation, dont la tâche aurait été de faire périodiquement rapport sur l'état de l'enseignement dans les cantons, devait être créé. Comme les parlementaires avaient eu vent d'un soi-disant «programme secret» du conseiller fédéral Schenk, programme dans lequel l'instauration d'un secrétaire à l'éducation n'aurait constitué que le premier pas d'une réglementation plus complète de l'article 27, les cantons craignirent à nouveau pour leur indépendance dans le domaine de l'éducation. Bien que le parlement eût approuvé le projet, un référendum contre cette décision rassembla en peu de temps 180'000 signatures. Le 26 novembre 1882, le peuple rejeta sans équivoque (voir ci-dessous le tableau 3) l'instauration d'un «bailli scolaire».

Le tableau 3 confronte les résultats des deux votations concernant la Constitution avec ceux de la votation sur le «bailli scolaire» de 1882, laquelle ne proposait qu'une tentative modeste de concrétisation de l'article 27 de la Constitution de 1874, et illustre clairement la réapparition des lignes de front présentes lors de la première votation constitutionnelle.

13 Ce débat qui suivit l'introduction du nouvel article sur la formation a fait l'objet de bonnes recherches; voir à ce sujet Mösch 1962 et Hard 1974.

Tableau 3
Résultats des votations populaires sur la Constitution fédérale révisée de 1872 et de 1874, ainsi que sur le règlement d'application de l'article 27 proposé par les Chambres fédérales[14] (en italique: la majorité des voix)

	Constitution de 1872		Constitution de 1874		« Bailli scolaire » de 1882	
	Oui	Non	Oui	Non	Oui	Non
Zurich	*49’830*	11’463	*61’779*	3’516	20’520	*37’725*
Berne	*50’730*	22’428	*63’367*	18’225	31’635	*45’092*
Lucerne	9’445	*17’911*	11’276	*18’188*	7’090	*19’530*
Uri	153	*4’067*	332	*3’866*	187	*3’865*
Schwyz	1’640	*8’980*	1’988	*9’298*	610	*9’825*
Obwald	212	*2’870*	562	*2’807*	72	*3’308*
Nidwald	306	*2’138*	522	*2’235*	139	*2’477*
Glaris	*4’697*	1’623	*5’169*	1’643	1’413	*4’293*
Zoug	1’333	*3’234*	1’797	*2’740*	918	*3’678*
Fribourg	5’651	*20’680*	5’568	*21’368*	4’146	*20’513*
Soleure	*9’610*	5’966	*10’739*	5’746	*7’195*	6’768
Bâle-Ville	*5’419*	1’244	*6’821*	1’071	*4’355*	3’756
Bâle-Camp.	*8’287*	1’618	*9’236*	1’428	2’796	*5’552*
Schaffhouse	*6’230*	435	*6’596*	219	1’934	*4’799*
Appenzell R.-E.	3’804	*6’375*	*9’858*	2’040	3’857	*7’353*
Appenzell R.-I.	197	*2’546*	427	*2’558*	214	*2’421*
Saint-Gall	*22’534*	22’505	*26’134*	19’939	12’029	*30’310*
Grisons	8’390	*11’206*	*10’624*	9’492	5’625	*12’512*
Argovie	*24’962*	15’289	*27’196*	14’558	14’173	*22’111*
Thurgovie	*17’484*	3’467	*18’232*	3’761	*10’512*	8’149
Tessin	5’871	*6’902*	6’245	*12’507*	6’801	*12’372*
Vaud	3’318	*51’465*	*26’204*	17’362	18’779	*22’169*
Valais	3’005	*19’686*	3’558	*19’368*	2’855	*20’076*
Neuchâtel	7’960	*9’066*	*16’295*	1’251	*8’917*	3’655
Genève	4’541	*7’908*	*9’674*	2’827	5’238	*5’830*
Total	255’609	*261’072*	*340’199*	198’013	172’010	*318’139*

14 Sources des données apparaissant dans ce tableau: Message […] 1872: 367; Message […] 1874: 689; Message […] 1882: 630.

On peut dire des cantons ayant rejeté le premier projet de Constitution que soit ils faisaient partie des cantons à majorité catholique, soit ils appartenaient à une minorité linguistique (y compris le canton des Grisons). Tous les cantons ayant accepté le projet étaient protestants et à dominance radicale ou libérale. Trois exceptions sont cependant à signaler: Appenzell Rhodes-Extérieures rejeta le projet de Constitution; Argovie et Soleure, cantons catholiques, l'acceptèrent. Ces derniers passaient cependant pour être le fief des vieux-catholiques, politiquement proches des idées libérales et radicales. Les votes des Cantons furent partout conformes au vote des citoyens, si bien que la Constitution fut acceptée par 9 Cantons et refusée par 13.

Lors de la deuxième votation, la Constitution ne fut rejetée que dans les cantons catholiques et conservateurs. Partout, à l'exception du Tessin, où le Grand Conseil avait proposé l'acceptation du projet, le vote des citoyens suivit les recommandations des instances cantonales. Le projet de Constitution fut refusé, par le peuple et par le Canton, dans les cantons de Lucerne, Uri, Schwytz, Obwald, Nidwald, Fribourg et Valais, ainsi que par les citoyens du canton du Tessin. Ce refus, exclusivement limité aux cantons catholiques, apporte encore une fois la preuve que la stratégie utilisée à l'occasion de la deuxième votation avait bien fonctionné. Les cantons romands, protestants et fédéralistes, purent être gagnés à la cause de la Constitution, à la différence des cantons catholiques, dont l'opposition était causée par l'article confessionnel.

En 1882, seuls les cantons de Soleure, Bâle-Ville, Thurgovie et Neuchâtel acceptèrent le projet de « bailli scolaire ». Lors de ce référendum, la voix des cantons ne fut pas prise en considération. Les cantons fortement peuplés de Zurich, Berne et Saint-Gall refusèrent le projet, contrairement à ce qui s'était passé lors du premier vote sur la Constitution. En regard de la votation de 1872, les tendances fédéralistes s'étaient renforcées.

Le rejet sans équivoque de projet de « bailli scolaire » eut pour conséquence que les normes prévues par l'article 27 de la Constitution, normes qui instauraient un enseignement primaire obligatoire, suffisant et gratuit, ne purent cependant jamais faire l'objet d'une définition et d'une application plus précises par le biais d'un règlement. Pour contrôler l'application de cet article 27, la Confédération ne disposera, de droit, que de deux possibilités: d'un côté, le parlement fédéral pouvait user de son influence en tant qu'instance de ratification des Constitutions cantonales, de l'autre, le Conseil fédéral fonctionnait comme instance de recours en cas de plaintes concernant la « suffisance » de l'enseignement, l'obligation scolaire, la gratuité de l'école primaire, ou encore le contrôle de l'enseignement de celle-ci par l'État, instance de recours constituée de nos jours par le Tribunal fédéral. Faut-il en conclure que le refus du «bailli scolaire», le 26 novembre 1882, marque la fin d'une politique fédérale de l'éducation? Pour répondre à cette question une autre étude serait nécessaire. En tout état de cause, nous pouvons déjà affirmer que d'autres moyens qu'un règlement d'application furent trouvés pour assurer à la Confédération une influence, même limitée, dans le domaine de l'école.[15]

RÉFÉRENCES

Altermatt, U. (1991). *Katholizismus und Moderne. Zur Sozial- und Mentalitätsgeschichte der Schweizer Katholiken im 19. und 20. Jahrhundert.* (2e éd.) Zurich, Benziger. (Traduction française: 1994. Lausanne, Payot).

Aubert, J.-F. (1987/1996). Introduction historique. In J.-F. Aubert *et al.* (éds.), *Commentaire de la Constitution fédérale de la Confédération suisse du 29 mai 1874.* Bâle, Helbing & Lichtenhahn/Zurich, Polygraphischer Verlag/Berne, Stämpfli.

Böhmert, V. (1871). *Die Unentgeltlichkeit des Volksschulunterrichts mit besonderer Berücksichtigung der schweizerischen Schulgeld-Einrichtungen. Vorlage an den 12. Congress deutscher Volkswirthe.* Brême, Gesenius.

Bulletin des délibérations de l'Assemblée fédérale relatives à la révision de la Constitution. (1871/72). 3 vol. (s.l., s.n.)

Burckhardt, W. (1931). *Kommentar der schweizerischen Bundesverfassung vom 29. Mai 1874.* (3e éd.). Berne, Stämpfli.

Charles, H. (1872). *Réponse au correspondant du* Bund *et à M. Manuel au sujet des écoles du Canton de Fribourg.* Fribourg, Fragnière.

Constitution fédérale de la Confédération suisse du 12 septembre 1848. (1849). In *Recueil officiel des pièces concernant le droit public de la Suisse, des lois fédérales, traités, décrets et arrêtés, depuis l'introduction de la nouvelle Constitution fédérale du 12 septembre 1848*, pp. 3-34. Berne, Stämpfli.

Constitution fédérale de la Confédération suisse du 29 mai 1874. In

---

15 Voir à ce sujet la contribution de Lustenberger dans le présent volume. Outre les examens pédagogiques des recrues, il faut mentionner, parmi d'autres mesures, le soutien de la formation professionnelle par la Confédération, une réglementation uniforme de l'accès aux études supérieures par le biais de l'Ordonnance de reconnaissance de la Maturité fédérale (ORM), les normes fédérales concernant l'enseignement de la gymnastique, le subventionnement de l'enseignement primaire et des Hautes Écoles ainsi que les efforts poussés de coordination scolaire entrepris, dès 1897, par la Conférence des Directeurs cantonaux de l'Instruction publique (CDIP).

Procès-verbaux des délibérations des chambres fédérales relativement à la révision de la Constitution fédérale. (1873-1874). Annexes XVI, pp. 355-373. Berne, Wyss.

Droz, N. (1878). *Art. 27 der Bundesverfassung und der Primarunterricht in der Schweiz. Bericht an den schweizerischen Bundesrath vom eidg. Departement des Innern.* Berne, Stämpfli.

[Dubs, J.] (1871). *Zur Verständigung über die Bundesrevision.* Zurich, Orell Füssli.

[Dubs, J.] (1873). *Ein föderalistisches Programm. Nebst erläuternden Bemerkungen von einem Mitglied des schweizer. Nationalraths.* Berne, Huber.

Fischer, H. (1927). *Die Mediziner, der Bund und die schweizerischen Gymnasien. Ein Rückblick auf sieben Jahrzehnte schweizerischer Maturitätskämpfe 1848-1914.* Berne, Francke.

Fries, D. (1861). Über die Möglichkeit oder Wünschbarkeit irgend welcher Centralisation des schweiz. Schulwesens. *Pädagogische Monatsschrift für die Schweiz, 6*, 363-390.

Fries, D. (1871). *Votum an der schweizerischen Lehrerversammlung in Zürich. Schweizerische Lehrer-Zeitung, 16*, 349-353 et 361-364.

Gass, C. (1888). *Zum Schulartikel der Bundesverfassung. Vortrag gehalten im Basler Lehrerverein.* Bâle, Wackernagel.

Geiser, K. (1890). *Die Bestrebungen zur Gründung einer eidgenössischen Hochschule 1758-1874.* Berne, K. J. Wyss.

Greith, K. (1871). *Die Lage der katholischen Kirche und das öffentliche Recht in der Schweiz. Denkschrift der schweizerischen Bischöfe an die hohe Bundesversammlung bei Anlass der Revision der schweizerischen Bundesverfassung.* Saint-Gall, Sonderegger.

Haeberli, R. (1949). *Die Revision der Bundesverfassung 1872/74 im Lichte der öffentlichen Meinung.* Berne, Hallwag.

Hard, F. X. (1974). *Der eidgenössische Erziehungssekretär. Bestrebungen zu einer gesamtschweizerischen Schulkoordination im Jahre 1882.* Zurich, aku.

Holenstein, T. (1931). *Die konfessionellen Artikel und der Schulartikel der schweizerischen Bundesverfassung.* Olten, Walter.

Kaiser, S. (1871). *Die schweizerischen Bischöfe und das schweizerische Staatsrecht. Kurze Antwort auf die « Denkschrift der Bischöfe » bei Anlass der Revision der Bundesverfassung.* Berne, Fiala.

Kaiser, S. (1891). *Die Unterrichts-Anstalten des Bundes und deren Erweiterung.* Berne, Stampfli, Luck & Scheim.

[Keller, A. *et al.*] (1871). *Die kirchlich-politischen Fragen bei der Bundesrevision von 1871. Eine Denkschrift mit Revisionsanträgen des Vollziehungskomité's der Volksversammlung in Langenthal an die Hohe Schweizerische Bundesversammlung.* Aarau, Sauerländer.

Keller, K. (1871). Über die Unentgeltlichkeit des Primarschulunterrichts. *Schweizerische Zeitschrift für Gemeinnützigkeit, 10,* 195-216 et 440-447.

Kinkelin, H. (1873-1875). *Statistik des Unterrichtswesens in der Schweiz im Jahre 1871.* 3 Tomes. Bâle/Genève/Lyon, H. Georg.

Koller, T. (1987). *Volksbildung, Demokratie und Soziale Frage. Die Zürcher Demokratische Bewegung und ihre Bildungspolitik in den Jahren 1862 bis 1872 : Idee, Programm und Realisierungsversuch.* Zurich, Juris.

Lampert, U. (1918). *Zur bundesrechtlichen Stellung der Schule.* Olten, Walter.

Loi fédérale concernant la révision de la Constitution fédérale du 12 septembre 1848 (du 5 mars 1872). (1872). *Bulletin des délibérations de l'Assemblée fédérale relatives à la révison de la Constitution.* (1871-1872). Vol. II, Annexe I.

Lüthi, E. (s.d.) [1872]. *Bundesrevision und Volksschule. Kurze Replik an H. Charles.* (s.l.) [Berne].

Lüthi, E. (1892). Zur Geschichte des Artikels 27 der Bundesverfassung. *Der Pionier, 8,* 35-36, 42-43, 49-50, 55 et 59-60.

Maerki, H. (1947). *Das Prinzip des obligatorischen, unentgeltlichen und genügenden Primarunterrichts gemäss Artikel 27 der schweizerischen Bundesverfassung.* Wimmis, Ilg.

Manuel, L. [pseudonyme d'E. Lüthi] (1871). *Bundesrevision und Volksschule. Ein Wort an das Schweizervolk.* Berne, Dalp.

Mattmüller, H. (1982). Die eidgenössische Bildungspolitik zwischen 1870 und 1902 und die Entstehung der schweizerischen Schulforschung. *Schweizerische Zeitschrift für Geschichte, 32,* 401-420.

Meili, F. (1890). *Gutachten und Gesetzesvorschlag betreffend die Errichtung einer Eidgenössischen Rechtsschule.* Zurich, Orell Füssli.

Message du Conseil fédéral à l'Assemblée fédérale au sujet de la votation populaire du 26 novembre 1882 sur l'arrêté fédéral du 14 juin concernant l'exécution de l'article 27 de la Constitution fédérale (du 14 décembre 1882). (1882). *Feuille fédérale suisse, 34,* vol. IV, 629-634.

Message du Conseil fédéral à l'Assemblée fédérale touchant la révision de la Constitution fédérale (du 17 juin 1870). (1870). *Feuille fédérale suisse, 22,* vol. II, 777-824.

Message du Conseil fédéral à la haute Assemblée fédérale concernant la votation du 19 avril 1874 sur la Constitution fédérale révisée (du 20 mai 1874). (1874). *Feuille fédérale suisse, 26,* vol. I, 685-694.

Message du Conseil fédéral à la haute Assemblée fédérale touchant la votation du 12 mai 1872 sur la Constitution fédérale révisée (du 24 mai 1872). (1872). *Feuille fédérale suisse, 24,* vol. II, 361-372.

Meyer, s. p. (1871): Votum an der schweizerischen Lehrerversammlung in Zürich. *Schweizerische Lehrer-Zeitung, 16*, 369-372.

Mösch, J. (1962). *Der Schulvogt. Der Kampf für und gegen ein eidgenössisches zentralistisches Primarschulgesetz 1882.* Olten, Walter.

Oechsli, W. (1905). *Geschichte der Gründung des eidg. Polytechnikums mit einer Übersicht seiner Entwicklung 1855-1905. Zur Feier des fünfzigjährigen Bestehens der Anstalt verfasst.* Frauenfeld, Huber.

Procès-verbaux des délibérations des Chambres fédérales relativement à la révision de la Constitution fédérale 1873-1874. (1877) Berne, Wyss.

Proclamation de l'Assemblée fédérale au Peuple et aux Cantons de la Confédération suisse, au sujet de la votation du 12 mai 1872 sur la Constitution fédérale révisée. (1872). *Feuille fédérale suisse, 24,* vol. I, 725-732.

Proclamation du Conseil fédéral au Peuple suisse. (1874). In *Procès-verbaux des délibérations des Chambres fédérales relatives à la révision de la Constitution fédérale 1873-1874.* Annexe XIII, pp. 329-332. Berne, Stämpfli.

Programme fédéraliste 1873. In *Protokoll über die Verhandlungen der am 17. Juli 1873 mit vorberathung der Revision der Bundesverfassung vom 12. September 1848 beauftragten Kommission des schweizerischen Nationalrathes.* (1873). (non paginé). Berne, Wyss.

Protocole des délibérations de la commission chargée en juillet 1870 par le Conseil national/le Conseil des États suisses de la révision de la Constitution fédérale du 12 septembre 1848. (1871). Berne, Wyss.

Protocole des délibérations de la commission nommée en juillet 1873 par le Conseil national/le Conseil des États suisses en vue de la révision de la Constitution fédérale. (1873). Berne, Wyss.

Schiess, [J. U.] (s.d.) [1848]. *Protokoll über die Verhandlungen der am 16. August 1847 durch die hohe eidgenössische Tagsatzung mit der Revision des Bundesvertrages vom 7. August 1815 beauftragten Kommission.* (s.l.).

Segesser, P. A. v. (1873). Über den Schulartikel. 11. November 1873. In P. A. v. Segesser, *Sammlung kleiner Schriften.* Tome 3, pp. 351-357. Berne, Wyss.

Segesser, P. A. v. (1873). *Der Culturkampf. Studien und Glossen zur Tagesgeschichte VIII.* Berne, Wyss.

Späni, M. (1993). *Pflicht des Herzens oder Souveränität der Vernunft? Ein Beitrag zur Auseinandersetzung um die Stellung des Glaubens in der Volksschulbildung (1820-1870).* Mémoire de licence non publié. Berne, Institut für Pädagogik.

Stadler, P. (1984). *Der Kulturkampf in der Schweiz. Eidgenossenschaft und katholische Kirche im europäischen Umkreis 1848-1888.* Frauenfeld/ Stuttgart, Huber.

Steiner, A. A. (1959). Der Versuch einer Bundesrevision 1870/72 im Spiegel der Innerschweizer Presse. *Der Geschichtsfreund, 112,* 97-112.

Zutt, R. (1888). *Die Unterstützung der kantonalen Hochschulen durch den Bund. Denkschrift z.H. des eidg. Departements des Innern.* Bâle, Schweighauser.

Werner Lustenberger

Les examens pédagogiques des recrues, instrument de la politique scolaire de la Confédération 1830-1885[1]

Les militaires montrent du doigt l'insuffisance des écoles (1830-1854)

En 1817 déjà, soit bien avant la crise du *Sonderbund*, la Diète fédérale avait créé un centre de formation militaire destiné à couvrir les besoins particuliers de l'Armée: l'école militaire centrale de Thoune. Le Conseil de guerre de la Confédération exigeait par exemple que les futurs artilleurs sachent lire, écrire et maîtriser les quatre opérations en effectuant des calculs avec des chiffres ronds. Ces savoir-faire étaient vérifiés lors d'un examen et les recrues dont le bagage scolaire était insuffisant étaient renvoyées dans leur canton. Était-ce le début d'une politique scolaire fédérale ?

Les Constitutions cantonales libérales des années 30 du 19e siècle mentionnent comme l'une des tâches nobles de l'État la formation élémentaire de la jeunesse, car une extension des droits populaires n'était envisageable et n'avait de sens que si chaque citoyen maîtrisait les apprentissages fondamentaux qui sont à la base de notre culture. À cette raison politique s'ajoutait une raison économique: ce n'était qu'avec des citoyens instruits qu'il était possible d'assurer l'essor industriel et de faire face à la concurrence étrangère. C'est ainsi que la majorité des cantons rendit alors la fréquentation scolaire obligatoire, tandis que les can-

1 Ce texte reprend, en les résumant, les quatre premiers chapitres de Lustenberger 1996 (1997 pour la traduction française).

tons avancés créaient des Séminaires pédagogiques pour la formation des maîtres (ou *écoles normales*). On croyait alors, comme l'écrivait le pasteur argovien Emil Zschokke, *qu'en peu de temps la jeune génération aurait largement dépassé l'ancienne sous le triple aspect des lumières, de la culture et de la moralité [...].*[2]

À l'euphorie succéda le désenchantement. Dans les cours donnés aux recrues, il devenait manifeste que l'école primaire obligatoire ne répondait pas à ces attentes élevées. On dut constater que les jeunes ayant quitté l'école et n'ayant pu appliquer d'une manière suivie ce qu'ils y avaient appris l'oubliaient très vite. Celui qui cherchait parmi les recrues des candidats à la fonction de fourrier apercevait bien vite des lacunes scolaires béantes. Alois Wyser, qui était chargé de cette tâche dans la milice soleuroise, rendit compte, en 1851, devant le Conseil cantonal, des expériences pleines de désillusions qui étaient à cet égard les siennes. Il se référait à des examens auxquels il avait régulièrement procédé de son propre chef, depuis 1832, sur un échantillon choisi de recrues.

La Société suisse d'utilité publique (SSUP) empoigna le sujet. La promotion de l'instruction du peuple n'était-elle pas depuis 1810 un de ses buts importants ? En 1851, à Aarau, on parla des lacunes constatées dans les connaissances scolaires de la jeunesse. On fit référence, à cette occasion, aux résultats des examens de recrues et on jugea la situation très préoccupante. On aurait, pensait-on, largement surestimé les possibilités qu'offrait l'école primaire. Un membre admit même *que beaucoup d'espoirs caressés auraient fait montre de trop d'optimisme de notre part.*[3]

LES CANTONS ÉVALUENT DANS LES CASERNES LEUR POPULATION SCOLAIRE (1854-1874)

Dans le projet de Constitution fédérale de 1848, aucune mention n'était faite d'un article sur l'enseignement public. La Commission de révision de la Diète était cependant d'avis que la Confédération puisse intervenir dans le domaine de l'enseignement primaire par le biais d'instituts de formation pour les enseignants. La délégation argovienne fit même une proposition dont la teneur était la suivante: *Sur tout le territoire national, la haute surveillance des écoles est de la compétence de la Confédération.*[4] Seuls

2 *Neue Verhandlungen der Schweizerischen Gemeinnützigen Gesellschaft* 1851 : 133.
3 *Neue Verhandlungen der Schweizerischen Gemeinnützigen Gesellschaft* 1851 : 134-136.
4 Auszug... (s.l.n.d.) [1848].

Zurich et Bâle-Campagne soutinrent cette proposition. Finalement, pour des raisons simplement financières, l'école publique fut éliminée des ordres du jour.

En 1854 le gouvernement soleurois fit subir pour la première fois à l'ensemble des recrues un examen dont le but était d'avoir des résultats précis sur ce qui restait des compétences acquises à l'école. Le département de l'instruction publique fut alors chargé d'examiner 241 recrues d'infanterie dans les domaines de la lecture, de l'écriture et du calcul. Ce furent les premiers examens pédagogiques de recrues effectués dans notre pays. Le conseiller d'État Vigier, en charge du département de l'instruction publique, transmit dans les milieux suisses intéressés les résultats alarmants de ces examens. Il le fit notamment devant la Société suisse des enseignants et devant la SSUP, dont il influença les discussions.

Les cantons ne restèrent pas indifférents. Ils commencèrent, les uns après les autres, à imiter les Soleurois. Les examens de recrues étaient en fait le seul moyen à disposition – en plus du fait qu'il était très bon marché – pour juger de l'efficacité de l'école primaire. Certains cantons procédaient chaque année à ces examens. D'autres le faisaient d'une manière plus sporadique. Certains se contentaient d'une épreuve écrite, d'autres examinaient à la loupe les connaissances des recrues en lecture, écriture, calcul et instruction civique, mais partout le but était le même: connaître au plus près le niveau du savoir des conscrits, comme l'indiquent, par exemple, les autorités scolaires du Canton de Lucerne en 1861.

Presque partout ceux qui montraient le plus de lacunes étaient interrogés sur les causes de leur insuffisance. Le plus souvent on s'entendait répondre que ce qui avait été appris à l'école était oublié, ou, et cela n'était pas rare, que la fréquentation de l'école avait été irrégulière. On évoquait aussi la pauvreté, la maladie et le manque d'aptitudes, le placement précoce chez un paysan et le travail des enfants en usine, l'abandon et la libération prématurée de l'école.

Ces examens cantonaux de recrues ont joué, à l'époque, le rôle d'un miroir qui aurait reflété l'état d'instruction des recrues devant l'opinion publique. Les cantons réagirent diversement. Les uns organisèrent, dans les casernes, des cours de rattrapage dits *Kasernenschulen* (ou *écoles de caserne*), dans le but d'inculquer encore quelques connaissances, le soir, aux analphabètes. En Argovie on nommait officiellement *écoles punitives (Strafschulen)* ce genre d'écoles de rattrapage.

L'influence des examens de recrues fut plus importante sur les cours complémentaires *(Fortbildungsschulen)*. Dans beaucoup d'endroits, mais pas partout, on est en droit de dire que ces cours constituaient une réponse aux résultats insuffisants que l'évaluation cantonale avait mis au grand jour lors de l'examen des recrues. On s'accordait sur le fait que les savoir-faire en lecture, écriture et calcul se perdaient s'ils n'étaient pas exercés entre la fin de la scolarité et l'âge adulte. Les cours complémentaires étaient d'autant plus nécessaires que les cours en casernes s'étaient montrés trop insuffisants pour pouvoir résoudre le problème. Leur utilité résidait avant tout dans leur effet dissuasif et préventif, vu la crainte qu'ils inspiraient.

Entre 1854 et 1874, les examens cantonaux de recrues ont préparé le terrain pour les examens qui seront menés par la Confédération sur une base uniforme. En 1873, l'inspecteur scolaire bernois Landolt, de La Neuveville, osait pronostiquer que *ces examens auront une influence immense sur l'avenir de notre pays, s'ils sont dirigés avec uniformité, impartialité et pendant de longues années* (Bovet 1935: 28).

La politique scolaire, un enjeu important des débats accompagnant la révision de la Constitution fédérale (1872-1875)

Dans les années 70 du 19e siècle, le commerce et les communications s'étendaient au monde entier; notre pays se voyait entouré de quatre grandes puissances dont le potentiel militaire était considérable; l'occupation des frontières, en 1870 et 1871, avait montré l'insuffisance d'une armée qui se composait de contingents cantonaux. Les radicaux appelaient à une révision totale de la Constitution fédérale avec pour slogan: *un* droit, *une* armée! D'autres voix s'élevaient pour exiger: *une* école. Les discussions au sujet de la révision de la Constitution furent marquées par l'opposition entre les centralisateurs et les fédéralistes. Elles furent les plus vives à propos de l'école, dernier bastion de la souveraineté cantonale.

Le projet de Constitution fédérale de 1872

Au Conseil national, le débat sur l'école ne nécessita pas moins de six sessions. Si l'accord se fit rapidement en ce qui concernait les établissements d'enseignement supérieur, il n'en alla pas de même pour l'école primaire. On soulevait des objections non seulement au sujet de sa gratuité, de l'obligation de sa fréquentation et de sa laïcité, mais encore quant à savoir s'il appartenait à la Confédération de fixer les objectifs d'enseignement minimaux que l'école aurait à atteindre.

Une pétition des libéraux lucernois qui allait dans ce sens en voulant fixer ces objectifs minimaux dans une loi ne trouva aucun écho. Par contre une requête de la Société suisse des enseignants, animée à l'époque par des partisans du centralisme, fut discutée dans les Conseils. Elle demandait que l'enseignement public soit placé sous le contrôle de la Confédération afin que, par des inspections, des examens et l'instauration d'une durée minimale de la fréquentation scolaire obligatoire, l'État central soit en mesure d'améliorer l'école. Un brevet fédéral pour l'enseignement devrait en outre assurer aux enseignants la possibilité d'être nommés sur l'ensemble du territoire suisse. La Confédération aurait de plus la charge de libérer l'école de toutes les attaches qui la liaient encore à l'Église. Au nom de la minorité de la commission, Jakob Stämpfli soumit au Conseil national la proposition suivante: *La Confédération est compétente pour légiférer au sujet d'un niveau minimum d'exigence devant être atteint par l'enseignement primaire.*[5] Dans les deux Conseils on invoqua les résultats des examens de recrues, qui auraient prouvé l'insuffisance de l'instruction primaire reçue.

Les opposants évoquèrent eux aussi les examens de recrues à l'appui de leur argumentation. Si l'armée est centralisée, la Confédération est en droit de fixer pour ses recrues un certain niveau d'exigence. Si les examens des recrues mettent en lumière des manques ou des insuffisances, la Confédération dispose de moyens suffisants pour agir, par ce biais, auprès des cantons négligents et pour exiger d'eux qu'ils rattrapent leur retard. Au Conseil des États, l'opposition à l'égard des inspecteurs scolaires fédéraux fut particulièrement vive. Là aussi on affirma que *les exigences minimales pouvaient être valablement satisfaites par l'instauration, sur une base intercantonale, d'examens de recrues assortis de la publication de leurs résultats* (intervention du conseiller aux États Hug, du canton de Zurich).[6]

Le texte concernant les compétences de la Confédération pour fixer à l'enseignement primaire des exigences minimales fut accepté par les deux Chambres. Cependant le peuple rejeta cette Constitution trop centralisatrice à ses yeux.

---

5 *Bulletin der Verhandlungen der Schweiz. Bundesversammlung [...]* 1871/72. Tome 1: 472 (pour la citation) ; Tome 1 : 458 et ss (pour le vote sur la proposition de Stämpfli).

6 *Bulletin der Verhandlungen der Schweiz. Bundesversammlung [...]* 1871/72. Tome 3 : 76.

LA CONSTITUTION FÉDÉRALE DE 1874

Entre-temps le *Kulturkampf* avait atteint son paroxysme. Il était d'extrême urgence de marquer clairement la limite séparant les domaines de compétence de l'Église et de l'État. On remit immédiatement sur le métier un nouveau projet de Constitution qui puisse satisfaire quelque peu les fédéralistes.

Avec l'article scolaire de cette Constitution, on mettait cette fois l'accent sur la question de la laïcité de l'école. Les radicaux tenaient très fermement à une école neutre, indépendante de toute influence confessionnelle. Par contre les catholiques se sentaient tenus de respecter le Canon N° 1371, qui prescrivait que des enfants catholiques n'avaient pas le droit de fréquenter une école non-catholique, neutre et mixte du point de vue confessionnel, et ouverte également aux non-catholiques. C'était là une disposition que seuls les évêques pouvaient lever.

Le Conseil fédéral était maintenant d'avis que l'enseignement primaire était une responsabilité ne relevant que des cantons. Par contre, la commission préparant le projet d'article tenait fermement aux compétences fédérales dans l'établissement d'exigences minimales concernant cet enseignement. C'est le conseiller national Alfred Escher qui trouva le compromis: l'enseignement primaire devait être suffisant. Certes *suffisant* n'est pas un concept clair et extensible, mais il est tout de même meilleur que *minimal*, dans le sens qu'il peut aider à éviter le nivellement par le bas.

Devant les Chambres, le conseiller fédéral Welti s'imposa en soutenant l'argument suivant: si les cantons sont tenus par la Constitution fédérale de prendre en charge l'enseignement primaire, la Confédération a d'office le droit de veiller à ce que cette charge soit effectivement remplie. C'est au Conseil des États que l'on doit la formulation qui est entrée dans la Constitution: *La Confédération prendra les mesures nécessaires contre les Cantons qui ne satisferont pas à ces obligations.*[7] Par la suite, l'article 27 n'a été que complété. Il fait obligation aux cantons de prendre l'enseignement primaire en charge de telle sorte qu'il soit suffisant, placé exclusivement sous le contrôle de l'État, obligatoire et gratuit dans les écoles publiques. On ne mentionne plus les exigences légales que pourrait avoir la Confédération en ce qui concerne les plans d'études; à leur place, on fait état des mesures que la Confédération pourrait prendre contre les cantons qui éventuellement n'assumeraient pas leurs responsabilités.

---

7 Article 27 de la Constitution fédérale suisse (du 29 mai 1874). In *Procès-verbaux des délibérations des chambres fédérales [...]* 1873-1874: 359.

Les débats avaient donc clairement montré qu'on ne pourrait jamais songer à introduire des inspecteurs scolaires fédéraux. Ainsi, comme outil pour surveiller l'enseignement primaire, il ne restait plus, à disposition de la Confédération, que les examens pédagogiques des recrues. Elle s'en est aussitôt emparée et a parfaitement su les adapter à ce but.

En 1874, la Constitution fédérale révisée entra en vigueur, de même que la loi sur l'organisation militaire. Par cette loi, la Confédération acquérait le droit de faire état de ses exigences pour l'incorporation des recrues dans les diverses armes des troupes fédérales.

Le Conseil fédéral envisagea de soumettre immédiatement toutes les recrues à un examen. Le 10 avril 1875, le département militaire fédéral adressait un projet de règlement au Conseil fédéral; décision à ce sujet était prise trois jours plus tard et, six jours après, il était envoyé, avec une circulaire, à tous les cantons.

Cette hâte peut se comprendre. Les tenants du pouvoir central, qui étaient majoritaires au sein du législatif et de l'exécutif, se méfiaient par principe d'une haute surveillance des écoles exercée par les cantons. C'est qu'avec les conseillers fédéraux Schenk et Welti, c'étaient deux radicaux qui siégeaient au gouvernement, deux magistrats qui, en tant que conseillers d'État, avaient participé à l'introduction, l'un à Berne, l'autre en Argovie, des examens cantonaux de recrues. Si l'on voulait faire progresser le niveau scolaire des cantons, il n'était alors pas permis de différer plus longtemps les contrôles de connaissances que justifiait l'article 27 de la Constitution fédérale. Et comme on savait d'avance qu'un grand nombre de prestations des recrues seraient insuffisantes, la Confédération fit en sorte que, partout, des cours soient prêts à être donnés dans les casernes.

Ni l'article 27, ni la loi militaire ne font mention des examens de recrues. Cependant c'est à eux que l'on confia la charge, sinon *de jure*, du moins *de facto*, de surveiller la qualité des prestations de l'enseignement primaire dans les cantons suisses.

LA CONFÉDÉRATION SERRE LA BRIDE AUX CANTONS (1875-1885)

Dès ce moment, année après année, un examen attendait les conscrits, et cela le jour même du recrutement. Ceux qui étaient déclarés inaptes au service n'étaient pas pour autant exemptés de cet examen. Les experts fédéraux testaient les performances de la jeunesse masculine du pays dans les domaines de la lecture, de l'écriture, du calcul écrit et oral ainsi qu'en instruction civique.

Le vrai moteur de ces examens fut en fait le Bureau [fédéral] de statistique qui, jusqu'au déclenchement de la Première Guerre mondiale, en publia chaque année les résultats. Dès la première session d'examens, en effet, la somme des notes des recrues de chaque canton, divisée par le nombre de recrues, fut publiée, chaque canton recevant ainsi un rang dans une liste. D'un seul coup d'œil les résultats pouvaient aussi se lire sur deux cartes soigneusement lithographiées. Sur l'une d'entre elles, le rang obtenu était imprimé au centre de chaque territoire cantonal: Bâle-Ville avait le chiffre 1, Appenzell Rhodes-Intérieures le chiffre 25. La deuxième carte montrait le nombre d'analphabètes. Dans ce cas également, les deux mêmes cantons étaient en tête et en queue de la liste (*Statistisches Bureau* 1875). Entre 1873 et 1885, le Bureau de statistique fut dirigé par le Dr Johann Jakob Kummer, un radical qui, auparavant, avait été durant onze ans conseiller d'État du canton de Berne. Il connaissait donc parfaitement les examens de recrues de ce canton et était en complet accord avec Carl Schenk – son camarade d'études et ancien collègue du gouvernement, devenu maintenant son supérieur hiérarchique – sur le fait que la Confédération avait désormais le devoir de faire avancer *le char de l'école.*

Kummer connaissait les faiblesses de l'école primaire et était décidé, à l'aide de ses statistiques et par des commentaires sans complaisance, à contribuer de toutes ses forces à son amélioration. Il n'y alla pas par quatre chemins: les cantons négligents qui ne réagissaient pas à temps à ses avertissements pouvaient compter sur les réprimandes du Conseil fédéral, ou ils étaient cloués au pilori dans la livraison suivante de la *Statistique de la Suisse.*

En ce qui concerne l'école, les politiciens radicaux auraient encore volontiers franchi un pas de plus. La Constitution fédérale laissait, en effet, ouverte la question de savoir comment l'enseignement primaire devait être surveillé, quel genre d'enseignement était suffisant ou non, et ce que l'on devait comprendre par les termes *prendre les mesures nécessaires.* En 1877, le conseiller fédéral Numa Droz recommanda une surveillance soutenue de la Confédération sur les systèmes scolaires cantonaux. Pour y parvenir, un poste de secrétaire à l'éducation devait être créé dans son département, poste dont la tâche aurait consisté à débroussailler la situation et à préparer une loi scolaire fédérale (Droz 1882). Mais, le 26 novembre 1882, le peuple et les cantons rejetèrent ce projet de loi d'une manière particulièrement nette. Avec ce refus d'un «bailli scolaire», l'instrument qu'était pour la Confédération l'examen pédagogique des recrues ne prit que plus de poids.

Dans toute cette phase, les directeurs cantonaux de l'instruction publique ne jouèrent qu'un rôle secondaire dans la politique scolaire de la Confédération. Les conseillers fédéraux savaient où ils voulaient aller, et ils connaissaient et méprisaient les fédéralistes *freineurs* et impénitents.

Jusqu'au tournant du siècle, plus précisément jusqu'à l'application des mesures financières de soutien de l'enseignement primaire public par la Confédération, le Conseil fédéral conféra plus de poids aux résultats des examens de recrues qu'à l'opinion de la Conférence des directeurs de l'instruction publique. À l'aide des examens de recrues, plus précisément à l'aide des listes inquiétantes où les cantons figuraient selon leur rang, l'émulation entre cantons pour l'obtention de meilleurs résultats scolaires fut développée de manière consciente. Dans plus d'un canton les départements de l'instruction publique exercèrent une pression sur les maîtres et les élèves en publiant les résultats des districts et des communes sous la forme de listes internes où ces districts et communes figuraient selon leur rang.

Peu à peu douze cantons organisèrent ce qu'on a appelé des *cours préparatoires*, vrais organismes de «bourrage de crâne», dans lesquels on répétait avec les conscrits ce qui pourrait s'avérer utile lors de l'examen de recrues et serait, de ce fait, à même d'améliorer le rang du canton. Le canton de Nidwald, par exemple, tenta de déterminer, par le biais d'un examen préliminaire, les candidats qui présentaient un risque; Uri réunit les réfractaires dans sa caserne d'Altdorf pour un *cours punitif* destiné à les driller, sept heures par jour durant une semaine, dans une atmosphère de stricte discipline.[8] Par contre le canton fit imprimer des diplômes d'honneur de couleur bleue ou or pour récompenser les prestations satisfaisantes ou même bonnes. Le canton d'Obwald publia, année après année, dans le journal cantonal, commune après commune, le nom de tous les appelés, ainsi que les notes qu'ils avaient obtenues. Il est clair qu'avec ces publications les enseignants, particulièrement dans les petites écoles, étaient eux aussi mis sur le gril.

On assiste donc, dans ces quelques décennies, à un remarquable renversement de perspective. Initialement, les amis de l'école que comptaient la Société suisse d'utilité publique et la Société suisse des enseignants avaient salué dans les examens de recrues un moyen qui promet-

8 Décision du *Landrat* du 27 janvier 1886 et du Conseil de l'éducation du 20 août 1886.

tait de mettre en évidence la haute signification de l'école, alors qu'au fil du temps, ces examens sont devenus de plus en plus un but en soi, l'école se trouvant rabaissée au rôle de simple organe de préparation.

Tableau 1
Liste des cantons classés selon le rang obtenu aux examens de recrues entre 1875 et 1882 (d'après Hunziker 1882: 355)

Cantons	1875	1876	1877	1878	1879	1880	1881	1882	Moyenne
Zurich	4	5	4	3	4	2	4	3	3
Berne	15	21	18	15	15	17	18	20	19
Lucerne	12	8	10	12	9	18	19	21	15
Uri	19	19	24	23	21	24	24	22	23
Schwyz	22	17	22	21	20	19	21	18	21
Obwald	21	16	11	9	6	10	14	6	11
Nidwald	24	23	15	19	13	22	23	16	20
Glaris	17	22	20	18	17	6	13	7	16
Zoug	14	12	8	8	7	13	12	9	8
Fribourg	20	18	21	22	24	21	20	24	22
Soleure	9	7	7	7	12	15	10	8	7
Bâle-Ville	1	2	1	1	3	1	1	1	1
Bâle-Camp.	10	13	16	10	14	16	16	19	13
Schaffhouse	6	6	6	4	2	5	5	2	5
App. R.-E.	11	14	12	20	22	14	17	14	17
App. R.-I.	25	24	23	25	25	25	25	23	25
Saint-Gall	8	11	9	16	18	9	15	13	12
Grisons	13	15	17	13	16	7	11	15	14
Argovie	16	9	14	17	10	8	6	12	10
Thurgovie	3	1	3	5	8	4	3	4	4
Tessin	18	20	19	11	19	20	7	17	18
Vaud	5	4	5	6	5	11	8	11	6
Valais	23	25	25	24	23	23	22	25	24
Neuchâtel	7	10	13	14	11	12	9	10	9
Genève	2	3	2	2	1	3	2	5	2

Tableau 2
Les progrès accomplis entre 1891 et 1913: pourcentage des meilleures et des plus mauvaises notes entre 1891 et 1913. Colonne de gauche: note 1 pour 3 branches et plus; colonne de droite: note 4 ou 5 pour 2 branches et plus (d'après Bovet 1935: 150)

Année	Les meilleures notes	Les plus mauvaises notes
1891	22	12
1892	22	11
1893	24	10
1894	24	11
1895	24	11
1896	25	9
1897	27	9
1898	29	8
1899	29	8
1900	28	8
1901	31	7
1902	32	7
1903	31	7
1904	32	6
1905	35	6
1906	36	5
1907	39	4
1908	39	5
1909	38	5
1910	38	5
1911	39	5
1912	40	4
1913	40	5

COUP D'ŒIL SUR LES 30 ANNÉES SUIVANTES (1885-1914)

Avant le tournant du siècle déjà, les conservateurs se montraient de plus en plus disposés à collaborer de façon constructive avec la Confédération dans le domaine de la politique scolaire. Ce changement d'attitude contrastait avec la très profonde méfiance envers la politique culturelle des radicaux qui avait régné jusqu'alors. Nous attribuons ce changement pour l'essentiel aux deux raisons suivantes:

- d'une part, la victoire sur le « bailli scolaire » de 1882 avait contribué à la guérison des dernières plaies causées par le *Sonderbund* et le *Kulturkampf ;*
- d'autre part, grâce à un appui financier, les critiques constantes adressées par la Confédération à l'égard des systèmes scolaires des cantons retardataires avaient logiquement commencé à produire une égalisation dans la qualité de l'enseignement primaire.

Cependant, avant le tournant du siècle, une critique à l'adresse des examens de recrues – motivée par des considérations pédagogiques et venant des milieux professionnels de l'école – mit en doute le bien-fondé de ces examens, les accusant d'être devenus un instrument contestable de la politique scolaire de la Confédération. Hormis les experts, personne, dans les cantons et dans les communes, parmi les maîtres et à plus forte raison parmi les appelés, ne s'est plaint de la disparition de cette institution lorsqu'éclata la Première Guerre mondiale.

Néanmoins, personne ne peut contredire l'affirmation d'un maître d'école de Saint-Gall selon laquelle, durant des décennies, aucune autre institution n'a exercé sur l'enseignement primaire une influence aussi décisive. Dès 1875, dans tout le pays, écrit-il, on s'est toujours référé à ces examens pour soutenir ou pour combattre le moindre changement, la moindre innovation dans le monde de l'école.[9]

À QUELS RÉSULTATS LES EXAMENS DE RECRUES ONT-ILS ABOUTI ?

Si l'on jette un regard d'ensemble sur les examens pédagogiques des recrues considérés comme un instrument de la politique scolaire de la Confédération, on est amené à faire les constatations suivantes :

1. Les examens pédagogiques des recrues ont fait la preuve que l'école obligatoire seule n'était pas en mesure d'inculquer d'une manière durable les apprentissages fondamentaux qui sont à la base de notre culture.
2. Les examens pédagogiques des recrues ont contribué d'une manière décisive à la création des cours de perfectionnement.

9 *Amtliches Schulblatt des Kantons St. Gallen*, 1908, XII, 24.

3. Lors de la révision complète de la Constitution fédérale, ils ont influencé fortement le débat sur l'école.
4. Après 1874, les examens fédéraux des recrues ont servi d'instrument performant pour réaliser la politique scolaire de la Confédération. On les considère désormais comme une chose allant de soi.
5. Après le refus de nommer un secrétaire fédéral à l'éducation, le poids accordé aux examens de recrues augmenta: le Conseil fédéral les utilisa pour surveiller l'enseignement primaire des cantons.
6. La réalisation des objectifs de la politique scolaire de la Confédération menée par les radicaux fut très efficacement soutenue par le Bureau fédéral de statistique.
7. Les listes des cantons classés selon les résultats obtenus aux examens de recrues, procédé contestable tant sur le plan pédagogique que statistique, avaient pour but de susciter l'émulation entre les écoles primaires des cantons.
8. Les cantons reportèrent sur les maîtres, les élèves et les appelés, la pression venant de la Confédération.
9. Les résultats aux examens de recrues ont déterminé le subventionnement de l'enseignement primaire par la Confédération.
10. Les examens de recrues ont contribué à l'acceptation progressive, par le camp conservateur, de la politique scolaire de la Confédération.
11. Jusqu'à la fin du 19e siècle, le Conseil fédéral a accordé plus de poids aux rapports sur les examens de recrues qu'aux avis des directeurs de l'instruction publique.
12. Le volet répressif de la politique scolaire de la Confédération était à la longue voué à l'échec. Cependant le soutien financier accordé aux cantons les plus faibles a produit, par la suite, des conséquences positives, tant dans le domaine éducatif que dans le domaine de la politique de l'État.

RÉFÉRENCES

Amtliches Schulblatt St. Gallen 1907, XII.

Auszug aus dem Abschiede der ordentlichen eidgenössischen Tagsatzung des Jahres 1847. In *Verhandlungen betreffend die Revision des Bundesvertrages*. Tome 4. (s.l.n.d.) [1848].

Bovet, P. (1935). *Les examens de recrues dans l'armée suisse 1854-1913. Enquête internationale sur les examens*. Neuchâtel/Paris, Delachaux & Niestlé.

Bulletin der Verhandlungen der Schweiz. Bundesversammlung über die Revision der Bundesverfassung. Nationalrath und Ständerath. (1871/72). (s.l.) [Berne].

Constitution fédérale de la Confédération suisse (du 29 mai 1874). In *Procès-verbaux des délibérations des chambres fédérales relativement à la révision de la Constitution fédérale.* (1873-1874).

Droz, N. (1882). *Der eidgenössische Schulartikel.* Zurich, Orell Füssli.

Hunziker, O. (1882). *Die Entwicklung der staatlichen Volksschulen in der Schweiz seit 1830.* Zurich, Fr. Schulthess.

Lustenberger, W. (1996). *Pädagogische Rekrutenprüfungen. Ein Beitrag zur Schweizer Schulgeschichte.* (Traduction française: (1997). Zurich/Coire, Rüegger.

Neue Verhandlungen der Schweizerischen Gemeinnützigen Gesellschaft (1851).

Schenk, K. (1882). *Die eidgenössische Schulfrage.* Berne. Suter & Lierow.

Statistisches Bureau. (1875). *Rekrutenprüfungen im Jahr 1875.* Berne, Statistisches Bureau.

Philipp Gonon

Les Expositions universelles, stimulant des réformes scolaires au 19e siècle

Introduction

Les débats pédagogiques suscités par les Expositions universelles, que nous allons présenter dans la suite du texte selon leur ordre chronologique, mettent en lumière de nouvelles facettes de l'histoire de l'école en Suisse. Les Expositions universelles alimentèrent en effet à divers niveaux les débats sur la politique de l'éducation au 19e siècle. Mais connaître l'influence réelle qu'ont eue, sur les réformes de l'éducation, les écrits concernant ces expositions, nécessiterait une étude plus poussée, englobant en particulier l'étude de cas spécifiques. Il ne fait cependant pas de doute que, dans ces écrits, c'est le point de vue de l'économie qui occupe la première place, les questions relevant de l'éducation n'étant, par conséquent, du moins au début, abordées que globalement ou juste mentionnées en passant. Une de ces questions fut précisément la réforme de la formation professionnelle, soulevée par des considérations de politique économique. Cette réforme est, en Suisse, vers 1880, au cœur des débats sur l'éducation (voir Widmer 1992). Par contre, en ce qui concerne la réforme de l'enseignement primaire, c'est l'Exposition universelle de Vienne de 1873 qui peut sans aucun doute être considérée comme l'événement le plus marquant. Plus généralement en ce qui concerne certaines disciplines d'enseignement, comme c'est le cas par exemple pour l'introduction des travaux manuels à l'école primaire, on trouve dans les revues pédagogiques de fréquentes références aux Expositions universelles.

Dans cette étude-ci, il s'agit cependant avant tout de montrer la diversité et la force d'une argumentation qui prend appui sur des exemples étrangers. On parlera en revanche moins des personnes qui ont fait usage de cette argumentation. Pour des raisons faciles à comprendre, il semblerait que ce soient d'abord les industriels exportateurs de produits, partisans d'un marché libre, qui visitèrent les Expositions universelles, s'approprièrent ce thème et écrivirent des comptes rendus de leurs visites. Ce furent ensuite principalement des personnalités proches de l'aile radicale du libéralisme (pour autant qu'on puisse utiliser ce schéma), souvent des enseignants, qui cherchèrent à évaluer le système scolaire de notre pays sous l'angle de ce qu'ils avaient vu faire ou présenter ailleurs. Enfin, les rapports sur les Expositions universelles, mandatés dans la plupart des cas par la Confédération, pourraient être vus – à côté des examens fédéraux de recrues et les surpassant partiellement en importance – comme un élément supplémentaire de l'influence exercée par la Confédération sur les réformes des systèmes éducatifs des cantons. On peut déduire en général de ces rapports une demande allant dans le sens d'un interventionnisme accru de la part de l'État, ce qui, en langage politique, correspond, par l'abattement des barrières douanières, aux positions du libéralisme et aux revendications des libéraux les plus radicaux à l'encontre des partisans du fédéralisme et du conservatisme le plus tenace.

Dans les réformes de l'éducation entreprises au 19e siècle, la prise en compte de ce qui se faisait à l'étranger a joué un rôle beaucoup plus important que ce qu'il est convenu d'admettre généralement. En 1814 déjà, Ignaz Heinrich von Wessenberg (1814) se procurait un traité sur les systèmes scolaires étrangers, afin de comparer la réforme suisse à celle des autres pays. Dans un ouvrage comparatif au titre évocateur de *Routine et Progrès*, le Genevois Adolphe Tschumi (1883) dessinait clairement les contours d'une école nationale ainsi que les réformes nécessaires pour la réaliser. Il y avait cependant encore d'autres possibilités de comparaison que celles qui consistaient à visiter les institutions étrangères ou à en étudier les documents disponibles : il s'agit des Expositions universelles, qui connurent un grand essor au 19e siècle, et n'eurent pas pour seule fonction d'être la vitrine où s'exposait la puissance industrielle et politique des nations concernées (voir Gonon 1995). Elles exercèrent aussi une action en retour sur nos propres Expositions nationales et en particulier sur les débats éducatifs, ce qui nous intéresse ici davantage. Les expositions très courues, notamment celles que Walter Benjamin (1982) qualifie un peu irrespectueusement de *lieux de pèlerinage pour les fétichistes de la marchandise*, prirent à cet égard une importance de plus en plus grande.

LES EXPOSITIONS UNIVERSELLES AU 19e SIÈCLE

La première exposition à laquelle on accola l'adjectif *universelle* fut la *Great Exhibition* de Londres en 1851. À eux seuls les bâtiments hébergeant l'Exposition, construits en verre et en acier spécialement pour cette occasion, attiraient l'attention des visiteurs et apportaient la preuve visible de la supériorité technique et de la richesse inventive d'un Empire britannique qui s'imposait alors comme le leader des nations industrielles. À elle seule la capacité de maîtriser avec une telle facilité les contraintes techniques, constructives et organisationnelles de cette manifestation gigantesque témoignait de la confiance en soi dont faisaient montre son organisateur. Dans cet ordre d'idée, on peut faire un rapprochement avec l'érection de la Tour Eiffel, construite pour l'Exposition universelle de Paris en 1889 (voir Maag 1982).

Forte de ses 100'000 objets exposés, et ouverte en mai 1851 à Hydepark par la reine Victoria et le prince Albert, l'Exposition put, dès le début, attirer un demi-million de visiteurs. Les objets exposés étaient censés impressionner par le brio technique, la qualité du savoir-faire manufacturier et l'heureux esprit d'invention de ceux qui les avaient créés. Comme il ne s'agissait pas d'une foire, ces objets n'étaient pas conçus pour être vendus et n'obéissaient donc pas aux règles de la rationalité économique. Non, ils étaient là simplement pour montrer le niveau atteint par le progrès dans les domaines de la technique et de l'industrie. C'est pourquoi Beutler caractérise cette Exposition, de même que celles qui la suivirent, de *système nerveux d'un monde moderne en formation, fait de poutres d'acier, de fils électriques, d'hymnes nationaux et d'une croyance inébranlable dans le progrès* (Beutler 1973). Cent ans après la Révolution française, l'Exposition universelle de Paris de 1889 se voulut, elle, *une grandiose manifestation républicaine*, apte à montrer ce que des peuples souverains – contrairement à ceux qui restaient soumis aux caprices d'un monarque – pouvaient produire dans cette *fête de la Révolution et du Travail* (*Der Pionier* 1889 : 34).

Aux divers aspects qui précèdent, on peut encore en ajouter un qui n'est pas sans intérêt pour notre propos : ce n'était pas un des moindres objectifs de ces expositions que d'ambitionner de former le goût de visiteurs venus de partout, considérés aussi bien dans leur rôle de consommateurs que dans celui de producteurs. Pour les exposants également, venus des pays les plus différents, l'émulation née de la comparaison se devait d'être un puissant stimulant de la créativité. Même Friedrich Naumann, pourtant socialiste à l'époque (1900) où il visitait l'Exposition universelle de Paris – et par conséquent observateur sceptique – ne pouvait s'empêcher, dans ses *Ausstellungsbriefe* (Lettres de l'Exposition), de conférer à cette institution une valeur également éducative. Celle-ci constituait, selon lui, une excellente occasion pour acquérir *une compréhension du travail moderne* (Naumann 1909: 7). Le pédagogue et chroniqueur suisse romand Alexandre Daguet atteste, lui aussi, à l'occasion de sa visite à Paris lors de l'Exposition de 1867, la valeur éducative des Expositions universelles:

> *Par une telle compétition pacifique, la contribution de la production matérielle à l'humanisation et à la civilisation prend non seulement une forme visible, mais simultanément éduque les peuples à la paix* (Daguet 1868: I).

L'âge d'or des Expositions universelles, du moins en ce qui concerne l'attention internationale dont elles firent l'objet, peut être situé principalement dans la deuxième moitié du 19e siècle. À l'Exposition de Londres de 1851 avait succédé celle de Paris en 1855, puis suivirent celles de Londres en 1862, de Paris en 1867, de Vienne en 1873, de Philadelphie en 1876, de Paris en 1878 et en 1889, de Chicago en 1893 et à nouveau de Paris en 1900. Le choix de ces lieux témoigne déjà à lui seul du sentiment de confiance en soi qui animait les initiateurs de ces manifestations. Outre les expositions organisées par les principaux promoteurs, la France et l'Angleterre, riches d'une longue tradition en la matière, il faut mentionner également l'Exposition organisée à Vienne en 1873, celle surtout de Philadelphie, tenue cent ans après la proclamation de l'Indépendance américaine, et enfin celle de Chicago en 1893, qui toutes suscitèrent une attention particulière.

LA PRÉSENCE DE LA SUISSE DANS LES EXPOSITIONS UNIVERSELLES

Grâce à l'engagement du Tessinois Stefano Franscini, pédagogue et conseiller fédéral de la première heure, la Suisse put déjà participer à la première exposition universelle, celle de Londres. Cette participation fut considérée comme un succès, à tout le moins pour les industries horlogère et textile dont les produits exposés furent honorés de quelques diplômes et prix. Les industries qui avaient participé à l'Exposition étaient tournées avant tout vers l'exportation et ne craignaient pas de se frotter à la concurrence internationale. On peut ainsi comprendre pourquoi, dans la foulée de cette Exposition, une polémique se fit jour à l'adresse de la politique économique restrictive et protectionniste de l'État qui, pour protéger l'économie du pays, voulait limiter les importations. Le compte rendu de la deuxième Exposition internationale, qui eut lieu à Paris en 1855, est déjà plus complet, puisqu'il contient en annexe une liste des exposants suisses, classés d'après leur appartenance cantonale. Une même liste existe pour les exposants étrangers et témoigne, à côté de celle de l'Angleterre, d'une présence des industries françaises dont on n'aurait pas cru qu'elle puisse être aussi importante. C'est par de tels rapports que les autorités et les associations intéressées, voire de cas en cas le grand public, pouvaient se faire une idée de la position économique de la Suisse dans le contexte international. Cependant il n'y avait pas que l'État qui commanditait de tels rapports. Des industriels aussi utilisaient ces occasions pour initier le public suisse à la dimension internationale du libre-échangisme, à l'instar du lieutenant-colonel Johann Conrad Fischer, fondateur de l'entreprise Georg Fischer de Schaffhouse, qui publia un «journal» de son voyage à l'Exposition de Londres (voir Fischer 1853). De même, pour Eduard Bally, de telles expositions étaient l'occasion de comparer la fabrication suisse de souliers avec la fabrication étrangère, et lui aussi publia ses observations. Ces rapports relativisaient à leur tour les succès suisses tels qu'ils apparaissent à travers les comptes rendus officiels et le compte des médailles acquises. Car manifestement, pour ces entrepreneurs, leurs propres réalisations les impressionnaient moins que celles des autres, et leur regard était tourné avant tout vers l'avenir.

Le directeur du Bureau [fédéral] de statistique, le Dr Johann Jakob Kummer, considérait comme extrêmement opportune *l'étude des grandes expositions industrielles, destinées avec raison à jouer un rôle si important.* Car, comme il le montra à propos de l'Exposition de 1873 à Vienne, cette dernière, tout en mettant *en pleine lumière* la capacité de réalisation des nations, n'en manifestait pas moins aussi *leurs faiblesses* (Kummer 1874: 9). Et en dépit de leur habile présentation, ces faiblesses se constataient aussi dans les productions suisses. La Suisse ne pouvait prétendre à un *leadership* incontesté que pour son industrie horlogère. Dans ce domaine, on pouvait *maintenir sa position, en continuant dans la voie* (en français dans le texte), comme l'écrivait, non sans satisfaction, Wartmann dans son compte rendu sur ce secteur économique (Wartmann 1874: 53). Dans d'autres branches, Kummer relevait en revanche de *sérieux défauts*, allant jusqu'à porter gravement atteinte aux capacités d'exportation et de concurrence des Suisses. À la lecture des rapports des jurés, poursuit Kummer, il y a de quoi s'écrier avec angoisse: *Hannibal ante portas!* et il nomme la cause du mal: en Suisse, le travail serait fait d'une manière *trop empirique, mécanique et superficielle* (Kummer 1874: 12). Il faudrait par conséquent, poursuit-il, et comme d'autres auteurs le demandent également, davantage de connaissances théoriques et une réforme de la formation professionnelle. Par cette analyse, Kummer posait le problème du système de formation.

Le Bâlois Theodor Hoffmann-Merian ne se laissa pas non plus impressionner par les distinctions que les Suisses rapportèrent de l'Exposition universelle de Paris de 1878. À cette occasion, 74 % des exposants suisses avaient été distingués. Avec 13 Grands Prix, 71 Médailles d'or, 200 d'argent et 253 de bronze, de même que 206 mentions honorifiques, la Suisse avait brillé plus qu'aucune autre nation. Cependant le chroniqueur se montrait bien plus impressionné par l'industrie américaine qui, depuis l'Exposition de Philadelphie de 1876 s'était développée à pas de géants. À l'Autriche aussi le chroniqueur reconnaissait des succès qu'il attribuait aux progrès accomplis dans l'enseignement du dessin et au développement des écoles professionnelles (Hoffmann-Merian 1879).

Cependant, ce n'est pas seulement par le nombre des exposants, des comptes rendus fouillés et des analyses détaillées des diverses branches de l'économie que l'on peut mesurer l'intérêt pris par la Suisse aux Expositions universelles. La visite de ces expositions était encouragée et faisait l'objet d'une active propagande. Les autorités suisses, de même que les sociétés cantonales d'enseignants ou d'autres corps de métiers, facilitaient, par l'octroi de subsides même partiels, la visite de ces Expositions à ceux de leurs membres les plus intéressés: experts, spécialistes, industriels, contremaîtres et même apprentis. On trouve ainsi sur l'Exposition de Vienne une quantité de brefs reportages écrits par des ouvriers suisses, reportages qui ont été réunis dans une brochure par Adolf Lasche, recteur de l'école cantonale de Berne (Lasche 1874).

LES EXPOSITIONS UNIVERSELLES, STIMULANT DU DÉBAT PÉDAGOGIQUE

Comme nous l'avons laissé entendre, les écrits rendant compte des premières Expositions universelles soulevaient, à l'occasion, des questions ayant trait à la formation. Il s'agissait plus particulièrement de la formation des producteurs des biens qui étaient exposés, biens qui étaient essentiellement industriels et artisanaux. Mais le fait que ces Expositions étaient principalement orientées sur les capacités concurrentielles des nations dans le domaine économique pousse à croire qu'à côté des réformes concrètes de la formation, il était aussi question, de manière beaucoup plus générale, d'éveiller l'agilité d'esprit et la créativité. À eux seuls, divers titres d'ouvrages rendent compte de cette tendance, ainsi celui de Seelhorst (1878): *Die Philadelphia-Ausstellung und was sie lehrt – ein Weck -- und Mahnruf für den deutschen Gewerbsmann* (L'Exposition de Philadelphie et ce qu'elle enseigne: il est grand temps que l'entrepreneur allemand se réveille!). Au cours des années de tels appels prônant *la nécessité de se remettre à apprendre* gagnèrent en ampleur, en précision, et touchèrent aussi les institutions de formation et le domaine de l'enseignement primaire. Le conseiller d'État bernois Edmund von Steiger ne déclarait-il pas en effet qu'une formation de l'ouvrier adaptée aux nécessités du temps exigeait aussi une meilleure formation scolaire préalable? Aucun connaisseur ne revenait d'une quelconque Exposition universelle sans souligner que l'on devait *se sortir du train-train journalier* et ne pas se reposer sur les lauriers du passé (Steiger 1879: 19). Et précisément, en ces temps de changements rapides, l'idée de mettre l'école primaire en rapport avec les besoins de l'économie paraissait non seulement légitime, mais aussi absolument nécessaire (Rebsamen 1883: 3 et ss).

L'INFLUENCE DE L'ESTHÉTIQUE DES OBJETS EXPOSÉS SUR LA FORMATION DU GOÛT

C'est par des questions sur la formation du goût et le rôle qu'aurait à jouer dans ce domaine l'enseignement du dessin, qu'ont commencé les discussions sur une réforme de l'enseignement primaire. Car l'esthétique des produits exposés n'était pas que l'affaire des milieux proches de l'industrie et des métiers, mais elle intéressait aussi les milieux artistiques. À l'occasion de l'Exposition universelle de Londres en 1851, Gottfried Semper (1852) s'emportait déjà contre *le mélange confus des formes* et *le batifolage enfantin* qui caractérisaient les produits allemands exposés face aux produits anglo-saxons. Semper exigeait un style plus adapté au développement industriel. Et pour cela, il fallait en particulier réformer l'enseignement artistique dans les écoles. Le professeur Gottfried Kinkel de l'École polytechnique fédérale rédigea un rapport spécialement axé sur la présentation du pavillon suisse à l'Exposition de Paris de 1878, rapport dans lequel il soulignait l'influence de l'enseignement, et plus particulièrement de l'enseignement du dessin, sur l'esthétique des produits exposés (voir Kinkel 1878). En 1868 déjà, soit une année seulement après l'Exposition universelle de Paris, Zahn (1868) publiait un rapport consacré à l'enseignement du dessin en rapport avec le progrès dans les arts décoratifs. Il y plaide pour le développement de l'enseignement du dessin dans les écoles primaires et dans les cours complémentaires. Les enseignants devraient y être soigneusement formés, et il serait important d'accorder une attention particulière aux aspects méthodologiques de cet enseignement. En outre, des *collections de modèles* devraient être constituées (Zahn 1868: 40). Ces exigences furent maintenues lors des Expositions universelles suivantes. L'architecte Eugen Stettler (*cf.* Stettler 1878) y fit, par exemple, référence. Il encouragea entre autre la création de musées des arts décoratifs, susceptibles d'offrir, en particulier aux artisans, la possibilité de perfectionner leur goût tout en les informant sur les particularités techniques des objets exposés. Selon lui, même dans les plus petites localités, l'effet des Expositions universelles sur la formation du goût devrait pouvoir bénéficier en permanence aux artisans et aux enseignants.

QUAND LA FORMATION DEVIENT ELLE-MÊME UN OBJET D'EXPOSITION

L'art et la formation du goût ne furent cependant pas seuls à conférer leur élan à la réforme de l'enseignement en général et à l'introduction d'un enseignement du dessin en particulier. À l'intérieur des Expositions universelles elles-mêmes, la présentation d'objets et de créations en rapport direct avec la formation prit, au cours des décennies, une place de plus en plus grande. En 1855 déjà, l'Exposition de Paris dédiait un secteur à la présentation de l'enseignement. En 1867, ce secteur voyait sa surface augmentée et subdivisée en deux parties, dont l'une était consacrée à l'enseignement primaire et l'autre aux formations lui faisant suite. Il faut cependant attendre l'Exposition universelle de Vienne en 1873 pour voir reconnaître *à l'éducation, à l'enseignement et à la formation en général*, comme l'écrit dans un article de présentation la *Schweizerische Zeitschrift für Gemeinnützigkeit* (SZG), *une place de choix parmi les secteurs de l'Exposition*. Le périodique de la Société suisse d'utilité publique justifie de la manière suivante cette place nouvelle donnée à l'éducation : l'Exposition n'aurait pas pour seul but de montrer le rapport causal entre *l'esprit*, agissant comme moteur, et *ce que le travail est capable de réaliser* ; non, elle est aussi destinée à donner l'occasion aux peuples de célébrer leur triomphe dans le domaine spirituel et moral (SZG 1872 : 398). Lors de cette manifestation viennoise, des écoles modèles et des pavillons scolaires avaient été mis en place. Le promoteur de tout ce secteur éducatif n'était autre qu'Erasmus Schwab, connu pour son engagement en faveur des *Arbeitsschulen*.

Il faut cependant dire que, dans ces Expositions, la présentation du *Secteur enseignement* ne récoltait pas que des éloges. Dans ses gloses sur l'Exposition *(Weltausstellungs-Glossen)*, Karl Böttcher reprochait à celle de 1900 de ne présenter qu'une *profusion d'ouvrages, cartes géographiques, partitions de musique, globes terrestres, appareils et matériel d'enseignement de tout genre* (Böttcher 1900: 8). Il ne fallait pas trop attendre de telles expositions, *qui ne jetaient que de la poudre aux yeux* et ne laissaient filtrer que peu d'éléments des conditions réelles dans lesquelles s'exerçait l'enseignement (Küchler 1898: 26). De tels avis restaient cependant minoritaires et, comme nous le verrons plus loin, n'étaient pas du tout partagés par les chroniqueurs; en effet, outre les impressions qu'elles pouvaient donner des autres systèmes scolaires, ces expositions étaient une occasion de se poser des questions sur le système scolaire du pays, tel qu'il apparaissait dans l'Exposition. Ainsi, malgré la bonne impression que produisait le système scolaire suisse, sa fragmentation en autant de systèmes cantonaux apparaissait au grand jour (Tschudi 1874: 17). En outre, et indépendamment du cadre même de l'Exposition, de telles manifestations constituaient une occasion d'actualiser les statistiques scolaires et, par là même, de présenter au public suisse les questions générales soulevées par l'éducation et ses réformes.

CHRONOLOGIE DES EXPOSITIONS UNIVERSELLES ET DES DÉBATS SUR LES RÉFORMES SCOLAIRES QU'ELLES ONT SUSCITÉS

Alexandre Daguet, préfaçant les *Rapports* qu'il avait rédigés conjointement avec ses collègues de Suisse romande sur les aspects pédagogiques de l'Exposition parisienne de 1867, souligne que c'est la première fois qu'une analyse aussi complète est faite par des pédagogues de son pays (Daguet 1868: V). De plus, à l'occasion de la visite qu'il fit à cette Exposition, Daguet profita d'organiser une rencontre avec des collègues français.

Les *Rapports* traitaient chacun d'un thème différent. Le professeur Maillard, chargé de rapporter sur l'enseignement de la langue maternelle, aurait souhaité une modernisation de cet enseignement par l'utilisation de nouveaux manuels (Maillard 1868: 19). Le rapport sur l'enseignement des mathématiques se concluait aussi par une demande semblable (Maillard & Chapuis-Vuichoud 1868: 24). Pour Daguet, il en allait de même en ce qui concernait la géographie, l'histoire et les sciences naturelles; un atlas scolaire s'avérait nécessaire (Daguet 1868a: 93). Un autre rapport était voué à l'examen des expositions spéciales organisées dans les différents pavillons nationaux; parmi d'autres remarques, le rapporteur observe que les jardins d'enfants sont trop peu nombreux en Suisse (Daguet 1868b: 110 et ss). Cependant Daguet se croit autorisé à décerner un bon certificat à la Suisse pour l'ensemble de ses prestations dans le domaine pédagogique:

> *L'avantage, la grande utilité de l'Exposition consiste surtout dans ces rapprochements, pareils à un miroir où chaque pays peut se voir avec ses qualités et ses défauts. La Suisse jusqu'ici n'a pas perdu à cette étude comparative. Mais «qui n'avance pas recule».* (Daguet 1868: 133).

En dépit de la satisfaction générale manifestée par les experts suisses romands, un besoin de réformes, particulièrement pressant dans le domaine de l'enseignement du dessin, se faisait néanmoins sentir. Pour la formation du goût, si éminemment importante pour des nations industrielles et commerçantes comme la Suisse, *quelque chose* devait être fait, notamment par le biais d'un enseignement du dessin à créer et à organiser sur des bases nouvelles:

> *Cette éducation bien dirigée donnera, non pas seulement aux artistes, mais au peuple entier, le sentiment des justes proportions en toutes choses, un goût délicat, en un mot, l'intelligence et le besoin du beau.* (Favre 1868: 49).

Le préjugé selon lequel le dessin ne pouvait être réservé qu'à l'art – ou alors n'être considéré que comme un passe-temps réservé au seul plaisir – devait être surmonté; n'était-il pas particulièrement indiqué pour une éducation industrielle? Il importait de surmonter également le préjugé consistant à dire qu'il existait, ou n'existait pas, de dons innés pour le dessin. Non, cet art pouvait s'apprendre, comme en témoignaient les nombreux dessins des élèves étrangers exposés à Paris. Un tel enseignement était à recommander d'une manière particulièrement pressante pour les apprentis. Mais cette discipline devait être introduite dès l'école primaire et déclarée obligatoire à l'école secondaire (Favre 1868: 62).

En 1867 déjà, l'Exposition universelle de Paris accordait une place visible à l'éducation. C'est cependant l'Exposition universelle de Vienne de 1873 qui, pour la première fois, offrit un panorama *aussi complet de l'enseignement public*, incluant, outre l'enseignement primaire et moyen, l'enseignement universitaire et la formation des adultes (Meile 1914: 134). Par conséquent la Suisse y était aussi présente dans une plus grande mesure que cela avait été le cas dans les Expositions précédentes: aux côtés de l'Autriche et de l'Allemagne, sa présentation faisait très bonne impression.

Friedrich von Tschudi qui, à Vienne, était vice-président du jury chargé d'évaluer le domaine de l'éducation, remit aux autorités suisses un rapport d'ensemble sur cette question. Il considérait qu'au-delà du secteur même consacré à l'éducation, c'était l'ensemble de l'Exposition, qui, dans ce qu'elle avait de meilleur, n'était rien d'autre *qu'une Exposition célébrant l'enseignement et la formation* (Tschudi 1874: 36). Enthousiasmé par l'Exposition viennoise, il poussait à la création d'une *exposition scolaire permanente*, moteur d'une efficacité accrue de l'école et des enseignants, pour autant qu'elle recense *les meilleurs moyens d'enseignement connus* (Tschudi 1874: 36 et ss).

En ce qui concerne l'abondance des médailles et des diplômes d'honneur reçus, cette Exposition constitua également pour la Suisse *un plein succès*. On saluait, dans ce qu'elle présentait, *une ouverture ainsi qu'une honnêteté* qui se gardait de vouloir donner une image faussée de la réalité (Rambert 1875: 66). Cependant le rapport très détaillé rédigé par le professeur de dessin qu'était Rambert relativisait quelque peu *l'éclat* de ce succès. Il critiquait entre autres le travail du jury qui, par manque de connaissances linguistiques, avait été amené à distribuer plutôt *au hasard* diplômes et médailles. On aurait mis trop de hâte à évaluer à leur juste valeur les objets exposés. En ce qui concerne la Suisse, l'enseignement public, exposé seulement par quelques cantons, aurait été sous-représenté. Cependant, en dépit de ces manques, la prestation de la Suisse, dans ce domaine, aurait réussi à transmettre quelques impressions frappantes. Pour ce qui est des points particuliers, l'auteur, après avoir procédé à des comparaisons, émettait les observations suivantes: dans le domaine des jardins d'enfants, la Suisse était à la traîne de l'Autriche (Rambert 1875: 68). Dans les domaines du mobilier scolaire, de la construction et de l'aménagement intérieur des bâtiments scolaires, on pouvait encore sur bien des aspects s'inspirer des réalisations étrangères (Rambert 1875: 74). Les Allemands, dont la suprématie dans ce domaine semblait incontestée, impressionnaient par leur méthode d'apprentissage de la lecture et de l'écriture de la langue maternelle (Rambert 1875: 77). Un chapitre du rapport était spécialement dévolu à la littérature enfantine. Les diverses disciplines étaient également évaluées sur la base des moyens d'enseignement exposés (manuels et bouliers), et dans ce domaine aussi, la Suisse, dans l'ensemble, faisait bonne impression. S'agissant des sciences naturelles, les collections présentées à Vienne étaient fort nombreuses, ce qui fait dire à Rambert que cette discipline, comme par ailleurs l'enseignement élémentaire de la physique, avait fait son entrée à l'école primaire (Rambert 1875: 84 et ss). Si l'on en juge par le nombre des médailles reçues, environ 10 sur les 43 obtenues, c'est à l'enseignement de la géographie, où la Suisse brillait, qu'est dévolue la première place, place qu'elle doit avant tout à la qualité de la cartographie (Rambert 1875: 99). Finalement, au vu des quatre prix obtenus dans l'enseignement du dessin, Rambert salue les progrès réalisés, en Suisse, dans cette discipline. Il n'en reste pas moins que la Suisse n'atteignait pas le niveau de l'Autriche et du Wurtenberg. D'où la conclusion de son rapport: *Nous devons aller de l'avant, car tous, autour de nous, progressent. L'Exposition universelle de Vienne le prouve à tous ceux qui auraient encore voulu en douter* (Rambert 1875: 108).

Cette constatation confirme l'utilité générale de ces comparaisons, même si elles ne pouvaient se rapporter, pour l'essentiel, qu'à des aspects extérieurs de l'école. Cependant si l'Exposition laissait percevoir beaucoup d'indices dénotant la qualité de l'enseignement, elle créait aussi l'occasion de renforcer *l'esprit de compétition*! C'est finalement bien grâce à cette exposition que la Suisse avait eu *le courage* de procéder à l'élaboration de statistiques complètes concernant son système scolaire. Et s'il fallait lui trouver une autre justification encore, l'auteur la voyait dans le fait qu'une telle Exposition intéressait le grand public au monde de l'école (Rambert 1875: 143 et ss).

Ce fut en fait l'Exposition universelle de Vienne qui donna une nouvelle impulsion à la politique suisse de l'éducation. Grâce à elle, comme nous venons de l'indiquer, de grands efforts ont été faits dans le domaine des statistiques scolaires. On recueillit également à cette occasion des données sur les Cours complémentaires (*Fortbildungsschulen*), données qui ne furent pas prêtes à temps pour l'Exposition, mais qui furent plus tard de la plus grande utilité pour l'enseignement professionnel (Hunziker 1892: 3). Succès également pour la proposition de von Tschudi consistant à mettre sur pied, en Suisse, des expositions scolaires permanentes. C'est ainsi dans la foulée de l'Exposition de Vienne qu'on créa à Zurich, une exposition qui deviendra, en 1891, le *Pestalozzianum*, et à Berne «l'Exposition scolaire permanente de Berne», la future *Schulwarte*. Le Pestalozzianum, qui ne fut d'abord, en 1875, qu'un département du Musée des Arts et Métiers (*Gewerbemuseum*) nouvellement créé, s'en sépara dès 1882 pour devenir alors une institution indépendante (Lüthi 1893: 107).

L'influence de l'Exposition viennoise se fit aussi sentir sur les réformes scolaires des autres pays. On put ainsi lire dans la revue *Der Pionier*, observatrice attentive des Expositions universelles et de leurs implications dans le monde scolaire, que c'est de Vienne que le représentant de la France, le professeur Salicis, avait rapporté l'idée – qu'il réussit à rendre opérationnelle dès le début des années 80 – de rendre obligatoire l'enseignement des travaux manuels (Lüthi 1883 : 45).

La représentation de la Suisse à l'Exposition universelle de Philadelphie de 1876 fut, dans le secteur de l'enseignement, encore plus importante, si l'on tient compte qu'outre les cantons, le Bureau de statistique, l'École polytechnique fédérale et un nombre plus élevé d'associations y participaient. L'auteur du rapport sur l'éducation, Sir Charles Reed, en fut manifestement impressionné, puisque, à propos de la Suisse, il parla d'une *particulary good exhibition*. Selon lui, il était remarquable de constater de quel soin une *république alpine* entourait sa jeunesse ; les prestations de la Suisse en matière de statistiques scolaires étaient presque inégalées (Reed 1877 : 301). Le directeur de l'école normale de Küssnacht, Heinrich Wettstein, qui prisait fort le rôle joué en faveur du progrès des écoles par les Expositions, tant nationales qu'internationales (voir Wettstein 1879 : 2), s'estimait quant à lui globalement satisfait par l'image présentée par la Suisse à l'Exposition de Philadelphie de 1876. Il soulignait l'engagement remarqué de la Suisse en faveur de l'éducation, tout en ressentant *désagréablement* l'éclatement du système scolaire en autant de systèmes scolaires cantonaux différents (Wettstein 1884 : 9).

La présence de la Suisse à l'Exposition de Paris de 1878 fut de moindre importance. Il faut en chercher les raisons dans les difficultés économiques que connut le pays dès le milieu des années 70, dans les discussions qui divisaient centralisateurs et fédéralistes à propos de la Constitution fédérale et de son article sur l'éducation, ainsi que dans les problèmes liés au *Kulturkampf* qui s'annonçait. Tout cela rendait difficile l'existence d'une image unie de la Suisse face au monde extérieur. Lors de cette Exposition, Heinrich Wettstein était membre du jury international, et cette fonction lui permit de se faire une idée autorisée de l'état de l'éducation dans les autres pays. Il demanda, dans son rapport, qu'à l'exemple des États-Unis, du Canada et même de la France, une scolarisation postscolaire à l'intention des adolescents soit mise en place (Wettstein 1879 : 30).

Par contre la Suisse était à nouveau bien représentée à l'Exposition universelle de Paris de 1889. Et le succès lui sourit puisqu'elle fut récompensée par 87 distinctions honorant ses institutions éducatives, du jardin d'enfants à l'université. Dans le domaine de l'hygiène scolaire également, la Suisse s'était montrée pleinement à la hauteur *des dernières acquisitions de la médecine et de la pédagogie* (Meile 1914: 135). Ce qu'elle exposait apportait la preuve que *le principe de l'intuition, et par conséquent la pensée pestalozzienne*, avait conquis le monde, de la France au Japon:

> *Dans un autre domaine encore, Pestalozzi a fait un triomphe à l'Exposition universelle. Le grand pédagogue avait de bonne heure reconnu aux travaux manuels un rôle primordial dans la formation de l'esprit et l'élévation morale des couches inférieures du peuple [...] Combien serait-il charmé en découvrant, dans les diverses expositions scolaires du Champ-de-Mars, tous les fruits produits par l'enseignement des travaux manuels [...]* (Der Pionier 1889: 40).

Outre le sujet des travaux manuels, véritable cheval de bataille de la revue *Der Pionier*, les chroniques relatant l'Exposition abordaient le thème de l'hygiène scolaire et d'autres aspects déjà évoqués lors de l'Exposition viennoise. Ce n'est pas sans étonnement qu'on y découvre les reproches adressés à l'encontre des *manuels et des livres de lecture suisses*, misérables en comparaison de leurs homologues nord-américains qui étaient, eux, de vrais modèles en ce qui concerne *la reliure, la qualité du papier, de l'impression et du rendu des illustrations*. La cause de ces défauts est à chercher du côté du fédéralisme, des diversités religieuses et politiques, et, finalement, de l'aspect spéculatif *du secteur privé*:

> *Aussi longtemps que la production des moyens d'enseignement sera aux mains des privés, ces derniers trouveront intérêt à en vendre beaucoup et de toute nature. De là une fabrication à la va-vite, bon marché et de mauvaise qualité* (*Der Pionier*: 52).

Le chroniqueur de la revue en appelait pour cette raison à un engagement renforcé de la part de l'État. Même la cartographie scolaire, cet art où la Suisse avait autrefois brillé d'un tel éclat, n'était plus à la hauteur des standards contemporains et de la qualité atteinte par les cartes scolaires des Américains. Là aussi, il incombait *au Conseil fédéral de faire éditer une bonne carte scolaire de la Suisse, car on ne pouvait pas charger chaque canton de cette tâche* (*Der Pionier*: 53). C'est ainsi que, pour contrebalancer les effets d'une activité semble-t-il trop présente des cantons et des privés dans ce domaine, on plaidait, par le biais de reportages prenant pour thèmes les aspects internationaux de l'éducation, en faveur d'un engagement plus soutenu de la Confédération dans les questions éducatives!

Pour *Der Pionier*, le sujet le plus important restait néanmoins celui des travaux manuels à l'école. À lui seul ce thème fit l'objet d'une série d'articles supplémentaires et leurs auteurs en profitèrent pour remercier le Conseil fédéral des subsides octroyés pour la rédaction de leur rapport. Le *Bericht über den Stand des Handfertigkeitsunterrichts an der Weltausstellung und in den Primarschulen von Paris im Jahr 1889* (Compte rendu sur l'état de l'enseignement des travaux manuels tel qu'il apparaît à l'Exposition universelle et dans les écoles primaires de Paris en 1889) tire, sur la base des objets exposés, des conclusions sur les mouvements de réforme dans les pays concernés. L'absence de l'Allemagne fut à vrai dire remarquée, car les Allemands auraient, *avec leur* Gründlichkeit *quelque peu pédante, le mieux abordé la question de l'enseignement des travaux manuels* (Hurni & Scheurer 1890: 6). Depuis 1866, la Finlande, suivie en 1882 par la France, auraient introduit un enseignement obligatoire des travaux manuels. De même, en Suède et en Norvège, celui-ci serait *pratiqué d'une manière générale et avec le soutien de l'État* (Hurni & Scheurer 1890: 5). On signale dans d'autres pays de nombreuses initiatives prises par des sociétés sur le plan local. Les auteurs distinguent deux tendances dans l'enseignement des travaux manuels. L'une, représentée à l'Exposition par la France, met tout le poids sur *l'acquisition des éléments du travail artisanal* et considère cet enseignement comme une préparation aux écoles professionnelles. L'autre tendance, qui est plus formelle, est représentée de la manière la plus nette par la Finlande. Pour elle, il s'agit de procéder méthodiquement du facile au difficile; sur la base d'objets concrets, les élèves seraient habitués à l'ordre, à l'assiduité, à la propreté et à la persévérance. La motivation serait dans ce cas la joie de construire quelque chose d'utile et d'utilisable (Hurni & Scheurer 1890: 6 et ss). Ces deux tendances ont été présentes chez les exposants suisses, et les chroniqueurs donnent plutôt la préférence au modèle finlandais, tel que les Bernois, à la différence des Bâlois, le mettent en pratique (Hurni & Scheurer 1890: 13). Le rapport se conclut en substance par les remarques suivantes à l'adresse de la politique suisse de l'éducation: la Société suisse pour la promotion de l'enseignement des travaux manuels se trouve dans la bonne voie. Il faut en particulier continuer la pratique des travaux de cartonnage. L'enseignement des travaux manuels devrait commencer le plus tôt possible, et déjà à l'école élémentaire. Il incombe à l'État de former dans les écoles normales *des maîtres de travaux manuels capables*. Cet enseignement peut être compris dans le programme des cours sans qu'il en résulte un quelconque désavantage (Hurni & Scheurer 1890: 21).

Les encouragements des partisans des travaux manuels venus du monde entier, alliés à la certitude que des réformes dans ce domaine étaient entreprises à l'étranger, donnaient des ailes à nos activistes suisses dans leur lutte pour rendre cet enseignement obligatoire. Mais du fait de la participation de la Suisse à l'Exposition universelle de Paris, d'autres projets de réformes reçurent une impulsion supplémentaire et déclenchèrent de ce fait des controverses (voir, en ce qui concerne la question des examens pédagogiques des recrues, Koller & Lüthi 1890).

Dès les années 90 du siècle, à l'exception de l'Exposition universelle de 1900, la Suisse ne fut pratiquement plus présente dans le secteur pédagogique des expositions internationales, sans pour autant qu'elle cesse d'observer les exposants étrangers. Ainsi, réunis par le président de la Confédération Schenk, les délégués des expositions scolaires de Zurich et de Berne, Hunziker et Lüthi, ainsi que les représentants des sociétés d'enseignants, décidèrent d'envoyer un délégué à l'Exposition universelle de Chicago de 1893, avec mandat de visiter l'Exposition, d'assister aux conférences qui s'y tenaient sur les sujets scolaires et de rédiger un rapport. De cette manière, malgré son absence, la Suisse put quand même tirer parti de cette manifestation (*Der Pionier* 1893: 15). Toujours est-il que l'Exposition de Chicago donna lieu à la publication d'une brochure qui présentait les différentes facettes de l'éducation publique en Suisse et fut publiée par Otto Hunziker sur mandat du Département fédéral de l'intérieur (Hunziker 1893).

Le rapport sur l'Exposition de Chicago de 1893 était consacré entre autre à des aspects particuliers concernant l'enseignement professionnel. L'habileté manuelle y était à nouveau traitée d'une manière approfondie et l'Exposition offrait l'occasion d'en découvrir toutes les facettes par les exemples venus des divers pays (Genoud 1894: 12). Par ailleurs une exposition très complète présentait des travaux manuels exécutés dans les écoles des États-Unis (Hug 1896).

En 1900, Léon Genoud, directeur du Technicum de Fribourg et fondateur de l'*Exposition scolaire permanente* de cette ville, fut, à son tour, chargé de rédiger un rapport sur la formation professionnelle telle qu'elle était présentée à l'Exposition universelle de Paris. Il estimait que l'influence que pouvaient exercer les Expositions universelles sur l'enseignement et sur les réformes du système éducatif du pays était très forte et il attribuait aussi une grande importance aux liens qu'elles entretenaient avec le progrès économique:

L'industrie a passé au tout premier rang des éléments de la richesse des nations modernes. Aussi, l'enseignement professionnel est-il devenu en même temps l'une des questions les plus importantes de notre époque, et l'avenir appartiendra à la nation qui saura le mieux propager cet enseignement spécial, mélange de science pure et d'applications, de théorie et de pratique (Genoud 1901 : 18).

Dans son rapport, il consacrait à nouveau une attention particulière au dessin et aux travaux manuels. Selon lui il s'agissait d'encourager leur enseignement, quand bien même ces disciplines se heurtaient partiellement, en Suisse et en Allemagne, aux résistances du corps enseignant. Et l'Exposition universelle apportait précisément la preuve que l'utilité du dessin était partout reconnue et son enseignement, maintenant, largement répandu. On pouvait donc espérer que les travaux pratiques et les travaux manuels connaîtraient le même sort (Genoud 1901 : 121).

Dans son *Rapport sur l'Exposition universelle de Paris*, François Guex revient, lui aussi, sur la question des travaux manuels, en présentant essentiellement les reproductions photographiques des objets exposés. Il voulait montrer, par ce volume richement illustré, le progrès de l'éducation scolaire tel qu'il apparaissait à l'Exposition (Guex 1903). Il y signalait avec regrets la pâle présence de la Suisse. De son côté, Emma Coradi-Stahl (s.d.) consacrait un chapitre particulier à l'éducation scolaire, ménagère et professionnelle des filles.

Comme vient de le montrer cet aperçu chronologique des Expositions universelles, celles-ci induisirent un grand nombre de réformes dans le domaine de l'éducation; dès la *Great Exhibition* londonienne de 1851, elles favorisèrent l'éveil d'une foule d'idées nouvelles. Pour le conseiller national Schäppi, un des premiers politiciens à s'intéresser à l'école et à la formation, elles ont contribué à raffermir des pays comme l'Angleterre, la France et l'Autriche dans leur volonté d'améliorer l'éducation (Schäppi 1882: 25). Sous leur influence, les travaux manuels, la mise en place de musées scolaires ainsi que de musées d'arts et métiers et, surtout, l'enseignement du dessin, reçurent une forte impulsion (Schäppi 1899: 28). Le fait que des pédagogues connus aient eux-mêmes visité ces expositions permit de conférer aux réflexions concernant les réformes scolaires une dimension internationale. Dans toutes les publications, parues dans les années 70 et 80 du siècle passé et consacrées aux réformes scolaires, et tout particulièrement aux réformes des Cours complémentaires et de la formation professionnelle (voir Hug 1881), des allusions sont faites aux Expositions universelles pour justifier ces réformes sur le plan national (Gonon 1996). En outre, avoir fait de l'éducation un objet d'exposition facilita grandement la mise sur pied, sur le plan national, de projets semblables, comme ce fut le cas à Zurich en 1884 (Wettstein 1884) et surtout à Genève en 1896. Ces manifestations connurent à leur tour un renom international (Escali 1885).

La plupart des reportages sur les expositions, tant internationales que nationales, aboutirent à établir un agenda de réformes qui, en règle générale, fit apparaître comme nécessaire les initiatives correspondantes prises par la Confédération dans le domaine de sa politique de l'éducation.

EN GUISE DE CONCLUSION

Les Expositions universelles ont imprimé une impulsion nouvelle au débat pédagogique. La présence de la Suisse y fut en général mise à profit pour débattre de questions relatives aux domaines techniques et professionnels, ainsi qu'aux capacités de création, tous ces aspects renvoyant, pour en assurer la réalisation, à des mesures à prendre dans le domaine de la formation. Cette direction fut dominante, au début, dans les discussions suscitées par les textes et les reportages sur les Expositions. Rappelons qu'il s'agissait en général de préoccupations au sujet de la formation professionnelle, de questions concernant la création de musées des arts et métiers, de la formation du goût des consommateurs et des producteurs, et, par conséquent, de l'obligation de créer des produits de meilleure qualité.

Par contre, dans une deuxième phase, il s'est agi d'aborder des propositions plus concrètes concernant la réforme de la formation. Cette tendance se trouvait raffermie par le fait que la formation était devenue en elle-même un thème propre aux Expositions. Il était désormais possible de comparer avec davantage de précision ce que les autres pays présentaient en fait de moyens d'enseignement, de méthodes d'enseignement et d'équipements scolaires. Parallèlement à ces manifestations, et leur conférant plus de poids, des congrès et des rencontres réunissaient les personnes intéressées par la pédagogie. De ce fait la palette des besoins de réformes faisant l'objet des discussions allait en s'élargissant: à côté du dessin et, plus tard, des travaux manuels, elle engloba aussi la transformation des Cours complémentaires, l'introduction d'expositions scolaires permanentes, l'enseignement des mathématiques, des langues et des sciences naturelles, ainsi que l'hygiène scolaire. En ce qui concerne les niveaux de scolarisation, on prit en considération, à côté de l'école primaire et des écoles professionnelles, les jardins d'enfants et l'École polytechnique.

En donnant plus de poids aux références relatives aux Expositions universelles, le débat éducatif se fit, de deux façons, plus global. La formation en tant que telle devint un sujet de discussions s'étendant bien au-delà du cercle restreint de l'école. Dans la manière d'aborder les problèmes, les perspectives purement locales et fédérales furent doublées d'une réflexion donnant plus de poids aux aspects économiques et utilitaires, et faisant référence à ce qui venait de l'étranger. D'anciennes exigences, comme celles concernant le dessin et les travaux manuels, purent, grâce à cette mise en relation avec l'extérieur, prétendre à une crédibilité renouvelée. La réforme de l'éducation et, en particulier, la création d'institutions nouvelles, obtinrent un surcroît de légitimité par le rappel de ce qui se faisait dans ce domaine à l'étranger. Par-delà les débats entre partisans du fédéralisme et partisans du centralisme, la politique de l'éducation devint un sujet de discussion en elle-même. On peut donc affirmer qu'une telle ouverture sur l'étranger, en mettant en jeu de nouveaux critères d'appréciation, a enrichi – ou compliqué – le débat sur l'éducation, lui conférant des dimensions plus vastes que celles auxquelles leur cadre habituel, réduit aux dimensions nationales, nous avait habitués.

(Traduction : J.-P. Rey)

RÉFÉRENCES

Benjamin, W. (1982). Paris, die Hauptstadt des XIX. Jahrhunderts. In R. Tiedemann (éd.), *Walter Benjamin – Gesammelte Schriften. Das Passagen-Werk*. Tome 5, pp. 45-59. Frankfurt, Suhrkamp.

Beutler, C. (1973). *Weltausstellungen im 19. Jahrhundert*. Munich, Krauthammer.

Böttcher, K. (1900). *Weltausstellungs-Glossen. Kritisches Geplauder über die Pariser Weltausstellung, besonders im Vergleich mit der Chicagoer*. Zurich.

Coradi-Stahl, E. (s.d.). *Ueber berufliche und hauswirthschaftliche Ausbildung der weiblichen Jugend in verschiedenen Ländern. Nach einer Berichterstattung an das Schweiz. Industriedepartement bei Anlass der Weltausstellung in Paris 1900*. Zurich, Coradi-Maag.

Daguet, A. (1868). Introduction. In A. Daguet (éd.), *Rapports sur l'Exposition scolaire de Paris en 1867*. Lausanne, Imprimerie J.-L. Borgeaud.

Daguet, A. (1868a). Écoles Nationales. In A. Daguet (éd.), *Rapports sur l'Exposition scolaire de Paris en 1867*, pp. 105-133. Lausanne, Imprimerie J.-L. Borgeaud.

Daguet, A. (1868b). Sciences naturelles, géographie, histoire. In A. Daguet (éd.), *Rapports sur l'Exposition scolaire de Paris en 1867*, pp. 69-93. Lausanne, Imprimerie J.-L. Borgeaud.

Der Pionier (1889). Die Schule auf der Weltausstellung. *Der Pionier*, *X*, 34-35, 40-41 et 52-53.

Der Pionier (1893). Konferenz betreffend die Weltausstellung in Chicago. *Der Pionier*, *XIV*, 15-16.

Escali, F. (1885). *L'instruction primaire en Suisse*. Paris, A. Ract.

Favre, M. (1868). Arts: dessin, écriture, musique. In A. Daguet (éd.), *Rapports sur l'Exposition scolaire de Paris en 1867*, pp. 43-67. Lausanne, Imprimerie J.-L. Borgeaud.

Fischer, J.-C. (1853). *Tagebuch einer Reise zu der Ausstellung in London und nach einigen Fabrikstädten in England im Sommer 1851*. Schaffhouse, Murbach.

Genoud, L. (1901). *L'enseignement à l'Exposition universelle Paris 1900. L'enseignement professionnel*. Fribourg, Imprimerie de l'Œuvre de Saint-Paul.

Genoud, L. (1894). *L'enseignement professionnel pratique à l'Exposition de Chicago*. Fribourg, Imprimerie Galley.

Gonon, P. (1995). Learning from European Neighbours: The role of the State in Defining of Institutional Policies – The Case of Switzerland. In A. Heikkinen (éd.), *Vocational Education and Culture – European Prospects from Theory and Practise*, pp. 22-36. Hämeenlinna, Tampere yliopiston.

Gonon, P. (1996). *Internationaler Bezug als Anlass und Kriterium von Bildungsreformen*. Thèse d'habilitation. Dactyl. Berne, Université de Berne.

Guex, F. (1903). *Éducation et Instruction. Rapport présenté au Haut Conseil Fédéral sur le Groupe i de l'Exposition universelle Paris 1900*. Lausanne, Payot.

Hoffmann-Merian, T. (1879). *Ueber die Hebung des inländischen Gewerbes*. Bâle, Schweighauser.

Hug, U. (1896). Der Handarbeitsunterricht an der Weltausstellung in Chicago 1893. *Schweizerische Blätter für Knabenhandarbeit*, *I*, 13-16 et 54-58.

Hunziker, O. (1892). *Beiträge zur Entwicklungsgeschichte des gewerblichen Bildungsschulwesens in der Schweiz*. Berne, Wyss.

Hunziker, O. (éd.) (1893). *Das Schweizerische Schulwesen. Herausgegeben aus Auftrag des Schweizerischen Departement des Innern anlässlich der Weltausstellung in Chicago 1893*. Zurich, Orell Füssli.

Hurni, B. & Scheurer, R. (1890). Bericht über den Stand des Handfertigkeitsunterrichtes an der Weltausstellung und in den Primarschulen von Paris im Jahr 1889. *Der Pionier*, *XI*, 4-6, 11-13 et 20-21.

Kinkel, G. (1878). *Bericht über die Schönen Künste der Schweiz auf der Weltausstellung Paris*. Manuscrit imprimé. Zurich.

Koller, A. & Lüthi, E. (1890). Nachklänge zur schweizerischen Schulausstellung in Paris. *Der Pionier, XI*, 49-51.

Küchler, F. (1898). *Zur Reform unserer Volksschule*. Berne, von Steiger.

Kummer, J.-J. (1874). *Das Fortbildungsschulwesen*. Berne, Stämpfli.

Lasche, A. (1874). *Referat über die Berichte der vom Bunde zum Besuch der Weltausstellung in Wien subventionierten schweiz. Handwerker und Arbeiter*. Berne, Rieder.

Lüthi, E. (1883). Der gegenwärtige Stand des Handfertigkeits-Unterrichts. *Der Pionier, IV*, 45.

Lüthi, E. (1893). Die schweizerische permanente Schulausstellung in Bern. In O. Hunziker (éd.), *Das Schweizerische Schulwesen. Herausgegeben aus Auftrag des Schweizerischen Departement des Innern anlässlich der Weltausstellung in Chicago 1893*, pp. 107-109. Zurich.

Maag, G. (1982). *Kunst und Industrie im Zeitalter der ersten Weltausstellungen*. Thèse. Dactyl.

Maillard, M. (1868). Étude de la langue. In A. Daguet (éd.), *Rapports sur l'Exposition scolaire de Paris en 1867*, pp. 1-19. Lausanne, Imprimerie J.-L. Borgeaud.

Maillard, M. & Chapuis-Vuichoud, M. (1868). Études des nombres. In A. Daguet (éd.), *Rapports sur l'Exposition scolaire de Paris en 1867*, pp. 20-42. Lausanne, Imprimerie J.-L. Borgeaud.

Meile, W. (1914). *Die Schweiz auf den Weltausstellungen*. Zurich, Orell Füssli.

Naumann, F. (1909). *Ausstellungsbriefe*. Berlin, Hilfe.

Rambert, E. (1875). *Wiener Weltausstellung 1873. Schweiz – Bericht über Gruppe XXVI, Erziehungs-, Unterrichts- und Bildungswesen*. Schaffhouse, Baader.

Rebsamen, J.-U. (1883). *Die erzieherische Aufgabe der Volksschule mit besonderer Rücksicht auf die sittlichen und volkswirtschaftlichen Zustände der Gegenwart*. Zurich, Herzog.

Reed, C. (1877). *Report on the Section of Education at the Centennial Exhibition Philadelphia 1876*. In Education Department (éd.), *Reports on the Philadelphia International Exhibition of 1876*. Vol I, pp. 299-312. Londres.

Schäppi, J. (1882). *Handwerk, Kleingewerbe & Landwirthschaft in ihrer gegenwärtigen Bedrängniss und Mittel zur Abhülfe*. Zurich, Höhr.

Schäppi, J. (1899). *Bausteine zur Schule der Zukunft*. Zurich, Schulthess.

Seelhorst, G. (1878). *Die Philadelphia-Ausstellung und was sie lehrt*. Nördlingen, C.-H. Beck.

Semper, G. (1852). *Wissenschaft, Industrie und Kunst. Vorschläge zur Anregung nationalen Kunstgefühles. Bei dem Schlusse der Londoner Industrie-Ausstellung*. Braunschweig, Friedrich Vieweg.

Steiger, E. V. (1879). *Die Hebung des inländischen Gewerbes*. Zurich, Herzog.

Stettler, E. (1878). *Internationale Weltausstellung 1878 in Paris: Schweiz – Anwendung der Zeichenkunst und der Plastik für industrielle Zwecke. Classe 11*. Zurich.

SZG (*Schweiz. Zeitschrift für Gemeinnützigkeit*) (1872). Weltausstellung 1873 in Wien. Spezial-Programm für Gruppe 26. Erziehungs-, Unterrichts- und Bildungswesen. *Schweiz. Zeitschrift für Gemeinnützigkeit, XI*, 398-404.

Tschudi, F. V. (1874). *Wiener Weltausstellung 1873. Schweiz – Bericht über Gruppe XXVI, Erziehungs-, Unterrichts- und Bildungswesen*. Schaffhouse, Baader.

Tschumi, A. (1883). *Routine et Progrès. Études sur les écoles secondaires et primaires*. Genève, J. Jullien.

Wartmann, E. (1874). *Exposition universelle de Vienne 1873 – Suisse. Rapport sur le Groupe XIV – Instruments de précision et de l'art médical*. Schaffhouse, Baade.

Wessenberg, I.-H. (1814). *Die Elementarbildung des Volks im Achtzehnten Jahrhundert*. Zurich, Orell Füssli.

Wettstein, H. (1884). *Bericht über Gruppe 30: Unterrichtswesen*. Zurich, Orell Füssli.

Wettstein, H. (1879). *Pariser Weltausstellung 1878. Bericht über Gruppe II, Klasse 6 (Primarschulwesen)*. Zurich, Orell Füssli.

Widmer, T. (1992). *Die Schweiz in der Wachstumskrise der 1880er Jahre*. Zurich, Chronos.

Zahn, A. V. (1868). *Bericht über die Resultate des Kunstunterrichts im bezug auf den Fortschritt der Kunstgewerbe nach den Ergebnissen der Pariser Weltausstellung von 1867*. Leipzig, Seemann.

Troisième partie

La Suisse dans le miroir

HEIDEMARIE KEMNITZ

UN « REGARD ALLEMAND » SUR L'HISTOIRE DE L'ÉCOLE EN SUISSE AU 19e SIÈCLE[1]

Les problématiques autour desquelles la recherche sur l'histoire de l'école se constitue en Suisse alémanique semblent familières du point de vue allemand. Les développements contenus dans ces travaux historiques donnent, dans beaucoup de cas, l'impression d'être en territoire connu, voire sur un même terrain. *A priori*, tout semble simple, mais, à y regarder de plus près, choisir à quoi doit ressembler un commentaire historiographique dans une perspective allemande se révèle plus problématique. Il n'est en effet pas tout à fait indifférent de décider de quel point de vue allemand, chronologique et régional, on examinera l'histoire de l'école en Suisse alémanique.

Je commencerai donc mon commentaire en m'interrogeant sur la manière dont les thèses et les résultats des recherches suisses peuvent être mis en relation avec les travaux allemands. Mais il me faut tout d'abord éclaircir ce que signifiera ici le « regard allemand » sur l'histoire de l'école en Suisse.

QUEL « REGARD ALLEMAND » ?

Au cours des dernières décennies, la recherche sur l'histoire de l'école a abouti en Allemagne à des remarquables résultats. En témoigne le large

1 Comme cela avait été demandé à l'auteure de cet article, les comparaisons qui suivent sont centrées sur l'Allemagne et la Suisse alémanique. Cependant, à plusieurs égards, elles sont aussi éclairantes pour l'histoire de l'école en Suisse romande et au Tessin (NdlR).

choix de publications, d'introductions, d'histoires sociales, de recueils de données et de manuels généraux. Mais si l'on examine ces textes d'un peu plus près, on constate que l'histoire de l'école en Allemagne au 19e siècle est le plus souvent centrée sur la Prusse. Le lien entre cette orientation et la disponibilité des sources est évident (les sources prussiennes sont très largement publiées).

Une telle démarche peut être tenue pour légitime. En effet, la Prusse a servi de point de référence, voire de modèle, pour les autres États allemands. Ceci vaut, dans la première moitié du 19e siècle, pour la construction et la structuration de l'administration scolaire et, dans la seconde moitié, pour les efforts tendant à conférer des normes à l'institution scolaire et à la formation des enseignants.[2] Mais si l'on se limite à cet arrière-plan, un commentaire sur l'histoire de l'école aura une forte empreinte prussienne et allemande du nord. Si, au contraire, on se réfère à l'histoire de l'école dans le sud de l'Allemagne, et plus particulièrement à l'histoire de l'école bavaroise, sur laquelle on dispose également de bonnes recherches[3], l'optique comparative sera fort différente, quand bien même on pourra toujours parler de perspective allemande.

Mais même en tenant compte de cette opposition grossière entre nord et sud de l'Allemagne, on ne rendrait toujours pas justice aux différences régionales et locales, fondées sur des rythmes et des degrés différents d'industrialisation, les formes que prend l'État ou l'administration scolaire et sur les réalités et évolutions religieuses.

Plusieurs projets de recherche récents en histoire régionale se sont penchés sur l'extrême hétérogénéité de la société et de l'école en Allemagne. Dans l'ensemble, on ne peut s'empêcher d'avoir l'impression que l'histoire de la recherche en éducation en Allemagne a connu un changement de centre de gravité. Le point de vue dominant depuis les années 1970, qui privilégiait l'étude des systèmes et des politiques éducatifs ainsi que les problèmes de structures sociales[4], semble aujour-

---

2 L'exemplarité d'une représentation centrée sur la Prusse est discutée selon les périodes et les territoires considérés. Face aux synthèses pour le moins marquées par la Prusse (Herrlitz, Hopf et Titze 1993, Lundgreen 1980 ou Jeismann et Lundgreen 1987), Wolfgang Schmale a affirmé que, au vu de la claire pluralité de forme des petits États allemands, *jusque dans la décennie suivant le Congrès de Vienne, rien ne serait plus faux que se fier à la représentativité de l'exemple prussien pour l'Allemagne dans son ensemble. De ce point de vue, on devrait se méfier du danger d'une « absorption » prussienne de l'histoire de l'école allemande.* (Schmale 1991 : 629).

3 *Cf.* Liedtke 1991-1997 et les études régionales antérieures dans Kriss-Rettenbeck & Liedtke 1984, ainsi que le récent travail sur les écoles pour jeunes filles de Knauer (1995).

4 *Cf.* l'aperçu donné par Böhme & Tenorth 1990.

d'hui s'effacer devant une problématique plus centrée sur les sujets, sur les lieux concrets de la formation et sur les mondes éducatifs locaux et régionaux.[5] Pour comprendre la recherche en histoire de l'éducation qui se mène aujourd'hui en Allemagne, il convient de constater sa récente *réorientation, de systèmes quasiment sans sujets vers les acteurs concrets, les biographies, les institutions et les organisations*, un tournant qui, en premier lieu au plan interne, représente une *donnée significative*.

Si l'on compare cette évolution avec ce qui se passe en Suisse, on observe que le phénomène de renversement de perspective de la recherche allemande vers les régions et les localités se pose de manière totalement inverse. L'histoire moderne de l'école en Suisse s'est en effet constituée à partir d'apports cantonaux. Si l'on suit les débats suisses à ce propos, qui – à la lumière de ce qui se fait dans les pays voisins – aboutissent au diagnostic d'*un état désolé de la recherche*, et qui, par *besoin d'histoire de l'école*[6], ne se contentent pas d'une littérature commémorative, alors – comme on le voit dans le présent ouvrage – le pas menant à une histoire des systèmes et des structures scolaires consiste, d'une part à pénétrer dans les réalités cantonales et, d'autre part, à les dépasser.[7] Sur ce point, cette démarche ressemble à celle prévalant dans l'histoire de l'école bavaroise. Dans les années 80, Max Liedtke lui imputait à charge les mêmes carences ; entre-temps, elle a crû jusqu'à donner quatre forts volumes d'une histoire de l'éducation en Bavière. Avec d'autres signes précurseurs, et bien avant le changement de tendance scientifique des années 1990, l'histoire régionale s'est constituée en une sorte de « voie royale » de la recherche en histoire de l'éducation, une voie que les historiens suisses ont également empruntée.[8]

Les recherches sur l'histoire régionale de l'école en Allemagne montrent que pour le développement de l'école élémentaire dans l'espace territorial allemand au 19e siècle, on doit opérer beaucoup plus au moyen de concepts tels que similitudes et différences, hétérogénéité et particularité. À la recherche d'un étalon pour évaluer le développement du droit scolaire ou de la réalité des écoles (dans la dimension tempo-

---

5 À ce propos et pour la citation qui suit, *cf.* Kemnitz, Tenorth & Horn 1998.

6 Criblez & Jenzer 1995 : 211.

7 Cette nécessité est aussi clairement exprimée et documentée par le volume le plus récent de la *Geschichte der Erziehung und Schule in der Schweiz* (Badertscher & Grunder 1997).

8 *L'histoire ne peut être écrite que sur la base d'enquêtes historiques détaillées* (Liedtke 1984 : 9). Tel a été le principe directeur d'un projet par lequel le développement scolaire en Allemagne du sud, Autriche et Suisse, à vrai dire déjà décrit de manière exemplaire, serait ensuite analysé de manière globale.

relle, au sens d'un «plus tôt» ou d'un «plus tard», d'une synchronisation parallèle, d'une «avance» ou d'un «retard»), il faudra se tourner vers la Prusse. À l'époque, elle sert de modèle et les travaux à son propos sont, aujourd'hui encore, les meilleurs. Une telle démarche est pratique d'un point de vue méthodologique pour des travaux historiques comparatifs sur l'école allemande. Pour un commentaire de thèses sur le développement scolaire dans les cantons de Suisse alémanique, elle doit cependant être engagée avec des réserves. C'est pourquoi un commentaire du point de vue allemand se limitera, autour des critères de l'obligation scolaire, de la gratuité et de la laïcité, à souligner les similitudes de la réalité suisse alémanique avec les développements dans les États allemands. Il en désignera les caractères marquants et commentera ses différences à propos des parts respectives des principes fédéraliste ou centralisateur face à l'école.

RÉGLEMENTATION ET INTRODUCTION DE L'OBLIGATION SCOLAIRE

Le passage du 18e au 19e siècle est volontiers interprété pour l'ensemble de l'Europe comme une période fondatrice. Pour la Suisse comme pour l'Allemagne, cette période marque aussi un tournant dans la réorganisation politique de la réglementation de l'obligation scolaire. Les contributions rassemblées dans le présent ouvrage accordent donc également – et de manière plus ou moins explicite – une attention particulière à cette réalité. La République helvétique d'une part, le régime de l'Acte de Médiation d'autre part ont mené, selon la thèse presque unanime sur les développements de la politique éducative, dans un laps de temps restreint, à l'adoption par les cantons de lois scolaires qui rendaient la fréquentation de l'école primaire obligatoire pour tous. Différenciés dans leur portée et leur sévérité, la plupart de ces règlements, qui empruntaient les uns aux autres ou s'inspiraient de l'exemple de l'Autriche voisine, sont mis en place en 1803 ou peu après.

Les ruptures politiques déterminent donc, comme dans les États de la Confédération allemande, les césures importantes de la politique scolaire. Comme en Allemagne, les changements territoriaux et les premières constitutions ont eu pour effet la mise en place, à partir de 1803-1806, de lois et de règlements sur la formation et l'obligation scolaires. En Allemagne, les nouveaux règlements ne sont alors plus, comme c'était souvent le cas au 18e siècle, l'expression de la volonté seigneuriale de voir les enfants fréquenter l'école. Ils posent au contraire les premières règles du contrôle des absences, même si c'est dans une mesure plus modeste que dans la deuxième moitié du 19e siècle au cours de laquelle on passe à une application intégrale de l'obligation scolaire.

Par rapport à la mise en place de l'éducation des enfants du peuple, on constate que les États du nord de l'Allemagne optent plutôt, pendant tout le siècle, pour l'obligation de s'instruire (*Unterrichtspflicht*), alors que les États du sud préfèrent et prescrivent l'obligation scolaire (*Schulzwang*)[9], comme maints cantons suisses. La fréquentation des écoles publiques était dès lors pratiquement inévitable, car manifestement, les écoles élémentaires privées sont restées marginales dans les efforts de la République helvétique en faveur d'une éducation du peuple en Suisse. Dans différents États allemands, au contraire, et plus particulièrement en Prusse, les classes supérieures pouvaient satisfaire à l'obligation de s'instruire en engageant des précepteurs ou par la fréquentation d'écoles privées. Les couches populaires, qui n'étaient en général pas dispensées du paiement des écolages, utilisaient, surtout dans les villes, l'offre d'écoles privées à bon marché.

Dans tous les États allemands apparaissent, à des rythmes différents, – mais en simultanéité avec les réformes administratives générales – des autorités scolaires indépendantes qui construisent un appareil de plus en plus bureaucratique.[10] Ministères au niveau central, autorités scolaires de province et députations scolaires au niveau intermédiaire, ainsi que les inspecteurs scolaires au niveau local, – comme dans les modèles prussien et bavarois – devaient agir avec insistance pour l'amélioration de la fréquentation scolaire et de l'enseignement. Mais les instituteurs primaires étaient sur ce point des acteurs primordiaux qui se rendaient politiquement suspects aux yeux des fonctionnaires conservateurs par la fondation d'associations d'enseignants et leur activisme en leur sein, surtout dans les années 1840.[11] En Suisse, pour l'encadrement légal de l'école, la Régénération des années 1830 semble être la césure historique la plus remarquable après 1803. Les nouvelles lois scolaires introduisent alors des mesures qui renforcent clairement le contrôle de leur application, en partie par l'instauration, parfois innovante, de commissions ou de conseils scolaires.

---

9 Friedrich 1987 : 126.

10 Jeismann 1987 : 112.

11 À propos de l'opposition des instituteurs prussiens et des mesures contre les associations d'enseignants indépendantes pendant le *Vormärz*, *cf.* par exemple Baumgart 1990 : 140 et ss.

L'engagement de l'État pour une formation minimale du peuple se constate partout, malgré les différences dans la réglementation de l'obligation ; une remarquable variété d'idées et de mécanismes de contrôle se font jour, par-delà les frontières étatiques ou cantonales, qui visent pourtant tous à un seul but : l'amélioration de la fréquentation des écoles. On découvre ainsi des réflexions qui visent à faire dépendre de la formation, entendez de la fréquentation de l'école, l'admission à la première communion ou l'autorisation de mariage. Dans quelques régions allemandes, on avait, dans les premières décennies du 19e siècle, instauré des *attestations de sortie de l'école* (*Schulentlasscheine*), sur lesquelles devait être mentionné quand, pendant combien de temps et où une école avait été fréquentée. En Bavière, de telles pièces justificatives devaient être produites, non seulement pour obtenir une autorisation de mariage mais aussi pour l'acquisition d'un bien et pour commencer une formation d'artisan.[12] Ce papier ne servait alors pas encore de certification de l'application et du comportement scolaires de l'individu ou des connaissances qu'il avait acquises. Il n'était utilisé que pour contrôler la fréquentation de l'école.[13] Sur demande, il devait être présenté à la police locale, ce qui souligne sa signification comme pièce attestant une plus ou moins grande assiduité scolaire. Enfin, ces documents ont joué un grand rôle dans les premières enquêtes démographiques en Prusse et ils ont parfois été exigés pour la confirmation au sein de l'Église évangélique.

L'instauration de l'obligation scolaire révèle, si l'on en juge par les nombreuses plaintes qu'elle a suscitées, un problème central de la réalité scolaire du 19e siècle. On y répond par la mobilisation de moyens considérables : constitution de listes des élèves absents, élévation du niveau des amendes ou sermons aux parents et aux enfants négligents, et avec succès, comme on le sait depuis lors. Mais dans plusieurs parties de l'Allemagne, ces efforts n'étaient pas encore tous couronnés de succès à la fin du 19e siècle, à l'instar de ce qu'on peut constater dans le présent ouvrage s'agissant du canton de Zurich[14]. Ce ne sera le cas qu'après la Première Guerre mondiale.

Dans l'ensemble, la divergence entre prescription et observation de l'obligation scolaire tend cependant à diminuer au cours du siècle. On aurait apprécié de pouvoir disposer d'une description quantitative plus précise de l'instauration de l'obligation scolaire et des taux de fréquentation. Les difficultés rencontrées en Allemagne à propos des sources se

12 Liedtke 1993 : 54.
13 *Cf.* Friedrich 1987 : 127.
14 *Cf.* Bloch dans le présent ouvrage.

retrouvent manifestement en Suisse. En dépit de recherches toujours lacunaires, on constate malgré tout en Prusse (constat déjà ancien) un clivage régional qui fournit des indices ponctuels de « progrès » ou de « retard » dans la comparaison des arrondissements scolaires. Pour 1816, par exemple, on peut estimer, à partir des « nouvelles » les plus récentes, celles que le *statistisches Bureau* récolta alors pour tout l'État prussien, que le taux de scolarisation s'élevait, dans l'ensemble de la Prusse, à 60 %. Dans la province prussienne de Saxe, il tournait, dans ces années déjà, autour de 80 % ; en Rhénanie, il se situait vers 50 %, tandis que dans la province, alors prussienne, de Posnanie – avec une école dans un état globalement désolant et une grande part de population non germanophone –, seuls 20 % des enfants en âge scolaire fréquentaient effectivement l'école publique.[15]

Ce n'est qu'au milieu du siècle passé qu'un changement se dessine, avec un accroissement plus ou moins net du taux de scolarisation qui touche toutes les provinces prussiennes. Pour la Posnanie, à l'est, les statistiques de 1846 montrent un taux de scolarisation de 70 %. En Rhénanie, on en est à 86 % et, en Saxe, déjà à 94 % d'enfants scolarisés. Pour autant que l'on puisse tirer une comparaison, le taux de scolarisation de la Haute-Bavière, avec déjà 99 % au milieu du siècle[16], était de 5 % supérieur à celui de la Saxe, qui avait le meilleur résultat de toute la Prusse.

La situation des sources est meilleure pour la seconde moitié du 19e siècle que pour ses premières décennies. Malgré cela, la recherche sur le développement de l'école élémentaire allemande est encore loin de disposer de données quantifiées au niveau global. Les méthodes d'enquête différenciées et les catégories et points de référence peu clairs des anciennes statistiques rendent difficile une analyse comparative. De plus, la reconstruction dans les archives de séries concernant des villes ou des régions isolées est, en général, un travail accablant et éminemment problématique du point de vue méthodologique.

Pour Scandola, ce constat de carence à propos des recherches quantitatives vaut manifestement aussi pour la Suisse. Il relève également qu'il

---

15 *Cf.* les indications détaillées de Leschinsky & Roeder 1984 : 137 et ss. Pour ces différences, alors abruptes, entre régions et pour le nombre d'analphabètes qui était établi par des recensements annuels pour l'armée, *cf.* également Wehler 1989 : 485.

16 La fiabilité de ces derniers renseignements doit être critiquée. Liedtke concède, dans sa présentation de la collecte des données à cette époque, qu'il existe des incertitudes difficiles à ignorer. Faute d'autres matériaux, il se fonde néanmoins sur des chiffres qui, montrent, pour la Haute-Bavière, une montée de la fréquentation scolaire entre 1803, 1804 et 1851, allant de 60 à 70 % jusqu'à près de 100 %. *Cf.* Liedtke 1993 : 60.

manque toujours une exploitation d'ensemble de l'enquête que Stapfer a conduite en 1799 sur l'école de la Suisse d'alors, étude qui pourrait servir de base de départ pour une comparaison avec des données plus tardives.[17] Ce n'est pas ici le lieu de dire si la *Statistique scolaire* en plusieurs volumes établie près de cent ans plus tard (1896) par Albert Huber ou l'*Annuaire de l'éducation en Suisse*, auquel le directeur de l'école normale bernoise Ernst Schneider a recours au début du 19e siècle[18], sont utilisables pour une recherche comparative sur l'histoire de l'école. Mais qui sait, peut-être qu'un coup d'œil sur les publications et les données anciennes pourrait porter de nouveaux fruits.[19]

La question de l'écolage et la gratuité de l'enseignement

En Suisse comme en Allemagne, l'instauration de l'obligation de fréquenter l'école ou de s'instruire a été ressentie comme une charge, particulièrement par les parents des couches sociales les plus pauvres. En effet, elle implique des dépenses qui réduisent le revenu familial. L'obligation arrache les enfants des régions rurales aux corvées familiales ou agricoles et les éloigne des (maigres) possibilités de revenu dans l'industrie. Le lien qui s'établissait dans les écoles industrielles ou de fabrique[20], sous le principe de l'« industrieux » (« *Industriosität* »), entre obligation scolaire, d'une part, et travail et revenu, d'autre part, avait en Allemagne, malgré le recul annoncé du système, des défenseurs absolus. Cette combinaison du travail en usine et du respect de l'obligation a ainsi été acceptée par l'État jusque dans les années 1840. Ce n'est qu'après que l'exploitation des enfants et les conséquences sanitaires qui en résultaient se sont retrouvées sous le feu des critiques du public que de telles entreprises ne furent plus soutenues. Les dernières écoles de

---

17 Scandola 1991 : 595.

18 Schneider a rédigé en 1908 un article sur l'état de l'école élémentaire en Suisse pour l'*Encyclopädisches Handbuch der Pädagogik* édité par Wilhelm Rein.

19 Les lacunes de la statistique de l'éducation, qui portent manifestement sur des décennies, seront probablement impossibles à combler. *Cf.* également les indications de Criblez dans le présent ouvrage.

20 Le concept d'« école industrielle » se rapporte ici aux institutions pour enfants des « couches inférieures » qui se sont développées dans les usines et manufactures. Elles ne doivent pas être confondues avec les écoles « industrielles et commerciales » telles qu'elles existent en Suisse dans le dernier tiers du 19e siècle, ou avec les sections réales des gymnases (*cf.* par exemple Omlin dans le présent ouvrage).

fabrique, qui « libéraient » les enfants de l'écolage, sont finalement fermées dans la seconde moitié du 19e siècle.

En Allemagne, l'idée de lier obligation scolaire et gratuité de l'enseignement est restée peu répandue jusque tard dans le 19e siècle. Parfois, des règlements libéraient les familles nécessiteuses de l'écolage, mais il n'a pas été question d'une école gratuite pour tous les enfants avant 1870. Bien que le fait de devoir payer pour respecter l'obligation ait eu dès le début quelque chose de paradoxal, il ne s'est révélé comme problématique qu'au moment des programmes de réforme de l'école de 1848.

Comparée aux pratiques allemandes, la précoce mise en place de la gratuité des écoles primaires (en 1835 en Argovie, pour les degrés inférieurs et supérieurs) surprend. L'étonnement se renforce encore devant l'exception manifeste du canton de Zurich, où la gratuité n'est instaurée qu'en 1869, en même temps qu'à Berlin. Le plus fort soutien social donné, en Suisse, à l'obligation scolaire peut éventuellement être décrit comme un effet du principe centralisateur et démocratique de la République helvétique[21], mais il semble marquer en outre une différence d'ensemble par rapport au système d'enseignement allemand du 19e siècle, organisé de plus de manière corporative.

Le très large décalage entre gratuité et obligation de l'enseignement élémentaire que l'on peut constater en Allemagne indique donc que le concept d'*école primaire démocratique* est partiellement mis en place en Suisse dès le début du 19e siècle, alors que pour l'Allemagne on peut considérer qu'il n'entre en jeu, au plus tôt, qu'en relation avec les plans nationaux d'éducation. Du point de vue de l'instituteur primaire, dont l'existence dépend finalement des écolages versés par sa clientèle, la suppression de ces écolages n'entre pas en ligne de compte. En effet, le revenu de ces enseignants est en principe assuré par la commune où ils travaillent, et la plupart des maîtres, jusque dans le dernier tiers du 19e siècle, doivent compter jusqu'à leur dernier centime, qu'il provienne des écolages ou de revenus annexes. Ainsi, les premières pétitions d'instituteurs visant à l'amélioration de l'état de l'école et des traitements des enseignants ne demandent pas encore l'abolition de l'écolage. Les revendications des instituteurs pour l'amélioration de leur situation matérielle sont avant tout tournées vers l'État, à qui ils demandent une meilleure gratification des enseignants par une redistribution des dépenses

21 *Cf.* Brändli dans le présent ouvrage. Malgré son *arrière goût quelque peu socialiste*, ce type d'argument joue finalement à nouveau son rôle dans la préparation de cette stipulation dans la Constitution fédérale de 1848 (*Cf.* Criblez dans le présent ouvrage).

publiques. C'est ainsi qu'avec toute la prudence nécessaire, les instituteurs brandebourgeois proposent dans les années 1840 une réduction des dépenses militaires.[22] En visant ce type d'économies, ces instituteurs donnent le ton d'une argumentation qui jouera un rôle important dans les futurs combats des associations d'instituteurs pour de meilleurs traitements, comme dans les débats actuels sur l'éducation.

Les pétitions des instituteurs du début du 19e siècle n'ont eu que peu d'effet. Le souci de l'école élémentaire se traduit au nord et au sud de l'Allemagne par des réformes scolaires et par l'action de fonctionnaires réformateurs, non sans être inspiré par le message de Pestalozzi. L'attention pour l'éducation à l'école élémentaire se combine, en Prusse, avec l'idée d'une éducation nationale qui se diffuse à travers les incendiaires *Reden an die Deutsche Nation* (1807/08) de Fichte, qui se réfèrent aux idées pestalozziennes sur l'éducation des pauvres et du peuple.

L'envoi d'« élèves prussiens » en Suisse témoigne que, dans l'État prussien également, on attend beaucoup de Pestalozzi, de son « esprit » et de sa « méthode élémentaire » pour l'éducation populaire. Éducation de base précoce pour le simple peuple, d'une part, construction sociale de la nation, d'autre part, sont les idées au travers desquelles on considère Pestalozzi en Allemagne. Dans ces circonstances, la réalité des situations et les politiques scolaires des cantons semblent moins intéressantes.

Lorsque Max Liedtke constate que *l'histoire de l'école en Bavière peut aussi être considérée comme une part de l'histoire des effets du développement historique de l'école en Suisse*[23], il se réfère également à Pestalozzi. Ce dernier est nommé en 1808 membre ordinaire de l'Académie de Munich. Il prend part en cette qualité à l'élaboration du « régulatif » pour la formation des instituteurs primaires et à celle du plan d'enseignement bavarois de 1804-1811. Une politique scolaire allant dans le sens d'une éducation du peuple, qui aurait donc dû se préoccuper de la suppression de l'écolage, n'est pourtant pas à l'ordre du jour en Bavière. Ceci bien que l'écolage soit alors toujours plus considéré comme un obstacle essentiel à une meilleure fréquentation de l'école.[24]

Il en va de même dans les autres États allemands. Jusqu'au dernier tiers du 19e siècle, la question des écolages pour l'école élémentaire est à peine débattue. La Constitution rédigée par l'assemblée de la *Paulskirche* de Francfort en 1848, qui prévoyait la gratuité générale pour l'enseignement dans les écoles élémentaires, répondant ainsi aux revendications

22 Böhm 1843.
23 Liedtke 1984 : 12.
24 Liedtke 1993 : 55.

des instituteurs sur la suppression des écolages[25], n'est pas entrée en vigueur. De même, la gratuité de l'enseignement dans les écoles élémentaires publiques, prévue à l'article 25 de la Constitution prussienne de 1850, est restée lettre morte.[26] Au contraire, on examina et pondéra à grands frais administratifs l'indigence des familles qui demandaient des places gratuites pour leurs enfants dans les écoles publiques (ou privées à Berlin). Du point de vue de la technique administrative, l'introduction (précoce pour l'Allemagne, mais tardive vu de Suisse) de la gratuité, à Berlin, en 1869, représente une victoire du pragmatisme qui a globalement réglementé, construit et administré avec succès l'école prussienne après 1850. Il faudra encore des décennies pour que la gratuité soit étendue à l'ensemble du Reich wilhelmien. Ce n'est que dans l'article 145 de la Constitution de la République de Weimar que la gratuité, non seulement de l'enseignement mais aussi du matériel scolaire, est introduite dans toute l'Allemagne, donc bien après son introduction en Suisse.[27]

LA POSITION DE L'ÉCOLE FACE À L'ÉTAT ET À L'ÉGLISE

Le *Code civil général pour les États prussiens* de 1794 définit les écoles comme des *organisations étatiques*. En Allemagne du sud, la dimension étatique du système scolaire élémentaire est établie par les lois scolaires, et l'État appose sa marque sur l'éducation du peuple par l'intermédiaire d'une administration scolaire laïque. Mais malgré cela on constate toujours, comme en Suisse, l'ancienne accointance entre État et Église. En

---

25 Les revendications des instituteurs de 1848 ont été publiées en 1849 dans la quatrième livraison du *Pædagogischer Jahresbericht* de Karl Nacke. Elles résument les orientations programmatiques adoptées dans soixante-deux assemblées d'instituteurs ou dans des pétitions. Parmi les revendications de réforme, qui concernaient les *moyens de fondation et de conservation des écoles*, l'abolition de l'écolage vient au premier rang; vingt et une assemblées avaient voté en ce sens. Au deuxième rang, les instituteurs de 1848 exigeaient *l'entretien de toutes les écoles et établissements d'enseignement élémentaires par l'État*. *Cf.* la compilation des revendications réformatrices dans König 1973, dans ce cas: 228.

26 Un décret ministériel de 1852 révèle la pratique en vigueur. *Dans les circonstances actuelles, les écolages constituent un des émoluments les plus naturels du revenu des instituteurs. Il mérite donc, dans l'intérêt même des instituteurs, une soigneuse protection.* Cité par Tews 1980: 148. Pour les textes constitutionnels eux-mêmes, *cf. Alle deutschen Verfassungen* 1985.

27 *Cf.* Criblez dans le présent ouvrage. La pratique de la perception des écolages et leur niveau diffèrent considérablement d'un État allemand à l'autre jusqu'en 1919. Dans chaque État, on trouvait encore des différences entre régions ainsi qu'entre villes et campagnes. *Cf.* le résumé relativement circonstancié de Tews 1908.

fait, les cantons règlent largement leurs problèmes scolaires par l'établissement ou la continuation d'instances étatiques. Mais ils font participer les clercs à la surveillance de l'école laïque et, après la Régénération, protègent les «anciennes» religions originelles comme *religions d'État*.[28]

En Allemagne, le choix de la forme des relations entre école et Église pose des problèmes avant tout dans les États qui étaient homogènes du point de vue confessionnel et que les réorganisations politiques du début du 19e siècle ont rendus mixtes. Ceci vaut, dans le sud de l'Allemagne, pour la Bavière et le Wurtemberg, mais dans chaque cas de manière inverse. L'extension du Wurtemberg, qui était avant 1803 protestant, à des territoires aux populations majoritairement catholiques en fait, en 1810, un État équilibré du point de vue confessionnel. On y règle les problèmes de l'école par une nouvelle organisation de l'administration et de l'inspection scolaire. Le manifeste d'organisation de 1806 place les écoles protestantes sous l'autorité du Consistoire évangélique et les écoles catholiques sous celle du nouveau Conseil ecclésiastique. Mais il décrète que toutes les écoles, comme auparavant, restent sous la surveillance de l'État.[29] La Bavière, toujours catholique au tournant du siècle, devient, par accroissement territorial, un État mixte, avec 23.8 % de protestants en 1819.[30] Ici, comme dans d'autres États allemands, la confession minoritaire est présente aux niveaux supérieurs de l'administration scolaire: elle y a sa propre division.

Malgré des développements variables dans les États, on peut admettre qu'en Allemagne l'inspection scolaire, au moins au niveau local, est généralement entre les mains de clercs. Le statut légal, le traitement, les titres (*Schul-* ou *Oberschulinspektor*), les cachets officiels mêmes, montrent que ceux-ci ne travaillent pas pour les Églises, mais sont bien des mandataires de l'État. Les liens effectifs entre Églises et école pèsent cependant souvent de manière considérable sur les instituteurs.

L'inspection par des clercs n'est que rarement perçue comme gênante dans les premières décennies du 19e siècle. Dans le mouvement de construction d'une profession moderne d'enseignant, en cours depuis les années 1840, elle sera de plus en plus critiquée comme une inspection par des amateurs. La surveillance qu'exercent les clercs sur les instituteurs, probablement à la différence de ce qui se passe en Suisse, ne se limite pas (au moins en Prusse) à l'ordre dans le cadre de l'école et de l'enseignement. L'État leur confie également l'observation de la person-

28 *Cf.* Späni, dans le présent ouvrage.
29 Friedrich 1987: 147.
30 Liedtke 1993: 11 et ss.

nalité de l'instituteur hors de l'école, ce qui les fait craindre ou même haïr. Ils tiennent ce qu'on appelle la liste de conduite, sur laquelle le comportement public et politique, mais aussi privé, familial et moral des instituteurs est noté. Au besoin, cette liste donne l'occasion à l'État d'exhorter les instituteurs à une tenue plus conforme au service.

D'autre part, l'activité de l'instituteur est rapprochée, du point de vue de l'éthique professionnelle, du *service spirituel*. Ceci correspond assez bien à la conscience qu'en ont la plupart des enseignants, mais cette élévation spirituelle n'exclut pas, particulièrement dans les campagnes, qu'ils soient contraints à certains services pour l'Église (sonner les cloches, régler l'horloge du clocher, faire la quête). Dans le nord protestant de l'Allemagne, cette situation alimente la revendication des instituteurs libéraux pour une «émancipation de l'école face à l'Église». Cette revendication est considérée avec des sentiments mélangés par l'État et finalement étouffée après l'échec de la révolution de 1848. Les «régulatifs» prussiens rédigés en 1854 par Ferdinand Stiehl (1812-1878), directeur du système scolaire élémentaire et des écoles normales, ont conduit en pratique à l'unification des écoles élémentaires. Mais comme ils sont aussi engagés en faveur du principe de limitation de l'éducation (*Bildungsbeschränkung*) et en faveur de la religiosité, ils renforcent finalement la liaison interne entre école d'État et Église protestante.[31] Dans le but avoué de ramener le programme éducatif des écoles élémentaires vers une *véritable éducation populaire chrétienne*, on donne une place centrale à l'enseignement de la religion. On devait y apprendre par cœur le catéchisme, des passages de la Bible et plus de cinquante cantiques.

Le sud de l'Allemagne, constitutionnellement paritaire du point de vue religieux mais majoritairement catholique, offre également des exemples de cette politique scolaire étatique. En Bavière, la *variante bavaroise*[32] du «régulatif» prussien sur la formation des enseignants voit le jour en 1857 avec un règlement sur la formation des instituteurs. L'étroite liaison personnelle et institutionnelle de l'inspection de l'école par l'État et le clergé avait été entretenue en Bavière comme en Prusse, malgré une configuration confessionnelle différente. Elle se révèle être finalement au bénéfice de l'Église catholique, après la politique anticléri-

31 Il s'agissait d'un ensemble de trois «régulatifs». Le premier pour l'enseignement dans les écoles normales d'instituteurs protestantes, le deuxième pour la formation préparatoire des candidats aux écoles normales protestantes et le troisième pour l'enseignement dans les écoles élémentaires protestantes à classe unique. Les «régulatifs» sont publiés, entre autres, dans Müller 1913: 195-208. À leur propos, *cf.* Krueger 1970, Jeismann 1977 et, de manière concise, Herrlitz, Hopf & Titze 1993: 60 et ss.

32 Liedtke 1993: 46.

cale de Montgelas au début du siècle, à tel point qu'en 1869 on renonce à adopter une nouvelle loi scolaire parce qu'elle prévoyait l'abandon de l'inspection des écoles par les ecclésiastiques.[33]

Dans toute l'Allemagne, le débat sur les relations entre État, Église et école mène enfin, après l'unification de 1871, à l'établissement d'une école d'État détachée de l'Église, mais pas à sa laïcisation complète. L'influence directe de l'Église sur l'organisation scolaire a bel et bien été réduite à l'enseignement religieux. Mais cet enseignement lui-même demeure séparé selon les confessions, à l'opposé du modèle de l'enseignement d'éthique non confessionnel et fondé sur les usages religieux défendu par les enseignants et les pédagogues libéraux du cercle de Friedrich Adolph Wilhelm Diesterweg (1790-1866). Dans la pratique, les écoles restent marquées par leur identité confessionnelle. Jusque tard dans le 20e siècle, elles constituent ainsi le modèle de base, encore renforcé dans la Constitution de la République de Weimar de 1919.

À part pour les écoles laïques ou non-confessionnelles établies après la Première Guerre mondiale, l'article 149 de la Constitution de Weimar prévoit que l'enseignement de la religion est *une branche d'enseignement ordinaire* qui *doit être donnée en fonction des principes fondamentaux de la communauté confessionnelle concernée, hors de la surveillance de l'État*. Par l'intermédiaire de l'enseignement de la religion, l'État allemand garantit ainsi aux Églises l'accès aux affaires scolaires. Mais il admet tout de même que les parents, auxquels l'article 135 garantit une *totale liberté de croyance et de conscience*, puissent décider de la participation de leurs enfants aux *branches d'enseignement de la religion ainsi qu'aux fêtes et actions religieuses* dans le cadre de l'école. Par conséquent, bien que l'enseignement religieux soit obligatoire, sa fréquentation peut être contournée par une demande spécifique formulée individuellement par les parents. Les écoles confessionnelles restent ainsi la règle en Allemagne jusque dans les années 1930.

En se tournant vers la Suisse, on constate en un coup d'œil à la Constitution fédérale de 1874 que le principe de la tolérance religieuse est le commandement suprême. L'article 27 établit que *Les écoles publiques doivent pouvoir être fréquentées par les adhérents de toutes les confessions, sans qu'ils aient à souffrir d'aucune façon dans leur liberté de conscience ou de croyance*. Ceci peut être interprété comme une garantie de la neutralité de l'enseignement. L'article 49 souligne également, de manière plus ferme que la Constitution de Weimar qui laisse la priorité au choix des parents

33 Liedtke 1993 : 81 et ss.

pour l'éducation religieuse de leurs enfants, que *nul ne peut être contraint [...] de suivre un enseignement religieux*. Le fait que, d'autre part, les stipulations fédérales de 1874 n'aient pas empêché la persistance d'un système scolaire confessionnel *dans certaines régions de la Suisse*[34] explique peut-être pourquoi la Constitution fédérale a été célébrée par ses contemporains comme un chef-d'œuvre de législation scolaire.

CONCLUSION

Les stipulations de la Constitution fédérale, qui sont impératives pour l'établissement des lois scolaires cantonales, peuvent être considérées comme de véritables perles législatives, écrit en substance Ernst Schneider.[35] Il souligne avec fierté la confiance avec laquelle la Confédération a laissé aux cantons le soin d'établir un enseignement gratuit et suffisant en ne prescrivant que le strict nécessaire, rendant ainsi justice à la diversité des réalités culturelles, linguistiques et confessionnelles. Le refus très net d'un secrétariat fédéral à l'éducation en 1882 montre finalement le très faible soutien dans le peuple suisse pour une politique scolaire centraliste et le peu d'arguments que les défenseurs du *bailli scolaire* avaient à opposer à l'épouvantail de la « germanisation » par une administration centrale.[36]

À la grande joie des instituteurs prussiens, la victoire de l'armée prussienne à Königgrätz en 1866 a été attribuée à la *supériorité et à la préparation supérieure au combat* des troupes, due à une meilleure formation scolaire.[37] Après cette date, les réserves contre le « modèle allemand » de normes et d'unification scolaire sont de nature double. Comme le montrent les examens des recrues suisses, le regard sur les cantons est lié étroitement à la volonté d'une certaine unification scolaire dans le sens d'un rapprochement des performances. Les examens pour les hommes soumis au service militaire obligatoire en Bavière et en Prusse ont, eux, pour but principal l'établissement du nombre d'analphabètes pour les statistiques. En Suisse, les examens des recrues sont en revanche aussi

34 *Cf.* Späni dans le présent ouvrage.
35 Schneider 1908 : 435.
36 Im Hof 1974 : 126, et également Beck 1933 : 310.
37 L'idée que la victoire de l'armée prussienne ne doit pas être attribuée *au fusil à aiguille, mais à l'instituteur prussien* a tout d'abord vu le jour dans la presse militaire autrichienne. Ce n'est qu'après cette espèce de reconnaissance que le roi de Prusse *remercia officiellement les instituteurs pour l'aide qu'ils lui avaient apportée*. (*Cf.* Fischer 1898 : 406 et ss). C'est sous cette forme que Königgrätz est entré dans la légende de l'histoire de l'école allemande.

un moyen par lequel on met en concurrence les cantons. Après le refus d'une politique scolaire fédérale, ces examens demeurèrent le seul instrument pour mesurer de manière égalitaire l'efficience des systèmes scolaires cantonaux.[38] Mais ce reste de contrôle fédéral sur les écoles des cantons disparut finalement devant les critiques et avec la suppression des examens des recrues.

Cependant les modèles modernes et différenciés de politique scolaire suisses et allemands sont tracés bien avant, avec les stipulations constitutionnelles de 1871 (en Allemagne) et de 1874 (en Suisse). Ils établissent des formes différenciées d'école, d'administration et de formation des enseignants car ils appartiennent au temps d'une politique scolaire peu normée. S'il est vrai que le fédéralisme et l'autorité des ministères de l'éducation des *Länder* de l'Allemagne ont abouti à ce que les lois scolaires diffèrent d'un *Land* à l'autre, le rapport entre relativement beaucoup de centralisme et moins de fédéralisme n'a que de très vagues ressemblances avec le modèle suisse. Dans celui-ci, vingt-cinq systèmes différents avec leurs propres manuels scolaires, peuvent bel et bien passer pour les *boucliers effectifs* du fédéralisme.[39]

(Traduction : J.-C. Bourquin)

RÉFÉRENCES BIBLIOGRAPHIQUES

Alle deutschen Verfassungen. (1985). Munich, Wilhelm Goldmann.

Badertscher, H. & Grunder, H.-U. (éds.) (1997). *Geschichte der Erziehung und Schule in der Schweiz im 19. und 20. Jahrhundert. Leitlinien.* Berne/Stuttgart/Vienne, Haupt.

Baumgart, F. (1990). *Zwischen Reform und Reaktion. Preussische Schulpolitik 1806-1859.* Darmstadt, Wissenschaftliche Buchgesellschaft.

Beck, J. (1933). Erziehung und Erziehungswissenschaft in der Schweiz in den letzten dreissig Jahren. In *Handbuch der Erziehungswissenschaft.* Tome 3, 5e Partie (*Die Pädagogik der Gegenwart in den grossen Kulturländern*), pp. 305-348. Munich.

Böhm, C. (1843). *Die Petition des Berlinischen Lehrer-Vereins für deutsches Volksschulwesen an den 8ten Landtag der Provinz Brandenburg und der Niederlausitz.* Essen.

Böhme, G. & Tenorth, H.-E. (1990). *Einführung in die Historische Pädagogik.* Darmstadt, Wissenschaftliche Buchgesellschaft.

38 *Cf.* Lustenberger dans le présent ouvrage.

39 Im Hof 1974 : 126

Criblez, L. & Jenzer, C. (1995). Zur Situation und Entwicklung der Schulgeschichte in der Schweiz : « Aber warum sprechen wir von der Vergangenheit und der Gegenwart ? Die Realität ist ein unteilbares Ganzes ». *Bildungsforschung und Bildungspraxis*, *17/2*, 210-240.

Fischer, K. (1898, 2e éd. augm.) *Geschichte des deutschen Volksschullehrerstandes*. Tome 2. Hanovre/Berlin.

Friedrich, G. (1987). Das niedere Schulwesen. In K.-E. Jeismann & P. Lundgreen (éds), *Handbuch der deutschen Bildungsgeschichte*. Tome III, *1800-1870. Von der Neuordnung Deutschlands bis zur Gründung des Deutschen Reiches*, pp. 123-152. Munich, Beck.

Herrlitz, H.-G., Hopf, W., Titze, H. (1993). *Deutsche Schulgeschichte von 1800 bis zur Gegenwart. Eine Einführung*. Weinheim/Munich, Juventa.

Im Hof, U. (1974, 5e éd. rev. et augm.). *Geschichte der Schweiz*. Stuttgart/Berlin/Cologne, Kohlhammer.

Jeismann, K.-E. (1965). Die « Stiehlschen Regulative ». Ein Beitrag zum Verhältnis von Politik und Pädagogik während der Reaktionszeit in Preussen. In U. Herrmann (éd.), *Schule und Gesellschaft im 19. Jahrhundert. Sozialgeschichte der Schule im Übergang zur Industriegesellschaft* (1977), pp. 137-161. Weinheim/Bâle, Beltz.

Jeismann, K.-E. (1987). Schulpolitik, Schulverwaltung, Schulgesetzgebung. In K.-E. Jeismann & P. Lundgreen (éds.), *Handbuch der deutschen Bildungsgeschichte*. Tome III, *1800-1870. Von der Neuordnung Deutschlands bis zur Gründung des Deutschen Reiches*, pp. 105-122. Munich, Beck.

Jeismann, K.-E. & Lundgreen, P. (éds.) (1987). *Handbuch der deutschen Bildungsgeschichte*. Tome III, *1800-1870. Von der Neuordnung Deutschlands bis zur Gründung des Deutschen Reiches*. Munich, Beck.

Kemnitz, H., Tenorth, H.-E., Horn, K.-P. (1998). Der Ort des Pädagogischen. Eine Sammelbesprechung bildungshistorischer Lokal- und Regionalstudien. *Zeitschrift für Pädagogik*, *44*, 127-147.

Knauer, C. (1995). *Frauen unter dem Einfluss von Kirche und Staat. Höhere Mädchenschulen und bayerische Bildungspolitik in der ersten Hälfte des 19. Jahrhunderts*. Munich, Miscellanea Bavarica Monacensica.

König, H. (1973). Geschichte der Reformbestrebungen auf dem Gebiete der deutschen Volksschule seit den Tagen des März 1848. Materialien aus dem *Pädagogischen Jahresbericht für Deutschlands Volksschullehrer, 4. Jahrgang (1849)*. *Jahrbuch für Erziehungs- und Schulgeschichte* (1973), 13, 219-246.

Kriss-Rettenbeck, L. & Liedtke, M. (éds.). 1984. *Regionale Schulentwicklung im 19. und 20. Jahrhundert*. Bad Heilbrunn, Klinkhardt.

Krueger, B. (1970). *Stiehl und seine Regulative. Ein Beitrag zur preussischen Schulgeschichte*. Weinheim, Beltz.

Liedtke, m. (1984). Regionale Schulgeschichte in ihr überregionaler Zusammenhang. In L. Kriss-Rettenbeck & M. Liedtke (éds), *Regionale Schulentwicklung im 19. und 20. Jahrhundert*, pp. 9-13. Bad Heilbrunn, Klinkhardt.

Liedtke, M. (éd.) (1991-1997). *Handbuch der Geschichte des Bayerischen Bildungswesens*. Tomes 1-4. Bad Heilbrunn, Klinkhardt.

- Tome 1. (1991). *Geschichte der Schule in Bayern. Von den Anfängen bis 1800.*
- Tome 2. (1993). *Geschichte der Schule in Bayern. Von1800 bis 1918.*
- Tome 3. (1997). *Geschichte der Schule in Bayern. Von1918 bis 1990.*
- Tome 4. (1997). *Geschichte der Schule in Bayern. Epochenübergreifende Spezialuntersuchungen, 2: Geschichte der Universitäten, der Hochschulen, der vorschulischen Einrichtungen und der Erwachsenenbildung in Bayern.*

Lundgreen, P. (1980). *Sozialgeschichte der deutschen Schule im Überblick*. Tome 1: *1770-1918*. Göttingen, Vandenhoeck & Ruprecht.

Müller, C. (1913, 3e et 4e éd.) *Grundriss der Geschichte des preussischen Volksschulwesens. Für Seminaristen, Lehrer und Schulaufsichtsbeamte*. Osterwieck/Leipzig.

Scandola, P. (1991). Von der Standesschule zur Staatsschule. Die Entwicklung des Schulwesens in der Schweizerischen Eidgenossenschaft 1750-1830 am Beispiel der Kantone Bern und Zürich. In W. Schmale & Nan L. Dodde (éds), *Revolution des Wissens? Europa und seine Schulen im Zeitalter der Aufklärung (1750-1825). Ein Handbuch zur europäischen Schulgeschichte*, pp. 581-625. Bochum, Winkler.

Schmale, W. (1991). Die Schule in Deutschland im 18. und frühen 19. Jahrhundert. Konjunkturen, Horizonte, Mentalitäten, Probleme, Ergebnisse. In W. Schmale & Nan L. Dodde (éds.), *Revolution des Wissens? Europa und seine Schulen im Zeitalter der Aufklärung (1750-1825). Ein Handbuch zur europäischen Schulgeschichte*, pp. 627-767. Bochum, Winkler.

Schneider, E. (1908, 2e éd.). Schweizerisches Volksschulwesen. In W. Rein (éd.), *Enzyklopädisches Handbuch der Pädagogik*. Tome 8, pp. 433-445. Langensalza.

Tews, J. (1908, 2e éd.). Schulgeld. In W. Rein (éd.), *Enzyklopädisches Handbuch der Pädagogik*. Tome 8, pp. 433-445. Langensalza.

Wehler, H. -U. (1989, 2e éd.). *Deutsche Gesellschaftsgeschichte*. Tome 2, *Von der Reformära bis zur industriellen und politischen « Deutschen Doppelrevolution » 1815-1845/49*, p. 85. Munich, Beck.

PIERRE CASPARD

LES MIROIRS RÉFLÉCHISSENT-ILS ? ESQUISSE D'UNE ÉTUDE COMPARÉE DE LA GRATUITÉ, DE L'OBLIGATION ET DE LA LAÏCITÉ SCOLAIRES, EN FRANCE ET EN SUISSE

Au 19e siècle, la Suisse a compté, avec ou après l'Allemagne et l'Angleterre, parmi les pays dont la France s'est le plus souciée d'observer le système éducatif en y cherchant modèles et sources d'inspiration. Au début du siècle, cet intérêt a même suscité ce qu'on considère souvent comme le coup d'envoi du comparatisme en éducation: le questionnaire mis au point par Marc-Antoine Jullien de Paris dans son *Esquisse d'un ouvrage sur l'éducation comparée*, publié en 1817. Certes, cet ouvrage ne vise pas à comparer l'éducation helvétique à celle d'autres nations européennes de l'époque, mais à comparer les cantons suisses entre eux. De ce point de vue, il se situe dans le prolongement de l'enquête administrative lancée par Philippe-Albert Stapfer au début de la République helvétique, en lui donnant un tour plus spéculatif: il s'agit de recueillir suffisamment de données sur l'éducation pour dégager ce qu'on appellerait aujourd'hui les «facteurs de la réussite», au niveau d'un canton, afin d'indiquer aux autres les moyens de progresser. Mais ce qui vaut pour les cantons vaut aussi pour les pays, et c'est bien le perfectionnement de l'éducation en France qu'avait plus particulièrement Jullien à l'esprit, en lançant son enquête.

Durant tout le siècle, bien d'autres études comparées incluront la Suisse dans leur champ d'observation, qu'il s'agisse de rapports d'enquête, ou d'études et réflexions parues dans les nombreuses revues qui ont orienté et animé l'innovation pédagogique et administrative.

LA SUISSE DANS LE MIROIR

L'une des toutes premières revues pédagogiques françaises, les *Annales de l'éducation*, fondées en 1811 par François Guizot, le futur ministre de l'Instruction publique, s'attachait déjà à présenter à ses lecteurs l'état de l'éducation et de l'instruction en Suisse. Par la suite, et notamment dans les années 1880-1914, des dizaines de revues lui consacreront des rubriques régulières, avant que Genève ne devienne, quasi officiellement entre les deux guerres, le centre de l'internationalisme et du comparatisme pédagogiques, et focalise ainsi l'attention, pour des raisons désormais plus scientifiques, en principe, que politiques et administratives.

La vision de l'éducation suisse, et les modèles que vont y chercher les pédagogues français, sont de plusieurs ordres. Bien sûr, on interroge les grandes figures de la pédagogie suisse, porteuses d'une idée de l'éducation du peuple: Pestalozzi au premier chef, plus ou moins naturalisé dès la Révolution, malgré la lourdeur terriblement germanique, aux yeux de Français, de ses écrits et de son système; ou le Père Girard, dont *L'enseignement régulier de la langue maternelle* connaît un durable succès. Rousseau en revanche est peu considéré comme un auteur suisse, bien à tort, alors que son œuvre, politique et pédagogique, est pleine de la nostalgie des formes spécifiquement helvétiques de socialisation de l'enfance et de la jeunesse.

On explore, ensuite, les domaines de l'instruction où la Suisse apparaît comme pionnière: l'apprentissage, le travail manuel, l'hygiène, l'éducation civique, la gymnastique, le chant, l'éducation frœbélienne. Enquêtes, reportages, présentation de données statistiques visent à populariser, dans ces domaines, les pratiques helvétiques.

On expose, enfin, les grands principes et les grandes réalisations qui font voir dans la Suisse, dans les années 1880-1900, un modèle de système éducatif démocratique et républicain. À dire vrai, ces deux derniers termes ne doivent pas être confondus, leur emploi ayant des connotations nationales très prononcées. L'objectif spécifiquement visé par le personnel politique français, au pouvoir à partir de 1880, c'est la construction d'une école républicaine. La république est loin d'être encore assurée, sous la menace conjointe du royalisme et de l'Église catholique, qui se refusent à admettre les principes de 1789. La défense et l'illustration du régime républicain sont donc au cœur même du projet assigné à l'Instruction publique. Le mot «démocratie» est également présent dans le vocabulaire des républicains, mais dans un sens dérivé du premier. C'est ainsi, par exemple, que Jules Ferry définit la question scolaire : *Le point de vue démocratique, dans cette question, le voici : c'est qu'il importe à la France d'aujourd'hui de mêler sur les bancs de l'école les enfants qui se trouveront, un peu plus tard, mêlés sous le drapeau de la patrie*, formulation qui reprend à peu près à l'identique le mot d'ordre des radicaux suisses : *Une seule armée, une seule école.*

Aucun péril monarchiste ne menaçant la Suisse, l'expression d'« école démocratique » est plus typiquement helvétique. Forgée ou popularisée par les radicaux dans la seconde moitié du 19e siècle, elle désignera une organisation où l'État fédéral et les États cantonaux représentent un contrepoids au rôle traditionnellement joué par les communes et les Églises. C'est ce *monstre démocratique* que critiquera Denis de Rougemont dans son célèbre pamphlet sur *Les méfaits de l'Instruction publique* (1929), qui n'est compréhensible par un Français que s'il remplace « démocratique » par « étatique », « bureaucratique », voire « radical ».

Entre les radicaux suisses et les républicains français, les analogies ne sont pas minces, la principale d'entre elles consistant dans la volonté de s'appuyer sur l'État pour lutter contre les forces sociales, idéologiques et politiques plus locales ou plus périphériques. Mais si les trois principes de gratuité, d'obligation et de laïcité sont, de ce point de vue, transposables d'un pays à l'autre, où ils n'ont été votés qu'avec un décalage de quelques années, ils s'inscrivent cependant au terme d'histoires, et dans des contextes culturels et politiques sensiblement différents.

Ce décalage transparaît dans la vision qu'ont de l'« école démocratique » suisse les administrateurs et pédagogues français qui écrivent dans la *Revue pédagogique* entre 1882 et 1914. Revue officieuse du ministère de l'Instruction publique, la *Revue pédagogique* a eu, durant toute cette période, des collaborateurs appartenant aux plus hautes sphères de l'administration et de l'Université, tels Lavisse, Gréard, Buisson, Compayré, Pécaut ou Guillaume. Elle consacre alors de nombreux articles à la Suisse, car elle voit dans ce pays, pour reprendre les termes de Pierre Ognier, un modèle à la fois politique, patriotique, pédagogique et scolaire. Un observateur n'hésite pas à écrire en 1898, après avoir, certes, et comme il se doit, déploré que *la législation suisse soit un véritable dédale*, que *l'organisation scolaire suisse est la plus intéressante et peut-être, et bientôt, la plus parfaite qu'il y ait au monde.*

Parmi les raisons qui valent à la Suisse un tel intérêt, plusieurs ont trait à la trilogie gratuité-obligation-laïcité, que les républicains français travaillent à mettre sur pied dans les années 1880. La France admire ce pays d'avoir introduit le principe de l'obligation scolaire dans sa Constitution fédérale, dès 1874 ; plus encore, elle l'envie d'avoir réussi à faire effectivement fréquenter les écoles, ou les institutions post-scolaires, par une proportion très élevée de ses enfants âgés de 14 à 17 ans, selon les cantons. La revue suit d'ailleurs régulièrement et attentivement les résultats des examens de recrues, qui lui font mesurer le retard français en matière de performances scolaires atteintes par les élèves à l'issue de leur période de scolarité obligatoire. C'est ainsi que l'inspecteur général Édouard Petit publie un article consacré au déroulement et aux résultats des examens de recrues à Neuchâtel, en 1909. Émile Rotival assiste à ceux de Bex, en 1895, et livre des commentaires enthousiastes: *Les trente jeunes que j'ai vus passer l'examen savaient lire et écrire, sans exception !*

S'agissant de la laïcité, en revanche, les commentaires sont plus contrastés, pour deux raisons. La première est que, dans les faits, son application dépend de législations qui varient selon les cantons, progressistes ou conservateurs, catholiques ou protestants, une certaine liberté d'action étant encore laissée aux communes elles-mêmes. En 1881, la *Revue pédagogique* cite avec horreur le cas – assez douteux à notre avis – d'une commune du canton d'Argovie, qui aurait réduit d'un tiers le salaire de son instituteur parce qu'il n'allait pas régulièrement à la messe. Les petits cantons catholiques (Schwytz, Unterwald…) ou le Valais sont particulièrement montrés du doigt, alors qu'on se félicite qu'à Berne, par exemple, les cours d'histoire sainte aient été remplacés par des cours d'histoire des religions.

Mais plus profondément, le trouble que dénotent les commentaires portant sur le modèle laïque suisse tient à l'écart qui sépare les cultures politiques française et helvétique. Comme l'avoue ingénument James Guillaume, l'un des responsables de la *Revue pédagogique*: *La démocratie est une fort belle chose, mais entendue [en Suisse] d'une certaine manière, elle peut produire quelquefois des résultats qui déconcertent le théoricien [français] !* Il est clair que l'on touche ici à une différence majeure dans la culture politique des deux pays. Entre une République française qui redoute de confier ne serait-ce qu'une parcelle de pouvoir sur l'enseignement à des autorités locales, susceptibles d'être l'instrument des *caprices d'une multitude ignorante et irresponsable* – c'est-à-dire, à l'époque, cléricale ou antirépublicaine, mais le danger est permanent et toujours renouvelé… – et la démocratie suisse qui conserve aux communes leur pouvoir traditionnel de nomination sur les instituteurs, il y a une divergence qui incite à examiner de plus près l'application des principes de gratuité, de laïcité et d'obligation dans deux pays se situant quasi à l'opposé sur une échelle qui mesurerait le processus historique de construction de l'État. Dans un cas, un État-nation unitaire, de culture régalo-jacobine, construit par négation ou minoration systématique des spécificités provinciales ou locales, dont Émile Durkheim n'a pas craint de théoriser le modèle en énonçant qu'il incombait légitimement à *la société* d'empêcher que *la grande âme de la patrie ne se divise et ne se résolve en une multitude incohérente de petites âmes fragmentaires en conflit les unes avec les autres!* Dans l'autre, un emboîtement de pouvoirs délégués par des citoyens à leurs communes, à leurs cantons, puis à la Confédération, en respectant un principe général de subsidiarité.

C'est en s'inscrivant dans cette double culture et cette double histoire, que la conception et l'application des principes d'obligation, de gratuité et de laïcité peuvent s'apporter un éclairage mutuel. Chacun d'eux mérite de fait, et bien que les trois soient étroitement liés, une analyse comparative particulière, qui ne néglige pas un véritable toilettage historique et conceptuel préalable, rendu nécessaire par la charge d'images et d'émotions dont plus d'un siècle d'usage politique les a investis.

Derrière le miroir

On ne saurait trop insister sur le fait qu'au 19e siècle, l'une des tâches des fondateurs des systèmes d'éducation publique, républicains français comme radicaux suisses, a été de construire une mémoire de l'instruction publique fondée sur la disqualification systématique de tous les principes et de toutes les réalisations antérieures, entachées à leurs yeux de particularismes et de cléricalisme. Dans cette véritable construction de mémoire, la France «éclairée» puis révolutionnaire a très largement précédé la Suisse, avec ses plans d'éducation nationale qui se sont succédé dès les années 1760.

En Suisse, cette critique du passé n'a reçu une impulsion forte qu'à l'époque de la République helvétique, comme en témoignent les mémoires rédigés à la demande de Stapfer, et a aussi été plus inégale, en fonction de la situation politique propre à chaque canton. Dans un canton comme celui de Neuchâtel, par exemple, les bilans dressés par l'administration (très embryonnaire) de l'Instruction publique dans les années 1830 rendent encore un juste hommage à l'action passée et présente des communes, et il faudra plusieurs décennies de pouvoir radical pour arriver à faire mépriser, par les enseignants et les intellectuels, la période *barbare* où l'éducation *n'était pas encore une affaire d'État*. À la fin du siècle, cette idée est devenue un lieu commun dans les deux pays.

Les trois notions de gratuité, d'obligation et de laïcité ont été au cœur de la construction de cette mémoire collective, avec leurs antonymes censés caractériser le passé: instruction accessible aux seuls riches, désintérêt des familles pour l'instruction, cléricalisme et obscurantisme des programmes. Il faut donc les resituer dans l'histoire longue des deux pays, le cas de la Suisse, politiquement plus divers que celui de la France, étant particulièrement représenté, dans ce qui va suivre, par le pays de Neuchâtel, entré dans la Confédération en 1815 seulement, mais participant pleinement, depuis toujours, à son espace culturel.

LA GRATUITÉ

Cette notion est faussement simple. Au sens large, l'instruction a toujours un coût, la question étant de déterminer qui la paye, à la suite de quels transferts et, en dernière analyse, qui contrôle l'école en vertu de l'adage ancestral et universel: qui paye commande. Au sens restreint et technique, la gratuité ne concerne que la rétribution scolaire payée directement par les familles (écolage). Durant tout l'Ancien Régime et jusqu'au milieu du 19e siècle, cette rétribution mensuelle était généralement, en France comme en Suisse, inférieure, et parfois de beaucoup, au prix d'une journée de travail non qualifié: pas négligeable, donc, mais pas non plus hors de portée des familles même modestes.

Au sens large, la question du financement de l'instruction est l'une des plus mal connues qui soient. Une approche historique de la question de la gratuité dans les deux pays passerait par l'analyse, dans la longue durée, de la part respectivement prise par les familles, les communes, les Églises, les personnes privées (mécènes, philanthropes…) et les États, dans ce financement. Tâche, à la vérité, d'une immense difficulté: si la comptabilité publique est d'un accès relativement aisé – ce qui ne la rend pas simple à analyser pour autant –, celle des autres acteurs cités présente des obstacles, ne serait-ce que documentaires, presque insurmontables, si l'on veut raisonner en données agrégées.

Ceci n'empêche pas de formuler un certain nombre de constats assez simples. Par exemple, qu'en France comme en Suisse, la part importante du budget consacrée par les communes à leur école, au moins depuis le 16e ou le 17e siècle, signifie que l'instruction a précocement été considérée comme un service public, non comme une affaire strictement individuelle. Et l'Église – paroissiale ou congréganiste – a elle-même concouru à ce service public, l'obligation d'enseigner gratuitement les pauvres étant l'une des plus anciennes qui lui aient été faites: un capitulaire de 797 prescrit déjà que:

> *[…] les prêtres dans les campagnes et dans les bourgs aient des écoles, et si quelque fidèle veut leur confier des jeunes enfants pour qu'ils leur apprennent les lettres, qu'ils ne refusent pas de les instruire gratuitement.*

Au sens restreint, la rétribution directe des régents par les familles a connu très tôt de nombreuses exemptions, encore qu'il existe une différence significative entre la France et la Suisse, qui tient à la modulation de l'écolage selon le statut des villageois. La France ne connaît que la commune de résidence. Les cantons suisses distinguent, de diverses façons, communiers et simples habitants. Pour les enfants des premiers, l'écolage est souvent minoré ou supprimé. L'admission onéreuse des seconds traduit le fait qu'à l'origine, ils sont simplement tolérés à l'école, propriété du *consortium* que forment les communiers: ceci recoupe les questions de l'obligation et de la laïcité, elles-mêmes liées au transfert partiel de la citoyenneté communale à la citoyenneté cantonale ou nationale.

Dans les deux pays, cependant, l'évolution de fond est la même, dans le sens d'une exemption croissante des *pauvres*, terme qui reçoit une acception de plus en plus large. Lorsque l'écolage est totalement supprimé, en France et en Suisse, il s'agit d'une mesure à portée plus symbolique et politique que réellement financière. En France, Jules Ferry fait observer à la Chambre, le 13 juillet 1880, que plus de 60% des enfants sont déjà dispensés de la rétribution scolaire. *Singulière fiction*, lance-t-il à ses adversaires: *il y aurait en France 60% d'indigents!*, en signifiant par là que la gratuité est un mouvement ancien, inéluctable, appelé à toucher dans les faits, et non par suite de l'application de théories, la totalité de la population. Au demeurant, fait-il observer, l'écolage ne contribue déjà plus en France que pour 20% des frais d'entretien de l'école, le reste étant financé par l'impôt, communal ou d'État. Le transfert de financement consécutif à la gratuité totale ne manquera en tout cas pas d'être utilisé, politiquement, surtout en France, comme une preuve de «générosité» de l'État: *Enfants, ne vous gênez pas; accourez joyeux vous asseoir au banquet; C'EST LA FRANCE QUI PAYE!* peut écrire (majuscules comprises) un quotidien républicain en 1880.

Une étude comparative de la question de la gratuité passe donc par des analyses institutionnelles et financières complexes. Mais elle peut reposer aussi sur la confrontation systématique des discours tenus à son sujet. Quelques arguments peuvent ainsi être repérés dans les deux pays:

- On n'estime pas ce qui est gratuit: pour intéresser les familles à l'éducation, il faut que celle-ci ait un coût minimum. En France, l'argument n'est développé que par les conservateurs; en Suisse, il est plus proche du sens commun. Ainsi, la commission d'éducation de la ville de Neuchâtel décide dès 1787, *à la pluralité des suffrages, que toute l'éducation publique devrait être gratuite autant que possible*, mais précise, en

1790, *qu'il est* juste *que les familles participent aux frais*, car la gratuité totale *excéderait ce qui est* dû *aux citoyens*. En 1833 encore, Georges de Rougemont, recherchant les moyens d'accroître une fréquentation scolaire neuchâteloise déjà élevée, écarte la gratuité totale, estimant:

> *[qu']il serait dangereux de rendre les écoles absolument gratuites pour les pères de famille qui ont payé jusqu'à présent, non sans quelques sacrifices, les rétributions scolaires exigées; ils s'intéressent et s'attachent à l'école par ces sacrifices mêmes, ils tiennent à ce que leurs enfants la fréquentent régulièrement. La complète gratuité produirait l'indifférence.*

Formulation presque identique à celle du conseiller de François Guizot, Paul Lorain, en 1837: *Chacun, dans la proportion de ses ressources, doit s'accoutumer à mieux apprécier l'instruction qu'on lui donne par les sacrifices mêmes qu'elle lui impose.*

- Le payement direct de l'écolage au régent est-il pour ce dernier un facteur de subordination, ou au contraire de valorisation? Dans les années 1830 encore, des instituteurs neuchâtelois penchent pour la seconde hypothèse, en donnant un fort argument d'ordre socio-pédagogique: c'est que la perception de l'écolage par le régent donne à ce dernier une occasion privilégiée de rencontrer les familles, et d'argumenter, si nécessaire, sur les bienfaits qu'elles retireront de l'éducation qu'il dispense à leurs enfants. En France, les régents aspirent beaucoup plus tôt au statut de fonctionnaires d'État, pour échapper tout à la fois à la tutelle des familles, des communes et de l'Église.

- La gratuité n'est-elle pas un facteur de *surproduction scolaire*, engendrant ambitions excessives et aigreur sociale? Ce thème est récurrent dans les deux pays, sa formulation étant plus idéologique en France, plus empreinte de sens pratique en Suisse. Voici un échantillon de la réflexion neuchâteloise relative à la gratuité envisagée pour les études dans les classes supérieures du collège de Neuchâtel, en 1790: le maintien de l'écolage, estime la Commission d'éducation:

> *[...] devra sagement écarter des établissements supérieurs des sujets qu'il est à la fois ridicule et fâcheux d'y recevoir; des sujets qui, soit par leur état, soit par leur peu de talents, ne sont pas faits pour les fréquenter, vu qu'en y perdant leur temps et leur argent, ils ne feraient qu'arrêter les progrès de leurs contemporains, en surchargeant ces classes.*

En France, le traumatisme révolutionnaire donnera une force particulière à l'idée que des risques d'explosion sociale pourraient suivre l'accroissement excessif de la scolarisation, comme en témoigne la phrase célèbre d'Adolphe Thiers qui déclarait, en 1849, que rendre l'instruction totalement gratuite reviendrait *à mettre du feu sous une marmite sans eau.*

Mais fondamentalement, la sensibilité plus forte des conservateurs français au thème des dangers de la gratuité scolaire tient à la structure sociale du pays, beaucoup plus cloisonnée et hiérarchisée qu'en Suisse, différence dont les deux systèmes éducatifs ne constituent que le reflet. Tandis que celui de la France établit une coupure presque infranchissable entre filières primaire/technique d'une part, secondaire/supérieur d'autre part, le système suisse autorise, selon le jugement des observateurs français, un passage beaucoup plus aisé: Félix Pécaut observe que sur les bancs de l'école suisse *se côtoient des enfants de conditions différentes, apprenant dès leur jeune âge à vivre en concitoyens d'un état démocratique,* tandis qu'un autre observateur n'hésite pas à écrire, en 1893: *Ne cherchez pas à distinguer les notables des autres, tout le monde est notable ici: dans cet épanouissement de la vraie démocratie, les rangs sont abolis.* Constat qui ne porte naturellement pas sur l'état politique et social instauré par la Constitution de 1874, mais se situe dans le droit fil des observations des ethnographes, voyageurs et statisticiens, depuis le 18e siècle au moins.

L'OBLIGATION

Il convient ici d'observer, en préalable, qu'aussi bien en France qu'en Suisse, c'est l'instruction, et non la scolarisation qui est décrétée obligatoire, les familles pouvant toujours instruire ou faire instruire elles-mêmes leurs enfants. Mais, à partir du moment où l'école est entièrement financée par l'impôt, les familles sont naturellement dissuadées de donner à leurs enfants une instruction privée, ce qui reviendrait pour elles à la payer deux fois. C'est donc la gratuité qui crée l'obligation scolaire, dans la pratique. Le même objectif a d'ailleurs pu être visé par l'application d'un principe apparemment tout opposé: celui de l'école *payante pour tous.* Cette stratégie, à la fois brutale et raffinée, a été imaginée sous l'Ancien Régime par certaines communes, qui imposaient un écolage à tous les enfants en âge d'être scolarisés, qu'ils fréquentent l'école ou non: soucieux d'en avoir pour leur argent, les parents étaient ainsi incités à les y envoyer effectivement…

Le fondement du principe d'obligation, c'est que l'instruction et l'éducation ne sont pas seulement utiles à l'individu, mais à la collectivité tout entière. Autrement dit, qu'elles ne constituent pas seulement un droit, mais aussi un devoir. Leur utilité est double : la collectivité profite des compétences et qualifications acquises par chacun ; elle tire avantage aussi de la cohésion sociale que crée l'école, en inculquant des valeurs communes. Tout ceci constitue, dans tout l'Occident, un lieu commun fort ancien. Au moins depuis le 16e siècle, en conséquence, des déclarations d'origines diverses (communes, Églises) affirment périodiquement le caractère plus ou moins *obligatoire* de l'instruction, sans l'assortir de mesures réellement coercitives. Dans l'arsenal peuvent cependant figurer des impositions d'amendes par les communes ou des réprimandes par le curé ou le pasteur. La Suisse est souvent, dans ce domaine, nettement plus contraignante, la démocratie communale étant, foncièrement, beaucoup plus tyrannique que le pouvoir d'un roi ou d'un évêque ; ainsi, en 1836, une commune neuchâteloise n'hésite pas à expulser une famille d'habitants vaudois qui refusait *obstinément* de scolariser ses enfants : la famille doit retourner dans son canton.

Au moment où elles furent votées dans chacun des pays, les lois d'obligation ne concernaient plus qu'une fraction relativement résiduelle de la population, nettement plus importante, cependant, en France qu'en Suisse, par suite de retards régionaux prononcés : en Bretagne ou dans le Massif central, on observe, en 1880, que le pourcentage d'enfants âgés de 6 à 13 ans qui ne fréquentent aucune école est supérieur à 20, voire 30 ou 40 % dans certains départements ; en moyenne, le pourcentage d'enfants non scolarisés était d'environ 15 %. En regard, et sans intervention de l'État, le chiffre neuchâtelois était déjà inférieur à 5 % dès les années 1830 ; durant ces mêmes années, le taux était de 9,5 % dans le canton de Vaud (pour les enfants âgés de 7 à 16 ans).

Dans le domaine de l'obligation, ce qu'a apporté de réellement nouveau la législation, c'est l'affirmation du principe suivant lequel il appartenait à l'État, plus qu'à toute autre instance, de garantir et d'imposer la scolarisation. L'État exerçait donc désormais, sur l'enfant, une autorité supérieure à celle de la famille, de la commune ou de l'Église. Soucieux d'atténuer ce que cette prééminence de l'État pouvait faire redouter aux familles, Jules Ferry prenait cependant soin d'affirmer, à la Chambre, que sa loi était *toute faite de contrainte morale*, et ne prétendait à rien de plus que ce qu'avait réussi la loi de 1833 : *donner une leçon d'éducation à nos populations rurales*. Matériellement, la garantie que donne l'État au principe d'obligation induit l'achèvement, volontariste, du réseau scolaire dans les derniers villages ou hameaux qui en étaient encore dépourvus, par des dispositions législatives combinées à une aide de l'État, ou par simple incitation financière ; sera ainsi permise la fréquentation effective de l'école par la totalité des enfants, problème que les communes seules n'auraient jamais pu résoudre par leurs propres moyens, quel qu'en ait été leur désir. Il ne faut donc pas sous-estimer le rôle qu'ont joué les communes et les familles elles-mêmes dans l'appel à une intervention de l'État, malgré les contraintes qu'elles savaient devoir subir en retour.

LA LAÏCITÉ

Le terme est encore plus problématique que les deux précédents, tout usage comparatif s'avérant ici particulièrement délicat. Dans son sens le plus large, il signifie que l'enseignement dispensé par l'école exclut toutes finalités ou contenus religieux, confessionnels ou idéologiques qui ne seraient pas communs au peuple tout entier (*laikos*). Mais, dans ce domaine, la France représente, à elle seule, un modèle particulier. Pour des raisons anciennes et diverses, la laïcité y a aussi constitué un élément majeur des conflits politiques et sociaux. La Suisse, au contraire, présente une situation beaucoup plus contrastée, même si, globalement, la laïcisation s'y est plutôt opérée selon le modèle protestant, par un évidement progressif des éléments religieux de la société civile.

S'agissant du processus de laïcisation scolaire *stricto sensu*, il est important d'y distinguer non pas *deux* (avant/après) mais *trois* étapes, l'observation valant aussi bien pour la France que pour la Suisse, tant il est vrai qu'ici, c'est l'esprit du temps occidental qui compte, par-delà les spécificités nationales.

Jusqu'à la fin du 18e siècle, la religion fournit, dans les deux pays, l'essentiel de la *matière* de l'enseignement primaire: Ancien et Nouveau Testaments, catéchisme, histoire sainte, psaumes, prières. Les finalités de cet enseignement sont naturellement religieuses: il vise à inculquer un ensemble de connaissances dogmatiques, de culture historique et de principes éthiques propres à faire des enfants des membres conscients et actifs d'une même Église. Mais elles sont aussi, très largement, pratiques: les familles souhaitent au premier chef que leurs enfants acquièrent ces compétences de base que sont le lire-écrire-compter. Une laïcisation des matières elles-mêmes se produit d'ailleurs progressivement, par introduction de nouveaux objets d'enseignement au cours du 18e siècle: orthographe, grammaire, géographie, dessin... Cette évolution ne suscite pas de réticence chez les curés ou les pasteurs: à Neuchâtel, par exemple, ce sont eux qui observent, à la fin du 18e siècle, que le fait d'ânonner dans la Bible risque de conduire les enfants à se dégoûter des textes sacrés, et qu'il vaut donc mieux que l'apprentissage de la lecture se fasse dans des ouvrages profanes. À cette époque, et dans les deux pays, la religion n'est plus qu'une «matière» parmi d'autres: marginalisée, même si elle est explicitement mentionnée en tête des matières d'enseignement obligatoires, elle est d'ores et déjà prête à être ultérieurement expulsée des programmes d'études.

Chevauchant partiellement la première, la seconde période va des années 1790 à la seconde moitié du 19e siècle. En même temps qu'elle se marginalise (à l'école), la religion se crispe, se moralise et se politise. Elle défend désormais une idéologie qui veut tout conserver en l'état, de la vertu des filles aux institutions politiques. À Neuchâtel, le basculement de la Vénérable classe des Pasteurs dans le conservatisme politique peut s'observer, assez précisément, vers 1793 mais, dans ce domaine, l'histoire de chaque canton, catholique ou protestant, est naturellement particulière, par-delà le mouvement général qui les affecte, analogue à celui qui s'observe en France. Les actes des conférences pédagogiques des régents de Neuchâtel, qui se tiennent presque annuellement entre 1832 et 1846, montrent en tout cas, dans ce canton, une crispation cléricale croissante de la part des pasteurs qui ont encore la haute main sur l'organisation des conférences, mais sentent que l'enseignement lui-même commence à leur échapper. Le discours de clôture du président de la conférence, en avril 1846, est plein des *sombres pressentiments qu'inspirent de funestes principes, proclamés publiquement ou sourdement propagés...*

Suit en effet une troisième période, où l'affirmation de la laïcité est portée par les forces démocratiques, radicales ou républicaines dont l'arrivée au pouvoir s'échelonne, en France et dans les différents cantons suisses, à partir des années 1840. Cet idéal laïque trouve d'autant plus facilement à s'affirmer dans un canton comme celui de Neuchâtel, où l'évolution démographique le rend pratiquement utile ou inévitable, les mouvements migratoires induisant, notamment, un multiconfessionnalisme dont l'école doit tenir compte. En 1817 encore, les enfants juifs sont exclus de l'école de La Chaux-de-Fonds, commune pourtant peu conservatrice. L'argument donné par la commune est *la gêne qu'impose aux instituteurs la croyance des Juifs dans diverses parties de l'enseignement et les résultats fâcheux que cette même croyance pourrait avoir sur les autres écoliers, au cas qu'ils viennent à la manifester dans nos classes*; la tranquille unanimité – laïque au sens étymologique du terme, si l'on veut – qui s'exprime dans ces attendus ne résiste pas au caractère de moins en moins majoritaire de la confession réformée, sous l'effet des flux migratoires: en 1846, 28,6 % de la population du canton est étrangère. La laïcisation s'opérera par trois lois successives, en 1850, 1861 et 1872; cette dernière supprime les subventions aux écoles confessionnelles, rend l'enseignement religieux facultatif (même s'il peut être donné dans les locaux scolaires) et interdit aux ecclésiastiques d'exercer une activité régulière d'enseignement, tout en acceptant leur présence dans les commissions scolaires. Le vote de la loi de 1872 s'effectuera dans une atmosphère assez tendue, avant que ses adversaires n'en viennent à admettre, dès les années 1880, qu'*au point de vue religieux, la loi neuchâteloise était la meilleure de Suisse, et même de toute l'Europe.*

En France, au contraire, la surdétermination politique de la laïcité installera durablement le pays dans un état de guerre civile larvée, la comparaison entre les incidences des politiques de laïcisation dans l'un et l'autre pays renvoyant en fait, pour l'essentiel, aux deux modèles évoqués initialement : en France, l'Église catholique est en situation de concurrence idéologique directe avec l'État, pour qui l'éducation représente un enjeu vital ; *L'État sera enseignant ou ne sera pas*, affirme alors un Républicain. En Suisse, l'influence des Églises s'exerce plus directement au niveau des communes, où les parents eux-mêmes continuent à contrôler l'école bien plus étroitement que ce n'est le cas en France.

La Suisse a figuré, durant tout le 19e siècle, dans le miroir français, mais l'image qu'il en renvoyait était brisée. Ses observateurs ont voulu construire un système d'éducation nationale en empruntant au pays notoirement le plus instruit d'Europe les facteurs de réussite qui paraissaient le plus directement transposables, mais qu'ils n'hésitaient pas à isoler de leur contexte. C'est ainsi que Jullien de Paris déclarait s'intéresser à *l'estimable nation suisse, destinée à donner, en plus d'un genre, de bons exemples à l'Europe*, alors même que l'un de ses fondements, l'organisation cantonale, était jugée par lui *étroite et exclusive*, tout comme cet autre fondement, le pouvoir local, *déconcertera* James Guillaume. L'esprit, les contenus et l'organisation de l'enseignement reposaient, en réalité, dans chacun des pays, sur des soubassements culturels et politiques multiséculaires, dont les observateurs ne pouvaient que minimiser l'importance, convaincus qu'ils étaient que l'État enseignant avait le pouvoir et le devoir de faire table rase du passé. Reste que la confrontation entre deux modèles de culture politique, régalo-jacobine et démocratique, permet au moins de mettre en évidence la profonde analogie qui caractérise les grands objectifs visés par les États enseignants européens au travers de leurs lois de gratuité, d'obligation et de laïcité : armer intellectuellement et moralement la totalité de leurs citoyens dans le contexte général d'émulation, de compétition et de conflit qui caractérise le siècle.

(Traduction : M. Pitz-Bodé)

RÉFÉRENCES

SOURCES

Archives de l'État de Neuchâtel: Séries «Communes», «Éducation», «Direction de l'Instruction publique».

Archives de la Ville de Neuchâtel.

RÉFÉRENCES BIBLIOGRAPHIQUES

Allaire, M., Frank, M.-T. (1995). *Les Politiques de l'éducation en France de la maternelle au baccalauréat*. Paris, La Documentation française.

Béguin, F. (1948). *Vie scolaire*. Neuchâtel, Comité directeur du centenaire de la République neuchâteloise.

Bovet, P. (1934). *Les examens de recrues dans l'armée suisse, 1854-1913*. Neuchâtel et Paris, Delachaux & Niestlé.

C.N.R.S., Programme «Éducation et formation en Europe» (1997). *Analyse comparative. Problèmes de méthode*. Compte rendu de recherches. Paris, CNRS.

Caspard, P. (1994). Pourquoi l'État s'est-il intéressé à l'éducation? (1750-1830). *Musée neuchâtelois*, juillet 1994, 93-105.

Caspard, P. (1996). Pourquoi on a envie d'apprendre. L'autodidaxie ordinaire à Neuchâtel (18e siècle). *Histoire de l'éducation*, *70*, 65-110.

Caspard, P. (1997). Le temps scolaire à l'époque moderne: économies et politiques villageoises. Neuchâtel, 17e-19e siècles. Suivi de: Une source du temps scolaire à l'époque moderne: les règlements d'écoles. In M.-M. Compère (éd.), *Histoire du temps scolaire en Europe*, pp. 209-254. Paris, INRP et Économica.

Caspard-Karydis, P., Chambon, A. (1981-1991). *La presse d'éducation et d'enseignement, 18e s.-1940*. 4 vol. Paris, INRP et CNRS.

Compère, M.M. (1995). *L'histoire de l'éducation en Europe. Essai comparatif sur la façon dont elle s'écrit*. Paris et Berne, INRP et Lang.

Durkheim, É. (1911). *Éducation et sociologie*. Paris, P.U.F. (rééd. 1995).

Grunder, H.-U. (1993). P.-A. Stapfers Enquête von 1799 und die Folgeoder: «... die gänzliche Zerstörung des Föderalismus». Ein Beispiel aus der Schweiz. In M. Liedtke (éd.), *Hausaufgabe Europa. Schule zwischen Regionalismus und Internationalismus*, pp. 100-119. Bad Heilbrunn, Klinkhardt.

Haarscher, G. (1996). *La laïcité*. Paris, P.U.F.

Jeanneret, A.-F. (1994). Panorama de l'école neuchâteloise au 19e siècle. In *Histoire de l'université de Neuchâtel*. Tome 2, *La Seconde académie, 1866-1909*, pp. 7-27. Neuchâtel, Attinger.

Julia, D. (1981). *Les Trois couleurs du tableau noir. La Révolution*. Paris, Belin.

Jullien de Paris, M.-A. (1817). *Esquisse et vues préliminaires d'un ouvrage sur l'éducation comparée, entrepris d'abord pour les vingt-deux cantons de la Suisse, et pour quelques parties de l'Allemagne et de l'Italie, et qui doit comprendre successivement, d'après le même plan, tous les États de l'Europe*. Paris et rééd. Genève, Bureau international d'Éducation, 1962.

Mayeur, F. (1981). *De la Révolution à l'École républicaine (1789-1930)*. Tome III de l'*Histoire générale de l'enseignement et de l'éducation en France*, sous la dir. de L.-H. Parias. Paris, Nouvelle librairie de France.

Mayeur, J.-M. (1997). *La question laïque au XIXe siècle*. Paris, Fayard.

Ognier, P. (1988). *L'École républicaine française et ses miroirs. L'idéologie scolaire française et sa vision de l'école en Suisse et en Belgique à travers la* Revue pédagogique, *1878-1900*. Berne, Lang.

Ozouf, M. (1963). *L'École, l'Église et la République, 1871-1914*. Paris, Seuil (rééd. 1982).

Prost, A. (1968). *L'enseignement en France, 1800-1967*. Paris, Colin.

Robiquet, P. (1893-1898). *Discours et opinions de Jules Ferry*. Paris, 7 vol.

Rouet, G. (1993). *L'invention de l'école. L'école primaire sous la Monarchie de Juillet*. Nancy, P.U.N.

Rougemont, G. de (1838). *Rapport sur l'État de l'éducation dans la principauté de Neuchâtel en 1837*. Neuchâtel.

Rougemont, D. de (1929). *Les Méfaits de l'Instruction publique*. In *Trois pamphlets pédagogiques*, pp. 117-175. (s.l.), L'Âge d'Homme (rééd. 1984).

Schwitzguébel-Leroy, A. (1988). Le système scolaire neuchâtelois vers la fin de l'Ancien Régime. In *Histoire de l'université de Neuchâtel*. Tome 1, *La première académie, 1838-1848*, pp. 7-44. Neuchâtel, Attinger.

DARIO RAGAZZINI

RÉFLEXIONS CROISÉES SUR LA SUISSE ET L'ITALIE

LA SCOLARISATION DANS LE GRAND PROCESSUS DE TRANSFORMATION DE LA SOCIÉTÉ ET DE L'ÉTAT

MODES DE TRAVAIL ET MODES DE VIE, INSTITUTION SCOLAIRE ET ÉTAT

À chaque fois que je lis des études sur la naissance et le développement de la scolarisation, de celles qui refusent la simplification et la schématisation, je suis frappé par la récurrence des thématiques, des problèmes, des variables historiques, et en même temps par leur diversité et leur spécificité. Je crois que cela est dû en partie à la relative homogénéité des questions que se posent les chercheurs, et en partie aussi au fait que toutes ces études (et les recherches sur l'histoire suisse contenues dans le présent volume en sont un bon exemple) constituent autant de fragments localisés et particuliers de ce que l'on pourrait décrire comme un grand processus d'ensemble concernant le Vieux Continent.

On voit apparaître des formes d'instruction populaire privées, philanthropiques, communales: d'abord exceptionnelles et restreintes, puis plus larges et mieux organisées. L'offre et la demande d'instruction augmentent et se développent. Une constante (pas seulement en Suisse et en Italie) semble même être l'existence d'une phase où l'offre d'instruction ne se limite pas à répondre à la demande, mais la sollicite et cherche à la promouvoir. En ce sens, l'école ne naît pas comme une institution (avec un fonctionnement annuel et quotidien, fiable et régulier), mais comme une offre d'instruction à laquelle les élèves ne font appel que de manière partielle (puisqu'elle ne vaut que pour une partie des enfants et pas pour une autre ; pour les garçons davantage que pour les filles ; seulement durant une partie de l'année et pour une partie seulement du temps d'enseignement) : et l'école est précisément conçue et structurée en fonction de l'usage partiel et non systématique qui en est fait. À cet égard, il est significatif que de nombreuses études du présent ouvrage fassent référence aux écoles ouvertes six mois seulement ou uniquement pendant quelques périodes hivernales (ces écoles ont leur équivalent dans les règlements de Marie-Thérèse d'Autriche de 1774 et dans leur application sur les territoires italiens de l'Empire austro-hongrois ; dans la législation napoléonienne italienne ou encore dans les textes des États pré-unitaires italiens). L'école n'est pas une institution et les autres corps sociaux ne lui correspondent en aucune façon.

Une thématique moins souvent abordée dans les contributions de ce volume, mais non moins présente à mes yeux dans la réalité suisse, est celle de l'occupation des enfants dans les activités de la vie quotidienne et productive, au titre d'un service rendu, voire d'une prestation rémunérée : travail aux champs, emploi de berger, cueillette dans les bois, artisanat, travail familial de toutes sortes, en manufacture, etc. Autrement dit, le développement de la scolarisation jusqu'à l'accession de l'école au rang d'institution formelle où l'on a tout d'abord attendu, puis bientôt exigé, une présence régulière des élèves, correspond à l'ample processus qui a progressivement éloigné l'enfance du travail et distingué temps scolaire (de l'enfant) et temps de travail (de l'adulte), le premier devant précéder le second et en être séparé. L'enfance s'en est trouvée nouvellement déterminée par la reconnaissance et l'attribution de caractéristiques spécifiques.

Ce grand processus de transformation a un aspect social (modes de vie, modes de production, us et coutumes) et un aspect juridico-institutionnel (textes et lois, droits et devoirs, compétences étatiques). Les transformations de ces deux aspects du processus ne vont pas forcément de pair et, entre ces évolutions, il n'y a pas toujours de lien de cause à effet, du moins à court terme ; mais si on les observe sur un arc temporel plus large, en les insérant dans une même vision d'ensemble, on peut les considérer comme les deux volets d'un même phénomène.

INSTRUCTION D'ÉLITE ET SCOLARISATION POPULAIRE, OU SCOLARISATION POUR TOUS ?

Prennent part à ce vaste mouvement de scolarisation des philanthropes sociaux qui dénoncent le travail des enfants, surtout quand celui-ci supplante le travail de type traditionnel et devient marchandise, comme c'est le cas en particulier dans le domaine des manufactures et de l'industrie. Y interviennent aussi des pionniers de l'instruction, des apôtres de l'engagement social. (Ainsi que les pourfendeurs réactionnaires du progrès social et les ennemis de la contestation progressiste et de la scolarisation). Les problèmes s'imbriquent: financement des écoles, pénurie d'enseignants, préparation de ces derniers..., mais aussi travail des enfants, indifférence et besoins des familles, préoccupations des groupes réactionnaires...

Il en découle un certain nombre de grandes questions. Et tout d'abord: la diffusion de l'instruction de base et la naissance de l'école en tant qu'institution vont-elles dans le sens du développement d'une école du peuple (c'est-à-dire de tous) ou bien pour le peuple (c'est-à-dire pour sa partie populaire, dont les élites demeurent bien séparées)? En d'autres termes, les historiens qui s'intéressent aux premières formes de l'école primaire publique ne doivent pas oublier qu'il s'agit là d'une école pour les enfants des strates du peuple non alphabétisées ou socialement inférieures et qu'elle ne se substitue pas aux modes d'instruction de base des enfants des classes aisées. Quand la séparation entre formation d'élite et formation scolaire populaire cesse-t-elle d'être un principe inaltérable? Quand et comment la formation traditionnelle et distincte des élites (avec des instituteurs privés et des écoles spécifiques) disparaît-elle? D'une manière générale, on pourrait dire que la mesure du dépassement de ce système à double filière est donnée par le développement de l'école en tant qu'institution, et que ce dépassement intervient avec la généralisation de l'accès initial à l'école d'enfants du même âge, ainsi qu'avec la répartition des élèves par classes d'âge. Mais quels sont les facteurs extra-scolaires aboutissant à un tel résultat? Les débats d'époque sont souvent plus explicites à propos des voies séparées de l'école secondaire (où les *tuyaux d'orgue* du système scolaire correspondent aux diverses classes sociales), mais, en réalité, ce phénomène touche d'abord l'école de base. En témoignent les discussions «pédagogiques» sur l'opportunité ou non d'avoir une même école primaire pour ceux qui continueront leurs études et pour ceux qui les abandonneront.

Un autre ensemble de problèmes concerne l'instruction obligatoire. Tandis que les questions précédentes étaient surtout liées aux évolutions de la société et aux us et coutumes, celles-ci mettent en jeu des normes juridiques. Elles ont donc, à l'époque, une visibilité différente et, pour les chercheurs, elles sont plus faciles à cerner car, dans ce domaine, la documentation est plus accessible.

Quand, au cours du 19e siècle, on se demanda si et comment il fallait rendre l'instruction obligatoire, on s'opposa aussi sur ce que signifiait la diffusion de l'instruction, sur le rôle de l'école, sur le rôle que l'instruction formelle devait jouer à l'égard des enfants (qui, pour la plupart, travaillaient ou participaient à un travail), des familles (pour lesquelles le travail des enfants constituait une ressource directe et indirecte), mais aussi des manufactures, des entreprises agricoles et des industries d'extraction qui, toutes, employaient une main-d'œuvre au coût très bas.

Tout cela aboutit au problème des réponses juridiques à donner aux questions suivantes. Est-il juste que l'État impose de s'instruire? S'agit-il d'une obligation ou d'un droit? S'il s'agit d'une obligation, quelles seront les sanctions en cas de manquement à celle-ci? Quelles seront les modalités de contrôle de son application? Qui sera soumis à cette obligation et en quoi consistera-t-elle vraiment?

En Italie, la solution apportée par la loi de 1877 (qui reprenait en la développant celle qui avait été adoptée dans la loi Casati de 1859) définissait ce qui fut alors formellement désigné sous le nom d'*instruction obligatoire*: à savoir l'obligation pour les chefs de famille de donner à leurs enfants une instruction équivalente à celle qui était dispensée par l'école publique aux enfants du même âge. La fréquentation de l'école était une des formes possibles de cette obligation (à côté de l'instruction directement prise en charge par les parents, dite *instruction paternelle*, à côté de l'enseignement des instituteurs privés, des précepteurs et ainsi de suite), le critère de référence en la matière étant donné par l'école publique (qui, à l'époque, s'agissant du primaire, consistait en l'école communale).

Bien entendu, à une telle définition pouvaient correspondre des politiques et des pratiques scolaires diverses. Sur le plan historique, il ne faut pas oublier que les familles pauvres ne furent pas les seules à être défaillantes et que le non-respect de l'obligation scolaire constitua une discrimination très grave et inacceptable à l'égard des couches populaires qui n'avaient pas les ressources économiques et culturelles suffisantes pour pouvoir bénéficier d'une offre scolaire adaptée. Il n'en reste pas moins que les politiques éducatives et les pratiques sociales ont abouti à une interprétation essentiellement scolaire de cette obligation et que c'est la forme scolaire qui a façonné le développement et l'organisation de la société.

Cette définition dessinait un compromis acceptable entre la reconnaissance d'un nouveau devoir pour l'État et d'une nouvelle forme de devoir pour les familles; entre, d'un côté, l'instauration d'une obligation de la part de l'État dans la sphère si privée et si délicate de l'éducation des enfants et, de l'autre, la reconnaissance d'un espace spécifique et autonome pour les parents, mais sur la base du paramètre obligatoire et dynamique représenté par l'école publique. L'école aurait pu commencer à devenir une offre systématique qui, tout en étant la voie privilégiée par l'État, n'aurait pas été pour autant la seule. Le rapport entre école publique et école privée n'était pas défini par les lois sur l'instruction obligatoire, mais la définition de l'enseignement dispensé par l'école publique comme aune du contenu de l'instruction obligatoire concourait à déterminer le contexte institutionnel et politique sur lequel se fondait le système public et, dans le même temps, cette définition était déterminée par ce contexte.

D'autres questions dérivent de celles qui viennent d'être évoquées, les précèdent ou les accompagnent. Elles concernent particulièrement la façon dont l'école, en devenant une institution publique, devait être conçue au sein de la forme étatique. Comment l'école peut-elle être du ressort de ce dernier? Les droits et les devoirs de l'État consistent-ils seulement à réglementer la question ou doit-il également gérer lui-même ses propres écoles? Quels rapports doivent-ils s'instaurer entre les pouvoirs centraux et les pouvoirs locaux? Que doit être le système de contrôle et d'administration? Quels rapports convient-il d'établir entre les pouvoirs étatiques, les pouvoirs ecclésiastiques et les initiatives privées? On remarquera avec intérêt à quel point, dans les contributions du présent volume, l'éclosion de l'école publique est associée à celle de l'administration publique (cantonale, fédérale, etc.). Si l'on ne se limite pas à considérer l'école comme une affaire pédagogique dont il faudrait faire l'histoire en tant que telle, mais bien comme un aspect de l'histoire de la société et de l'État, alors l'expérience suisse devient un prisme permettant la décomposition de nombreux problèmes historiques encore trop enfermés dans des schémas simplistes (école publique vs école privée, Église vs État, centralisme vs fédéralisme).

LA SUISSE DANS LE MIROIR ITALIEN

L'ÉCOLE COMME QUESTION D'ÉTAT

Le mouvement du *Risorgimento* et les premiers gouvernements de l'Italie unie prennent largement en compte les expériences d'autres pays, que ce soit en ce qui concerne la forme de l'État (à structure fédéraliste ou centralisée par exemple) ou la manière dont la question scolaire s'inscrit dans ce problème. Pour le modèle fédéraliste, on cite souvent les États-Unis ou la Suisse, de même que pour le modèle centralisé, on évoque la France ou la Prusse. Pour ce qui est de l'école, la question s'est traduite en une opposition entre école publique (c'est-à-dire émanant des pouvoirs publics) et école privée (c'est-à-dire, s'agissant de l'Italie, école catholique). Ce problème avait certes une importance en soi, mais il est aussi devenu l'une des facettes de ce que l'on appelait la *question romaine,* dont l'enjeu était l'existence, au cœur de la péninsule italienne, de l'État pontifical, avec Rome pour capitale. Dans ces années-là, on trouve des observations et des études sur les systèmes scolaires d'autres nations européennes, analysés précisément du point de vue de cette question si âprement débattue (comme par exemple la comparaison entre les modèles anglais et écossais ou d'autres encore). Le Piémont du *Risorgimento* opta pour une *liberté moyenne* qui, d'un côté, attribuait des droits et des devoirs à l'État, mais, de l'autre, n'empêchait pas l'initiative privée d'ouvrir et de gérer ses écoles, financées par ses propres ressources économiques. En 1859, dans son adresse au roi à propos de ce qui allait devenir la loi-cadre de tout le système scolaire italien, le ministre indiquait trois modèles: d'une part celui de l'Angleterre, d'autre part celui de l'Allemagne et, dans l'entre-deux, celui de la Belgique, soit l'exemple d'un État où la question catholique était importante et qui avait fait le choix d'un système scolaire étatique qu'il était permis aux particuliers de concurrencer. Tel était, sur le plan international, le système général de référence alors ouvertement revendiqué, même si on ne peut pas dire que, dans les années qui suivirent, il joua véritablement un rôle privilégié dans le débat public.

Concrètement, on reconnaissait à l'État deux grands domaines de compétence: réglementer l'instruction et gérer ses propres écoles (soit à partir du pouvoir central, comme pour les universités et les lycées, soit à partir du pouvoir municipal, comme pour l'école primaire). Les tentatives de donner à l'État une structure non pas fédérale, mais comportant des pouvoirs décentralisés, de déléguer aux régions (ainsi qu'aux provinces) les tâches de gestion directe de certaines catégories d'écoles tout en laissant au pouvoir central le soin de la réglementation, échouèrent rapidement. Le fait est que, vu la façon dont se déroula l'unification nationale, vu la diversité sociale et économique du territoire ainsi que la multiplicité et la variété des traditions existant en son sein – tout à la fois locales et innervées d'expériences, de cultures et de pouvoirs étrangers –, les projets de décentralisation et de fédéralisme n'auraient pas seulement doté de pouvoirs des acteurs locaux mais aussi d'anciennes capitales des États de la Restauration... Le courant modéré du *Risorgimento,* qui géra toute la phase de l'unification nationale, ne parvint pas à décentraliser le pays, ni à formuler une nouvelle loi scolaire systématique; il se limita au contraire à étendre aux autres territoires la loi existant pour le Piémont (alors qu'elle n'avait pas été pensée pour eux), en la dénaturant, et en confiant au pouvoir administratif la charge de la nouvelle légalité et du nouveau fonctionnement de l'école.

Dans les publications de l'époque, l'expérience suisse est cependant citée comme un exemple de réalités locales où l'engagement et la sensibilité en faveur de l'alphabétisation ont permis d'aboutir à d'importants pourcentages de population alphabétisée. Ce rappel a une double signification: il souligne l'importance, pour le développement de l'instruction, d'une part des pouvoirs locaux et d'autre part du contexte culturel. Comme on le verra, cette dernière référence revêtait un sens particulier au sein du débat politique et public italien.

LA COLORATION SUISSE DE L'ENGAGEMENT PÉDAGOGIQUE ITALIEN

Si donc la Suisse ne fait pas partie de l'horizon de référence des groupes au pouvoir (on la trouve plutôt chez ceux qui, suivant des points de vue variés, contestent les projets centralisateurs[1]), la pédagogie, au temps du *Risorgimento*, a toutefois un certain arrière-goût helvétique, surtout dans les années qui précèdent l'unification nationale.

Dans la première moitié du 19e siècle, l'élan du *Risorgimento* associe dans une même perspective l'idée de réforme nationale et celle d'émancipation sociale, ou, plus modestement, de développement civil; ce faisant, il démontre un certain engagement pédagogique. C'est le cas des laïcs piémontais modérés comme des catholiques libéraux toscans. Précisons néanmoins que de multiples traditions pédagogiques coexistaient dans la péninsule, mais qu'elles se greffaient sur des traditions pré-unitaires non italiennes (que l'on pense au cas emblématique de la Lombardie-Vénétie et à la tradition mittel-européenne de l'Empire austro-hongrois). En ce sens, la tradition suisse, prestigieuse et de haut niveau, n'avait pas cette coloration pré-unitaire suspecte d'anti-unitarisme et ne soulevait pas de problèmes de *politique pédagogique internationale*. De même, l'ascendance des Lumières, en dépit de sa radicalité, était moins directement marquée du sceau de la Révolution de 1789 que la tradition française.

Parmi les pionniers de l'éducation qui œuvrèrent en Italie, beaucoup étaient d'origine suisse (par exemple à Livourne: Mayer, Frassi et Calandrini, etc.), tout comme de nombreux animateurs sociaux et culturels.

1 La question des échanges réciproques mériterait d'autres développements: en effet comment ne pas évoquer Cattaneo, ou l'engagement de Giuseppe Lombardo Radice en faveur des écoles primaires dans le Canton du Tessin? Mais on devrait alors aussi mentionner la publication (anonyme), à Lugano, en 1837 du pamphlet réactionnaire intitulé *Le illusioni della pubblica carità* de Monaldo Leopardi (le père de Giacomo).

Certains, voire plusieurs, étaient ouvertement de confession réformée. Beaucoup de pionniers de l'éducation furent en contact direct et permanent avec les pionniers suisses en la matière. Ces fréquentations et ces résonances protestantes posaient parfois problème aux partisans du catholicisme libéral (tels que Lambruschini, grand divulgateur de l'alphabet, ou Aporti, réinventeur des crèches). Si le passé français était proche de celui des Piémontais, si Napoléon avait attisé des ferments des Lumières tout aussitôt refroidis, si une bonne partie des hommes du *Risorgimento* italien avaient côtoyé des Anglais (comme Villari), ou avaient même choisi l'Angleterre comme terre d'exil (ainsi de Mazzini ou Spaventa), tout le milieu de l'engagement social appliqué à l'éducation avait des connaissances et des points d'attache en Suisse. Mais cette fervente activité pédagogique n'était pas destinée à devenir le moteur de la nouvelle nation : quand les projets de refondation sociale devinrent caducs et que l'Italie fut unifiée par une *révolution passive*, la pédagogie des novateurs, désormais passés de la poésie à la prose, céda la place à celle des modérés, qui durent donner un corps de doctrine pédagogique à la politique nationale, affronter le problème nouveau de l'administration scolaire et élaborer des propositions didactiques destinées non pas à des pionniers-missionnaires de l'éducation, mais à des hommes normaux engagés dans un contexte difficile. Dès lors, plutôt que les expériences locales et les suggestions romantiques des Lumières, ce sont les expériences nationales et les suggestions romantico-néo-hégéliennes qui devenaient utiles, avant d'être relayées par la pensée positiviste.

L'ENSEIGNEMENT MUTUEL

Le cas de l'enseignement mutuel peut être très intéressant. Il s'agit là, on le sait, de la méthode élaborée de manière tout à fait indépendante, au début du 19e siècle, notamment à partir d'expériences antérieures et anciennes, par Bell, à Madras, pour le compte de la Compagnie des Indes, et par Lancaster, à Londres, dans le cadre d'une initiative personnelle et philanthropique. Dans ce projet, les enfants étaient répartis par niveaux d'instruction (donc avec des variations de groupes selon la matière d'enseignement) ; ensuite, dans ces groupes, les meilleurs enseignaient aux moins bons, dans une sorte de chaîne réciproque. C'est ainsi que Lancaster entendait mener son expérience londonienne réunissant mille enfants dans une unique grande salle. Mais pour ce faire, il prônait une organisation des enfants forte et rigide, ainsi qu'une série de règles de comportements (sur la façon de se disposer autour de celui qui parle, sur la répartition des places, graduelle, en fonction des capacités, avec des critères de déplacement d'une rangée à l'autre selon les progrès obtenus, avec des modalités précises déterminant la transmission d'un groupe à l'autre des indications de l'instituteur, etc.).

La méthode se répandit en Grande-Bretagne et aux États-Unis, puis dans toute l'Europe, y compris en Italie. Dans ce dernier pays, où elle est connue essentiellement sous le nom d'*enseignement mutuel*, elle rencontra un relatif succès et eut une certaine diffusion à l'époque du *Risorgimento*, avec toutefois une mise en œuvre un peu différente et une coloration politique bien spécifique. La méthode y était appliquée avec des groupes d'enfants plus réduits, et l'on attendait d'eux des comportements moins rigides et moins formels. On trouva en outre qu'elle se prêtait à une plus large diffusion de l'instruction, une perspective qui était celle-là même de certains courants libéraux et philanthropiques du *Risorgimento*. Mais c'est aussi pourquoi, après un premier accueil favorable, les gouvernements s'y opposèrent, à l'exception du grand-duché de Toscane, qui toléra une forme modérée d'enseignement mutuel où était mise en avant la dimension morale de la réciprocité et de l'ordre (*cf.* l'engagement de l'*Accademia dei georgofili*, de la *Società per la diffusione del mutuo insegnamento* de Florence, etc.).

À ce stade, quelques comparaisons historiques s'imposent. Dans quelle mesure l'Italie, et pas seulement la Toscane, innove-t-elle par rapport à l'Angleterre (avec laquelle elle était d'ailleurs en contact direct)? Ses apports, qui tendent à tempérer le côté disciplinaire, sévère et mécanique de la méthode, vont-ils dans le même sens que les contributions suisses? Les innovations italiennes sont-elles tributaires de celles de la Suisse? Il est évident qu'il y eut une certaine circulation des idées et que les élites pédagogiques ont abordé des problèmes similaires en s'inspirant mutuellement de leurs expériences et de leurs réalisations. Mais il pourrait être très fructueux de chercher à comprendre comment ces choix et ces initiatives se différencient en fonction du contexte. On risquerait sinon de désigner à travers de mêmes mots (tel ceux d'*enseignement mutuel*) des contenus qui, en fait, furent différents. On en aura une illustration *a contrario* dans la nature des critiques qui ont été formulées à l'encontre de cette méthode: taxée de mécaniste, de rigide et d'autoritaire dans le monde américain et anglo-saxon, elle fut considérée, en Italie, comme difficile à appliquer sans une préparation adaptée des instituteurs, et accusée d'être le véhicule d'idées subversives parce qu'émancipatrices. Je ne prétends certes pas connaître avec suffisamment de précision ces multiples réalités: mes remarques ne sauraient donc avoir aucun caractère définitif et absolu ; ce ne sont que de simples hypothèses, peut-être non dénuées de fondement, et qui mériteraient qu'on y revienne après de rigoureuses vérifications historiographiques.

L'enseignement mutuel semble impliquer en particulier une forte organisation en amont (financements, locaux, administration, formation des enseignants, préparation préalable de panneaux imprimés de grande dimension, sélection des élèves) et se distinguer des recherches pédagogiques d'avant-garde élaborées bien plus tard non pas par un ou plusieurs pédagogues novateurs, mais par de simples instituteurs motivés, qui exposeront et diffuseront leur expérience personnelle avec les fondements conceptuels et les expériences pratiques qui les sous-tendent. L'enseignement mutuel semble également correspondre à une phase pionnière restée sans influence sur l'expérience didactique des écoles inscrites dans un système national. En Italie, s'imposera ce que l'on a qualifié de *méthode mixte* : collective dans l'explication, individuelle dans le contrôle des connaissances et la correction des travaux des élèves. Mais il restera peu de traces de l'enseignement mutuel, à part peut-être dans l'assignation à certains élèves d'un rôle de support de l'instituteur (rôle auquel il est fait allusion dans les premiers règlements scolaires nationaux, où ce type d'élèves sont appelés des *décurions*).

PROBLÈMES D'HISTOIRE COMPARÉE

RÔLE DE LA SENSIBILITÉ RELIGIEUSE POUR L'ALPHABÉTISATION ET RÔLE DE L'ÉTAT

L'histoire de l'éducation en Suisse suggère au chercheur italien deux grands groupes de questions qui dépassent la comparaison entre les deux pays pour aboutir à la mise en parallèle d'espaces historico-culturels.

Le premier ensemble d'interrogations concerne le poids que les Églises protestantes et les pratiques religieuses de la Réforme eurent, dans l'histoire, sur le développement de l'alphabétisation. L'optique catholique considère que le rapport du fidèle avec Dieu passe nécessairement par l'intermédiaire de l'institution qu'est l'Église, dépositaire de la vérité et médiatrice vers le salut ; c'est pourquoi cette dernière a appuyé des projets d'assistance et, au-delà, des initiatives d'instruction religieuse plutôt que d'alphabétisation. Pour les Églises réformées, le rapport entre le croyant et Dieu est une relation directe fondée sur les textes bibliques, la lecture fait partie des pratiques de la foi et l'entreprise d'alphabétisation est liée à la finalité religieuse. (Qu'on me pardonne ces simplifications.) En somme, on peut se demander quelles conséquences la grande expérience historique européenne et l'expérience suisse multiforme du protestantisme eurent sur l'alphabétisation de base et sur le comportement du peuple en matière d'alphabétisation et d'instruction. À cet égard, parmi maints autres exemples apparaissant dans le présent ouvrage, on peut renvoyer aux comparaisons significatives faites entre les communes protestantes de l'ancienne Genève et les communes catholiques, anciennement sardes ou françaises, devenues genevoises à partir de 1815.

Pendant le 19e siècle, cet enjeu est bien présent pour les Italiens qui débattent des problèmes scolaires. Dans l'esprit qui anime le phénomène du *Risorgimento*, il renvoie aussi, explicitement ou implicitement, à la question catholique: le poids obscurantiste de l'Église de Rome est accrédité en outre par l'explosion de l'alphabétisation dans les pays protestants (comme par exemple chez Aristide Gabelli. Au même moment, les hommes du *Risorgimento* engageaient une controverse contre l'Église catholique, qui défendait l'école privée tout en réclamant son financement public.

Sans (peut-être) ces implications polémiques, et sur un plan purement historiographique, la thématique qui précède a sa place dans la tradition éducative italienne. La lecture du présent ouvrage suscite cependant une interrogation plus complexe. L'historiographie italienne établit communément une corrélation entre l'extension de l'alphabétisation et le développement de la Réforme, et elle attribue la défense de l'école privée à l'Église catholique. Mais ces acquis (on peut d'ailleurs se demander à quel point ils sont tributaires du «vécu» du *Risorgimento*) dessinent deux corrélations asymétriques: les Églises réformées et l'alphabétisation; l'Église catholique et l'école publique. Or, dans une approche historiographique, il convient de commencer par une analyse conjointe des problèmes de l'alphabétisation et de ceux de l'école publique, pour étudier ensuite de quelle façon des aires de culture religieuse différente réagissent à telle ou telle question. L'Église catholique, qui n'avait pas d'intérêt intrinsèque dans le développement de l'alphabétisation, rattachait la question scolaire à celle de la diffusion de la vérité et l'associait étroitement aux choix moraux du chef de famille, en combattant à la racine les innovations qui étaient en passe de donner naissance à un État moderne. Mais sur le terrain des missions de l'instruction, les rapports entre les Églises protestantes et l'État ne se firent pas non plus sans heurts, puisque l'alphabétisation concernait leur façon d'être respective et touchait à des finalités morales et religieuses. Cet ensemble de problèmes a assurément un caractère multinational, mais il est sans doute particulièrement difficile à saisir dans un pays qui, comme l'Italie, est par tradition de confession unique.

LE « LOCAL » ET LE « CENTRAL »

Le second ensemble de questions né de la comparaison entre la Suisse et l'Italie met en évidence la nécessité de sortir du schéma qui oppose, sans les problématiser, les termes suivants : central-local et État centralisé-État fédératif, comme si en l'occurrence tout ne pouvait être que blanc ou noir. Or l'histoire montre qu'il existe de multiples conceptions possibles de l'État, qu'il soit centraliste ou fédéraliste. Il me paraît utile de définir ce que l'on entend par local. Quel est l'ordre de grandeur de référence ? Que recouvre-t-il ? En Italie, lorsqu'on tenta, très brièvement, en 1860, de penser à une hypothèse de décentralisation (administrative), on imagina des zones régionales, voire provinciales. C'est ensuite que le terme local a désigné une réalité municipale. Cela ne signifie pas pour autant que les limites administratives (et pas seulement municipales, mais aussi provinciales ou régionales) déterminent des aires homogènes sur le plan social et culturel. Quel que soit le cadre que l'on établit, se posera toujours, même à petite échelle, le problème du centre et de la périphérie (Ne trouve-t-on pas précisément, dans le présent volume, des allusions à la gradation des conflits et des niveaux de décision, entre le centre, les cantons, et les communes ?) Il serait passionnant de reconstruire le sens attribué, dans l'histoire, aux notions de central et de local. Central peut s'appliquer à une autorité lointaine, ou signifier l'unification de disparités et une occasion de rééquilibrage ; il peut aussi qualifier le lieu des manœuvres du pouvoir ou être une garantie contre les népotismes de la périphérie. Local indique parfois la prise en compte du contexte, parfois la soumission à un état de fait ; il peut s'agir aussi d'une forme de pouvoir rapprochant gouvernants et gouvernés, ou encore d'une explosion de localisme. L'histoire italienne serait certainement un beau terrain de recherche pour ces questions ; en attendant, ces études sur la Suisse confirment à mes yeux la nécessité d'une déclinaison historique des problèmes, dans une optique à la fois appropriée et comparative.

BIBLIOGRAPHIE

Angelini, S. (1998). *La scuola tra Comune e Stato. Il passaggio storico della legge Daneo-Credaro*. Avec une étude introductive de D. Ragazzini. Florence, Le Lettere.

Becchi, E. (1997). *Sperimentare nella scuola. Storia, problemi, prospettive*, (*cf.* plus particulièrement le Chapitre 5: *Empirismo e sperimentalismo nella pedagogia della «Scuola di Ginevra»*. Florence, La Nuova Italia.

Bigliazzi, L. & Bigliazzi, L. (éds). (1996). *«Reciproco insegnamento». Il contributo dei georgofili*. Catalogue de l'exposition portant le même titre, avec reproduction de manuscrits originaux et réimpression de l'annonce [de la création] d'une école d'*«insegnamento reciproco»* à Florence, en 1819. Florence, Accademia dei georgofili.

Borghi, L. (1951). *Educazione e autorità nell'Italia moderna*. Florence, La Nuova Italia.

Compère, M.-M. (éd.) (1997). *Histoire du temps scolaire en Europe*, Paris, INRP & Éditions Economica.

Cossu, L. & Maggi, M. (éds.). (1980). *L'educazione dell'Europa moderna*. Turin, Loescher.

Granese, A. (1982). *L'ideologia elvetica tra conservazione e progresso. Luci ed ombre di un sistema formativo «esemplare»*. Introduction à Secci, A. *La scuola in Svizzera*, pp. I-XXXI. Rome, Editori Riuniti.

Hogan, D. (1989). The Market Revolution and Disciplinary Power. Joseph Lancaster and the Psychology of the Early Classroom System. *History of Education Quarterly*, 3, 381-417.

Kæstle, C. F. (éd.) (1973). *Joseph Lancaster and the Monitorial School Movement, a Documentary History*. New York et Londres, Teachers'College Press, Columbia University.

Machietti, S. S. (1977). Le scuole di mutuo insegnamento in Toscana: esperienze e problemi. *Quaderni dell'Istituto di Pedagogia*, Facoltà di Magistero di Arezzo, Université de Sienne. Città di Castello, Delta grafica.

Machietti, S. S. (1990). Mutuo insegnamento. In M. Læng (éd.) *Enciclopedia* pedagogica. Vol. 4. Brescia, La Scuola.

Pitocco, F. (1972). *Utopia e riforma religiosa nel risorgimento*. Bari, Laterza.

Ragazzini, D. (1997). *Tempi di scuola e tempi di vita. Organizzazione sociale e destinazione dell'infanzia nella storia italiana*. Milan, Bruno Mondadori.

Ragazzini, D. (1998). *Alle radici di «Educazione autorità» nell'Italia moderna*. Appendice de la nouvelle édition de *Storia della scuola italiana*. Florence, Le Monnier.

Ravasio, G. (s.d.) (probablement 1898-1902). Bell. In Martinazzoli & Credaro (éds), *Dizionario illustrato di pedagogia*. Vol. 1, pp. 151-153. Milan.

Ravasio, G. (s.d.) (probablement 1898-1902). Lancaster. In Martinazzoli & Credaro (éds.), *Dizionario illustrato di pedagogia*. Vol. 1, pp. 410-412. Milan.

Richmond, W. K. (1990). Lancaster. In M. Læng (éd.) *Enciclopedia pedagogica*. Vol. 4. Brescia, La Scuola.

Santoni Rugiu, A. (1994). *Scenari dell'educazione nell'Europa moderna*. Florence, La Nuova Italia.

Schiera, P. (éd.) (1993). *Le autonomie e l'Europa, profili storici comparati*. Bologne, Il Mulino.

Scurati, C. (1989). Bell. In M. Læng (éd.) *Enciclopedia pedagogica*. Vol. 1. Brescia, La Scuola.

Spini, G. (1989). *Risorgimento e protestanti*. Milan, Il Saggiatore.

Les auteur(e)s

Alexandra Bloch. Dr phil. Études d'histoire, germanistique et sociologie à l'Université de Zurich. Professeur d'histoire et d'allemand dans l'enseignement secondaire post-obligatoire. Prépare une thèse sur le processus de professionnalisation et sur les transformations du travail quotidien des enseignant(e)s primaires zurichois de 1770 à 1914.
Erich-Greffin-Weg 24, D-48167 Münster.

Jean-Christophe Bourquin. Licencié ès sciences politiques de l'Université de Lausanne. Docteur en histoire de l'Université de Paris-I. Responsable de la statistique de la culture et des médias à l'Office fédéral de la statistique (Berne). Recherches sur les instituteurs en Suisse romande (cantons de Genève, Vaud et Fribourg) dans la deuxième moitié du 19e siècle.
Office fédéral de la statistique, Section de la culture, de la politique et des conditions de vie, Espace de l'Europe 10, 2010 Neuchâtel.

Sebastian Brändli. Dr phil. Historien. Depuis 1991, chef du service pédagogique ainsi que secrétaire du Conseil d'éducation du Département de l'instruction publique du Canton d'Argovie. Ses domaines de recherche portent sur l'histoire de la société moderne et plus particulièrement sur des thèmes comme l'État, la santé, l'éducation ainsi que les métiers.
Regierungs-Gebaüde, 5000 Aarau.

Pierre Caspard. Ancien élève de l'École normale supérieure. Il a consacré ses recherches d'abord à l'histoire économique et sociale du pays de Neuchâtel, puis également à l'histoire de l'éducation française et neuchâteloise. Depuis 1977, il dirige le Service d'histoire de l'éducation de l'Institut national de recherche pédagogique (URA CNRS 1397).
Institut national de recherche pédagogique, rue d'Ulm 29, 75230 Paris Cedex 05.

Lucien Criblez. Dr phil. Études de pédagogie, psychologie, histoire et germanistique à l'Université de Berne. Dirige actuellement un projet du Fonds national de la recherche scientifique concernant l'histoire de la formation des enseignant(e)s. Ses principaux domaines de recherche portent sur l'histoire de l'école, sur des questions contemporaines concernant les théories éducatives et les structures scolaires ainsi que sur la formation des enseignant(e)s.

Philipp Gonon. Privat-docent. Dr phil. Études de pédagogie, ethnologie et journalisme aux Universités de Fribourg, Berlin et Zurich. Professeur suppléant à Trèves. Ses principaux domaines de travail sont l'histoire de l'école, l'éducation comparée, la formation professionnelle et la formation continue.
Winkelstrasse 12, 8046 Zurich.

Rita Hofstetter. Dr ès sciences de l'éducation. Maître d'enseignement et de recherche à la Section des sciences de l'éducation de l'Université de Genève. Ses recherches portent sur l'histoire de l'école et de la formation des enseignants, sur l'avènement des sciences de l'éducation comme disciplines universitaires et sur les apports psychanalytiques au champ éducatif.
Faculté de psychologie et des sciences de l'éducation, Université de Genève, Uni-Rondeau, 1227 Carouge.

Carlo Jenzer †. Études de pédagogie, philosophie et littérature française aux Universités de Berne, Zurich et Dijon. Professeur dans différents ordres d'enseignement ainsi qu'à l'université. De 1969 à 1997, directeur du Service de pédagogie du Département de l'instruction publique du Canton de Soleure. Ses principaux domaines de travail concernent l'évolution du système scolaire et des programmes d'enseignement, la formation des maîtres, l'évaluation et l'histoire de l'éducation.

Heidemarie Kemnitz. Privat-docente. Dr phil. habil. Assistante de recherche et privat-docente à l'Institut de pédagogie générale de l'Université Humboldt de Berlin. Ses domaines de travail sont l'histoire de l'éducation aux 19e et 20e siècles. La pédagogie scolaire et la didactique.
Humboldt-Universität, Institut für Allgemeine Pädagogik, Abteilung Historische Erziehungswissenschaft, Unter den Linden 6, D-10099 Berlin.

Werner Lustenberger. Dr phil. I. Professeur de psychologie et de pédagogie à l'École normale de Lucerne (1956-1971). Fondateur et directeur de l'Institut suisse de pédagogie pour la formation professionnelle (1971-1989). Collaborateur, avec des fonctions diverses, de l'organisme fédéral suisse en charge des examens pédagogiques des recrues (1951-1993).
Hangweg 10, 3047 Bremgarten.

Charles Magnin. Dr en histoire. Professeur d'histoire de l'éducation à la Faculté de psychologie et des sciences de l'éducation de l'Université de Genève. Directeur des Archives Institut J.-J. Rousseau. Ses travaux portent principalement sur les débats politiques genevois des 19e et 20e siècles concernant l'instruction publique (en particulier l'égalité d'accès à l'instruction), sur l'histoire des disciplines et de la culture scolaires en Suisse romande.
Faculté de psychologie et des sciences de l'éducation, Université de Genève, Uni-Rondeau, 1227 Carouge.

Fabrizio Mena. Licencié en histoire. Professeur d'histoire au «Liceo cantonale» de Lugano et à la «Scuola Magistrale» de Locarno. Doctorant à l'Université de Genève. Sa thèse porte sur l'histoire de la presse et de l'édition tessinoises au 19e siècle.
Scuola Magistrale, Piazza S. Francesco 1, 6600 Locarno.

Gabriel Mützenberg. Dr ès sciences économiques. Enseignant et journaliste. Professeur d'histoire à l'Institut biblique de Genève. Il voue ses intérêts d'historien à Genève, aux Grisons, à la littérature rhéto-romane, à l'éthique, à la pédagogie et à la religion.
Rue de Moillebeau 32, 1209 Genève.

Sibylle Omlin. Enseignante secondaire. Études en germanistique, histoire et histoire de l'art à l'Université de Zurich. Depuis 1995, rédactrice à la *Neue Zürcher Zeitung*. Intérêts de recherche: histoire des femmes et histoire des genres en Suisse (Initiatrice du *Verein Frauenstadtrundgang Zug*), histoire des sciences et histoire de l'éducation.
Erikastrasse 17, 8003 Zurich.

Fabrizio Panzera. Dr en histoire. Archiviste cantonal. Ses travaux portent sur l'histoire du Tessin contemporain, avec une référence particulière à l'histoire religieuse et ecclésiastique.
Archivio cantonale, Via Franscini 30a, 6501 Bellinzone.

Danièle Périsset Bagnoud. Licenciée en sciences de l'éducation. Enseignante à l'École Normale du Valais Romand. Co-responsable du projet HEP Valais. Thèse de doctorat en cours sur l'histoire politique et les enjeux sociaux de la formation des Écoles normales du Valais romand.
3978 Valençon Flanthey.

Dario Ragazzini. Dr en histoire. Professeur d'histoire de l'éducation au Département des sciences de l'éducation de l'Université de Florence. Ses travaux consacrés à l'histoire politique et sociale de l'école et de l'éducation vouent une attention particulière à l'histoire de l'administration et de l'organisation de l'État. Il développe également une réflexion sur la méthodologie et le statut de l'histoire de l'éducation comme méthode de recherche et comme discipline scientifique. Il s'intéresse en outre à la question de l'enseignement de l'histoire.
Università degli Studi, Dto delle Scienze dell'Educazione, Palazzo Corsini, Via di Parione 11/B, I-50123 Florence.

Martine Ruchat. Dr ès sciences de l'éducation. Cheffe de travaux au Séminaire des sciences de l'éducation de l'Université de Neuchâtel. Maître-assistant de recherche à la Faculté de psychologie et des sciences de l'éducation de l'Université de Genève. Elle travaille dans le champ de l'histoire sociale de l'éducation spécialisée (19e et 20e siècles).
Place de la Navigation 4, 1201 Genève.

Martina Späni. Dr phil. I. Depuis 1994, collaboratrice scientifique à l'Institut de pédagogie de l'Université de Berne. Ses principaux domaines de recherche sont l'histoire des idées et des institutions dans les champs pédagogique, politique et théologique, l'histoire des disciplines scolaires et la communication en matière d'enseignement.
Institut für Pädagogik, Abteilung Allgemeine Pädagogik, Muesmattstrasse 27, 3012 Berne.

Josianne Thévoz. Institutrice. A enseigné pendant trente ans dans les écoles primaires de Genève. Depuis 1987, elle est présidente de la Société pédagogique romande, qui regroupe les enseignant(e)s de Suisse romande. Elle siège dans divers comités suisses et internationaux concernés par l'éducation et la formation.
Société pédagogique de la Suisse romande, CP 1442, 1227 Carouge.

Marie-Thérèse Weber. Diplômée pour l'enseignement dans les classes enfantines, primaires et secondaires. Dr ès lettres de l'Université de Fribourg. Dr d'État ès lettres et sciences humaines de l'Université de Lyon 2. Elle enseigne actuellement à l'École normale de Fribourg et mène parallèlement des recherches sur l'histoire de l'éducation et le plurilinguisme.
Botzet 3, 1700 Fribourg.

EXPLORATION

OUVRAGES PARUS

RECHERCHES EN SCIENCES DE L'ÉDUCATION

- Claudine Amstutz, Dorothée Baumgartner, Michel Croisier, Michelle Impériali, Claude Piquilloud: *L'investissement intellectuel des adolescents. Recherche clinique.* XVII, 510 p., 1994.
- Daniel Bain: *Orientation scolaire et fonctionnement de l'école.* Préface de J. B. Dupont et F. Gendre. VI, 617 p., 1979.
- Anne-Claude Berthoud, Bernard Py: *Des linguistes et des enseignants. Maîtrise et acquisition des langues secondes.* 124 p., 1993.
- Dominique Bucheton: *Ecritures-réécritures – Récits d'adolescents.* 320 p., 1995.
- Evelyne Cauzinille-Marmèche, Jacques Mathieu, Annick Weil-Barais: *Les savants en herbe.* Préface de J.-F. Richard. XVI, 210 p., 1983, 1985.
- Christian Daudel: *Les fondements de la recherche en didactique de la géographie.* 246 p., 1990.
- Jean-Marie De Ketele: *Observer pour éduquer.* (Epuisé).
- Pierre Dominicé: *La formation, enjeu de l'évaluation.* Préface de B. Schwartz. 202 p., 1979, 1981, 1985.
- Pierre Dominicé, Michel Rousson: *L'éducation des adultes et ses effets. Problématique et étude de cas.* (Epuisé).
- Jean-Blaise Dupont, Claire Jobin, Roland Capel: *Choix professionnels adolescents. Etude longitudinale à la fin de la scolarité secondaire.* 2 vol., 419 p., 1992.
- Raymond Duval: *Sémiosis et pensée humaine – Registres sémiotiques et apprentissages intellectuels.* 412 p., 1995.

- Eric Espéret: *Langage et origine sociale des élèves.* (Epuisé).
- Jean-Marc Fabre: *Jugement et certitude. Recherche sur l'évaluation des connaissances.* Préface de G. Noizet. (Epuisé).
- Monique Frumholz: *Écriture et orthophonie.* 272 p., 1997.
- André Gauthier (sous la direction de): *Explorations en linguistique anglaise. Aperçus didactiques.* Avec Jean-Claude Souesme, Viviane Arigne, Ruth Huart-Friedlander. 243 p., 1989.
- Michel Gilly, Arlette Brucher, Patricia Broadfoot, Marylin Osborn: *Instituteurs anglais instituteurs francais. Pratiques et conceptions du rôle.* XIV, 202 p., 1993.
- André Giordan: *L'élève et/ou les connaissances scientifiques. Approche didactique de la construction des concepts scientifiques par les élèves.* 3e édition, revue et corrigée. 180 p., 1994.
- Francis Grossmann: *Enfances de la lecture. Manières de faire, manières de lire à l'école maternelle.* Préface de Michel Dabène. 296 p., 1996.
- Michael Huberman, Monica Gather Thurler: *De la recherche à la pratique. Eléments de base et mode d'emploi.* 2 vol., 335 p., 1991.
- Daniel Jacobi: *Textes et images de la vulgarisation scientifique.* Préface de J. B. Grize. 166 p., 1987, 1998.
- Samuel Johsua, Jean-Jacques Dupin: *Représentations et modélisations: le «débat scientifique» dans la classe et l'apprentissage de la physique.* 220 p., 1989.
- Constance Kamii: *Les jeunes enfants réinventent l'arithmétique.* Préface de Bärbel Inhelder. 171 p., 1990, 1994.
- Helga Kilcher-Hagedorn, Christine Othenin-Girard, Geneviève de Weck: *Le savoir grammatical des élèves. Recherches et réflexions critiques.* Préface de J.-P. Bronckart. 241 p., 1986.
- Even Loarer, Daniel Chartier, Michel Huteau, Jacques Lautrey: *Peut-on éduquer l'intelligence? L'évaluation d'une méthode d'éducation cognitive.* 232 p., 1995.
- Jean-Louis Martinand: *Connaître et transformer la matière.* Préface de G. Delacôte. 315 p., 1986.
- Marinette Matthey: *Apprentissage d'une langue et interaction verbale.* 226 p., 1996.
- Sara Pain: *Les difficultés d'apprentissage. Diagnostic et traitement.* 125 p., 1981, 1985, 1992.
- Sara Pain: *La fonction de l'ignorance.* 246 p., 1989.
- Christiane Perregaux: *Les enfants à deux voix. Des effets du bilinguisme successif sur l'apprentissage de la lecture.* 399 p., 1994.
- Jean-François Perret: *Comprendre l'écriture des nombres.* 293 p., 1985.
- Anne-Nelly Perret-Clermont: *La construction de l'intelligence dans l'interaction sociale.* Edition revue et augmentée avec la collaboration de Michèle Grossen, Michel Nicolet et Maria-Luisa Schubauer-Leoni. 305 p., 1996. – Première édition: 1979.
- Jean Portugais: *Didactique des mathématiques et formation des enseignants.* 340 p., 1995.
- Guy Rumelhard: *La génétique et ses représentations dans l'enseignement.* Préface de A. Jacquard. 169 p., 1986.
- El Hadi Saada: *Les langues et l'école. Bilinguisme inégal dans l'école algérienne.* Préface de J.-P. Bronckart. 257 p., 1983.
- Gérard Vergnaud: *L'enfant, la mathématique et la réalité. Problèmes de l'enseignement des mathématiques à l'école élémentaire.* 218, V p., 1981, 1983, 1985, 1991, 1994.

COURS ET CONTRIBUTIONS POUR LES SCIENCES DE L'ÉDUCATION

- Linda Allal, Jean Cardinet, Phillipe Perrenoud (sous la direction de): *L'évaluation formative dans un enseignement différencié.* Actes du Colloque à l'Université de Genève, mars 1978. 264 p., 1979, 1981, 1983, 1985, 1989, 1991, 1995.
- Guy Avanzini (sous la direction de): *Sciences de l'éducation: regards multiples.* 212 p., 1994.
- Jean Cardinet, Yvan Tourneur (†): *Assurer la mesure. Guide pour les études de généralisabilité.* 381 p., 1985.
- Nanine Charbonnel (sous la direction de): *Le Don de la Parole. Mélanges offerts à Daniel Hameline pour son soixante-cinquième anniversaire.* VIII, 161 p., 1997.
- Joaquim Dolz, Jean-Claude Meyer (sous la direction de): *Activités métalangagières et enseignement du français. Actes des journées d'étude en didactique du français (Cartigny, 28 février – 1 mars 1997).* XIII, 283 p., 1998.
- Pierre-André Doudin, Daniel Martin, Ottavia Albanese (sous la direction de): Métacognition et éducation. XII, 350 p., 1999.
- Andrée Dumas Carré, Annick Weil-Barais (sous la direction de): *Tutelle et médiation dans l'éducation scientifique.* VIII, 360 p., 1998.
- Pierre Furter: *Les systèmes de formation dans leurs contextes.* (Epuisé).
- André Giordan, Yves Girault, Pierre Clément (sous la direction de): *Conceptions et connaissances.* 319 p., 1994.
- André Giordan (sous la direction de): *Psychologie genétique et didactique des sciences.* Avec Androula Henriques et Vinh Bang. 297 p., 1989, 1996.
- Armin Gretler, Ruth Gurny. Anne-Nelly Perret-Clermont, Edo Poglia (sous la direction de): *Etre migrant. Approches des problèmes socio-culturels et linguistiques des enfants migrants en Suisse.* 383 p., 1981, 1989.
- Institut romand de recherches et de documentation pédagogiques (Neuchâtel): Connaissances mathématiques à l'école primaire: J.-F. Perret: *Présentation et synthèse d'une évaluation romande*; F. Jaquet, J. Cardinet: *Bilan des acquisitions en fin de première année*; F. Jaquet, E. George, J.-F. Perret: *Bilan des acquisitions en fin de deuxième année*; J.-F. Perret: *Bilan des acquisitions en fin de troisième année*; R. Hutin, L.-O. Pochon, J.-F. Perret: *Bilan des acquisitions en fin de quatrième année*; L.-O. Pochon: *Bilan des acquisitions en fin de cinquième et sixième année.* 1988-1991.
- Georges Leresche (†): *Calcul des probabilités.* 275 p., 1981.
- Georges Ludi, Bernard Py: *Etre bilingue.* 181 p., 1986.
- Pierre Marc: *Autour de la notion pédagogique d'attente.* 235 p., 1983, 1991, 1995.
- Paul Mengal: *Statistique descriptive appliquée aux sciences humaines.* 152 p., 1979, 1984, 1991, 1994, 1999 (5e + 6e).
- Henri Moniot (sous la direction de): *Enseigner l'histoire. Des manuels à la mémoire.* (Epuisé).
- Cléopâtre Montandon, Philippe Perrenoud: *Entre parents et enseignants: un dialogue impossible?* Nouvelle édition, revue et augmentée. 216 p., 1994.
- Christiane Moro, Bernard Schneuwly, Michel Brossard (sous la direction de): *Outils et signes. Perspectives actuelles de la théorie de Vygotski.* 221 p., 1997.
- Gabriel Mugny (sous la direction de): *Psychologie sociale du développement cognitif.* Préface de M. Gilly. 283 p., 1985, 1991.

- Edo Poglia, Anne-Nelly Perret-Clermont, Armin Gretler, Pierre Dasen (sous la direction de): *Pluralité culturelle et éducation en Suisse.* Etre migrant. 476 p., 1995.
- Yves Reuter (sous la direction de): *Les interactions lecture-écriture.* Actes du colloque organisé par THÉODILE-CREL (Lille III, 1993). XII, 404 p., 1994, 1998.
- Jacques Weiss (sous la direction de): *A la recherche d'une pédagogie de la lecture.* (Epuisé).
- Pierre-André Doudin, Daniel Martin, Ottavia Albanese (sous la direction de): *Métacognition et éducation.* XII, 350 p., 1999.

PÉDAGOGIE: HISTOIRE ET PENSÉE

- Loïc Chalmel: *La petite école dans l'école – Origine piétiste-morave de l'école maternelle française.* Préface de J. Houssaye. 376 p., 1996.
- Nanine Charbonnel: *Pour une critique de la raison éducative.* 189 p., 1988.
- Marie-Madeleine Compère: *L'histoire de l'éducation en Europe. Essai comparatif sur la facon dont elle s'écrit.* (en coédition avec INRP, Paris). 302 p., 1995.
- Marcelle Denis: *Comenius. Une pédagogie à l'échelle de l'Europe.* 288 p., 1992.
- Daniel Hameline, Jürgen Helmchen, Jürgen Oelkers (éds): *L'éducation nouvelle et les enjeux de son histoire.* Actes du colloque international des archives Institut Jean-Jacques Rousseau. VI, 250 p., 1995.
- Rita Hofstetter: *Les lumières de la démocratie. Histoire de l'école primaire publique à Genève au XIX*e *siècle.* VII, 378 p., 1998.
- Rita Hofstetter, Charles Magnin, Lucien Criblez, Carlo Jenzer (†) (éds): *Une école pour la démocratie. Naissance et développement de l'école primaire publique en Suisse au 19*e *siècle.* XIV, 376 p., 1999.
- Jean Houssaye: *Théorie et pratiques de l'éducation scolaire* (1): *Le triangle pédagogique.* Préface de Daniel Hameline. 267 p., 1988, 1992.
- Jean Houssaye: *Théorie et pratiques de l'éducation scolaire* (2): *Pratique pédagogique.* 295 p., 1988.
- Alain Kerlan: *La science n'éduquera pas. Comte, Durkheim, le modèle introuvable.* Préface de Nanine Charbonnel. 326 p., 1998.
- Francesca Matasci: *L'inimitable et l'exemplaire: Maria Boschetti Alberti. Histoire et figures de l'Ecole sereine.* Préface de Daniel Hameline. 232 p., 1987.
- Pierre Ognier: *L'Ecole républicaine française et ses miroirs.* Préface de Daniel Hameline. 297 p., 1988.
- Jean-François Saffange: *Libres regards sur Summerhill. L'œuvre pédagogique de A.-S. Neill.* Préface de Daniel Hameline. 216 p., 1985.
- Michel Soëtard, Christian Jamet (éds): *Le pédagogue et la modernité, A l'occasion du 250*e *anniversaire de la naissance de Johann Heinrich Pestalozzi (1746-1827).* Actes du colloque d'Angers (9-11 juillet 1996). IX, 238 p., 1998.
- Alain Vergnioux: *Pédagogie et théorie de la connaissance. Platon contre Piaget?* 198 p., 1991.

ALTERNATIVES POUR LA RECHERCHE ÉDUCATIONNELLE

- Ana Benavente, António Firmino da Costa, Fernando Luis Machado, Manuela Castro Neves: *De l'autre côté de l'école.* 165 p., 1993.

- Felice Carugati, Francesca Emiliani, Augusto Palmonari: *Tenter le possible. Une expérience de socialisation d'adolescents en milieu communautaire.* Traduit de l'italien par Claude Béguin. Préface de R. Zazzo. 216 p., 1981.
- René Jeanneret (sous la direction de): *Universités du troisième âge en Suisse.* Préface de P. Vella. 215 p., 1985.